D1753043

Kontext DEUTSCH

8

Das kombinierte
Sprach- und Lesebuch
für Gymnasien

Schroedel

Kontext Deutsch 8
Das kombinierte Sprach- und Lesebuch für Gymnasien

Herausgegeben von

Klaus Bert Becker
Willibert Kempen

Fachwissenschaftliche Beratung von

Heinz W. Giese

Erarbeitet von

Klaus Bert Becker
Matthias Deppenkemper
Wolfgang Fehr
Willibert Kempen
Anke Linne
Elke Ricken
Heike Wehren
Heike Winkler

Illustrationen von

Frauke Bahr
Katja Gehrmann
Karsten Henke

ISBN 3-507-**41778**-2

© 2003 Schroedel Verlag
im Bildungshaus Schroedel Diesterweg Bildungsmedien GmbH & Co. KG, Hannover

Alle Rechte vorbehalten. Dieses Werk sowie einzelne Teile desselben sind urheberrechtlich geschützt. Jede Verwertung in anderen als den gesetzlich zugelassenen Fällen ist ohne vorherige schriftliche Zustimmung des Verlags nicht zulässig.

Druck A $^{5\,4\,3\,2\,1}$ / Jahr 07 06 05 04 2003

Alle Drucke der Serie A sind im Unterricht parallel verwendbar, da bis auf die Behebung von Druckfehlern untereinander unverändert. Die letzte Zahl bezeichnet das Jahr dieses Druckes.

Gedruckt auf Papier, das nicht mit Chlor gebleicht wurde. Bei der Produktion entstehen keine chlorkohlenwasserstoffhaltigen Abwässer.

Satz & Repro: O&S Satz GmbH, Hildesheim
Druck: Stalling GmbH, Oldenburg

Lerninhalte	Themen	Seitenzahl

WENDEPUNKTE

	Situationsbestimmung/ Inhaltsangabe	**MIT ANDEREN FÜHLEN**	**12**
		Gabriele Wohmann Denk immer an heut nachmittag	12
		Wolfgang Borchert Nachts schlafen die Ratten doch	15
	Handlungsablauf/ Inhaltsangabe	*Erich Junge* Sechzehn Jahre	19
	Elemente der Textanalyse	**FAIRNESS UND GEWALT**	**23**
		Marie Luise Kaschnitz Nesemann	23
	Elemente der Textanalyse/ Merkmale der Kurzgeschichte	*Matthias Heinrich* Schluss mit lustig	28
	Elemente der Textanalyse	**OFFENES ENDE**	**31**
		Alfred Andersch Grausiges Erlebnis eines venezianischen Ofensetzers	31
	Prisma	**GESCHICHTEN ERFINDEN UND GESTALTEN**	**36**

JUGEND SPRICHT

	Kommunikation beschreiben	**„HOLT DOCH MAL 'NEN ÜBERSETZER!"**	**38**
		David Schubert Gesprächsprotokoll	39
	Jugendsprache untersuchen	**SPRACHE „BLICKEN"**	**42**
		Voll krass, ey!	42
		Radikale Sprechsprache	43
	Jugendsprache entschlüsseln	Coole Typen und scharfe Schnecken	44
		Thomas Brussig Am kürzeren Ende der Sonnenallee	45
	Sprache neu erfinden	**SPRACHEXPERIMENT**	**46**
		Fetter Knopf statt cooler Typ	46
		Echt ätzend	47
	Jugendsprache in Wörterbüchern	**„MEGAÄTZEND"**	**48**
		Trendbüro Wörterbuch der Szenesprachen	48
		Hermann Ehmann Voll konkret – das neueste Lexikon der Jugendsprache	48
		Aus den Einleitungen	49
		Wörterbuch der Szenesprachen	49
		Voll konkret	49
	Entwicklung von Jugendsprache	**HEUTE „GEIL", MORGEN „KRASS"**	**50**
		Begeisterungsadjektive	50

Literarische Jugendsprache	WWW.LIEBEZUALLENZEITEN.DE	52
	Johann Wolfgang von Goethe Die Leiden des jungen Werthers	52
	Reaktion auf Werther	52
	Hans Hart Was zur Sonne will	53
	Benjamin Lebert Crazy	53
	Jugend XXL?	53
	POESIE DER „MISSTÖNE"	54
	Feridun Zaimoglu Kanak Sprak	54
	Susan E. Hinton Die Outsider	54
	Robert Swindells Dash führ Zoe	55
Sprachvermischungen	DENGLISCH ENGLEUTSCHT?	56
	Claudia Döhner Auf dem Weg zum Denglisch?	56
	Professor fordert Sprachgesetz wie in Frankreich	57
	Sprache „lebt"	57
Prisma	WERTHER, WERTHER UND KEIN ENDE	58

JUNGE DETEKTIVE – DAMALS UND HEUTE

Befragungen durchführen	WAS LAS MAN FRÜHER?	60
	Jugendbücher	60
Romanfiguren untersuchen	EMIL UND DIE DETEKTIVE – DAS BUCH	62
	Worum geht es in „Emil und die Detektive"?	62
	Erich Kästner Wer ist Emil?	63
	Eine Bande von Detektiven	64
Roman und Film im Vergleich	EMIL UND DIE DETEKTIVE – DER FILM	68
	Die Detektive im modernen Film	68
	Das Selbstverständnis der Detektivgruppe	73
	Kästners Pony Hütchen	74
Filmrezensionen beurteilen	FILMREZENSIONEN	76
	Der Klassiker	76
	Harriet Dreier Emil und die Detektive	76
Prisma	WIR BAUEN UNS UNSERE HELDEN	78

Lerninhalte	Themen	Seitenzahl

DER EDLE RÄUBER?

Exposition	**LEGENDE UND WIRKLICHKEIT**	**80**
	Carl Zuckmayer Schinderhannes inkognito	80
	Schinderhannes und das Volk	84
	„Schinderhannes" im Lexikon	85
	Helmut Mathy Der Schinderhannes ist allgegenwärtig	86
	Helmut Mathy Über Banditen und Räuberbanden	87
Personen im Drama	**JULCHEN ZWISCHEN ADAM UND JOHANN**	**88**
	Bittere Wahrheit	88
	Vergebliche Warnung	91
	Adam und Johann	95
	Ein Zeitgenosse	96
Drama und Wirklichkeit	**DER NACHRUHM**	**97**
	Das Urteil	97
	Edmund Nacken Juristen über Schinderhannes	98
Prisma	**ROBIN HOOD**	**100**
	Simon Green Robin Hood und Lady Marian	100

SCHEIN UND SEIN

Charakterisierung	**VOM SCHULDIGSEIN**	**102**
	Arthur Schnitzler Der Sohn. Aus den Papieren eines Arztes	102
Erzählmodell	**KLEIDER MACHEN LEUTE**	**112**
	Gottfried Keller Ankunft in Goldach	112
	Im Gasthof	114
Produktives Umgehen mit Texten	Die Goldacher Bürger	117
	Nettchen	118
Logische Verknüpfung von Sätzen	Heirat	120
	Appell an den Vater	121
Lektüre der Ganzschrift	Kellers Novelle	123
Prisma	**BUCHVORSTELLUNG IN DER SCHULE**	**124**

| Lerninhalte | Themen | Seitenzahl |

ZEIT FÜR FREIZEIT

Dialoge analysieren	**WAS TUN?**	**126**
	Loriot Feierabend	126
Gespräche führen	**INTERESSEN DURCHSETZEN**	**130**
	Raja Morgan Auch Freizeit muss erkämpft werden!	130
Argumentieren	**HOBBYS**	**134**
	Freizeitmöglichkeit Sport	134
	Muss es immer Sport sein? – Nein!	135
	ARBEITEN ALS FREIZEITBESCHÄFTIGUNG	**137**
	Nebenjobs – die Meinung eines 15-Jährigen	137
	JUGENDARBEITSSCHUTZGESETZ – WARUM EIGENTLICH?	**138**
	Verordnung über den Kinderarbeitsschutz	138
	Kinderarbeit im Medien- und Kulturbereich	139
Jugendsprache analysieren	**GEFÄHRLICHE FREIZEIT**	**140**
	Kirsten Boie Ich ganz cool	140
Sachtexte verstehen	**MEDIEN UND FREIZEIT**	**142**
	An der Strippe vor der Glotze – Was Jugendliche am häufigsten tun	142
	Freizeit – Krieg der Spiele	143
	FREIZEIT FRÜHER – FREIZEIT HEUTE	**144**
	Wilhelm Menke (1938 geboren) berichtet	144
Prisma	**WAS IST LOS IN UNSERER STADT?**	**146**

DIE GEISTER, DIE ICH RIEF

Texte analysieren	**SCHMELZEN UND GIESSEN, REISEN UND RASEN**	**148**
	Friedrich Schiller Lied von der Glocke (1799)	148
	Ludwig Tieck Die Eisenhütte im Gebirge (1798)	150
	Joseph von Eichendorff Die Welt verändert sich (1857)	150
	Verfasser unbekannt Triumph des Dampfes	151
	FASZINATION DER TECHNIK	**152**
	Gerrit Engelke Lokomotive	152
	Gerrit Engelke Auf der Straßenbahn	154
	Bert Klabeck Metaphorischer Alltag	155
Analysieren und Gestalten	**ZU VIEL GEWOLLT?**	**156**
	Der Turmbau zu Babel	156
	Johann Wolfgang von Goethe Der Zauberlehrling	158
	Bertolt Brecht Der Schneider von Ulm	160
	Christa Peikert-Flaspöhler Mond	161
	James Lovell Der Mond ist …	161

Lerninhalte	Themen	Seitenzahl
Analysieren und Diskutieren	**WER HERRSCHT – MENSCH ODER MASCHINE?**	**162**
	Günter Kunert Unruhiger Schlaf	162
	Günter Kunert Die Maschine	163
	Hans Manz Die Wahl	164
	W. L. Mann Erfindungen sind böse	164
	DIE KEHRSEITE DER TECHNIK	**166**
	Günter Kunert Unterwegs nach Utopia II	166
	Stephan Hermlin Die Vögel und der Test	167
	Gabriel Laub Das Paradies	168
	Ulrich Gebhard Der Doppelgänger	168
Prisma	*Georg Danzer* Eckige Kinder	170

WIE DIE BILDER LAUFEN LERNTEN

Sachtexte verstehen und schreiben	**FASZINATION EINES MEDIUMS**	**172**
	Filme – heute und früher	172
	Die Brüder Lumière ...	173
	Filme der Lumières	174
	Maxim Gorki Eine der ersten Filmvorführungen	175
	Der Kinematograph	176
	Aufnahmemechanismus	177
Wortbedeutungen untersuchen	**WORTGESCHICHTE UND WORTFELD FILM**	**178**
	Worte finden und erfinden	178
Bildwirkungen beschreiben	**BILDER WIRKEN**	**180**
	Ansichtssache	180
	BILDER ERZÄHLEN	**182**
	Der Kuleschow-Effekt	183
	Vom Bild zur Geschichte	183
	Einstellungen und Montage	184
	Filmsequenzen entwerfen	185
	François Truffaut Über realistische Regisseure	186
Indirekter Fragesatz	Eine Filmszene erproben	187
	Probensituation	188
Bildergeschichten produzieren	**AUF DER EISBAHN**	**189**
	Produktion einer Fotostory	189
Filmmusik untersuchen	**MUSIK MACHT DEN TON**	**190**
	Filmmusik – eine „akustische Brille"?	190
	Franz Josef Röll Die entscheidende Bedeutung ...	190
	James Monaco Es ist die Allgegenwart ...	190
Prisma	**MIT BILDERN WERBEN**	**192**

ZEITUNGSLESER WISSEN MEHR

Lerninhalte	Themen	Seitenzahl
Zeitung lesen und verstehen	**ERFAHRUNGEN BEI DER ZEITUNGSLEKTÜRE**	**194**
	Ludwig Harig Ordnung ist das ganze Leben	194
	ZEITUNG LESEN – GEWUSST WIE	**196**
	Was jeder über die Tageszeitung wissen sollte	196
	Eine Tageszeitung entsteht – oder: der Weg vom Ereignis zum Leser	198
Journalistische Textformen	**KURZGEFASST**	**200**
	Verena Hruska Von der Neuigkeit zur Nachricht	200
	Eckart Spoo Was ist wichtig?	201
	Martin Steffens Von über 99 Prozent ...	201
	Peter Linden Wie Sätze wirken	202
	NACHGEFRAGT	**203**
	Jeden Tag ein bunter Strauß	203
	IMMER AUF DEM LAUFENDEN	**204**
	Dirke Köpp „Hopp, hopp, Turboschnecke!"	204
	KOMMENTAR UNERWÜNSCHT	**205**
	Presserecht und Pressegesetz	205
	Aus dem Grundgesetz für die Bundesrepublik Deutschland	205
	Pressegesetz für das Land Nordrhein-Westfalen	205
	Die Rechtschreibreform in der Diskussion	206
	Dorle Neumann Steter Tropfen – Schreibreform spaltet die Deutschen	206
	Blick in die Presse: Eitelkeit in Gefahr	207
	KINO DER GEFÜHLE	**208**
	Rupert Koppold Geduld, der Eisberg kommt	208
Boulevard- und Abonnementpresse im Vergleich	**DER UNFALLTOD EINER PRINZESSIN ...**	**210**
	... in zwei Zeitungen	210
	Trauer um Di	210
	Weltweite Bestürzung über den Unfalltod von Prinzessin Diana	211
	Manipulation	212
Recherchieren	**ALLER JOURNALISTISCHER ANFANG IST SCHWER**	**214**
	Fritz Pleitgen Wochenmärkte sind wahre Nachrichtenbörsen	214
Prisma	**UNSERE KLASSENZEITUNG**	**216**

Lerninhalte	Themen	Seitenzahl

RECHTSCHREIBUNG UNTERSUCHEN

Lerninhalte	Themen	Seite
Geschichte der deutschen Rechtschreibung	**EINE KURZE GESCHICHTE DER DEUTSCHEN RECHTSCHREIBUNG**	**218**
	Vom 19. Jahrhundert bis heute	218
Rechtschreibregeln	Die Neuregelung von 1998 im Kurzüberblick	220
Rechtschreibung in der Diskussion	**DISKUSSION OHNE ENDE**	**222**
	August Vogel Nach der zweiten orthographischen Konferenz 1901 in Berlin	222
s-Schreibung	Krass	223
Binde- und Gedankenstrich	Auf den Strich kommt es an	224
Normunsicherheiten in der Rechtschreibung	**DER EURO IN DER RECHTSCHREIBUNG**	**226**
	Männlich und wahlweise mit oder ohne „s"	226
Groß- und Kleinschreibung	**SIGNALWÖRTER FÜR DIE GROSSSCHREIBUNG**	**228**
	Ein neuer Anhänger Rinaldos	228
	Die Räuber machen Beute	229
	ZWEIFELSFÄLLE? ZWEIFELSFÄLLE!	**230**
	Die Räuber sitzen in der Falle	230
	Rinaldo plant die Befreiung	231

SPRACHE UNTERSUCHEN

Lerninhalte	Themen	Seite
Relativsatz und Apposition	**ERMITTLUNGEN IM FALL SCHMIED**	**232**
	Friedrich Dürrenmatt Alphons Clenin	232
	Tod am Steuer	234
	Mutmaßungen über einen blauen Mercedes	234
	Polizeiliches Vorgehen	235
	Vor Aufregung zitternd	235
Unter- und Nebenordnung	**BÄRLACHS FALL?**	**236**
	Recherche	236
Potentialis/Irrealis	**DIE POLIZEI UNTER VERDACHT**	**238**
	Pressekonferenz	238
Präpositionalgefüge	**MERKWÜRDIGES OBJEKT**	**239**
	Bärlach grübelt	239
	Überraschung im Keller	241

Lerninhalte	Themen	Seitenzahl
Direkte und indirekte Rede	**ERMITTLUNGEN IM FALL PEREIRA**	**242**
	Antonio Tabucchi Wie er ihn kennen lernte	242
	Rossi und Marta	243
	Rossis Anliegen	243
	Meinungen zu Rossi	244
	ERMITTLUNGSPROTOKOLL	**246**
	Journalist ermordet	246
	Nachrichtensendung	247

ÜBEN

Wendepunkte/Schein und Sein

DER ERZÄHLER	*Reiner Kunze* Fünfzehn	**248**
	Kurt Marti Neapel sehen	250
	Günter Kunert Die Ballade vom Ofensetzer	251
BEWERTEN UND CHARAKTERISIEREN	*Josef Reding* Das Urteil des höchsten Richters	**253**
	Josef Reding Nennt mich nicht Nigger	255
	Josef Reding über „Nennt mich nicht Nigger"	258
WORTBEDEUTUNGEN	Wörter haben ihre Geschichte	259

Jugend spricht

JUGENDSPRACHE	*Claus Peter Müller-Thurau* Je näher, desto krass?	**260**
JUGENDSPRACHE ALS PARODIE	*Uta Claus* Hänsel und Gretel	**262**

Junge Detektive – damals und heute

JUGEND IN BÜCHERN	*Stefan Wolf* Vorabinformation über Tim	**264**
	Stefan Wolf Tim rettet einen Hund	264
	Die Guten und der Böse	267

Der edle Räuber?

EXPOSITION UND PERSONEN IM DRAMA	*Friedrich Dürrenmatt* Ein Engel kommt nach Babylon	**269**
	Der Zweikampf der Bettler	271
	Urs Jenny Das nun folgende Wettbetteln …	274

Zeit für Freizeit

ARGUMENTIEREN	Jugendschutz	**275**
	Alles gut im Schlaraffenland?	276

| Lerninhalte | Themen | Seitenzahl |

ÜBEN

Die Geister, die ich rief

TEXTE ANALYSIEREN	Raum – Zeit – Geschwindigkeit	**279**
	Heinrich Heine Welche Veränderungen …	279
STADT UND MENSCH IM GEDICHT	*Gerrit Engelke* Stadt (um 1918)	**281**
	Hugo von Hofmannsthal Siehst du die Stadt (1890)	282
	Jürgen Becker Im Schatten der Hochhäuser (1977)	282
	Eva Strittmatter Herbst in Berlin (1983)	283
ANALYSIEREN UND DISKUTIEREN	„Der Doppelgänger" – eine Gruppendiskussion über das Klonen	**284**

Wie die Bilder laufen lernten

FILM UND VERFILMUNG	Frühe Tonfilme	**286**
	Egon Friedell Der Turmbau zu Babel	287
	Stimmen zur Literaturverfilmung	288
	Ludwig Thoma Die „Verfilmung" …	288
	Paul Scheerbart Die Verfilmung …	288
FILM UND SPRACHE	Neue Sprache für ein neues Medium?	**289**

Rechtschreibung untersuchen

GROSS- UND KLEINSCHREIBUNG	Willkommene Räuber	**290**
	Claudias Abend	291
GETRENNT- UND ZUSAMMENSCHREIBUNG	Ein Wochenende im Weltall	**292**
	Einmal zusammen, immer zusammen?	293
	Zu-mutungen	294
	Wieder ist nicht wieder	295

NACHSCHLAGEN

GLOSSAR	**296**
SPRECHEN UND SCHREIBEN	**304**
UMGANG MIT TEXTEN	**305**
NACHDENKEN ÜBER SPRACHE	**308**
VERZEICHNISSE	**312**
REGISTER	**318**

Wendepunkte

Mit anderen fühlen

Denk immer an heut nachmittag* *Gabriele Wohmann*

„Eine halbe Stunde Fahrt auf der Hinterplattform", sagte der Vater, „wieder was Schönes zum Drandenken."
Die Bahn ruckelte durch die dunklen feuchten Gäßchen von Gratte. Spätnachmittags, die Zeit, in der noch einmal alle Frauen ihre Einkaufstaschen zu den Krämern trugen, in die Auslagen der engen Schaufenster starrten und wie im Gebet die Lippen bewegten, während sie die Münzen in ihren klebrigen Portemonnaies zählten. Die letzten Minuten, bevor die Kinder endgültig hinter den schartigen Hausmauern verschwänden, ehe die Männer auf ihren Motorrädern in das Delta der Gassen donnern würden. Das Kind hielt die Messingstange vor der Fensterscheibe fest, aber immer wieder rutschte die glatte Wolle seiner Handschuhe ab.
„Wie im Aussichtswagen. Lauter lustige Dinge", sagte der Vater. „Du kannst immer dran denken: wie lustig war's doch, als wir plötzlich bei Wickler im Fenster die Mannequins entdeckten und als der Vater sagte: schön, wir fahren eine Bahn später. Die hübschen Mannequins, weißt du's noch?"
„Ja", sagte das Kind. Seine Knie spürten den Koffer.

Zum Bild:
Peter Weiss: Menschen in der Straßenbahn II, 1934.

* Text in alter Rechtschreibung

Sprechen und Schreiben

Situationsbestimmung/Inhaltsangabe

Die Bahn fuhr jetzt durch eine Straße mit eckigen unfrisierten Gärtchen, und Gratte sah nur noch wie ein dicker dunkler Pickel aus. Dann Bäume, die meisten noch kahl, eine Bank mit einem Mädchen, das die Fingernägel reinigte, gekrümmte nackte Kiefernstämme in sandigen Kahlschlägen.

„Der Wald von Laurich", sagte der Vater, „er zieht sich bis zu deinem Schulheim. Ihr werdet ihn wahrscheinlich oft zu sehen bekommen, Spiele im Wald veranstalten, Schnitzelversteck und was weiß ich, Räuberspiele, Waldlauf."

Ein fetter Junge auf dem Fahrrad tauchte auf und hetzte in geringem Abstand hinter der Bahn her. Sein schwitzendes bläuliches Gesicht war vom Ehrgeiz verunstaltet, die farblose dicke Zunge lag schlaff auf der Unterlippe. „Zunge rein", rief der Vater und lachte. „Ob er's schafft? Was meinst du?" „Ich weiß nicht", sagte das Kind.

„Ach, du Langweiler", sagte der Vater.

Das Kind merkte mit einer geheimen Erregung, daß seine Augen jetzt schon wieder naß wurden; das Fahrrad, der hechelnde schwere Körper und das besessene Gesicht des Jungen schwammen hinter der Scheibe.

Mit gekränkter Stimme sagte der Vater: „Und vergiß nicht die Liebe deiner Mutter. Sie ist dein wertvollster Besitz. Präge es dir ein. Vergiß nicht, wie lieb sie dich hatte, und handle danach. Tu nur, was sie erfreut hätte. Ich hoffe sehr, du kannst das behalten."

Immer größer wurde der Abstand zwischen dem Fahrrad und der Plattform, aber obwohl keine Aussicht mehr bestand, in diesem Wettbewerb zu gewinnen, gab der Junge nicht auf.

„Siehst du", sagte der Vater, „der läßt nicht locker." Seine Stimme war stolz und fast zärtlich.

Das Kind sah in das fleckige Gesicht des Jungen, aus dem die Zunge sich plötzlich listig reckte, zugespitzt, blaß zwischen den weißen verzogenen Lippen. Der Vater lachte: „Siehst du, jetzt streckt er dir die Zunge raus! Vielleicht ist es sogar ein Lauricher, ein zukünftiger Kamerad. Dann würdest du schon einen kennen."

Sie sahen von der Plattform aus die hellgrün gestrichenen Gebäude vor dem Ulmenwäldchen, alles sah doch anders aus als auf den Bildern des Prospekts. Sie gingen zwischen Äckern den großen Gebäuden entgegen. „Wie freundlich das daliegt", sagte der Vater. „Zu meiner Zeit waren Schulen noch nicht so nett. Da, der Sportplatz! Ich hoffe sehr, du wirst hier allmählich Spaß am Sport bekommen. Richtige Muskeln, weißt du. Du mußt sonst auf sehr viel Gutes im Leben eines Mannes verzichten."

Ein hoher Drahtzaun umschloß den Platz. Eine Horde von Kindern, die aus der Entfernung einheitlich schwarz wirkte, rannte und stieß und schrie planlos durcheinander, und ab und zu erhob sich plump und dunkel ein eiförmiger Ball, einem kranken Vogel ähnlich, über die Masse der Köpfe.

„Komm", sagte der Vater und griff nach der Hand des Kindes, „komm, wir

eilen uns ein bißchen, vielleicht können wir noch sehen, wer gewinnt."
Durch die Handschuhwolle spürte das Kind den Wärmestrom. Es hatte Lust, den Handschuh auszuziehen, aber es regte seine Finger nicht. Von neuem schwoll das Nasse in seinen Augen, es war ein Gefühl, als wollten die Augen selbst aus der Spange der Lider platzen. Das Nasse schmierte die Gebäude, den Sportplatz, das Gewimmel der Kinder in eine mattglasige Einheit, aus der jetzt der Ball wieder schwarz und träge in den Himmel aufstieg; und dann sah es nichts mehr, gar nichts, es hörte die kreischenden Rufe, los, los, vorwärts, es spürte die Hand seines Vaters und roch den fauligen dumpfen Abendgeruch der aufgeworfenen Erde, aber es sah nichts mehr, sodaß es nur die Erinnerung an den hochtorkelnden Ball festhielt. Es ließ den Ball sich höher hinaufschrauben, es ließ ihn nicht wieder zurückfallen zwischen die stoßenden und wetzenden Beine, es schraubte ihn so hoch, bis es sich nicht mehr vorstellen konnte, daß er wieder auf die Erde zurück müßte.

„Behalte all das in Erinnerung", sagte der Vater. „All das Schöne und Liebe, das deine Mutter und ich dir zu geben versucht haben. Und wenn's mal trübe aussehen sollte, denk zum Beispiel an heut nachmittag. Das war doch wie ein richtiger lustiger Ausflug. Denk immer an heut nachmittag, hörst du? An alles, an die Wäffelchen, an Wicklers Schau, die Plattform, an den Jungen auf dem Fahrrad. Hörst du?"

„Ja", sagte das Kind.

Gegen seinen Willen mußte es feststellen, daß die Augen wieder ordentlich und klar zwischen den Lidern saßen.

Sie waren jetzt nah am Sportplatz, die quadratischen Maschen des Zaungitters lösten sich einzeln aus dem Dunkelgrau, in das wie eine gegorene, von Würmern geschwollene Pflaume der Ball zurückklatschte.

Nun erst fiel ihm auf, daß es noch nie daran gedacht hatte, seinen Vater zu bedauern.

1. Erläutert die Situation, in der sich Vater und Sohn befinden.
2. Fasst den Inhalt der ▶ **Kurzgeschichte** in einem Satz zusammen.
3. Untersucht das Gespräch auch im Hinblick auf die Gesprächsanteile. Beachtet die ▶ **verbale** und ▶ **nonverbale Kommunikation.** Welche Sprecherabsichten sind deutlich zu erkennen?
4. Verfasst einen Brief, den der Junge abends an seinen Freund geschrieben haben könnte.

Nachts schlafen die Ratten doch *Wolfgang Borchert*

Das hohe Fenster in der vereinsamten Mauer gähnte blaurot, voll früher Abendsonne. Staubgewölke flimmerte zwischen den steil gereckten Schornsteinresten. Die Schuttwüste döste.
Er hatte die Augen zu. Mit einmal wurde es noch dunkler. Er merkte, dass jemand gekommen war und nun vor ihm stand, dunkel, leise. Jetzt haben sie mich! dachte er. Aber als er ein bisschen blinzelte, sah er nur zwei etwas ärmlich behoste Beine. Die standen ziemlich krumm vor ihm, sodass er zwischen ihnen hindurchgehen konnte. Er riskierte ein kleines Geblinzel an den Hosenbeinen hoch und erkannte einen älteren Mann. Der hatte ein Messer und einen Korb in der Hand. Und etwas Erde an den Fingerspitzen.
Du schläfst hier wohl, was? fragte der Mann und sah von oben auf das Haargestrüpp herunter.
Jürgen blinzelte zwischen den Beinen des Mannes hindurch in die Sonne und sagte: Nein, ich schlafe nicht. Ich muss hier aufpassen.
Der Mann nickte: So, dafür hast du wohl den großen Stock da?
Ja, antwortete Jürgen mutig und hielt den Stock fest.

Worauf passt du denn auf?

Das kann ich nicht sagen. Er hielt die Hände fest um den Stock.

Wohl auf Geld, was? Der Mann setzte den Korb ab und wischte das Messer an seinem Hosenboden hin und her.

Nein, auf Geld überhaupt nicht, sagte Jürgen verächtlich. Auf ganz etwas anderes.

Na, was denn?

Ich kann es nicht sagen. Was anderes eben.

Na, denn nicht. Dann sage ich dir natürlich auch nicht, was ich hier im Korb habe. Der Mann stieß mit dem Fuß an den Korb und klappte das Messer zu.

Pah, kann ich mir denken, was in dem Korb ist, meinte Jürgen geringschätzig, Kaninchenfutter.

Donnerwetter, ja! sagte der Mann verwundert, bist ja ein fixer Kerl. Wie alt bist du denn?

Neun.

Oha, denk mal an, neun also. Dann weißt du ja auch, wie viel drei mal neun sind, wie?

Klar, sagte Jürgen, und um Zeit zu gewinnen, sagte er noch: Das ist ja ganz leicht. Und er sah durch die Beine des Mannes hindurch. Drei mal neun, nicht? fragte er noch einmal, siebenundzwanzig. Das wusste ich gleich.

Stimmt, sagte der Mann, und genauso viel Kaninchen habe ich.

Jürgen machte einen runden Mund: Siebenundzwanzig?

Du kannst sie sehen. Viele sind noch ganz jung. Willst du?

Ich kann doch nicht. Ich muss aufpassen, sagte Jürgen unsicher.

Immerzu? fragte der Mann, nachts auch?

Nachts auch. Immerzu. Immer. Jürgen sah an den krummen Beinen hoch. Seit Sonnabend schon, flüsterte er.

Aber gehst du denn gar nicht nach Hause? Du musst doch essen.

Jürgen hob einen Stein hoch. Da lag ein halbes Brot. Und eine Blechschachtel.

Du rauchst? fragte der Mann, hast du denn eine Pfeife?

Jürgen fasste seinen Stock fest an und sagte zaghaft: Ich drehe. Pfeife mag ich nicht.

Schade, der Mann bückte sich zu seinem Korb, die Kaninchen hättest du ruhig mal ansehen können. Vor allem die Jungen. Vielleicht hättest du dir eines ausgesucht. Aber du kannst hier ja nicht weg.

Nein, sagte Jürgen traurig, nein, nein.

Der Mann nahm den Korb hoch und richtete sich auf. Na ja, wenn du hier bleiben musst – schade. Und er drehte sich um.

Wenn du mich nicht verrätst, sagte Jürgen da schnell, es ist wegen der Ratten.

Die krummen Beine kamen einen Schritt zurück: Wegen der Ratten?

Ja, die essen doch von Toten. Von Menschen. Da leben sie doch von.
Wer sagt das?
Unser Lehrer.
Und du passt nun auf die Ratten auf? fragte der Mann.
Auf die doch nicht! Und dann sagte er ganz leise: Mein Bruder, der liegt nämlich da unten. Da. Jürgen zeigte mit dem Stock auf die zusammengesackten Mauern. Unser Haus kriegte eine Bombe. Mit einmal war das Licht weg im Keller. Und er auch. Wir haben noch gerufen. Er war viel kleiner als ich. Erst vier. Er muss hier ja noch sein. Er ist doch viel kleiner als ich.
Der Mann sah von oben auf das Haargestrüpp. Aber dann sagte er plötzlich: Ja, hat euer Lehrer euch denn nicht gesagt, dass die Ratten nachts schlafen?
Nein, flüsterte Jürgen und sah mit einmal ganz müde aus, das hat er nicht gesagt.
Na, sagte der Mann, das ist aber ein Lehrer, wenn er das nicht mal weiß. Nachts schlafen die Ratten doch. Nachts kannst du ruhig nach Hause gehen. Nachts schlafen sie immer. Wenn es dunkel wird, schon.
Jürgen machte mit seinem Stock kleine Kuhlen in den Schutt. Lauter kleine Betten sind das, dachte er, alles kleine Betten.
Da sagte der Mann (und seine krummen Beine waren ganz unruhig dabei): Weißt du was? Jetzt füttere ich schnell meine Kaninchen und wenn es dunkel wird, hole ich dich ab. Vielleicht kann ich eins mitbringen. Ein kleines oder was meinst du? Jürgen machte kleine Kuhlen in den Schutt.
Lauter kleine Kaninchen. Weiße, graue, weißgraue.
Ich weiß nicht, sagte er leise und sah auf die krummen Beine, wenn sie wirklich nachts schlafen.
Der Mann stieg über die Mauerreste weg auf die Straße. Natürlich, sagte er von da, euer Lehrer soll einpacken, wenn er das nicht mal weiß.
Da stand Jürgen auf und fragte: Wenn ich eins kriegen kann? Ein weißes vielleicht?
Ich will mal versuchen, rief der Mann schon im Weggehen, aber du musst hier so lange warten. Ich gehe dann mit dir nach Hause, weißt du? Ich muss deinem Vater doch sagen, wie so ein Kaninchenstall gebaut wird. Denn das müsst ihr ja wissen.
Ja, rief Jürgen, ich warte. Ich muss ja noch aufpassen, bis es dunkel wird. Ich warte bestimmt. Und er rief: Wir haben auch noch Bretter zu Hause. Kistenbretter, rief er.
Aber das hörte der Mann schon nicht mehr. Er lief mit seinen krummen Beinen auf die Sonne zu. Die war schon rot vom Abend und Jürgen konnte sehen, wie sie durch die Beine hindurchschien, so krumm waren sie. Und der Korb schwenkte aufgeregt hin und her. Kaninchenfutter war da drin. Grünes Kaninchenfutter, das war etwas grau vom Schutt.

Sprechen und Schreiben

Situationsbestimmung / Inhaltsangabe

5. Erläutert die Situation, die der Kurzgeschichte zu Grunde liegt.
6. Wodurch erlangt der Mann beim Jungen Offenheit und Vertrauen?
7. Welche Absichten hat der Mann? Schreibt das Gespräch zwischen dem Mann und dem Vater des Jungen beim Zurückbringen des Neunjährigen und spielt es.
8. Verfasst eine kurze Inhaltsangabe zu der Kurzgeschichte, die die Situation, das Verhalten und die Absichten der beiden Personen berücksichtigt.

INFO-BOX

Wenn ihr im Kino wart, wenn ihr ein Buch gelesen habt, wenn ihr eine interessante Geschichte kennt – häufig kommt ihr in die Situation, einen Inhalt einem anderen Menschen zu vermitteln. Die ▶ **Inhaltsangabe** kann mündlich oder schriftlich erfolgen – es gelten immer die gleichen Grundregeln:

- Formuliert die Inhaltsangabe im Präsens.
- Ahmt dabei den sprachlichen Stil der Vorlage nicht nach.
- Verzichtet auf die ▶ **wörtliche Rede** (direkte Rede) und benutzt, wenn nötig, die ▶ **indirekte Rede**. Benennt stattdessen besser das Verhalten der Personen.
- Rückblenden, Einschübe und Perspektivenwechsel der Vorlage werden nicht übernommen. Ziel ist eine möglichst übersichtliche Darstellung.
- Beschreibt nur das Wesentliche, die Grundzüge der Handlung in einem sehr kurzen und genauen Text.
- Formuliert neutral und distanziert. Bewertungen und eigene Gefühlsäußerungen gehören nicht in eine Inhaltsangabe.
- Informiert sachlich besonders über den Autor, den Titel, die Textart und das Thema. Auch Ort und Zeit des Geschehens und die Hauptpersonen sollen schon am Anfang genannt werden.

Sechzehn Jahre   *Erich Junge*

Martin kam herein und legte das Taschenmesser auf den Tisch. Es war ein schönes Messer, mit dunkelbraunen Hornplatten, einer großen Klinge, einer kleinen Klinge, einem Korkenzieher und einem Glasschneider.
„Gefällt es dir?", sagte Martin.
„Es ist ein fabelhaftes Messer", sagte Bastian, „ich hätte selbst kein besseres finden können, ein ganz prima Messer ist das." Er wog es in der Hand, öffnete es und prüfte die Schneide der langen, glänzenden Klinge.
„Du kannst es gebrauchen?", sagte Martin.
„Natürlich", sagte Bastian und blickte zur Seite. „Ist noch etwas übrig geblieben?", fragte er.
„Hier sind zwei Mark dreißig", sagte Martin, „es hat zwei Mark siebzig gekostet."
„Dann wollen wir gehen", sagte Bastian.
„Du bist also noch immer fest entschlossen?"
„Ich mache mich nicht lächerlich", sagte Bastian. „Ich habe den Entschluss gefasst, und nun führe ich ihn aus."
Seine Mutter kam herein. „Mama", sagte er und küsste sie auf die Stirn, „ich geh noch ein bisschen fort, mit Martin." Er war fast einen Kopf größer als seine Mutter. Er legte seinen Kopf in ihr Haar, schönes, weiches, braunes, mütterliches Haar. Ihm war für eine kurze Zeit schwach zumute.
„Leb wohl, Mama", sagte er.
„Bleib nicht so lange!", rief sie. Das hörte er nicht mehr.
Es regnete ein bisschen, und die Steine der Straße waren vom Regen gefleckt. Die Luft roch nach nassem, spätem Sommer. An der Straßenbahnhaltestelle stand eine Menge Leute; sie warteten auf die Bahn.
Nachher, zwischen den vielen Leuten, auf dem Perron, wo es zugig war und nach nassen Mänteln und kaltem Rauch roch, sagte Bastian: „Hast du sie mal gesehen?"
„Gestern", sagte Martin. „Sie sah gar nicht gut aus. Ich fand, dass sie miserabel aussah."
„Was hatte sie an?", fragte Bastian.
„Den blauen Mantel und das rote Kopftuch. Aber sie sah wirklich miserabel aus."
„Hast du sie gesprochen?"
„Nein", sagte Martin, „sie kam auf mich zu, und ich bin schnell weitergegangen. Ich habe so getan, als ob ich sie nicht sähe."
„Das war gut", sagte Bastian.
Es regnete stärker. Und die Scheiben waren beschlagen. Und ein ganz junges Mädchen malte mit spitzem Zeigefinger einen Namen auf die beschlagenen Scheiben. Aber sie wischte ihn ganz schnell wieder weg. Als sie draußen

waren und die abschüssige Straße zum Hafen hinuntergingen kam der Wind stärker auf. Der Regen ließ nach.

„Willst du denn noch immer?", fragte Martin. „Ich finde, es lohnt sich eigentlich gar nicht. War es denn so schlimm, was sie getan hat?"

Sie blieben stehen, vor einem Haus. In dem Haus kochte jemand Wäsche, im Keller. Der weiße Dampf kroch durch die Eisenroste des Kellerfensters hervor und strich in Schwaden über die Straße.

„Ich liebe sie", sagte Bastian. „Sieh mich an und sag, dass ich lüge!" „Klar liebst du sie. Aber sie liebt dich doch auch. Mädchen tun manchmal so etwas, nur um einen ein bisschen eifersüchtig zu machen."

Sie gingen weiter. Sie sprachen nicht mehr. Die abschüssige Straße hinunter gingen sie, sechzehnjährig, in grünen, verschossenen Lodenmänteln, hinunter zum Hafen.

„Es ist also abgemacht", sagte Martin.

„Klar", sagte Bastian, „so wie wir es besprochen haben."

Sie gingen in die Wirtschaft „Zur ewigen Lampe". Über der Theke brannte eine trübe Funzel. „Zwei Korn", sagte Bastian. Sie setzten sich. Es war ganz leer. Der Wirt kam hinter der Theke hervor. Bevor er die Gläser auf den Tisch stellte, wischte er sie an seiner blauen, speckigen Schürze ab. Der Korn war hell und durchsichtig wie Wasser. Er brannte im Hals. Sie tranken noch einen. Bastian fühlte ein Zittern in den Knien. „Geben Sie uns den Koffer", sagte Martin, als er bezahlte. „Ich habe heute Morgen einen Koffer hier untergestellt."

„Einen Koffer", sagte der Wirt.

„Ja", sagte Martin, „Sie erinnern sich doch, einen braunen Koffer, mit einem Lederriemen umschlossen."

„Da", sagte der Wirt. Er holte den Koffer unter der Theke hervor. Sie gingen nach draußen. Es war schon fast dunkel. Auf dem Wasser schwammen Papierreste, Holzstücke und große, bunt schillernde Ölflecke. Eine Sirene schrie. Und der Wind knarrte in den Takelagen der Schiffe. „Es ist doch ein Finne", sagte Bastian.

„Ja", sagte Martin, „es ist eine finnische Reederei. Ich habe gehört, dass er gegen acht auslaufen soll. Ein Matrose hat es heute Morgen erzählt. Sie gehen nach Malmö und dann rauf nach Helsinki."

„Jetzt ist es dunkel", sagte Bastian. „Ich glaube, ich muss jetzt rüber."

„Wenn du wirklich willst, musst du jetzt wohl rüber", sagte Martin. Sie stiegen in das kleine Boot, das Martin am Morgen besorgt hatte. Bastian setzte

sich vorn hin, Martin hinten. Martin ruderte. Das Boot schaukelte stark, und
es dauerte eine Weile, ehe sie von der Mauer loskamen.
„Ich möchte ihr Gesicht sehen", sagte Bastian plötzlich, „ihr Gesicht, wenn sie
es erfährt." Und nach einer Weile: „Ob sie sich was antun wird?" „Sie liebt
dich doch", sagte Martin. Er ruderte schwer gegen den Wind und gegen das
Wasser, das immer zur Mauer drängte. Dann schwiegen sie. Ihre Gesichter
waren bleich. Es war so dunkel, dass ihre Gesichter wie weiße Flecken in der
Dunkelheit lagen.
Der Schiffsrumpf war groß und schwarz und schien bis in den Himmel zu
reichen. Bastian fasste nach der Strickleiter, die vor seinen Händen hin und
her schwang. Das Schiff hatte einen neuen Anstrich bekommen. Die Leiter
war noch nicht eingezogen. Martin reichte Bastian den Koffer.
Er sagte mit abgewandtem Gesicht: „Aber das Messer kannst du doch gut
gebrauchen." Er sagte es, nur um etwas zu sagen. „Es ist ein fabelhaftes Messer", sagte Bastian. – Jetzt fiel es ihm schwer, dass er kaum sprechen konnte.
Er gab Martin den Brief. Beinahe wäre der Brief ins Wasser gefallen.
„Gib ihn ihr morgen", sagte er. „Morgen bin ich schon weit."
Es kamen ihm Tränen. Er wollte die Tränen nicht zeigen. Er wandte sich ab
und stieg langsam nach oben. Das Schiff roch nach Teer. Einen Augenblick
lang war ihm übel. Er schluckte.
„Hör zu!", rief Martin, „sie haben hinter dem Eingang, wo es zum Maschinenraum runtergeht, einen kleinen Verschlag, da liegen Taue und Ketten und
Segelplane. Ich habe den Matrosen ausgehorcht heute Morgen. Ich würde da
reingehen an deiner Stelle!" „Das ist gut", sagte Bastian, „das ist bestimmt
gut." Er war schon ein Stück auf der Leiter und nach oben geklettert und
nicht mehr zu sehen. Nur wenn er nach unten blickte, sah Martin den weißen Fleck. Bastians Gesicht.
Dann trieb das Boot ab.
Als Martin in die „Ewige Lampe" kam, war der Raum voller Rauch und
Lärm. Martins Mantel war nass. Ein starker Regenschauer hatte ihn noch auf
dem Wasser überrascht.
Es saßen ein paar Männer an den Tischen. Ein Neger war darunter. Martin
erkannte ihn sofort wieder. Er war Koch auf dem Finnen. „Mister Jim", sagte
der speckige Wirt hinter der Theke zu dem Neger, „es ist Zeit, Sie müssen an
Bord."
„Hallo!", sagte Martin.
„Hallo!", winkte der Neger.
„Herr Wirt, zwei Korn, für Mister Jim und für mich", sagte Martin. Der Wirt
brachte den Korn. Martin schob beide Gläser dem Neger hin.
„Good", lachte der Neger. Dann gingen sie zusammen nach draußen. „Allright", sagte der Neger, als er ins Boot stieg, und dann hörte Martin das leichte Klatschen der Ruder im Wasser. Martin lehnte sich gegen den Schuppen.

Sprechen und Schreiben

Handlungsablauf/Inhaltsangabe

Der Wind traf ihn dann nicht so stark. Auf dem Finnen hatten sie Positions- 125
lichter gesetzt, und die beiden Hafenschlepper drehten mit halber Kraft bei.
Es dauerte nicht sehr lange, da kam das Boot zurück. Was ihm sofort auffiel,
war, dass Bastians Gesicht merkwürdig entspannt war. Es hatte die krankhaf-
te Blässe verloren. „Dieser Nigger", sagte Bastian, „dieser verdammte Nigger.
Jetzt glaube ich es, dass Neger einen sechsten Sinn haben. Die riechen so 130
etwas."

„Hat er dich rausgeholt?", fragte Martin.

„Ja, er tat so, als ob er etwas in dem Verschlag suchte. Aber ich habe genau
gefühlt, dass er mich suchte. Der hat mich bestimmt gerochen."

„Du hast Pech gehabt", sagte Martin. „Es war ausgesprochenes Pech." 135

„Glaubst du?"

„Ja, es war nur Pech, einfach Pech."

„Aber er war doch ein anständiger Kerl. Er ist nicht mit mir zum Kapitän
gegangen, hat mich gleich wieder zurückgerudert."

„Du hast keine Schuld", sagte Martin. „Du hast deinen Entschluss ausgeführt, 140
bis zur letzten Konsequenz. Dass es nicht geklappt hat, war nicht deine
Schuld."

„Weißt du", sagte Bastian plötzlich, und sein Gesicht war überhaupt nicht
mehr blass, und es sah nicht mehr unglücklich, sah beinahe glücklich aus.
„Weißt du, als ich in dem Verschlag hockte, da musste ich immer daran den- 145
ken, dass du mir erzählt hattest, sie hätte miserabel ausgesehen. Immer musste ich daran denken. Warum, meinst du, hat sie so schlecht ausgesehen?"

„Sie liebt dich doch", sagte Martin.

„Ja", sagte Bastian, „das ist es wohl gewesen." „Der Brief", sagte Martin, „hier
ist der Brief." 150

„Gib ihn her", sagte Bastian. Er zerriss ihn und warf die Fetzen ins Wasser. Es
gab ein paar helle Flecke auf dem dunklen Wasser.

Sie standen noch eine Weile da, an den Schuppen gelehnt. Und die Schlepper
zogen den Finnen heraus, der erst nach Malmö wollte und dann nach Helsinki. 155

9. Woran kann man erkennen, dass der Text rund 50 Jahre alt ist?
10. Was erfahren wir über Bastians Bindung an seine Freundin und an sein Zuhause?
11. Entwerft für diesen Text einen tabellarischen Handlungsablauf, der die Orte, die Personen, die wichtigsten Handlungselemente und die Zeit(-dauer) angibt.
12. In der Geschichte wird ein wichtiges Gespräch nicht erzählt (S. 21). Ergänzt an dieser Stelle das Fehlende und behaltet die Erzählweise bei.
13. Beurteilt Martins Verhalten als Freund.
14. Verfasst eine Inhaltsangabe der Kurzgeschichte.

Fairness und Gewalt

Nesemann *Marie Luise Kaschnitz*

Das ist schon lange her, dieser Kindertag, von dem ich erzählen möchte, dieser Vorfrühlingstag, der im Garten begann mit dem gelben, unheimlich stechenden Feuer der Märzsonne und der mit einem andern Feuer endete spät am Abend, fast in der Nacht.

Ja, es ist lange her, dass wir in der kleinen Stadt wohnten und in dem Gärtchen spielten, das man uns Kindern ganz überlassen hatte, weil es so winzig und schäbig war und weil außer zwei kleinen Birkenbäumen und ein paar Stachelbeerbüschen nicht das Geringste in ihm wuchs. Es ist so lange her, dass ich fast alles aus jener Zeit vergessen habe. Aber diesen Tag werde ich wohl immer im Gedächtnis behalten, ob ich will oder nicht.

Wenn ich mich an ihn erinnere, sehe ich den Garten vor mir und das helle Grün der Birkenzweige und das große, schön geschwungene M aus Brunnenkresse auf meinem eigenen Beet. Ich sehe meine Schwester Bea, die auf der Schaukel sitzt und liest und sich ein wenig hin- und herstößt und mit ihren Absätzen die Erde aufhackt. Ich sehe meinen kleinen Bruder, der im Sandkasten hockt und mit einem zerbrochenen Hufeisen herumstochert in dem schmutzigen gelben Sand. Und dann geht es klipp, klapp von der Stalltüre her, und der Bursche Nesemann führt das dicke Pferdchen heraus. An dem dicken Pferdchen hängt das Wägelchen, das Wännchen, das nur zwei große Räder hat, und in das Wännchen steigt meine Mutter und hebt das Peitschchen und kitzelt mit der feinen weißen Quaste das Pony am Hals. „Dürfen wir mitfahren?", rufen Bea und ich wie aus einem Munde, aber wir wissen schon, wir dürfen nicht, und fragen nur, um uns nichts zu vergeben, um unserm wilden Anspruch an das Leben Genüge zu tun. Und natürlich bekommen wir gar keine Antwort und auch keinen Gruß, nur dem kleinen Bruder winkt die Mutter noch zärtlich zu und ist schon verschwunden, so lieblich mit ihrem großen weißen Hut; und bloß der Nesemann steht noch da, riesengroß und schwarz mit seinem finstern, verschlossenen Gesicht. Danach ist alles anders als zuvor. Meine Gedanken, die dem Ponywagen nachgelaufen sind bis zur nächsten oder übernächsten Straßenecke, trotten auf dem heißen Pflaster zurück wie die Hunde, die nicht wissen wohin. Bea setzt die Schaukel in Bewegung, hoch hinauf fliegt sie, und das heisere Schluchzen, mit dem sich die eisernen Ringe in den Haken bewegen, beginnt den Garten mit schrecklicher Eindringlichkeit zu erfüllen. Und nun lässt Bea sich plötzlich in die Kniekehlen gleiten und schwingt, den Kopf nach unten, sodass ihre langen Haare über den Sand schleifen, und obwohl ich das schon oft gesehen habe, wird mir heute bei diesem Anblick schlecht. Ich lege mich vor meinem Beet auf den Bauch und lecke mit der Zunge über die Kresse hin, und dann reiße ich ganze Büschel aus und stopfe sie mir in den Mund, und es brennt alles wie Feuer, die runden grünen Blättchen und die weißen Würzelchen, und die gelben Sandkörner knirschen mir zwischen den Zähnen. Und die Tränen kommen mir in die Augen und bleiben in den Wimpern hängen, sodass ich nun in die Sonne schaue wie durch ein schönes, rotgoldenes Gespinst. Aufhören, denke ich, aufhören, und meine den Sonnenkeil, der sich mir in die Stirne bohrt, und meine die krächzende Schaukel und die langen Haare meiner Schwester, die über den Boden schleifen, hin und her, und die Schaufel, mit der der Riese Nesemann, zwei Schritte von mir entfernt, die Erde unter den Stachelbeerbüschen zerstört, die Schaufel, die funkelnagelneu ist, meerblauer Stahl, und die unaufhörlich auf- und abfährt und funkelt und blitzt …

„Was ist denn los?", fragt mürrisch der Riese, dessen Gesicht blauschwarz in den Baumkronen steht.

„Nichts ist los", sagt Bea und springt von der Schaukel und läuft auf die Straße hinaus.

„Nichts ist los", sage ich, „es ist heiß." Ich stehe wieder auf und backe dem kleinen Bruder drei schöne, weiße Kuchen, und dann mache ich mich daran, kleine Streifchen Rinde von den Birkenstämmchen abzuziehen, eines nach dem andern, glatte, schöne Schlangenhäutchen, die sich um den Finger wickeln, weiß und zart. Dabei vergeht die Zeit und vergeht auch nicht, weil nichts geschieht, nur dass nach einer Weile der Nesemann seine Arbeit beendet hat und nun wieder unbeweglich dasteht, auf die Schaufel gestützt, die großen, roten Hände am weißen Griff.

„Grab uns eine Grube!", sage ich.

„Was für eine Grube?", fragt der Nesemann.

„Einfach eine Grube", sage ich.

Der Riese sieht mich von oben an und sagt nichts. Aber nach einer Weile setzt er den Fuß auf das meerblaue Spatenblatt und tritt es tief in die Erde hinein. Und ich nehme die Hände von dem Birkenbäumchen und komme herüber und sehe zu, wie die groben Schollen von der Schaufel herausgehoben und umgedreht werden und sich auftürmen zu einem geraden, festen Wall. Und das Loch wird immer tiefer und der Wall immer höher auf allen Seiten, und etwas fremdes Kühles weht aus der Erde herauf. Schön rechtwinklig ist die Grube, und der Riese steht darin und ist nur bis zu den Knien und dann bis zu den Hüften zu sehen. Bea ist zurückgekommen, und der kleine Bruder ist aus seinem Sandkasten herausgeklettert, und wir stehen alle da und lachen, und Nesemann lacht auch. Ganz verwandelt ist er, weil er heute nicht in der dunklen Kammer steht und Kleider bürstet und Messer putzt, sondern Erde unter den Füßen hat und einen Spaten in der Hand. Weiß Gott, woran er denkt: an einen Torfstich, an ein rotes Haus zwischen Holunderbüschen, an eine Heimat, die niemand kennt. Er gräbt und klopft und gräbt und klopft und stampft unten die Erde glatt, und dann hebt er uns alle drei, auch den kleinen Bruder in das Loch und steht selber draußen und schaut sich seine saubere Arbeit an. Und ich bin jetzt ganz wach und fange an zu befehlen, ich kann das so gut wie meine Mutter. Meine helle Stimme klingt wie die Stimme meiner Mutter, und der Riese zuckt zusammen, wenn er sie hört.

„Jetzt noch ein Bänkchen", rufe ich. „Jetzt noch etwas oben darüber, ein Dach …"

Und Nesemann bringt Latten aus dem Stall und legt sie über die Grube, schön gerade nebeneinander. Da liegt das Licht wie ein Gitter auf dem Höhlengrund, und dieses Gitter wird immer enger, und die Kühle wird immer tiefer, ein Haus in der Erde, eine Schatzkammer, die sich schon anfüllt mit weißen Kieseln und seltsamen Dingen, wo es still ist, ganz still. Still soll es bleiben, keiner soll kommen, der Bub soll den Mund halten, der jetzt anfängt zu plärren und dessen kleines Gesicht so weiß wird in dem grünlichen Licht.

„Sei still, Wiwi!", flüstere ich. „Ich mache dir ein Bettchen, du sollst schlafen, sei still!"

Aber dem Buben ist es unheimlich dort unten, und er ist gewohnt, seinen Willen zu bekommen. Also fängt er jetzt an, mit den Beinen zu stoßen. Er tritt gegen die Erdwand mit seinen kleinen, festen Schuhen, und die Erdwand dröhnt, und es fällt ein bisschen feuchte Erde herab. Und Bea will die stampfenden Füßchen festhalten, aber sie lassen sich nicht festhalten, und es kommt immer mehr Erde, die uns allen auf die nackten Arme fällt und in den offenen Mund.

Das ist nicht schlimm, niemand soll kommen, der Bub soll still sein, ganz still. Aber er ist nicht still, er bäumt sich und brüllt wie verrückt, und ich muss eine Menge Erde ausspucken, und es rutscht immer mehr Erde von der Wand. Und draußen geht es klipp, klapp von den Ponyhufen, und Mutter schreit „Wiwi" und noch einmal „Wiwi" mit einem ganz verzweifelten Ton. Und dann reißt eine große, rote Hand die Sparren auseinander, und wir Kinder werden hinausgehoben in das heiße, grelle Licht. Ach, und die vielen Leute, die jetzt am Zaun stehen, um den Ponywagen herum!

„Was ist los?", fragen sie. „Was ist denn das, das sieht ja aus wie ein Grab."

Und Nesemann soll erklären, aber das tut er nicht, er ist stumm wie immer und sagt kein Wort und nimmt das dicke Pony am Kopfstück und führt es in den Stall. Und dann soll ich erklären, was geschehen ist, und ich sage: „Ich weiß es nicht." Und die Leute fragen: „Hat er euch da hineingesteckt?" und ich sage: „Ja." Denn wenn ich schon mein Haus nicht haben kann, mein kühles Erdhaus, so will ich wenigstens das haben, das Wichtigsein und das

Gefühl, das jetzt in mir aufsteigt, so fremd und süß, dieses dunkle Gefühl von Verhängnis und Schuld.

Denn jetzt treibt alles rasch dem Ende zu. Die Mutter kniet vor dem Bübchen, das noch immer hustet und die Augen verdreht und sich furchtbar anstellt und das Bübchen hat ihr den weißen Hut zerknittert und den Spitzenkragen angespien, aber sie kümmert sich nicht darum. Sie steht auf und geht umher und sieht alle Leute mit empörten und ratlosen Blicken an. „Ein Grab", sagt sie, „warum hat er ein Grab gegraben, aus welchen Gründen gräbt man ein Grab?" Und sie fügt hinzu: „Wenn nur mein Mann zu Hause wäre! Was soll ich jetzt tun?" – „Schicken Sie ihn zum Teufel!", sagt eine Stimme, und ich verstehe, dass von Nesemann die Rede ist, und ich weiß, dass ich jetzt etwas sagen müsste, aber ich sage nichts. Später werde ich ins Haus gebracht und muss meine Schularbeiten machen, und der Nachmittag ist sehr lang. Einmal, gegen Abend, schleiche ich mich ans Fenster im Schlafzimmer, wo man auf den Garten und den Stall sehen kann. Und da sehe ich, wie unten im Gärtchen der Nesemann die Grube zuschaufelt, ganz langsam und bedächtig, und dämmrig wird es schon, und wie ein riesiger Schattenmann bewegt er sich zwischen den Birkenbäumchen und der Stallwand hin und her.

Etwas wie Trauer umgibt ihn, aber das weiß ich jetzt erst in der Erinnerung, damals hat sich nur mein Herz zusammengekrampft, und ich wollte nicht wissen, warum. Am Abend kommt meine Mutter ins Kinderzimmer und fragt: „Was macht ihr?", aber nicht unfreundlich, und dann nimmt sie Bea und mich mit in ihr Zimmer, wo sie vor ihrem großen, sauberen Ausgabenbuch sitzt und mit ihrer schönen Pensionatsschrift schlanke, gerade Zahlen untereinander schreibt.

Auf dem Schreibtisch steht das Schlüsselkörbchen, das eigentlich gar kein Körbchen ist, sondern ein kippliges kleines Ding aus Brokat und neben dem Schreibtisch steht die große Petroleumlampe, deren Fuß aus Alabaster besteht. Ja, da sitzen wir, Bea und ich, auf dem Teppich, und um uns herum sind Stöße von Rechnungen, die wir nach den Buchstaben ordnen müssen und in die wir dann runde Löcher hineinknipsen dürfen. Das Licht der Lampe fällt auf den Teppich und auf das seltsame Muster an seinem Rande, auf diese Gestalt, die ein Männchen, aber zugleich auch ein Riese ist, der einmal mit dem Kopf nach außen und einmal mit dem Kopf nach innen steht und zu dessen Schultern immer zwei Tiere aufsteigen, Fabeltiere, ihm untertan. Da sitzen wir und betrachten den Riesen und die Fabeltiere und zupfen ein wenig Wolle aus dem Teppich. Und es wäre ganz gemütlich, wenn die Mutter nicht so unruhig wäre und immer wieder horchte, ob der Vater noch nicht zurückkommt, und aufspränge und zum Fenster liefe oder an die Türe, obwohl doch alles still ist und man gar nichts hört, nicht einmal das Fegen und Quietschen der Messerputzmaschine nebenan.

„Wo ist der Nesemann?", frage ich plötzlich, und der Locher fällt mir aus der Hand, und die weißen Papierblättchen fliegen wie Schneeflocken überall im Zimmer herum.

„Ihr seid zu nichts zu gebrauchen", sagt meine Mutter ärgerlich. Und dann fordert sie mich auf, das Kassettchen zu holen, das für den Fall eines Einbruchs immer ganz hinten unter dem Sofa steht; und ich freue mich darüber, weil das Kassettchen so schön mit einem glatten, festen Sprung aufgeht und weil es innen feuerrot angestrichen ist. Ich springe auf und will zum Sofa hinüberlaufen und stoße an etwas, ja, jetzt fällt etwas um, das einen riesigen feurigen Schein macht mitten im Zimmer, und dann weht es wie feurige Lappen, und man muss husten. Und meine Mutter steht plötzlich in der Türe und schreit ...

„Nesemann", schreit meine Mutter, und schon kommt auch der Nesemann zur Tür herein, und trotz aller Aufregung sehe ich sofort, dass er nicht mehr seine Dienerjacke, sondern einen komischen Anzug mit zu kurzen Ärmeln trägt. Und dann steht er mitten im Zimmer und packt alles, die feurigen Fetzen und die Lampe mit dem schimmernden Schirm, alles mit seinen bloßen Händen und fährt durch die Fensterscheibe mit seinen bloßen Händen und wirft das Feuer auf die Straße hinaus ...

Wenn ich soweit gekommen bin in meiner Erinnerung, stelle ich manchmal Betrachtungen an über die Grausamkeit der Kinder im Allgemeinen oder über meinen eigenen Verrat. Aber es kommt auch vor, dass ich über diese Dinge kein bisschen nachdenke, sondern in eine Art von Träumerei verfalle. Dann will mir dieser versunkene Tag vorkommen wie die Verkörperung einer dämonischen Jahres- und Lebenszeit und der Bursche Nesemann wie die Gestalt auf dem Teppich, wie ein finsterer und rettender Gott.

1. Erarbeitet eine mündliche Inhaltsangabe der Geschichte und berücksichtigt dabei die Regeln auf Seite 18.
2. Beschreibt das Verhalten der weiblichen Hauptfigur und bewertet es.
3. Versetzt euch in ihre Situation. Nehmt an, dass sie sich nicht traut, mit ihren Eltern ein Gespräch zu führen, und stattdessen der Mutter vor dem Zu-Bett-Gehen einen Brief schreiben will. Verfasst diesen Brief.
4. An einigen Stellen spricht der Ich-Erzähler in der Form des ▶ **inneren Monologes**. Welche Inhalte werden dadurch besonders deutlich?
5. Wie ist das Verhältnis der weiblichen Hauptfigur zu „Nesemann"? An welchen sprachlichen Mitteln kann man das erkennen?

Schluss mit lustig *Matthias Heinrich*

Als Schlägertyp kann man mich wirklich nicht bezeichnen, im Gegenteil. Zwar rieche ich, wenn Keilerei und Krawall sich anbahnen. Ich schnuppere die sich nähernde Gewalt, wie andere auf 200 oder 300 Meter eine Würstchenbude erschnuppern. Und das alles, ohne die Nase in den Wind zu heben. Für Schlägereien habe ich eine Art sechsten Sinn, aber nicht, um dabei mitzumischen, im Gegenteil. Normalerweise wechsele ich dann die Straßenseite, gucke in eine andere Richtung oder setze mich still auf meinen Platz in der Klasse. Es ist mir einfach zu blöd: dieses Anrempeln, Beinchen-Stellen und „Haste was gesagt?". „Hey, woher die schicke Jacke?", fragte mich Charly gestern nach der Schule. Wir standen beim Fahrradständer, Bertolt, Klaus und ich, und schon roch ich sie wieder, die kalte Luft des Streits. „Hey, antwortest du nicht, wenn der liebe Charly dich fragt?", tönte es gehässig durch den milden Junimittag. Der liebe Charly, dass ich nicht lache.

Kaum einer ist unbeliebter als Charly, unser Klassen-Brutalo, ein Streitsucher, ein Angeber, der aber tatsächlich zuschlägt. Er macht sich einen Spaß daraus, andere zu ärgern.

Vor zwei Wochen hat er bei meinem Fahrrad das Rücklicht abrasiert, einfach so. Charly fuhr hinter mir. Anstatt zu überholen, knallte er mir von hinten in die Karre, einfach so. „Hey, pass auf!", rief ich. „Kannst du nicht Platz machen, wenn ich komme?", lautete seine Antwort. Und peng! Erneut schlug er mit seinem Vorderrad gegen meinen Rückstrahler. „Lass das!", bat ich. „Kennst du die Rücklicht-Rasur?", schrie er zurück, holte mit dem Vorderrad einmal aus und fetzte mir mit einem kräftigen Schlag den Rückstrahler vom Schutzblech. Die Schraube riss aus dem Blech, das dünne Kabel hielt dem Angriff auch nicht stand und schon kollerte mein Rückstrahler über den Fahrradweg. Zu Hause habe ich es erzählt, meine Mutter hat sogar bei Charlys Eltern angerufen, aber das nutzte nichts. Die meinten nur, sie wollten sich in die kleinen Streitigkeiten unter den Kindern nicht einmischen. Mutter war empört und wusste sich nicht durchzusetzen. Vater gab mir abends zehn Euro für ein neues Rücklicht, aber für einen Streit mit Charlys Familie war er sich auch zu fein.

Und ich? Zwar hatte ich das Geld für einen neuen Rückstrahler, der auch schnell angebracht war, aber trotzdem wurmte mich das Ganze. Musste ich mir so etwas bieten lassen? Die Rücklicht-Geschichte passierte vor zwei Wochen.

Vor zwei Tagen war Jenny an der Reihe. Sie hatte sich bei Frau Bäumer über Charly beschwert, der sie in der Mathe-Stunde von hinten getreten, mit feuchten Papierkügelchen beworfen und der am Schluss der Stunde noch einen dummen Spruch über ihre Brüste abgelassen hatte. Leider konnte Frau Bäumer auf Jennys Klage nicht mehr ausführlich eingehen.

„Tut mir Leid, Jenny", sagte sie, „ich muss jetzt ganz schnell in die 12. Wir schreiben gleich eine Mathe-Klausur. Lass uns morgen darüber sprechen. Und du Charly, benimm dich!" Schon war sie draußen, die gute Frau Bäumer, aber Charly dachte nicht daran, sich zu benehmen.

In der nächsten Stunde, Englisch bei dem strengen Herrn Wegener, fehlte Jenny das Englischheft. „Ich habe es eben noch gehabt!", beteuerte sie. „Da bin ich ganz sicher."

Und während Herr Wegener schon mit Stirnrunzeln und aufgeschlagenem Notenbuch auf Jenny zukam, rief plötzlich Anke: „Charly hat doch eben an Jennys Tasche rumgefummelt. Komm, Charly, rück das Heft raus!" „Welches Heft? Ich weiß von keinem Heft!", wehrte sich Charly breit grinsend. Herr Wegener überlegte noch, ob er Jenny bestrafen oder Charly ins Kreuzverhör nehmen sollte, als Anke das Heft im Papierkorb fand. „Ist halt Müll, ist von Jenny", zischte Charly gehässig, aber

vorsichtshalber so leise, dass der Englischlehrer es nicht mitbekam. Typisch für Charly.
Vor zwei Wochen mein Rücklicht, vor zwei Tagen Jennys Heft, heute meine neue Jacke.

85 „Hey, Georgi-Boy, klaut deine Mama bei Karstadt oder beim Kaufhof, woher hast du den Fummel?" Ich sagte nichts und beugte mich zum Fahrrad herunter, um mein Schloss zu öffnen. Ich hasse Streit, dummen Streit mit irgendwelchen Idioten.
90 Ich fand es blöd, angemacht zu werden, nur weil ich eine neue Sommerjacke trug. Ich holte tief Luft, versuchte ruhig und cool zu bleiben, wollte gerade den Fahrradschlüssel ins Schloss stecken, um möglichst schnell nach Hause zu fahren.
95 Da bekam ich einen Stoß von der Seite, nicht sehr kräftig, eher ein kleiner Rempler, aber doch so überraschend, dass mir der Schlüssel aus der Hand glitt. Und schon ein zweiter Stoß, etwas härter jetzt, ausgehend von Charlys Schatten schräg
100 über mir.
Vor zwei Wochen das Rücklicht, vor zwei Tagen Jennys Heft, eben die Jacke, jetzt auch noch der Fahrradschlüssel. Das war zu viel. Ich richtete mich auf, nein genauer: Ich schnellte empor – mit
105 einem langen linken Arm und einer wütend geballten Faust, alle Kraft und allen Ärger legte ich in diesen Schlag. Er traf Charly auf der Oberlippe, sie platzte auf, Blut lief über sein Kinn.

Ich schnupperte die kalte Luft der Gewalt, und sie war mir immer noch so zuwider wie anderen der 110 Geruch von Fisch oder altem Fett. Denn eigentlich bin ich kein Schlägertyp, ich hasse Anmache und Gewalt. Den Fahrradschlüssel nahm ich vom Boden auf, öffnete das Schloss, rechnete jeden Augenblick mit Charlys wütender Reaktion, doch 115 nichts geschah.
Das Taschentuch am Mund versuchte er die Blutung zu stillen, ich stieg auf mein Rad, sagte nichts weiter und fuhr nach Haus. Charly hat mich seitdem in Ruhe gelassen, zum Glück, denn eigentlich 120 bin ich kein Schlägertyp, und wenn ich Gewalt sehe, wechsele ich die Straßenseite, weiterhin.

6. Zeigt auf, an welchen Stellen in dieser Geschichte von Gewalt die Rede ist, und beschreibt die unterschiedlichen Formen.
7. Habt ihr ähnliche Erfahrungen gemacht wie die in der Geschichte beschriebenen? Wie geht ihr mit ihnen um?
8. Bewertet das Verhalten der beteiligten Personen.
9. Wie kann man sich in einer solchen Situation anders verhalten? Schreibt entsprechende Spielszenen.
10. Einige Formulierungen werden im Text wiederholt und dienen damit als ▶ **Leitmotive**. Welche Wirkung haben solche Gestaltungsmittel?
11. Zeigt am Text den Unterschied zwischen innerer und äußerer Handlung.

Umgang mit Texten

Elemente der Textanalyse/Merkmale der Kurzgeschichte

> **INFO-BOX**
>
> Die ▶ **Kurzgeschichte** ist unter den literarischen Prosatexten eine wichtige Form. Diese Textform entwickelte sich in Deutschland vor allem ab 1945, sie hat ein Vorbild in der amerikanischen „short story". Die Kurzgeschichte ist ein kurzer und knapper Text, der lediglich einen Ausschnitt aus einem vielschichtigeren Geschehen zeigt, häufig sogar nur andeutet.
>
> Bekannte Autoren von Kurzgeschichten sind: Ilse Aichinger, Hans Bender, Wolfgang Borchert, Heinrich Böll, Gerd Gaiser, Wolfdietrich Schnurre, Gabriele Wohmann. Als berühmtester Autor amerikanischer Kurzgeschichten gilt Ernest Hemingway.

12. Handelt es sich bei dem Text „Schluss mit lustig" um eine Kurzgeschichte? Beantwortet die Frage auch im Hinblick auf die anderen Texte in diesem Kapitel.
13. Welche Menschen handeln in den Kurzgeschichten?
14. Wie ist die Sprache der Kurzgeschichten zu beschreiben?
15. Wie wird der Text eingeleitet, wie endet er?
16. Ist das Geschehen eindeutig? Was wird vom Leser erwartet?
17. Welche der folgenden Merkmale treffen zusätzlich zu den oben genannten auf Kurzgeschichten zu?

- ein offenes, zum Nachdenken anregendes Ende
- besonders vornehme und hochgestellte Persönlichkeiten
- alltägliche Sprache und Alltagssituationen
- eine Momentaufnahme, die das Geschehen verdichtet
- alltägliche Menschen wie du und ich, zum Teil in Entscheidungssituationen
- stark ausgeschmückte Handlung, viele Nebenhandlungen
- Konzentration auf Beispielhaftes
- vom Leser zu schließende Lücken
- eindeutige Gefühle und Aussagen
- mehrdeutiges Geschehen, das man erst verstehen muss
- szenisches Erzählen
- Wiedergabe von Bewusstsein
- innerer Monolog

OFFENES ENDE

Grausiges Erlebnis eines venezianischen Ofensetzers* *Alfred Andersch*

Giuseppe Rossi, der Ofensetzer und Kaminspezialist, war hereingekommen, gestern abend, in Ugos Bar, und hatte einen Grappa bestellt. Alle, die zu Ugos Bar gehörten, mochten Giuseppe gern, obwohl er etwas unheimlich aussah mit seinem bleichen mageren Gesicht und den schwarzen Rissen darin. Giuseppe hatte keine Falten im Gesicht, sondern Risse. Er sah aus wie einer, der viel mit Eisen arbeitet, vor allem aber sah er aus wie das Innere eines Kamins, wie eine dieser Höhlen, die bleich und verwischt sind und in deren Spalten und Mauerfugen sich der Ruß absetzt. Giuseppe kannte viele von diesen geheimen Gängen in Venedigs Häusern.

„Seit wann trinkst du denn Schnaps?" hatte Ugo ihn gefragt. „Kenn ich ja gar nicht an dir!" Alle sahen, wie Giuseppe sich schüttelte, nachdem er einen Schluck von dem Grappa getrunken hatte. „Mein ganzes Abendessen hab' ich heute wieder ausgekotzt", sagte er.

„Geh zum Doktor!" hatte Fabio gemeint, „wenn du was am Magen hast." Man kann es Giuseppe Rossi nicht ansehen, ob er krank ist, hatte er überlegt; er sieht so bleich aus wie immer.

„Ich war für heute nachmittag zu den Salesianern in San Alvise bestellt", sagte Giuseppe, anstatt Fabios Aufforderung zu beantworten.

„Hat das was mit deinem Unwohlsein zu tun?" fragte Ugo.

„An der Pforte erwartete mich einer, der war so groß wie du", sagte Giuseppe, zu Ugo gewendet. „Aber er sah ganz anders aus. Er sah aus wie der liebe Gott persönlich."

„Einen lieben Gott gibt's nicht", sagte Ugo gekränkt und beinahe wütend. Seine weiße Goliathschürze bewegte sich heftig, aber seine Pranken spülten die Gläser so zart wie immer. „Den hat's noch nie gegeben. Und wenn's ihn gibt, dann möchte ich nicht so aussehen wie der."

„Nachher hab' ich gemerkt, dass er der Prior ist", erzählte Giuseppe. „Er führte mich ins Refektorium und sagte mir, der Kamin zöge seit ein paar Wochen nicht mehr richtig, der Rauch drücke in den Saal. Als wir im Refektorium standen, kam der Kater herein", fügte er hinzu.

„Ein Kater?" fragte Fabio, verwundert, weil Giuseppe Rossi eine so alltägliche Sache so betont vorbrachte. „Ein gelbes Riesenvieh", antwortete Giuseppe. „Ich kann diese gelbe Sorte Katzen nicht leiden."

„Weil sie keine Weiber haben, die Schwarzen, haben die Katzen", sagte Ugo.

„Er strich erst um den Prior herum. Die Salesianer tragen diese glatten schwarzen Kutten. Es sind eigentlich keine Kutten, es sind Soutanen." Nachdenklich sagte er: „Die Salesianer sind sehr gelehrte Patres. Der Prior sah aus wie ein sehr gelehrter Herr."

„Ich denke, er sah aus wie der liebe Gott, den es gar nicht gibt?" warf Ugo spöttisch dazwischen.

„Ja, wie der liebe Gott und wie ein sehr gelehrter Herr. Er sah nicht aus wie…", Fabio bemerkte, dass Giuseppe einen Moment zögerte, „… wie Petrus."

„Aha", sagte Ugo, „und davon ist dir also schlecht geworden?"

„Aber nein", sagte Giuseppe. „Kannst du nicht warten?" Er war mit seinen Gedanken so sehr bei seiner Geschichte, daß er die Verachtung in Ugos Stimme überhaupt nicht bemerkte. „Der Kater", berichtete er, „strich einmal mit seinem ekelhaften Gelb um die Soutane des Priors herum und dann stellte er sich vor den Kamin und schrie mit seiner widerwärtigen Stimme den Kamin an. Natürlich

---
* Text in alter Rechtschreibung

habe ich zu diesem Zeitpunkt gar nicht darauf geachtet, es fiel mir erst nachher auf. Ich sah mir den Kamin an, es war kein richtiger, ganz offener Kamin mehr, sondern sie hatten einen dieser eisernen Ventilationskästen eingebaut und ihn nach oben dichtgemacht, bis auf eine Klappe über dem Feuerrost, der Kamin mußte also ziehen. Ich fragte den Prior, wie lange sie den Kasten schon drin hätten, und er sagte ‚Drei Jahre' und da sagte ich, dann wären wahrscheinlich nur die Rohre und die Öffnung, die durch die Mauer nach außen führe, hinter dem Kasten, verschmutzt. Er sagte, das habe er sich auch gedacht. Ich fragte ihn, was hinter der Mauer sei, und er antwortete ‚Der Rione' und die Öffnung sei mindestens drei Meter über dem Wasser in der Wand, man käme von außen nicht dran. Ich sagte, wenn das so sei, dann müsse ich den ganzen Kasten herausnehmen. Ich solle nur das machen, was ich für richtig halte, sagte er, aber ich solle mich beeilen, sie könnten kaum noch essen im Refektorium vor Qualm. Und während der ganzen Zeit, in der wir uns unterhielten, schrie das gelbe Vieh von Zeit zu Zeit vor dem Kamin herum. Wenn nicht dieser vornehme Pater Prior dabei gewesen wäre, hätte ich ihm einen Tritt gegeben."

Alle, die gerade in Ugos Bar waren, hörten jetzt Giuseppe zu. Der Ofensetzer trank den Grappa aus und schüttelte sich wieder. Ohne ein Wort zu sagen, schob Ugo ihm ein Glas Rotwein hin.

„Ich untersuchte den Kasten. Bei solchen Kästen sollte nur die Basis mit dem Feuerrost einzementiert sein und der Kasten soll darauf gesetzt und gut eingepaßt werden, so daß man ihn jederzeit abnehmen kann. Aber die meisten machen es falsch und schmieren auch um die untere Fuge des Kastens Zement. Stümper!" Er schwieg einen Augenblick erbittert, ehe er fortfuhr: „Ich fing also an, den Zementkranz unten wegzuschlagen. Der Prior war hinausgegangen, aber ein paar Mönche waren hereingekommen und sahen mir bei der Arbeit zu, weshalb ich den Kater nicht hinausjagen konnte, der sich ein paarmal wie ein Verrückter benahm und den glatten Eisenkasten hinauf wollte. Er war so groß wie ein Hund ..."

„... und so fett wie ein Schwein", unterbrach ihn Ugo. „Er war sicher so fett wie alle diese fetten, kastrierten Kloster-Kater." „Nein", sagte Guiseppe, „er war überhaupt nicht fett. Er war auch bestimmt nicht kastriert. Alles an ihm war Muskeln und er war so groß wie ein mittlerer Hund, und auf einmal bekam ich Angst vor ihm. Ich mußte ihn auf einmal ansehen, und als ich sein Gesicht sah und seine Muskeln, da sah ich, daß ich ihn nicht hätte verjagen können. In diesem Augenblick bemerkte ich, daß wieder der Pater Prior neben mir stand, obwohl ich nur seine Füße sehen konnte, denn ich kniete unter dem Kamin-Balken, und ich hörte, wie er sagte: ‚Was hat das Tier nur?' ‚Vielleicht wittert es Mäuse' – hörte ich einen von den Mönchen sagen. Ich mußte grinsen, da unten, in meinem Kamin, und ich wollte schon etwas sagen, aber der Prior nahm es mir ab. ‚Unsinn', sagte er, ‚wenn eine Katze Mäuse wittert, verhält sie sich ganz still.' Ich dachte, das ist nicht nur ein gelehrter Herr, sondern ein Mann, der wirklich etwas weiß. Man kann sehr gelehrt sein und doch nicht wissen, wie eine Katze sich benimmt, wenn sie ein Mäuseloch findet." „Mach weiter!" sagte Ugo. „Wir wissen schon, daß er der liebe Gott persönlich war."

„Ich hatte den Zementkranz bald losgeschlagen und richtete mich auf, um den Kasten herauszuheben, aber das war gar nicht so einfach, er war schwer und das Eisen war eingerostet, und ich brauchte eine ganze Weile, bis ich ihn richtig gelockert hatte. Während der ganzen Zeit stand dieses gelbe Vieh neben mir, ich sage, es stand, es saß nicht, wie eine normale Katze, die auf etwas wartet, sondern es stand auf gestreckten Beinen, und ich sah, daß es die Krallen herausgestreckt hatte. Ich bat einen der Mönche, mir zu helfen, den Kasten wegzurücken, und während wir ihn anfaßten und begannen, ihn zur Seite zu schieben, mußte ich nun doch dem Kater einen Tritt geben, weil er nicht von meinen Füßen wegging. Er flog ein paar Meter in den Saal hinein, richtete sich fauchend wieder auf und sah mich an, als wolle er sich auf mich stürzen." Giuseppe Rossi unterbrach sich. „Ich glaube, ich sollte doch nicht weitererzählen", sagte er. „Es ist zu unappetitlich."

„Wir sind hier alle sehr zart besaitet", sagte Ugo und blickte auf die Männer, die vor dem Bartisch standen. „Und vor allem haben wir es sehr gern, wenn einer mitten in einer Geschichte aufhört."

„Nun bring' schon die Leiche hinter deinem Kamin heraus!", sagte Fabio. „Wir sind darauf gefaßt."

„Keine Leiche", sagte Giuseppe. „Wir hatten also gerade den Kasten weggerückt, der Mönch und ich, da sah ich schon, daß die Luftöffnung nach draußen ganz verstopft war. Der Kamin konnte nicht mehr ziehen, so verstopft war sie. Mit Stroh und allerhand Dreck. Und ich merkte, daß sich etwas darin bewegte. Zuerst konnte ich nichts erkennen, weil der Luftschacht ganz dunkel war und von all dem Zeug, das sich darin befand, aber dann sah ich etwas Spitzes, Helles, was sich bewegte. Eine Rattenschnauze."

Er griff nach dem Weinglas, aber er trank nicht daraus, sondern setzte es nach einer Weile wieder auf die Zinkplatte des Tisches.

„Ich zog mich ein wenig zurück", fuhr er fort, „und war gerade dabei, dem Prior zu sagen, was ich bemerkt hatte, als der Kater auch schon heran war. Er schoß wie eine Kugel auf die jetzt freigelegte hintere Wand des Kamins zu, und ich dachte, er wäre mit einem Satz im Luftschacht drin, aber stattdessen bremste er ganz plötzlich ab und duckte sich unter dem Loch auf den Boden, er lag mit dem Bauch auf dem Boden, hatte seine Vorderpfoten ausgestreckt und den Kopf nach oben gerichtet, während sein Schwanz ganz gerade von ihm abstand. Er war völlig unbeweglich, und ich glaube, die Mönche und der Prior und ich, wir alle waren genauso erstarrt, denn im Eingang des Schachts war eine Ratte erschienen … eine Ratte, sage ich …"

Der Ofensetzer starrte auf die Wand hinter Ugo, und Fabio hätte sich nicht gewundert, wenn in seinen Pupillen das Doppelbildnis der Ratte, die er gesehen hatte, erschienen wäre.

„In meinem Beruf hat man häufig mit Ratten zu tun", sagte Giuseppe. „In meinem Beruf und in einer Stadt wie der unseren. Aber ihr dürft mir glauben, wenn ich sage, daß ich so ein Trumm von einer Ratte noch nie gesehen habe. Sie stand da oben, im Eingang ihres Lochs, und sie füllte das Loch völlig aus. Wie sie jemals hinter dem Ofen herausgekommen ist, – denn sie muß ja nachts herausgekommen sein –, ist mir völlig schleierhaft. Na, jedenfalls sie stand da oben, ihr Fell war nicht grau, sondern weiß, ein schmutziges, scheußliches Weiß, und der gelbe Kater stand unter ihr und stieß ein Knurren aus. Aber während ich nicht den Kopf wegdrehen konnte, sagte der Pater Prior zu einem der Mönche ‚Pater Bruno, holen Sie eine Schaufel!' Und er fügte hinzu ‚Schließen Sie die Türe, wenn Sie hinausgehen und wenn Sie wieder hereinkommen!' Ich muß schon sagen, der Mann hatte die Ruhe weg. Dann ging alles sehr schnell, und ich kann euch sagen, die schwarzen Soutanen der Mönche tanzten nur so an den weißen Wänden des Refektoriums entlang, als die Ratte herunterkam. Ich bin auch gesprungen, und nur der Pater Prior ist ganz ruhig stehengeblieben und sah sich die Sache an. Die Ratte machte zuerst einen Fluchtversuch, aber der Kater hatte natürlich ganz schnell seine Krallen in ihrem Rücken, und da entschloß sie sich und griff ihn an. Sie hatte einfach keine andere Wahl. Jetzt, wo sie im Saal war, konnte man sehen, wie groß sie war. Sie war natürlich nicht so groß wie der Kater, aber für eine Ratte war sie enorm groß. Sie war ein Ungeheuer, sie war ein schmutziges, weißes Ungeheuer, fett und rasend, und der Kater war ein Ungetüm, ein gelbes, widerwärtiges, muskulöses Ungetüm. Habt ihr schon mal gesehen, wie eine Ratte eine Katze angreift?"

Niemand gab ihm eine Antwort. Ugo hatte mit seinem ewigen Gläserspülen aufgehört, und alle sahen angeekelt auf das bleiche Gesicht des Ofensetzers.

„Sie kommen von unten", sagte er. „Diese da drehte sich um und wühlte sich mit ein paar Bewegungen unter den Kater und verbiß sich in seinen Hals. Der Kater raste wie ein Irrsinniger ein paarmal durch den Saal, aber er bekam die Ratte nicht von seinem Hals weg, und zuerst schoß das Blut aus seinem Hals wie eine kleine Fontäne hoch, aber dann sickerte es nur noch, und er konnte nichts anderes tun als die Kopfhaut und die Rückenhaut der Ratte mit seinen Krallen und seinen Zähnen aufreißen. Das Katzenblut und das Rattenblut versauten den ganzen Saal. Ein paar von den Mönchen schrien geradezu vor Entsetzen."

„Mach's kurz!" sagte einer von Ugos Gästen, und ein anderer: „So genau wollten wir's nicht wissen."

„Ich hab' euch ja gewarnt", erwiderte Giuseppe. „Ich bin auch schon fertig. Nur von dem Prior muß ich noch etwas erzählen. Als wir es beinahe nicht mehr ausgehalten hätten, hörten wir Schritte auf dem Gang, und der Pater Bruno kam mit der Schaufel herein. Er blieb erschrocken stehen, als er sah, was vorging, aber der Pater Prior war mit ein paar Schritten bei ihm und nahm ihm die Schaufel aus der Hand. Ich hatte gedacht, er wolle die Schaufel, um die Ratte damit totzuschlagen, aber er tat etwas ganz anderes. Er schob die Schaufel unter die beiden Tiere, die jetzt in der Mitte des Saales miteinander kämpften, sie kämpften nun schon langsamer, ineinander vergraben, die Schaufel war zu klein, um die beiden verrückten Riesenviecher zu fassen, aber sie ließen nicht voneinander ab, und so hingen sie rechts und links von der Schaufel herunter, das eine ekelhaft gelb und das andere dreckig weiß und beide von Blut überströmt, und der Prior schrie uns plötzlich an ‚Steht doch nicht herum! Öffnet ein

285 Fenster!' und ich riß eines der großen Fenster im Refektorium auf und der Prior trug die Schaufel zum Fenster und kippte die Tiere hinaus. Wir hörten das Klatschen, mit dem sie unten auf das Wasser des Kanals aufschlugen. Keiner schaute hinaus, 290 nur der Prior, und dann drehte er sich wieder zu uns um, gab dem Pater Bruno die Schaufel zurück und sagte ‚Waschen Sie das Blut ab!' und zu den anderen sagte er ‚Holt Eimer und Besen, damit wir das Refektorium schnell wieder sauberkriegen!' 295 und zu mir sagte er ‚Glauben Sie, daß Sie den Kamin heute abend in Ordnung haben?', und ich sagte ‚ja' und fing gleich mit der Arbeit an, aber eine Weile später mußte ich hinaus auf die Toilette, weil es mir hoch kam."

300 „Salute", sagte Ugo, „ich gebe eine Runde Grappa aus. Wer will keinen?" Niemand sagte nein, und Ugo stellte die Gläser auf den Tisch.

„Das ist ein Mann, der Prior" sagte Giuseppe, „er ist nicht nur gelehrt, er weiß auch wirklich etwas, 305 und nicht nur das: er tut auch etwas. Er war der einzige von uns, der sich die Sache ansah und im voraus wußte, was zu tun war, und etwas tat."

„Kurz und gut, ein Mann wie der liebe Gott. Du brauchst es nicht noch einmal zu betonen", sagte 310 Ugo.

„Ihr werdet es komisch finden", sagte Giuseppe Rossi, der Ofensetzer, „als er so ruhig im Saal stand, mit gekreuzten Armen, während die Viecher herumtobten und wir von einer Ecke in die 315 andere sprangen, da dachte ich einen Moment lang: das ist kein Mensch."

Spät in der Nacht ging Fabio mit Giuseppe nach Hause. Rossi wohnte in der Nähe von San Samuele, so daß sie ein Stück weit den gleichen Weg hatten. Als sie sich verabschiedeten vor der Türe, hin- 320 ter der sich seine Werkstatt befand, sagte der Ofensetzer unvermittelt: „Er ist aber doch ein Mensch."

„Du meinst den Prior?" fragte Fabio. Ohne eine Antwort abzuwarten, fügte er hinzu: „Sicherlich 325 ist er ein Mensch."

„Er äußerte etwas Seltsames", sagte Giuseppe. „Als ich ging, gab er mir die Hand und fragte ‚Geht's Ihnen wieder besser?' und als ich nickte, sagte er bedauernd ‚Diese unvernünftigen Tiere!' Und 330 dann fragte er mich ‚Finden Sie nicht, daß Gott den Tieren etwas mehr Vernunft hätte verleihen können?'."

Fabio stieß einen Laut der Verwunderung aus.

„Nicht wahr, das ist doch eine merkwürdige 335 Frage?" sagte Giuseppe.

„Für einen Mönch ist sie ungewöhnlich", stimmte Fabio zu. „Und dabei sieht er aus wie ein wirklich frommer Mann", sagte Giuseppe. „Ich wußte nicht, was ich ihm antworten sollte, und er hat 340 auch, glaube ich, keine Antwort erwartet. Aber ich frage mich jetzt, Fabio, ob man fromm sein kann, richtig fromm, und doch nicht alles für richtig zu halten braucht, was Gott tut."

Die Nacht war, wie die Nächte in Venedig sind: 345 still. Still, aber nicht tot. Fabio hörte das Wasser des Canalazzo an den Landesteg von San Samuele klatschen.

„Ich weiß es nicht", antwortete er.

1. Verfasst eine Inhaltsangabe zu dieser Kurzgeschichte.
2. Erläutert in einem kurzen Text die besondere Situation des ▶ **Erzählers**. Ihr könnt dazu auch eine Skizze anfertigen.
3. Untersucht die Wortwahl bei der Darstellung der Tiere.
4. Der Text spricht an verschiedenen Stellen von Gott. Warum wird der Vorsteher des Klosters mit Gott verglichen? Welche Fragen sind im Schlussteil angedeutet? Diskutiert eure Antworten.

Geschichten erfinden und gestalten

Geschichten könnt ihr gemeinsam erfinden und gestalten, zum Beispiel mithilfe der folgenden Geschichtenwerkstatt. Voraussetzung ist die Bereitschaft, sich auf die Werkstattregeln genau einzulassen. Außerdem braucht ihr zwei Schulstunden Zeit.

A Jeder von euch schreibt entsprechend den folgenden Schreibanweisungen immer nur einen Teil einer Geschichte. Dann gebt ihr das Blatt reihum weiter. Ihr müsst die von anderen zuvor geschriebenen Teile sehr genau lesen, schließlich sollen eure Teile dazu passen. Bei dieser Schreibwerkstatt arbeitet jeder still für sich, die Texte werden erst am Schluss vorgelesen.

- Nehmt ein liniertes DIN-A4-Blatt und beschreibt darauf mit ein oder zwei Sätzen einen Ort, an dem der Anfang der Geschichte spielen soll. Auch ein Hinweis auf eine bestimmte Zeit darf nicht fehlen. Noch aber soll keine bestimmte Person vorkommen.

- Jeder liest dann diesen Anfang und führt ihn mit drei oder vier Sätzen fort. Dabei soll eine einzige Person eingeführt werden, die am vorgegebenen Ort und zur vorgegebenen Zeit etwas sagt, denkt oder tut.

- Lest die bisherige Geschichte und setzt sie mit vier bis fünf Sätzen fort. Es gilt, die eingeführte Person genauer zu charakterisieren und eine zweite Person einzuführen.

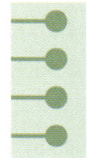

- Die beiden Personen treffen nun irgendeine Verabredung, einen gemeinsamen Plan oder einen Entschluss. Weitere Personen können, müssen aber nicht hinzukommen. Euer Textteil soll wieder fünf Sätze nicht überschreiten.

- Nun soll ein unvorhergesehenes Ereignis eintreten, das kann eine Bedrohung, ein Konflikt oder auch eine positive Überraschung sein. Diese neue Situation soll in höchstens drei Sätzen erzählt werden.

- Erzählt in vier bis fünf Sätzen die Reaktion der beteiligten Personen auf das unvorhergesehene Ereignis.

- Führt die Geschichte zu einem Ende, das offen oder als Abschluss gestaltet sein kann.

- Lest nun die fertige Geschichte vor.

- Findet Kriterien, um eure Geschichte zu beurteilen und zu überarbeiten.

PRISMA

Geschichten aufspüren heißt genau hingucken. Die Welt um uns herum ist voll von ihnen. Dabei sind Momentaufnahmen von Alltagssituationen ein guter Ausgangspunkt für neue Geschichten.

B Geht mit einem Fotoapparat in die Stadt und fotografiert Straßenszenen mit Menschen in Geschäften oder Cafés. Ihr könnt auch auf einem Notizblock entsprechende Szenen notieren.

- Mutter, ca. 40 Jahre alt, zerrt einen kleinen Jungen, weinend, dunkle Locken, hinter sich her. Trägt eine Plastiktüte in der anderen Hand ...

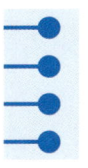

Wählt aus euren Fotos oder Notizen eine Szene oder eine Person aus, die Ausgangspunkt für eine Geschichte werden soll.

Überlegt, was passiert sein könnte. Welche Freude, welche Traurigkeit, welche Hoffnung, Enttäuschung, welcher Konflikt steht im Hintergrund? Wie kann die Geschichte weitergehen? Skizziert stichwortartig einen kurzen Handlungsablauf.

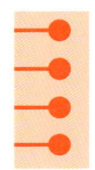

Arbeitet die Geschichte aus, indem ihr den Personen Namen gebt, Berufe und Eigenschaften. Lasst sie sprechen und Gefühle äußern. Achtet dabei besonders auf die Glaubwürdigkeit eurer Beschreibungen.

Veranstaltet mit der Schülerzeitung oder mit der Fachschaft Deutsch einen Geschichtenwettbewerb, damit ihr eure Texte veröffentlichen könnt.

> Wer von Euch durchgeknallten Typen wollte sich das Boeuf Stroganoff reinpfeifen?

Jugend spricht

„Holt doch mal 'nen Übersetzer!"

1. Wie wirkt der ▶ **Cartoon** auf euch und wodurch erzielt er seine Wirkung? Berücksichtigt dabei Sprache, Situation und Umgebung.
2. Erfindet in Gruppen ▶ **Dialoge** mit einem ähnlich situationsuntypischen Gesprächsverhalten.
Solche Situationen können sein:
   a) Zwei Damen im Altersheim unterhalten sich über einen vorbeigehenden älteren Herrn;
   b) Ein korrektes ▶ **Schriftdeutsch** sprechender junger Mann fordert in der Disco ein Mädchen zum Tanzen auf ...

Gesprächsprotokoll *David Schubert*

„Einen schönen guten Tag wünsche ich. Doktor Urkenschmidt-Grünwaldski ist mein Name. Ich habe die Aufgabe, mich mit Ihrer Problematik vertraut zu machen."
„Wo hast'n den Namen geklaut?"
„Ich möchte Sie bitten, sich zu setzen, Herr Mikels."
„Hör auf zu labern, Alter. Pflanz dich hin und leg los."
„Hrmm. Beginnen wir mit der Enquete."
„Hä?"
„Ich sagte, wir sollten mit der Examination beginnen, um eine Expertise Ihrer Psychosomatik erstellen zu können."
„Was quatschst du für'n Scheiß?"
„Mit welcher Begründung hat mein Kollege Sie zu mir überwiesen?"
„Was?"
„Wieso sind Sie hier?"
„Irgend'n beknackter Doc war heiß darauf zu peilen, ob ich bescheuert bin."
„Sehr gut. Dazu ist dieser Dialog gedacht."
„Hä?"
„Nun ja. Ich denke, es hat keinen Zweck, über den Sinn unserer Konversation nachzusinnen. Beginnen wir."
„Okay. Geht klar, alter Quacksalber."
„Meiner Meinung nach sind Sie latent an Ihr Milieu gebunden. Welche Gefühle assoziieren Sie mit dieser Generalisierung. Empfinden Sie dabei eher Pathos oder Euphorie?"
„Hey, Meister, ich glaub, du solltest dir mal dein Gehirnschmalz updaten lassen."
„Ich bitte Sie."
„Holt doch mal'n Übersetzer. Ich glaub, der Typ hat die letzten dreihundert Jahre verpennt."
„Halten Sie sich für exorbitant aggressiv?"
„Meine Fresse, bist du krass."
„Wir führen hier eine Exploration durch. Ich möchte Sie bitten, auf meine Frage sachgerecht zu antworten."
„Ist das'n Geburtsfehler?"
„Ich sehe schon, so kommen wir nicht weiter. – Wie fühlen Sie sich im Moment?"
„Wow! Ein richtiger Satz! Wie hast du das gemacht?"
„Sagen Sie mir, wie Sie sich fühlen."
„'n bisschen abgefuckt, wenn du so viel dumm laberst – aber sonst ganz korrekt."
„Das ist sehr positiv."

Nachdenken über Sprache
Kommunikation beschreiben

„Cool."
„Glauben Sie, einen Menschen objektiv wahrnehmen zu können?"
„Na logo. Wenn du mir noch steckst, was Obiektief für'n Müll ist, kann ich's dir noch besser sagen."
„Objektivität ist die Systematik, einen Menschen ohne eigene Rezension zu charakterisieren."
„Klar. Nächste Frage."
„Linguistik ist wohl nicht Ihr absolutes Fachgebiet?"
„Hey, ich hab's! Du bist die Testversion vom neuen Bertelsmann. Stimmt's?"
„Wieso haben Sie ihre schulische Ausbildung verfrüht abgebrochen?"
„Du kannst schon blöd fragen. Haste dich ma' quatschen gehört?"
„Ihnen war die schulische Bildung zu massiv?"
„Ich hat' keinen Bock."
„Ist das alles?"
„Nein, du Labertasche. Ich wollt' *normal* bleiben!" ...

3. „Gestörte Kommunikation": Äußert euch zu dem Gespräch.
4. Versucht die Ursachen der „Störung" zu benennen.
5. Erklärt die „Störung" zwischen ▶ **Sender** und ▶ **Empfänger** mithilfe des unten abgedruckten ▶ **Kommunikationsmodells.**
6. Übersetzt einzelne Redebeiträge des Doktors so, dass sie allen verständlich sind.

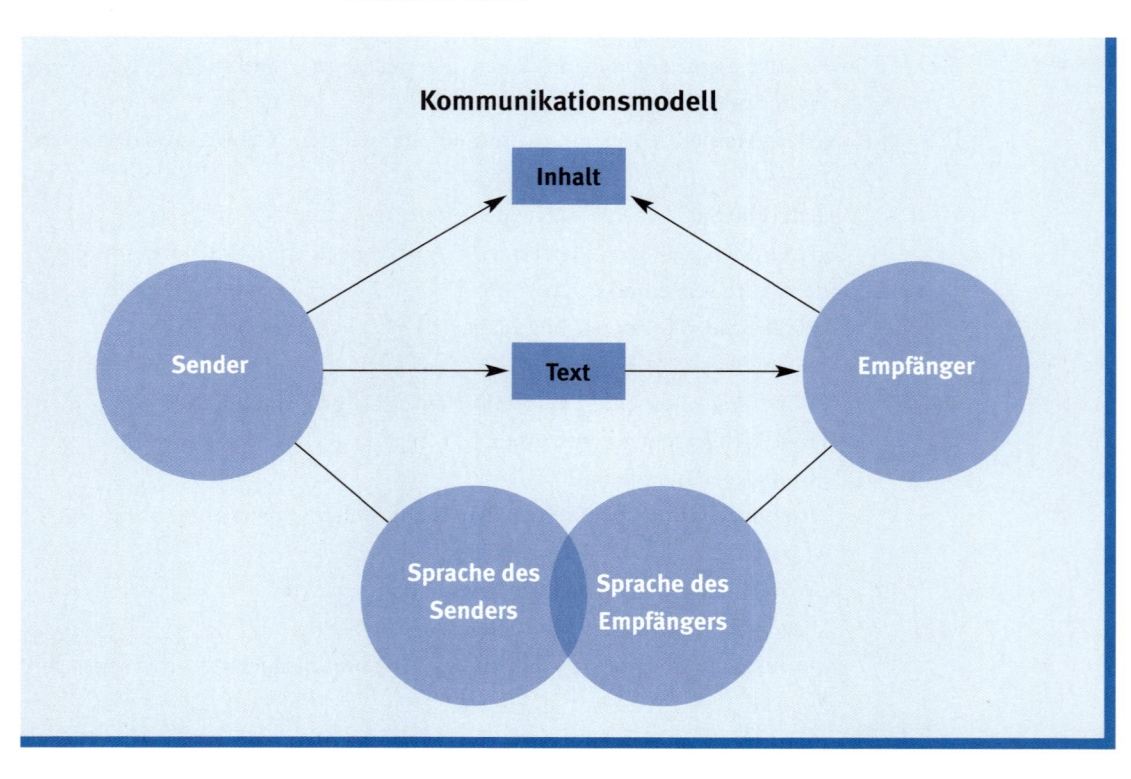

Kommunikationsmodell

Sender → Inhalt ← Empfänger
Sender → Text → Empfänger
Sprache des Senders / Sprache des Empfängers

Nachdenken über Sprache
Kommunikation beschreiben

41

- Voll die Dröhnung!
- Ich hab keinen Bock auf Aufräumen ...
- Wat isch disch frore wollt ...
- Hatte keine Zeit, das zu machen, sorry!
- Nein danke, wir möchten gehen.
- Was weiß ich, wo das Verb steht ...
- Hau rein!
- Nee, lass mich bloß in Ruhe!
- Alles klar, Alter?
- Da haste keinen Raff von.
- He, Kleiner, hör mal zu: ...
- Ich hätt gern ne Cola.
- Ick lass mir det nich sarn!

7. Ordnet die Äußerungen in einer Tabelle möglichen Gesprächspartnern und möglichen Situationen zu.
8. Untersucht die Äußerungen genauer: Was ist daran sprachlich auffällig?
9. Die Info-Box erklärt verschiedene Sprachvarietäten. Ordnet sie den Äußerungen zu.
10. Mit wem habt ihr heute gesprochen? Welche Varietäten habt ihr dabei benutzt? Haltet dies schriftlich fest.

INFO-BOX

Neben dem ▸**Hochdeutschen** als ▸**Standardsprache** werden in Sprachgemeinschaften ▸**Sprachvarietäten** gebraucht. Während es für die Standardsprache verbindliche Sprachnormen gibt, orientiert sich die ▸**Umgangssprache** zwar an diesen Regeln, wendet sie aber nicht so streng an. Noch weiter von der Standardsprache entfernen sich ▸**Jugend**- oder ▸**Szenesprachen**, die in einer Altersgruppe oder einer Szene (Musik-, Mode-, Computerwelt) gesprochen werden.
Hier übernehmen die Sprecher besonders vieles aus dem Englischen.
▸**Fachsprachen** sind in der Regel von bestimmten Berufsgruppen verwendete Sprachvarietäten wie das Juristen- oder Medizinerdeutsch. ▸**Dialekte** sind Sprachvarietäten, die die sprachliche Bindung an eine bestimmte Region zeigen.

ÜBEN 260–263

Sprache „blicken"

Voll krass, ey!

Philipp Müller, Klasse 8, schreibt eine E-Mail:

Ich war in den Ferien mit meinen Alten auf Mallorca, voll cool, ey! Tagsüber haben wir uns am Strand gegrillt und abends ging voll die Party ab:
5 Heftig! Dad hat sich tierisch in Schale geknallt, um irgend sone Schnecke anzugraben. Mum fand das megaätzend und hat sich die Hucke mit sonem Zeugs vollgehauen. Krass, ey!
Und ich? Wollt in nen paar heiße Läden reinmo-
10 ven, bin aber von so perversen Türhampeln angemacht worden, von wegen Alter und so.
Ich: „Okay, okay, Alter, cool down, ich hab ja meinen Papi dabei." Der: „Mach ne Fliege, Kleiner!"
Ich: „See you tomorrow!" Ich abgezwitschert: Der Typ hatte doch so ziemlich einsatzreife Muckis. 15
Next day: Grins: Philipp doch im Schuppen! Sven, n Kumpel von mir, hat den Alten angelabert und schon war old Philipp drinne. Ganz schön gearscht, der Alte.
In dem Laden: ich voll abgetanzt. Geile Sache! 20
Megascharfe Schnitten in der Dancestation, aber nicht ganz meine Altersklasse. Eher so was für Dad. Aber der hatte nach zwei szenereifen Auftritten von Mum echt die Faxen dicke. Ende der story: Müllers seilen sich ab nach old Germany. 25

1. Beschreibt die sprachlichen Besonderheiten des Textes.
2. Denkt euch eine Situation aus und versucht, sie in einer selbst gewählten Sprachvarietät auszudrücken.
   Welche Schwierigkeiten habt ihr dabei?
3. Wie ist diese Mail als Erlebnisaufsatz zu bewerten?

Radikale Sprechsprache

In einem Artikel der Frankfurter Allgemeinen Zeitung „Und ich so: Cool! Und er so: HÄ?" werden die Forschungsergebnisse von Jannis Androutsopoulos wiedergegeben:

[…] Jugendliche sprechen eine „radikale Sprechsprache" mit zahlreichen Gesprächspartikeln[1] („ey"), Anglizismen[2] („cool"), Vulgarismen[3] („Scheiße"), Adjektivbildungen auf -mäßig („szenemäßig") und mit syntaktisch reduzierten expressiven Sprechhandlungen („voll geil, ey"). Eine Tendenz zur Selbstrelativierung kommt in Partikeln wie „irgendwie", „und so", „oder so" zum Ausdruck. Besondere Grußformeln („Hey!", „Hau rein!", „Take care!", „Hi, Alter!") dienen dazu, die Gruppenzugehörigkeit zu festigen und die Gruppe gegen die Erwachsenen und deren Ausdrücke gewissermaßen abzudichten. […] Jugendliche können sich noch reduzierter ausdrücken. Das wird besonders bei den Wurzelwörtern deutlich, die Verben ersetzen („und ich so, drängel, schubs"), bei den so genannten expressiven Fragmenten („Voll der Schrott") und bei stereotypisierten Gliederungssignalen („Boah ey"), die als „Mantasprache" in die deutsche Sprachgeschichte eingehen werden. Androutsopoulos führt die Verbreitung darauf zurück, dass solche Wörter häufiger, einfacher, manchmal auch lebendiger sind als die Standardsprache. Auch die so genannten Zitatmarker dienen dazu, mit einfachen Ausdrücken die Sprache gewissermaßen schneller zu machen. […] „Und ich so: Cool! Und er so: Hä?" – solcher Vereinfachung auf der einen Seite stehen intensivierende Ausdrücke auf der anderen Seite gegenüber. So reicht es heute kaum mehr aus, etwas „schön" oder „gut" oder „schlecht" oder „lustig" zu finden – es muss schon „brutal geil", „absolut kultig", „total oberätzend" oder „der Obergag" sein. So genannte mehrfache Intensivierungen („echt total supergeil") sind in der Jugendsprache so bekannt, dass Jugendliche sie auch häufiger parodieren. […] Dass die Jugendsprache mit solchen Übertreibungen die Sprache abschleife, will Androutsopoulos dennoch nicht gelten lassen. Schließlich seien Jugendliche kreativ, was zum Beispiel Umwandlungen von Bedeutung und Beugung angehe. In der Standardsprache nimmt etwa das Verb „blicken" eine Präpositionalangabe („zur Seite blicken") oder eine adverbiale Ergänzung („freundlich blicken"). In der Jugendsprache dagegen hat „blicken" die neue Bedeutung „begreifen" („Ich blick's schon lange nicht mehr") und regiert ein direktes Objekt im Akkusativ, in diesem Fall das „s" – verändert also gleichzeitig den grammatischen Zusammenhang. […]

[1] Füllwort
[2] Übertragung aus dem Englischen
[3] Kraftausdruck

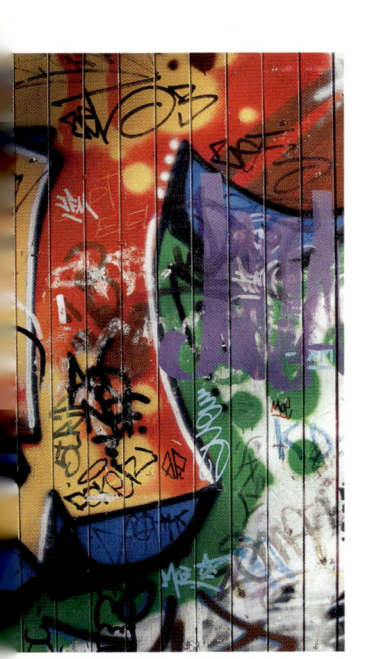

4. „Alles geblickt?" Haltet die sprachlichen Merkmale, die im Text benannt werden, fest und erklärt sie nochmals mit eigenen Worten.
5. Sucht nach entsprechenden Merkmalen in Philipp Müllers E-Mail und im „Gesprächsprotokoll" (S. 39 f.).

Nachdenken über Sprache
Jugendsprache entschlüsseln

Coole Typen und scharfe Schnecken

6. Welche Redewendungen verstecken sich hinter den Bildern? (Lösung s. S. 317)
7. „Übersetzt" die Wendungen aus dem Wortspeicher in die Standardsprache.

WORTSPEICHER

heiße Braut	krass	abschnallen	aufreißen	Spaßbremse
flotter Käfer	Schnecke	voll daneben	tierisch	voll die Peilung
Clique	Zahn	Chef	heavy	Zombie
Tusse	fett	Schnalle	zieh mir ne Coke	Bullerei
cool	Grufti	Zoff haben	rein	stylisch
geil	keinen Raff haben	Alk	Dröhnung	der geht mir auf
rumlabern	anbaggern	astrein	keine Knete	die Ketten
keinen Bock haben	megaätzend	ne Mücke machen	top	kultig
Absahne	reinmoven	lasch	hip	ein Rad ab haben
Macker	total	auf den Putz	abrocken	knusper sein
bleib locker	voll	hauen	wegtanzen	
ne Kiste haben	Typ	n dope einwerfen	Wahnsinn	

8. Unterscheidet aktuelle und ältere Wendungen.
9. Erfindet neue Ausdrücke und setzt sie gezielt in euren Unterhaltungen ein.

Am kürzeren Ende der Sonnenallee *Thomas Brussig*

Thomas Brussig, Jahrgang 1965, erzählt in seinem Roman das manchmal nicht unproblematische Erwachsenwerden in der DDR. Erste Liebe, Berliner Mauer und verbotene Musik bestimmen den Alltag seiner „Helden".

Die Verdonnerten:
Sie trafen sich immer auf einem verwaisten Spielplatz – die Kinder, die auf diesem Spielplatz spielen sollten, waren sie selbst gewesen, aber nach ihnen kamen keine Kinder mehr. Weil kein Fünfzehnjähriger der Welt sagen kann, dass er auf den Spielplatz geht, nannten sie es „am Platz rumhängen", was viel subversiver[1] klang. Dann hörten sie Musik, am liebsten das, was verboten war. Meistens war es Micha, der neue Songs mitbrachte. […] Hiroshima war verboten, ebenso wie „Je t'aime" oder die Rolling Stones, die von vorne bis hinten verboten waren. Am verbotensten von allem war „Moscow, Moscow" von „Wonderland". Keiner wusste, wer die Songs verbietet, und erst recht nicht, aus welchem Grund. […] und so bemerkten die vom Platz es erst viel zu spät, dass der ABV[2] plötzlich neben ihnen stand, und zwar in dem Moment, als Michas Freund Mario inbrünstig ausrief: „O Mann, ist das verboten! Total verboten!" und der ABV den Recorder ausschaltete, um triumphierend zu fragen: „Was ist verboten?" Mario tat ganz unschuldig. „Verboten? Wieso verboten? Hat hier jemand verboten gesagt?" Er merkte schnell, dass er damit nicht durchkommen würde.
„Ach, verboten meinen Sie", sagte Micha erleichtert. „Das ist doch Jugendsprache."
„Der Ausdruck verboten findet in der Jugendsprache Anwendung, wenn die noch nicht volljährigen Sprecher ihrer Begeisterung Ausdruck verleihen wollen", sagte Brille, der schon so viel gelesen hatte, dass er sich nicht nur die Augen verdorben hatte, sondern auch mühelos arrogant lange Sätze sprechen konnte. „Verboten ist demnach ein Wort, das Zustimmung ausdrückt."
„So wie dufte oder prima", meinte Wuschel. […]
„Sehr beliebt in der Jugendsprache sind auch die Ausdrücke urst oder fetzig", sagte Brille.
„Die aber auch nur dasselbe meinen wie stark, geil, irre oder eben verboten", erklärte der Dicke.
Alle nickten eifrig und warteten ab, was der ABV dazu sagen würde.

[1] umstürzlerischer
[2] Abschnittsbevollmächtigter

10. Überlegt, wie der ABV hier reagieren wird? Wie reagieren Erwachsene generell auf Jugendsprache?
11. Könnt ihr euch eine derartige Verwendung des Wortes „verboten" vorstellen? Was spricht dafür bzw. dagegen?

Sprechen und Schreiben
Sprache neu erfinden

SPRACHEXPERIMENT

Fetter Knopf statt cooler Typ

Die Klasse 8a führt eine Untersuchung zur Verbreitung neuer Begriffe in der Jugendsprache durch. Dazu wird eine in der Jugendsprache schon bestehende sprachliche Wendung durch einen neuen Begriff ersetzt (hier: „fetter Knopf" für „cooler Typ"). Gezielt wird dieser Begriff dann durch einige aus der Klasse in ihre Cliquen eingeführt und wie selbstverständlich benutzt. Svenja, eine Schülerin der 8a, führt die Untersuchung bei ihren Freunden durch.

1. Die Einführung des Begriffs

Nach der Einführung des Begriffs schreibt sie das folgende Kurzprotokoll.

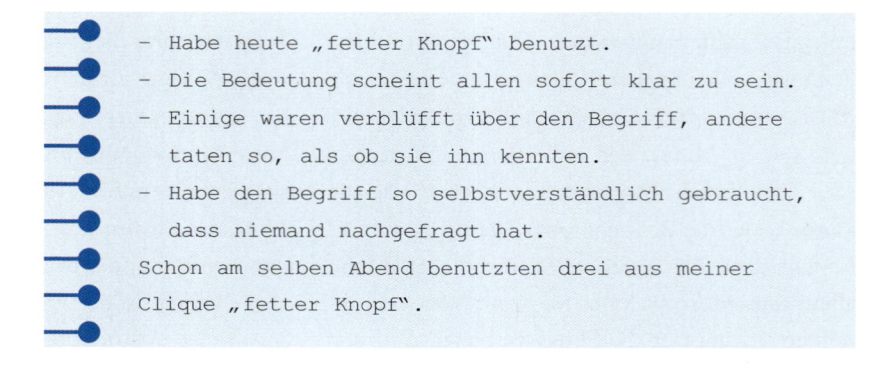

```
- Habe heute "fetter Knopf" benutzt.
- Die Bedeutung scheint allen sofort klar zu sein.
- Einige waren verblüfft über den Begriff, andere
  taten so, als ob sie ihn kennten.
- Habe den Begriff so selbstverständlich gebraucht,
  dass niemand nachgefragt hat.
Schon am selben Abend benutzten drei aus meiner
Clique "fetter Knopf".
```

2. Das Sprachverhalten wird befragt

Als sich die Clique wieder trifft, zeigt sich, dass einige den Begriff bereits übernommen haben, andere benutzen beide Begriffe parallel, dritte lehnen den Begriff ganz ab. Svenja befragt nun die einzelnen Cliquenmitglieder nach ihrer Einschätzung. Dies hält sie schriftlich fest.

3. Der Begriff etabliert sich

Nach mehreren Treffen hat sich der Begriff im Sprachgebrauch einiger Cliquenmitglieder bereits gefestigt, andere lehnen ihn inzwischen ganz ab. Die Begründungen dafür protokolliert Svenja. Einen ganzen Monat beobachtet sie das Sprachverhalten ihrer Clique. Dann werden die Ergebnisse in der 8a ausgewertet.

1. Macht eine ähnliche Untersuchung. Erfindet dazu jugendsprachliche Begriffe für Auto, Einkaufen, Musik hören ...
2. Diskutiert die Ergebnisse in eurer Klasse.
3. Eure Untersuchung zeigt, wie Sprache „gemacht werden" kann. Vielleicht ist eine Wörterbuchredaktion an eurem Experiment interessiert. Dort könnt ihr sicher auch erfahren, wann ein neues Wort einen Eintrag im Wörterbuch wert ist. Verbunden mit diesen Informationen könntet ihr eure Untersuchung in der Schülerzeitung oder auch in der lokalen Presse vorstellen.

Echt ätzend

Die Zeitschrift „Jugendscala" interviewt eine Lehrerin und einige Schüler, die ein Projekt zur Jugendsprache durchgeführt haben.

Jugendsprache wird aus Protest gegen die Gesellschaft benutzt. Sie ist ein Mittel, Eltern zu ärgern und Opposition gegen andere zu äußern. Dann wird sie auch benutzt, um eine eigene Welt auszudrücken […].

Jugendscala Was habt ihr bei eurer Arbeit gefunden?

Claudia (17) Wir haben jede Menge Ausdrücke gefunden. Einige Wörter sind ganz neu (z. B. „Zoff" für Ärger oder „knülle" für betrunken). Aber die meisten sind alt und haben nur einen neuen Sinn bekommen (z. B. „geil" und „heiß" für gut und schön). Die Wörter kommen und gehen. […]

Jugendscala Wer benutzt denn die Jugendsprache? Ist das nicht in verschiedenen Gruppen und Altersstufen unterschiedlich?

Carl (18) Ja. Und es ist auch von Region zu Region ganz verschieden. Oft ist auch noch Dialekt dabei. Man kann Dialekt und Gruppensprache nicht genau trennen. […]

Anja (16) Ich kann mit dieser Sprache viel besser ausdrücken, was ich will. Gefühle, Stimmungen, Meinungen. Da gibt es verschiedene Arten von Zustimmung und Ablehnung. Erwachsene verstehen das oft nicht. Die sind oft nur schockiert.

Jugendscala Aber diese Wörter sind ja auch oft sehr aggressiv.

Anja Na ja, das stimmt. Die Ausdrücke sind manchmal ein Schock. Aber man darf die Wörter nicht so direkt nehmen. Man sucht eben immer nach Superlativen. Alles ist „total", „irre", „ätzend", „beschissen" und so weiter. Diese starken Ausdrücke sagen aber noch nichts Positives oder Negatives. Viele Dinge kann man nur im Zusammenhang verstehen. Wichtig ist dabei auch die Betonung der Wörter.

Carl Das ist eben der Witz bei der Sache: Wir verstehen uns untereinander sofort.

Anja Weil man eben in einer Gruppe ist, die sich versteht. Jede Gruppe hat ihre spezielle Sprache. Bei diesem Gespräch jetzt sprechen wir nicht in der Jugendsprache. Auch nicht im Unterricht oder wenn wir mit Erwachsenen reden.

Claudia Wenn ein Erwachsener unsere Sprache spricht, dann wirkt das meist lächerlich oder arrogant. Man kann auch nicht alles in diese Sprache übertragen. Das geht nur mit Dingen aus der Welt der Jugendlichen. […]

Jugendscala Wer macht diese Sprache?

Carl Meistens entstehen die Wörter ganz spontan in irgendeinem Kreis von Jugendlichen. […]

4. Was erfährt der Leser über die Jugendsprache? Haltet die Kerngedanken des Interviews schriftlich fest.
5. Vergleicht diese Untersuchung mit eurer eigenen.

Sprechen und Schreiben
Jugendsprache in Wörterbüchern

„MEGAÄTZEND"

Wörterbuch der Szenesprachen *herausgegeben von Trendbüro*

Rubrik: Liebe, Sex und Partnerstress

Assel: (Synonym für: asozialer Mensch) Ein paar Typen haben bei den Girls keine guten Karten. Wenn die Anmache nicht sitzt und der Sprücheklopfer primitiv rüberkommt, ist er in den Augen der Mädels eine Assel. Auch wer sich dem Schmuddellook verschreibt und ein ebenso schlampiges Zuhause vorweist, bekommt eine Abfuhr. Ein Assel, auch „Assi" genannt, ist meistens männlich, zeichnet sich durch geschmacklose Klamotten oder unsoziales Verhalten aus. Auch Freunde oder Bekannte abzuziehen gilt als „asselig" oder „assig". Als Lebensstil ist Rumasseln nur in Punkkreisen akzeptiert. Asselpunks stehen vor örtlichen Supermärkten, wo sie vorübergehende Passanten um Kleingeld anhauen.

Perlhuhn: Jungs mögen es, wenn Mädchen gut aussehen. Was sie weniger schätzen, ist, wenn Mädchen viel Zeit dafür verwenden, weil sie einkaufen müssen, weil sie im Kosmetikstudio verabredet sind oder weil sie ihre Karriere planen. Das Perlhuhn fällt durch einen gehobenen Kleidungsstil, eine brave Frisur und zur Spießigkeit neigende Ohrstecker auf. Neben gepflegten Fingernägeln verfügt es über einen gepflegten Lebenslauf, worauf die „Schickse", die zu auffälliger bis geschmackloser Mode neigt, weniger Wert legt.

Voll konkret – das neueste Lexikon der Jugendsprache
Hermann Ehmann

Nadeln: In der Wendung „nicht alle Nadeln auf der Tanne haben": spinnen, verrückt sein, nicht ganz normal ticken, einen an der Klatsche haben; Bsp.: *Der hat nicht mehr alle Nadeln auf der Tanne.*

Nerd: Englisch „nerd" = Schwachkopf; in der Jugendsprache abwertende Bezeichnung für einen PC-Junkie, der zwar über herausragende Videospiel- und Internetkenntnisse verfügt, ansonsten aber ein ziemlicher Patient ist und sich in keine jugendliche peer-group integrieren kann, weil er in einer total anderen Welt lebt; Bsp.: *Ej Mann, du wirst noch zum Nerd! Werd mir bloß nicht zum Nerd, hörst du!*

Sprechen und Schreiben
Jugendsprache in Wörterbüchern

> **Nullchecker**: Sollten gleich zum nächsten Artikel übergehen. Für alle anderen: lateinisch „nullus" = keiner; englisch „to check" = Einhalt gebieten, ermahnen, sperren, kontrollieren; in der Jugendsprache: 1. „Blitzmerker", begriffsstutzige Person; 2. Schiedsrichter, Unparteiischer; jemand, der absolut null checkt (vgl. „Denkmeister", „Denkzwerg", „Bodenturner", „Dünnbrettbohrer"); Bsp.: *Du bist mal wieder der volle Nullchecker heute.*

1. In welcher Hinsicht unterscheiden sich die Wörterbucheinträge?

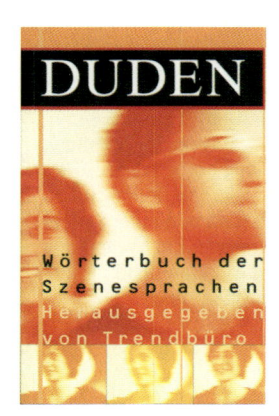

Aus den Einleitungen

Wörterbuch der Szenesprachen

Die Grenzen unserer Sprache sollen die Grenzen unserer Welt sein? Wie sieht dann die Sprache einer global und medial geprägten Gesellschaft aus, in der die Grenzen verwischen, verblassen und sich auflösen? Und wie sieht die Sprache einer Generation aus, die sich nicht mehr durch nationale Identität oder ideologische Ideen, sondern durch global verbindliche Stile, Szenen, Moden und Marken definiert?

Voll konkret – das neueste Lexikon der Jugendsprache

Nach „affengeil" und „oberaffengeil" jetzt also „voll konkret", der dritte Band der „echt voll astreinen und einfach tierischen Jugendsprachendidaktik" (O-Ton „Süddeutsche Zeitung"). Schon die ersten beiden „Rührschinken" beeinflussten die höchstrichterliche Rechtsprechung in diesem unserem Lande „fundamental". So darf die „Erzeugerin", die vor Gericht einen „auf hartnäckig" machte", unter Berufung auf „affengeil" ihre Tochter laut Namensurkunde nun allen Ernstes „Sonne" nennen, was in der Jugendsprache als Synonym für „nettes Mädchen" gebraucht wird – ursprünglich hatte eine besonders „grell" erleuchtete „Blitzbirne" vom bayerischen Standesamt ihr die Ausstellung der Urkunde verweigert. […]

2. Vergleicht die Einleitungen dieser Wörterbücher. Welche Ziele verfolgen die Autoren, wenn sie die Jugendsprache im Wörterbuch „festhalten"?

3. Erstellt ein eigenes, für eure Clique oder Klasse passendes Wörterbuch. Versucht dabei auch, die einzelnen Begriffe zu erklären.
Beispiel: *ätzend*: Ausdruck von Ablehnung; kommt vor in: *boah, is' das ätzend, is' ja megaätzend.*

Nachdenken über Sprache
Entwicklung von Jugendsprache

Heute „geil", morgen „krass"

Begeisterungsadjektive

vor 1900	**flott** Urspr. ein Wort aus der niederländischen Seemannssprache mit der Bedeutung obenauf schwimmend (vgl. „flot" = Rahm, Sahne). Seit dem 17. Jahrhundert hat das Adjektiv im Hochdeutschen die Bedeutung munter, vom 18. Jahrhundert an positiver Bewerter in der Studentensprache.	**famos** Im 16. Jahrhundert vom lateinischen „famosus" (berüchtigt) entlehnt, anfangs mit dieser Bedeutung gebraucht. Unter dem Einfluss des französischen „fameux" (angesehen, berühmt) verbreitete sich im 18. Jahrhundert die positive Bedeutung. Ab 1830 in der Studentensprache belegt.	**höllisch** Im Altnordischen bedeutete „hella" flacher Stein, im Gotischen „Hallus" Fels. Bedeutungsentwicklung von Felsplatte über Grabplatte zu Grab und Totenreich. Ab dem 17. Jahrhundert wird höllisch als Verstärker im Sinne von sehr groß, sehr stark gebraucht.
1900–1930	**dufte** Um die Jahrhundertwende vom jiddischen „tofte" (hebräisch „tow" = gut) ins Berlinische übernommen. In den fünfziger Jahren kam in Berlin die Steigerung edeldufte auf.	**klasse** Abgeleitet vom lateinischen „classis" (militärisches Aufgebot, Heer, Flotte, Abteilung). Ab dem 18. Jahrhundert kategorialer Einteilungsbegriff, dann Qualitätsangabe, zum Beispiel bei Verkehrsmitteln (erste Klasse). Daher die umgangssprachliche Bedeutung.	**knorke** Erscheint um 1916 in Berlin, Herkunft ungeklärt. Spontane Entstehung durch falsches Verstehen oder als Reimwort zu „Lorke" (Brühe, dünner Kaffee) ist wahrscheinlich. Verbreitung durch die Kabarettisten Claire Waldoff (1884–1957).
1950–1960	**irre** Entlehnt vom lateinischen „errare" (sich irren). Im Mittelhochdeutschen bedeutete irre so viel wie verwirrt, wankelmütig, seit dem 17. Jahrhundert geisteskrank. Vom 20. Jahrhundert an verstärkend sehr sowie allgemeiner positiver Bewerter.	**lässig** Kommt vom spätmittelhochdeutschen Wort „lezzic" (müde, träge), Ableitung des vergessenen Adjektivs „lass" (matt, schlaff). Bedeutungsumwertung ins Positive erst Mitte des 20. Jahrhunderts.	**schau** Vom englischen „show" (Darbietung), der Substantivierung des Verbs „to show" (zeigen). Eindeutschung und Adjektivierung von „show" sind Ausdruck der Amerikabegeisterung, die die Jugendkultur der fünfziger Jahre durchzog.
1960–1970	**super** Erstes Glied in aus dem lateinischen stammenden Wortzusammensetzungen mit der Bedeutung besonders, über alle Maßen. Seit dem 16. Jahrhundert in Deutschland gebräuchlich, im 20. Jahrhundert auch allein stehend als undekliniertes Adjektiv/Adverb.	**fetzig** Ursprünglich eine Ableitung des spätmittelhochdeutschen „vetze" (Lumpen, abgerissenes Kleidungstück). Dank seiner besonderen Klangschärfe wurde das Wort in den Sechzigern zum affektiv getönten Ausdruck in der Jugendsprache.	**bedient** Partizipform des Verbs dienen, das eine Ableitung des althochdeutschen „thionon" (etwas für jemanden tun) ist. Kaum Bedeutungsentwicklung im Lauf der Jahrhunderte; in den sechziger Jahren auf dem Umweg über bedient sein positiv gebrauchtes Adjektiv in der Jugendsprache.

Nachdenken über Sprache
Entwicklung von Jugendsprache

1970–1980

top
Aus der Seemannssprache: Der „Topp" ist die Spitze des Mastbaums. Um 1700 ist das Wort aus dem Niederdeutschen in die Literatursprache aufgenommen worden, Bedeutung war schon damals äußerste Spitze. Verbreitung in der Jugensprache durch englische Begriffe wie „Top Ten".

geil
Seit dem 8. Jahrhundert im Deutschen belegt. Die ursprüngliche Bedeutung froh war bis ins 19. Jahrhundert gebräuchlich, parallel dazu entwickelte sich die Bedeutung lüstern. Wandel in der zweiten Hälfte des 20. Jahrhunderts. Steigerungen: affengeil, oberaffengeil, oberaffentittengeil.

spitze
Seit dem 9. Jahrhundert belegt, kaum Bedeutungsentwicklung im Lauf von 1000 Jahren. Die Verbreitung des Adjektivs spitze hat in den siebziger Jahren vor allem der Fernseh-Quizmaster Hans Rosenthal (*Dalli, Dalli*) gefördert.

1980–1990

cool
Das englische Wort „cool" kommt aus derselben indogermanischen Wortfamilie wie kühl. Schon im 17. Jahrhundert positiver Bewerter im Zusammenhang mit großen Geldsummen im 20. Jahrhundert vor allem in der Sprache der Afro-Amerikaner herausragend.

kultig
Jugendsprachliche Adjektivierung des Wortes Kult, das dem lateinischen „cultus" (Pflege von Pflanzen, Kunst, Unterricht, Anbetung) entlehnt ist. Die deutsche Ausgangsbedeutung war Verehrung einer Gottheit, später Verehrung einer Sache.

astrein
Das Wort Ast hat seinen Ursprung im Griechischen/Armenischen und ist seit dem 8. Jahrhundert im Deutschen belegt. Astrein (einwandfrei, von astloses Holz) ist um 1930 aufgekommen und mit der politischen Überprüfung Einzelner im Dritten Reich in die Umgangssprache eingegangen.

1990–2000

fett
Das Adjektiv ist durch Kontraktion der Partizipialform des germanischen „faitida" entstanden. Ausbreitung im Hochdeutschen vor allem durch Luther. Bedeutungsentwicklung in den neunziger Jahren unter Einfluss der US-HipHop-Sprache: „Fat beat" bezeichnet einen besonders gelungenen Rhythmus.

krass
Entlehnt vom lateinischen „crassus" (grob, derb, dick). Im 18. Jahrhundert eingedeutscht und mit grass (fürchterlich, vergleiche grässlich) vermengt. Bedeutungswandel in den neunziger Jahren durch die deutsch-türkische Jugendkultur.

korrekt
Als Fachwort der Druckersprache entlehnt, vom lateinischen „correctus", dem Partizip von „corrigere" (berichtigen). Seit dem 18. Jahrhundert auch im allgemeinen Sinne richtig, ordentlich. Der jugendsprachliche Gebrauch von korrekt ist wie bei fett auf die HipHop-Sprache zurückzuführen.

SZ-Magazin vom 10.3.2000

1. Erläutert die jugendsprachliche Bedeutung dieser Begriffe.
2. Welche Begriffe verwendet ihr heute noch?
3. Findet neue Adjektive, die Begeisterung zum Ausdruck bringen.

WWW.LIEBEZUALLENZEITEN.DE

Die Leiden des jungen Werthers *Johann Wolfgang von Goethe*

Goethes Roman „Die Leiden des jungen Werthers" besteht aus Briefen, in denen Werther seinem Freund Wilhelm von seiner unglücklichen Liebe zu Lotte berichtet.

Am 16. Junius

Warum ich Dir nicht schreibe? – Fragst Du das und bist doch auch der Gelehrten einer? Du solltest raten, dass ich mich wohl befinde, und zwar – kurz und gut, ich habe eine Bekanntschaft gemacht, die mein Herz näher angeht. Ich habe – ich weiß nicht. […] Ich fand so viel Charakter in allem, was sie sagte, ich sah mit jedem Wort neue Reize, neue Strahlen des Geistes aus ihren Gesichtszügen hervorbrechen, die sich nach und nach vergnügt zu entfalten schienen, weil sie an mir fühlte, dass ich sie verstand. […]
Wie ich mich unter dem Gespräche in den schwarzen Augen weidete, wie die lebendigen Lippen und die frischen muntren Wangen meine ganze Seele anzogen! Wie ich in den herrlichen Sinn ihrer Rede ganz versunken oft gar die Worte nicht hörte, mit denen sie sich ausdrückte! – davon hast du eine Vorstellung, weil du mich kennst. Kurz, ich stieg aus dem Wagen wie ein Träumender, als wir vor dem Lusthause stillehielten, und war so in Träumen rings in der dämmernden Welt verloren, dass ich auf die Musik kaum achtete, die uns von dem erleuchteten Saal herunter entgegenschallte. […]

Reaktion auf Werther

Zu den Schriften, welche als sichtbare Beispiele der Ausbrüche des Verderbens unserer Zeit anzuführen sind, rechnen wir die Leiden – Narrheiten und Tollheiten, sollte es heißen – des jungen Werthers, einen Roman, welcher keinen anderen Zweck hat, als das Schändliche von dem Selbstmorde eines jungen Witzlings, den eine närrische und verbotene Liebe dazu gebracht hat, abzuwischen, und diese schwarze Tat als eine Handlung des Heroismus vorzuspiegeln – einen Roman, der von unseren jungen Leuten nicht gelesen, sondern verschlungen wird. […]
Welcher Jüngling kann eine solche verfluchungswürdige Schrift lesen, ohne ein Pestgeschwür davon in seiner Seele zurückzubehalten, welches gewiss zu seiner Zeit ausbrechen wird. Und keine Zensur hindert den Druck solcher Lockspeisen des Satans. […] Ewiger Gott! Was für Zeiten hast du uns erleben lassen!

Hamburgische Nachrichten vom 21. März 1775

1. Beschreibt Werthers Gefühle. Wie verleiht er ihnen sprachlich Ausdruck?
2. Welche Gefahr sieht ein Zeitgenosse Goethes in diesem Roman?

Was zur Sonne will   *Hans Hart*

Um 1900 entsteht eine Vielzahl von Jugendromanen, die die Probleme und Hoffnungen der jungen Menschen zum Ausdruck bringen. Auch für sie spielt das Verhältnis zwischen den Geschlechtern eine besondere Rolle:

„Die Welt gehört doch uns wilden Buben, die wir noch Kraft zum Zerschlagen haben. Wie jagen sich die Gedanken in unsern Köpfen und wir träumen von fantastischen Abenteuern und fühlen das Zeug in uns Welteroberer zu werden." […]
„Weißt, lieber Hans, du sollst endlich mal ans Weib heran! Das ist überhaupt das einzig richtige. Essen und Trinken, eine gute Zigarre und ein fesches Weib ist besser als all das blödsinnige Gekümmel, das ohnehin zu nichts führt."

Crazy   *Benjamin Lebert*

In seinem autobiografischen Roman „Crazy" von 1999 erzählt der 16-jährige Benjamin Lebert von der Schwierigkeit erwachsen zu werden.

„Siehst du! Einen Liebesbrief schreiben ist doch gar kein Problem! Mädchen machen ein großes Geschiss darum. Bei Jungen ist das anders. Die sind crazy. Haben keine Probleme damit. Bei denen läuft die Feder wie von selbst. Also, was soll ich jetzt schreiben?"
„Schreib *Malen, ich liebe dich!*" schlage ich vor.
„*Malen, ich liebe dich?* Also gut."
Janosch schreibt mit dem roten Filzstift auf das Papier. Seine Schrift ist ordentlich und gerade. Man erkennt jeden Buchstaben. „Und weiter?", fragt er. „Was gefällt dir denn an ihr am besten?", frage ich. […] „Ich glaube, ich nagle sie doch lieber", sagt er schließlich. „Das ist einfacher. Liebesbriefe sind sowieso nur was für Penner." […]

Jugend XXL?

3. Vergleicht die Texte thematisch und sprachlich.
4. Wie hat sich das Geschlechterverhältnis geändert?
5. Neben der Sprache hat sich auch die Kommunikationsform seit dem 18. Jahrhundert verändert?
   Zeichnet Stationen auf dem Weg zur modernen Kommunikation nach. Bis 1835 gab es die Postkutsche, dann den Telegrafen …

Poesie der „Misstöne"

Kanak Sprak   *Feridun Zaimoglu*

Feridun Zaimoglu, 1964 in Bolu (Türkei) geboren, lebt seit über dreißig Jahren in Deutschland. Zaimoglu schildert in seinen Büchern die „Sprachwerdung" der zweiten „Gastarbeitergeneration". Da viele Kinder zu Hause noch türkisch, in der Schule jedoch deutsch sprechen, entsteht eine Mischsprache, die weder die Regeln der einen noch die der anderen Sprache richtig anwendet. In seinem Buch „Kanak Sprak" gibt Zaimoglu die Originalsprache einiger – wie er sie nennt – „Kanaken" wieder. Er zeigt damit nicht nur, wie sich eine neue Sprachvarietät ausbildet, sondern er plädiert auch für die sprachliche Vielfalt in einer multikulturellen Gesellschaft.

Memet, 29, Dichter […] Wir stehen in dem ruf, messerstecher zu sein, mannskerle, die das problem auf ihre art zu lösen verstehen. Dabei sind wir bloß besessen von der idee, besser zu sein als der eingeborene, der uns sehr früh einbleut, dass nur besonders schöne, besonders tüchtige und besonders intelligente kanaken die zielgerade erreichen. Wir haben die botschaft gefressen […].

Deshalb giert das turcokid nach einem daimler. Deshalb sticht mancher kümmel zu: er will hart sein wie kruppstahl und aussehen wie ein provinzpopper. Den wechsel vom ackerland zum fließband haben wir nicht verdaut. Solange man von uns meisterleistungen erwartet, werden wir uns wie knechte verhalten. Solange dieses land uns den wirklichen eintritt verwehrt, werden wir die anomalien und perversionen dieses landes wie ein schwamm aufsaugen und den dreck ausspucken. Die beschmutzten kennen keine ästhetik.

Die Outsider   *Susan E. Hinton*

Susan Hinton berichtet in ihrem Buch „Die Outsider" von zwei rivalisierenden Jugendbanden: den Greasers von der Eastside und den reichen Socs von der Westside. Kurz vor einer Auseinandersetzung findet folgendes Gespräch der Greaser statt:

„Ich bin ein Greaser", sang Sodapop, „ich bin ein Lump! Ich beschmutze den Ruf unserer schönen Stadt. Ich schlage die Leute zusammen. Ich plündere Tankstellen! Ich bin eine Gefahr für die Gesellschaft! Junge, Junge habe ich einen Spaß!"

„Greaser … Greaser … Greaser", singsangte Steve.

„Opfer der Umgebung, liederlicher Lump …"

„Ihr jugendlichen Verbrecher taugt allesamt nichts!", schrie Darry.

Umgang mit Texten
Literarische Jugendsprache

„Haut ab, weiße Nigger!", sagte Witz herablassend. „Ich bin ein Soc! Ich habe Kies, ich bin gut angezogen, ich habe einen tollen Wagen und bei den Partys schlage ich ein Fenster ein!"
„Und was tust du, wenn du einen richtigen Spaß haben willst?", fragte ich ernsthaft.
„Dann schlage ich Greasers zusammen", schrie Witz und schlug Rad.

Dash führ Zoe   *Robert Swindells*

England im 21. Jahrhundert: Zoe wohnt in einem Stadtteil der Reichen, der Subbis. Mit ihrer Freundin Tabby geht sie eines Tags chippen, d.h., sie besucht die Clubs der Armen. Dort lernt Zoe Dash kennen. Er berichtet über die Subbis:

[…] Wea schon schlim genuch, wense hinta ian zeunen bliben. Tunse aba nich. Nich ale. Manche komn nachz raus unt geen chippen. So nese das: chippen geen. Sol haisn, dasse zu uns komn in unsre klups. Ham selbs klups, pikfaine dinga, aba si müssn in unsre klups rumschnüffln. Müssn bai uns ain draufmachn unt sich kaput lachn. Sie ham genuch kole, um sich echt gutn schnaps zu kaufn unt sich unsre fraun zu graifn. Wia sin drekkich unt feakomn, schtimz? Aba bai unsean fraun seense das nich so eng.
Ich hasse subbis. Mista James, unsa leera, hat gesacht, dasses früa kaine subbis gap. Fanta iantwi bessa. Dan gings los unt di englenda ham sich di Folklands geschnapt unt hatn massenhaft kole. Unt di, di kole hatn, ham sich in di neuschtat feazogn, unt di andean nich. Unt di andean waan wia. Deswegn main ich: Weck miten Subbis. Dan wiaz bessa. Kla, oda?
Um so was gez bei den Dreds. Subbis kiln. Du kanz eas mitmachn, wen du 15 bis. Ich bin jez 15, also passt auf ia schwaine. […]

1. Beschreibt jeweils das Verhältnis von Sprache und sozialer Herkunft in den Texten.
2. Worin unterscheiden sich die Texte sprachlich?
3. Beschreibt und diskutiert anhand des dritten Textes das Verhältnis von gesprochener und geschriebener Sprache.

DENGLISCH ENGLEUTSCHT?

Auf dem Weg zum Denglisch? *Claudia Döhner*

[…] Nach Schätzungen von Christian Meier, Präsident der Deutschen Akademie für Sprache und Dichtung, sind bisher rund 4000 Wörter aus dem Englischen und Amerikanischen in die deutsche Sprache eingegangen. […] Nachdem viele Amerikanismen und ▶ **Anglizismen** vorerst in verschiedenen Fachbereichen, vor allem denen des Sports, der Musik, der Wirtschaft und der Technik ihren Einzug fanden, lässt sich ihr großer Einfluss gegenwärtig auch in der Alltagssprache nachweisen. So werden heute Skripts statt Mitschriften erstellt, Probleme werden nicht mehr einfach nur gelöst, sondern gemanagt, auch tragen wir keine biederen Unterhosen mehr, sondern Slips. […]

Was macht sie nur so unwiderstehlich, die Anglizismen? […] Jörg Drews, Professor für Literaturkritik in Bielefeld, erklärt, dass fast die gesamte technische Zivilisation in Angloamerikanisch entworfen wird und sich nur in dieser Sprache durchsetzen lässt. […] Sprachhistorisch betrachtet ist die *Angst vor der Überfremdung* keineswegs neu. Schon die Entlehnung griechischer und lateinischer Wörter zu Beginn der Neuzeit oder der französische Einfluss des 17. und 18. Jahrhunderts lösten Unbehagen aus. Der Gefahr einer möglichen Verunreinigung der deutschen Sprache versuchte man schon damals mit Eindeutschungen entgegenzuwirken. So wurden z. B. Ende des 19. Jahrhunderts vom „Allgemeinen Deutschen Sprachverein" für französische Wortimporte auf dem Gebiet des Eisenbahnwesens eine Reihe von erfolgreichen Verdeutschungen vorgeschlagen. „Perron", „Billett" und „Coupé" wurden durch „Bahnsteig", „Fahrkarte" und „Abteil" ersetzt. […] Zu jeder Zeit und in allen Sprachen gehören Entlehnungen zum ständigen Erneuerungspotenzial. Das wichtigste Korrektiv einer Sprache ist ihr täglicher Gebrauch. Was ihr fremd ist, wird sie irgendwann wieder abstoßen, dagegen wird sie sich das, was ihr bekömmlich ist, dauerhaft aneignen. […]

Professor fordert Sprachgesetz wie in Frankreich
Das viele Denglisch geht uns auf den Keks von J. Dreves und M. Fuchs

KÖLN: Riesen-Resonanz auf den gestrigen EXPRESS-Bericht zum Thema „Denglisch", die Kauderwelschsprache aus Deutsch und Englisch, die sich vor allem in der Werbung immer weiter ausbreitet. Viele Leser riefen an, schickten Faxe und E-Mails. Allgemeiner Tenor: Denglisch nervt! Und ist allgegenwärtig – beim Einkaufen, in den Medien, selbst im Frisör-Salon um die Ecke.

Doch es gibt Leute, die sich das nicht länger gefallen lassen wollen. Zum Beispiel der Dortmunder Statistik-Professor Walter Krämer, der 1997 den Verein Deutsche Sprache (VDS) gründete (hat inzwischen 12 000 Mitglieder). Mit Unterschriftensammlungen und Aktionen wie der Wahl zum „Sprachpanscher des Jahres" kämpft der Verein gegen die Ausbreitung überflüssiger englischer Vokabeln in der deutschen Sprache.

„Wir wollen dem Gesetzgeber zeigen, dass die Leute die Nase voll haben von solchen albernen Floskeln", sagte Krämer dem EXPRESS. Eine Sprachgesetzgebung wie in Frankreich sei zu begrüßen. Dort drohen Geldstrafen, wenn Amtstexte ohne Not englische statt französische Begriffe verwenden oder wenn in der Werbung englische Formulierungen auftauchen und eine französische Übersetzung fehlt. „Das ist keine Sprachpolizei, sondern Verbraucherschutz", meint Krämer.

Express vom 31. 7. 2001

Sprache „lebt"

Dieses alte Klischee wird von einigen treuherzigen Zeitgenossen benutzt, um die der deutschen Sprache aufgepfropften anglo-amerikanischen Brocken als Zeichen von Leben und natürlicher Entwicklung hinzustellen. Gleichzeitig lehnen sie Sprachpflege als lenkende Eingriffe in den Sprachgebrauch ab. Ein kluger Philologe aus München hat erklärt, es sei Zeit, die Vorstellung von Sprache als eines „natürlichen – das heißt lebendigen Organismus" so schnell wie möglich in die linguistische Mottenkiste zu tun. Schon der alte Grieche Platon sagt, „Sprache sei nicht physis (Natur), sondern nomos (Vereinbarung, Konvention)". Bei Jakob Grimm lesen wir: „Alles verbürgt uns, dass die Sprachen Werk und Tat der Menschen sind." [...] Unser heutiges Deutsch wird „gemacht". Selbst ernannte, rohe Sprachmeister, die über große Verbreitungsmacht verfügen, bringen englische Wörter in den öffentlichen Umlauf und „machen" unsere Sprache. Die Anglizismen verdrängen deutsche Wörter. Wo single, news, bike und shop Wörter wie „Junggeselle", „Nachrichten", „Fahrrad" und „Laden" oder „Geschäft" ersetzen, sterben die deutschen Ausdrücke aus. Es ist barer Unsinn, diesen Vorgang als „Leben" zu bezeichnen.

G. Schrammen/H. H. Dieter

1. Weist an Philipps Text (S. 42) den Einfluss des Englischen nach. Diskutiert über die Grenzen und Möglichkeiten der Mischsprache ▶ „Denglisch", indem ihr Argumente der drei obigen Texte gegenüberstellt.
2. Vergleicht die Argumente der Texte kritisch. Welche können überzeugen?
3. Wie gehen die Verfasser selbst mit der Sprache um?

WERTHER, WERTHER UND KEIN ENDE

„Die Leiden des jungen Werthers" veröffentlicht Johann Wolfgang von Goethe im Sommer 1774 als seinen ersten Roman. Werther schreibt an seinen Freund Wilhelm:

> Am 16. Junius
> Warum ich dir nicht schreibe? – Fragst du das und bist doch auch der Gelehrten einer? Du solltest raten, dass ich mich wohl befinde, und zwar – Kurz und gut, ich habe eine Bekanntschaft gemacht, die mein Herz näher angeht. Ich habe – ich weiß nicht.
> Dir in der Ordnung zu erzählen, wie's zugegangen ist, dass ich eins der liebenswürdigsten Geschöpfe habe kennen lernen, wird schwer halten. Ich bin vergnügt und glücklich und also kein guter Historienschreiber. Einen Engel! – Pfui! Das sagt jeder von der Seinigen, nicht wahr? Und doch bin ich nicht imstande, dir zu sagen, wie vollkommen sie ist, warum sie vollkommen ist; genug, sie hat allen meinen Sinn gefangen genommen. […]

1973 erscheint in der DDR ein Roman von Ulrich Plenzdorf. Der Roman trägt in Anlehnung an Goethe den Titel „Die neuen Leiden des jungen W.". Die Hauptfigur ist Edgar Wibeau, der in einer Laube seines Freundes Willi Goethes Roman findet, von dem er zunächst sagt: „Das ganze Dinge war in diesem unmöglichen Stil geschrieben. Ich denke manchmal – ein Code." Der Roman beginnt mit Edgars Tod, den Freunde und Eltern im Verlauf des Textes hinterfragen, während Edgar – quasi von außerhalb – diese Gedanken und Gespräche kommentiert.

„Es soll Tonbänder von Edgar geben, die er besprochen hat? Sie sind greifbar?
Ich meine, kann ich sie hören? Gelegentlich?"
„Ja. Das geht."

Die Tonbänder:
Kurz und gut/ wilhelm/ ich habe eine bekanntschaft gemacht / die mein herz näher angeht – einen engel – und doch bin ich nicht imstande dir zu sagen/ wie vollkommen sie ist/ warum sie vollkommen ist/ genug/ sie hat allen meinen sinn gefangen genommen – ende [...] 5

„Verstehen Sie's?"
„Nein. Nichts ..."

Könnt ihr auch gar nicht. Kann keiner, nehme ich an. Ich hatte das aus dieser alten Schwarte oder Heft. Reclamheft. Ich kann nicht mal sagen, wie es hieß. Das olle Titelblatt ging flöten auf dem ollen Klo von Willis Laube. Das ganze Ding war in diesem unmöglichen Stil geschrieben. 10

Heute erscheint euer SMS-Roman „Die allerneuesten Leiden des immer noch jungen Werthers". Dabbelju schickt seinem Freund Will eine erste ▶ SMS:

Hey, Will, hab ne total scharfe Braut aufgetan! Superschnecke! No time! Ciao!

A Besorgt euch die beiden Romane und sucht jeweils eine Textstelle aus, die ihr bearbeiten wollt.
B Übertragt dann die Textstellen in die für euch geltende Jugendsprache. Dies könnt ihr in Gruppen machen.
C Verknappt eure Texte soweit, dass SMS' möglich werden.
D Ihr könnt eine Web-Site ins Internet stellen.

Junge Detektive – damals und heute

WAS LAS MAN FRÜHER?

Jugendbücher

Bereits im Mittelalter wurden Erziehungs- und Lehrbücher für Kinder geschrieben. Jugendbücher im heutigen Sinn aber, die von Kindern und ihren Erlebnissen handeln, gibt es erst seit dem Ende des 18. Jahrhunderts. Sie wurden zunächst ausschließlich in pädagogischer Absicht verfasst oder hatten politischen Hintergrund („Gullivers Reisen", „Robinson Crusoe"). 5
Seit Mitte des 19. Jahrhunderts dienen sie der spannenden Unterhaltung.

1. Tauscht euch über eure Lieblingsbücher und Lieblingshelden und -heldinnen aus. Geht dabei auch einige Jahre zurück.
Was habt ihr in eurer Grundschulzeit gerne gelesen?
Was vor zwei Jahren? Was jetzt?

Sprechen und Schreiben
Befragungen durchführen

2. Fragt Erwachsene verschiedener Altersgruppen nach Büchern, die sie in ihrer Kindheit und Jugend gerne gelesen haben. Ihr könnt euch dabei am folgenden Fragebogen orientieren, der sich beliebig durch weitere Fragen erweitern lässt.

Fragebogen

1. **Geschlecht:** ❏ weiblich ❏ männlich

2. **Alter:** ❏ 20–40 ❏ 41–60 ❏ über 60

3. **Welche Bücher haben Sie in Ihrer Kindheit gelesen?**
   _____
   _____
   _____

4. **Haben Sie diese Bücher vorwiegend in der Freizeit oder im Unterricht gelesen?**
   ❏ in der Freizeit ❏ im Unterricht

3. Wertet eure Umfrage mithilfe von Tabellen aus. Die folgenden Fragen und die Tabelle können als Beispiel dienen: Welche Bücher wurden mehr von Jungen, welche von Mädchen gelesen? Welche Bücher haben eher jüngere, welche ältere Menschen in ihrer Kindheit gelesen?

Buchtitel	20–40 Jahre		41–60 Jahre		über 60 Jahre	
	m	w	m	w	m	w
Trotzkopf						
Pippi Langstrumpf						
Heidi						
Der letzte Mohikaner						
Emil und die Detektive						
…						

ÜBEN 264–268

Umgang mit Texten

Romanfiguren untersuchen

EMIL UND DIE DETEKTIVE – DAS BUCH

Bei der Umfrage in der Klasse und unter Erwachsenen wurde sicherlich das Buch „Emil und die Detektive" von Erich Kästner genannt. Es ist eines der erfolgreichsten Kinderbücher des letzten Jahrhunderts. „Emil und die Detektive" gilt als der erste Detektivroman für Jugendliche überhaupt und wurde von unzähligen Kindern begeistert gelesen. Bereits 1931 wurde das Buch mit großem Erfolg verfilmt, weitere Verfilmungen folgten.

1. Findet heraus, in der wievielten Auflage das Buch jetzt erhältlich ist.

Worum geht es in „Emil und die Detektive"?

[1] Zum Vergleich: Emils Mutter verdient als Friseuse 35 Mark pro Woche.

„Emil und die Detektive" handelt von der Reise des Neustädter Realschülers Emil Tischbein nach Berlin. Emil will dort seine Großmutter besuchen und soll ihr von seiner Mutter hundertvierzig Mark[1] bringen. Aber das Geld wird ihm in der Eisenbahn gestohlen, während er schläft. Emil hat einen Mann aus seinem Zugabteil im Verdacht, der Grundeis heißt. Er sieht den Verdächtigen an der nächsten Station aussteigen und folgt ihm bis zu einem Café. Zur Polizei mag er nicht gehen, weil er in Neustadt ein Denkmal bemalt hat und deshalb Arrest fürchtet. Emil versteckt sich hinter einem Zeitungskiosk und belauert den im Café sitzenden Grundeis. Dort spricht ihn ein Berliner Junge, „Gustav mit der Hupe", an, und ihm erzählt Emil, was geschehen ist. Gustav alarmiert daraufhin seine Freunde. Er kommt mit ihnen, zwanzig an der Zahl, zu Emil zurück. Sie halten gemeinsam einen Kriegsrat ab, geben ihr Taschengeld her, gründen einen Bereitschaftsdienst, eine Telefonzentrale und planen, wie sie den Dieb schnappen können. Grundeis wird systematisch beschattet und am anderen Morgen, als er das Geld in einer Bank in kleine Scheine wechseln will, von Emil und seinen Freunden zur Strecke gebracht. Da Emil die Geldscheine mit einer Nadel in seiner Tasche festgesteckt hatte, kann er mithilfe der Nadelstiche beweisen, dass ihm der Dieb tatsächlich das Geld gestohlen hat. Es stellt sich heraus, dass Grundeis ein lange gesuchter Bankräuber ist, für dessen Ergreifung tausend Mark Belohnung ausgesetzt sind, die jetzt Emil erhält.

2. Verfasst einen ▶ **Klappentext**, der Fünftklässler motiviert, das Buch zu lesen.

Umgang mit Texten
Romanfiguren untersuchen

[1] Die Texte S. 63, 64 ff. und S. 74 f. stammen aus „Emil und die Detektive" von Erich Kästner.

Wer ist Emil?   Erich Kästner[1]

Erich Kästner stellt uns Emil im ersten Kapitel als einen „Musterknaben" vor.
Könnt ihr es begreifen und werdet nicht lachen, wenn ich euch jetzt erzähle, dass Emil ein Musterknabe war?
Seht, er hatte seine Mutter sehr lieb. Und er hätte sich zu Tode geschämt, wenn er faul gewesen wäre, während sie arbeitete, rechnete und wieder arbeitete. Da hätte er seine Schularbeiten verbummeln oder von Naumanns Richard abschreiben sollen? Da hätte er, wenn es sich machen ließ, die Schule schwänzen sollen? Er sah, wie sie sich bemühte, ihn nichts von dem entbehren zu lassen, was die anderen Realschüler[2] bekamen und besaßen.
Und da hätte er sie beschwindeln und ihr Kummer machen sollen?
Emil war ein Musterknabe. So ist es. Aber er war keiner von der Sorte, die nicht anders kann, weil sie feig ist und geizig und nicht richtig jung. Er war ein Musterknabe, weil er einer sein wollte! Er hatte sich dazu entschlossen, wie man sich etwa dazu entschließt, nicht mehr ins Kino zu gehen oder keine Bonbons mehr zu essen. Er hatte sich dazu entschlossen, und oft fiel es ihm recht schwer.
Wenn er aber zu Ostern nach Hause kam und sagen konnte: „Mutter, da sind die Zensuren, und ich bin wieder der Beste!", dann war er sehr zufrieden. Er liebte das Lob, das er in der Schule und überall erhielt, nicht deshalb, weil es ihm, sondern weil es seiner Mutter Freude machte. Er war stolz darauf, dass er ihr, auf seine Weise, ein bisschen vergelten konnte, was sie für ihn, ihr ganzes Leben lang, ohne müde zu werden, tat …

[2] In der ersten Hälfte des 20. Jahrhunderts gingen ca. 95 % der Schülerinnen und Schüler auf die Volksschule, der Rest war auf Realschule und Gymnasium.

3. Welche Vorstellung verbindet ihr mit dem Wort „Musterknabe"? Wie versucht Kästner inhaltlich und sprachlich beim Leser zu bewirken, dass dieser Emil als Musterknaben akzeptiert?
4. Vergleicht Kästners Charakterisierung mit eurer Vorstellung von einem Musterknaben und diskutiert, ob und inwieweit es Kästner gelingt, den „Musterknaben" Emil sympathisch erscheinen zu lassen.

Eine Bande von Detektiven

Im folgenden Ausschnitt aus „Emil und die Detektive" wird erzählt, was geschieht, nachdem Emil beim Beobachten des Diebes von Gustav angesprochen worden ist.

Der Junge mit der Hupe dachte ein Weilchen nach. Dann sagte er: „Also, ich finde die Sache mit dem Dieb knorke[1]. Ganz große Klasse, Ehrenwort! Und, Mensch, wenn du nischt dagegen hast, helfe ich dir."

„Da wär' ich dir kolossal dankbar!"

„Quatsch nicht, Krause! Das ist doch klar, dass ich hier mitmache. Ich heiße Gustav."

„Und ich Emil."

Sie gaben sich die Hand und gefielen einander ausgezeichnet.

„Nun aber los", sagte Gustav, „wenn wir hier nichts weiter machen als rumstehen, geht uns der Schuft durch die Lappen. Hast du noch etwas Geld?"

„Keinen Sechser[2]."

Gustav hupte leise, um sein Denken anzuregen. Es half nichts.

„Wie wäre denn das", fragte Emil, „wenn du noch ein paar Freunde herholtest?"

„Mensch, die Idee ist hervorragend!", rief Gustav begeistert. „Das mach ich! Ich brauch bloß mal durch die Höfe zu sausen und zu hupen, gleich ist der Laden voll."

[…]

Zehn Minuten später hörte Emil die Hupe wieder. Er drehte sich um und sah, wie mindestens zwei Dutzend Jungen, Gustav allen voran, die Trauenaustraße heraufmarschiert kamen.

„Das Ganze halt! Na, was sagst du nun?", fragte Gustav und strahlte übers ganze Gesicht.

„Ich bin gerührt", sagte Emil und stieß Gustav vor Wonne in die Seite.

„Also, meine Herrschaften! Das hier ist Emil aus Neustadt. Das andre hab ich euch schon erzählt. Dort drüben sitzt der Schweinehund, der ihm das Geld geklaut hat. Der rechts an der Kante, mit der schwarzen Melone auf dem Dach. Wenn wir den Bruder entwischen lassen, nennen wir uns alle von morgen ab nur noch Moritz. Verstanden?"

„Aber Gustav, den kriegen wir doch!", sagte ein Junge mit einer Hornbrille.

„Das ist der Professor", erläuterte Gustav. Und Emil gab ihm die Hand.

Dann wurde ihm, der Reihe nach, die ganze Bande vorgestellt.

„Na, was sagst du nun?", fragte Gustav und strahlte über das ganze Gesicht.

„So", sagte der Professor, „nun wollen wir mal auf den Akzelerator[3] treten. Los! Erstens, Geld her!"

Jeder gab, was er besaß. Die Münzen fielen in Emils Mütze. Sogar ein Markstück war dabei. Es stammte von einem sehr kleinen Jungen, der Dienstag

---

[1] Vgl. S. 50.

[2] Bezeichnung für frühere Münze, bedeutete ein Fünfpfennigstück (2,56 Cent)

[3] Gaspedal

Umgang mit Texten

Romanfiguren untersuchen

hieß. Er sprang vor Freude von einem Bein aufs andre und durfte das Geld zählen. „Unser Kapital beträgt", berichtet er den gespannten Zuhörern, „fünf Mark und siebzig Pfennige. Das Beste wird sein, wir verteilen das Geld an drei Leute. Für den Fall, dass wir uns mal trennen müssen." 40

„Sehr gut", sagte der Professor. Er und Emil kriegten je zwei Mark. Gustav bekam eine Mark und siebzig. [...]

„Jetzt wäre es gut", schlug Emil vor, „wenn wir einen Kriegsrat abhielten. Aber nicht hier. Das fällt zu sehr auf." 45

„Wir gehen nach dem Nikolsburger Platz", riet der Professor.

„Zwei von uns bleiben hier am Zeitungskiosk und passen auf, dass der Kerl nicht durchbrennt. Fünf oder sechs stellen wir als Stafetten[4] auf, die sofort

[4] Eilboten, die in einer Art Staffellauf die Botschaft weitergeben

die Nachricht durchgeben, wenn's so weit ist. Dann kommen wir im Dauerlauf zurück."

„Lass mich nur machen, Mensch", rief Gustav und begann, den Nachrichtendienst zu organisieren. „Ich bleibe mit hier bei den Vorposten", sagte er zu Emil, „mach dir keine Sorgen! Wir lassen ihn nicht fort. Und beeilt euch ein bisschen. Es ist schon ein paar Minuten nach sieben. So, und nun haut gefälligst ab!"

Er stellte die Stafetten auf. Und die anderen zogen, mit Emil und dem Professor an der Spitze, zum Nikolsburger Platz. [...]

Sie setzten sich auf die zwei weißen Bänke, die in den Anlagen stehen, und auf das niedrige eiserne Gitter, das den Rasen einzäunt, und zogen ernste Gesichter. Der Junge, der Professor genannt wurde, hatte anscheinend auf diesen Tag gewartet. Er griff sich, wie sein Vater, der Justizrat, an die Hornbrille, hantierte daran herum und entwickelte sein Programm. „Es besteht die Möglichkeit", begann er, „dass wir uns nachher aus praktischen Gründen trennen müssen. Deshalb brauchen wir eine Telefonzentrale. Wer von euch hat Telefon?"

Zwölf Jungen meldeten sich.

„Und wer von denen, die ein Telefon haben, hat die vernünftigsten Eltern?"

„Vermutlich ich!", rief der kleine Dienstag.

„Eure Telefonnummer?"

„Bavaria 0579[5]."

„Hier sind Bleistift und Papier. Krummbiegel, mach dir zwanzig Zettel zurecht und schreibe auf jeden von ihnen Dienstags Telefonnummer. Aber gut leserlich! Und dann gibst du jedem von uns einen Zettel. Die Telefonzentrale wird immer wissen, wo sich die Detektive aufhalten und was los ist. Und wer das erfahren will, der ruft ganz einfach den kleinen Dienstag an und erhält von ihm genau Bescheid."

„Ich bin doch aber nicht zu Hause", sagte der kleine Dienstag.

„Doch, du bist zu Hause", antwortete der Professor. „Sobald wir hier mit Ratschlagen fertig sind, gehst du heim und bedienst das Telefon."

„Ach, ich möchte aber lieber dabei sein, wenn der Verbrecher gefangen wird. Kleine Jungens kann man bei so was sehr gut verwenden."

„Du gehst nach Hause und bleibst am Telefon. Es ist ein sehr verantwortungsvoller Posten."

„Na schön, wenn ihr wollt."

Krummbiegel verteilte die Telefonzettel. Und jeder Junge steckte sich den seinen vorsichtig in die Tasche. Ein paar besonders Gründliche lernten gleich die Nummer auswendig.

„Wir werden auch eine Art Bereitschaftsdienst einrichten müssen", meinte Emil.

„Selbstredend. Wer bei der Jagd nicht unbedingt gebraucht wird, bleibt hier

[5] Telefonnummern bestanden damals aus Buchstaben und Zahlen.

Umgang mit Texten
Romanfiguren untersuchen

am Nikolsburger Platz. Ihr geht abwechselnd nach Hause und erzählt dort, ihr würdet heute vielleicht sehr spät heimkommen. Ein paar können ja auch sagen, sie blieben zur Nacht bei einem Freund. Damit wir Ersatzleute haben und Verstärkung, falls die Jagd bis morgen dauert. Gustav, Krummbiegel, Arnold, Mittenzwey, sein Bruder und ich rufen von unterwegs an, dass wir wegbleiben … Ja, und Traugott geht mit zu Dienstag, als Verbindungsmann, und rennt zum Nikolsburger Platz, wenn wir wen brauchen. Da hätten wir also die Detektive, den Bereitschaftsdienst, die Telefonzentrale und den Verbindungsmann. Das sind vorläufig die nötigsten Abteilungen."

„Was zum Essen werden wir brauchen", mahnte Emil. „Vielleicht rennen ein paar von euch nach Hause und holen Stullen ran."

„Wer wohnt am nächsten?", fragte der Professor. „Los! Mittenzwey, Gerold, Friedrich der Erste, Brunot, Zerlett, schwirrt ab und bringt paar Fresspakete mit!"

Die fünf Jungen rannten auf und davon.

[…]

Er [der Professor] pflanzte sich vor den Jungens auf und rief: „Die Detektive erwarten, dass ihr funktioniert. Die Telefonzentrale ist eingerichtet. Mein Geld lasse ich euch da. Es sind noch eine Mark und fünfzig Pfennige. Hier, Gerold, nimm und zähle nach! Proviant ist da. Geld haben wir. Die Telefonnummer weiß jeder. Noch eins, wer nach Hause muss, saust ab! Aber mindestens fünf Leute müssen dableiben. Gerold, du haftest uns dafür. Zeigt, dass ihr richtige Jungens seid! Wir werden inzwischen unser Möglichstes tun. Wenn wir Ersatz brauchen, schickt der kleine Dienstag den Traugott zu euch. Hat wer noch 'ne Frage? Ist alles klar? Parole Emil!"

„Parole Emil!", riefen die Jungen, dass der Nikolsburger Platz wackelte und die Passanten Stielaugen machten.

Emil war direkt glücklich, dass ihm das Geld gestohlen worden war.

5. Charakterisiert die Hauptfiguren dieses Textes (s. S. 109). Beachtet dabei auch, welche Aufgaben und Rollen die Jungen in der Gruppe übernehmen.
6. Für welche Typen stehen die einzelnen Mitglieder? Woran erkennt man, dass es sich um Typen handelt?
7. Bestimmt kennt ihr Detektivgruppen aus anderen Jugendbüchern wie „Die Fünf Freunde", „Die drei ???", „TKKG", usw.
   Vergleicht diese Detektivgruppen und ihre Zusammensetzung mit der Bande in „Emil und die Detektive".
8. Findet Gründe dafür, warum es zwischen den Detektivgruppen verschiedener Jugendbücher die von euch herausgearbeiteten Ähnlichkeiten gibt.
9. Wer ist der Held?

ÜBEN 264–268

Emil und die Detektive – der Film

Die Detektive im modernen Film

Im Jahr 2001 verfilmt die Regisseurin Franziska Buch Kästners Buch erneut und überträgt die Handlung in die heutige Zeit.
Emil lebt bei seinem arbeitslosen Vater in einer ostdeutschen Kleinstadt, die Mutter hat die Familie vor drei Jahren verlassen. Nach langer Suche bekommt Emils Vater endlich eine Stelle als Staubsaugervertreter. Bevor er jedoch seinen Dienst antreten kann, verletzt er sich bei einem Autounfall, durch den er seinen Führerschein verliert. Während sein Vater im Krankenhaus liegt, soll Emil die Schwester seines Lieblingslehrers in Berlin besuchen, die allein erziehende Pastorin Hummel. Ihr Sohn heißt Gustav.
Emil nimmt 1500 Deutsche Mark (≈ 750 Euro), das Geburtstagsgeld, das er in drei Jahren von seiner Mutter bekommen hat und das für seine Zukunft bestimmt ist, mit nach Berlin, um für seinen Vater einen Führerschein zu kaufen. Unterwegs trifft er auf den Verbrecher Max Grundeis. Dieser gaukelt ihm vor, er könne ihm zu einem Führerschein verhelfen, raubt ihn dann jedoch aus. Wie im Buch, verfolgt Emil den Dieb.
Die folgende Abschrift gibt einen Filmausschnitt wieder, der beginnt, nachdem Emil den Dieb bis zu einer Kneipe verfolgt hat.
Emil schleicht im Hof der Kneipe umher, in der sich der Dieb aufhält, und stiehlt durch das offene Fenster der Küche ein Schnitzel.
Plötzlich springt von oben ein Mädchen hinter ihn und wirft ihn bäuchlings zu Boden. Sie verdreht seinen Arm auf dem Rücken.

Pony Hey, du miese Ratte, klaust meinem Vater Essen aus der Küche. *Emil versucht, sich aus dem Griff zu befreien.*

Pony Vergiss es, du hast keine Chance. *Als sie ihn loslässt, guckt Emil verwundert.*

Emil Du bist 'n Mädchen? 5

Pony Na und, so etwas noch nie gesehen, oder was? *Emil will aufstehen, aber Pony stellt ihren Fuß auf seinen Bauch.* Halt, halt, halt, halt. Schön langsam aufstehen, und keine Mätzchen. *Emil steht auf.* Sag mir erst mal, wer du überhaupt bist. *Emil klopft sich die Sachen ab.*

Emil Emil Tischbein. Ich komm aus Streiglitz an der Ostsee. 10

Pony 'n Ossi, he? Und darum so doofe Klamotten an.

Emil Eigentlich würde ich dir dafür schon eine kleben. Aber ich schlage ja keine Frauen.

Pony Da hättest du bei mir auch keine Chance. Ich bin nämlich Pony Hütchen. Und jetzt rück raus: Was suchst du hier? *Emil winkt Pony und* 15 *geht zum Fenster.*

Sprechen und Schreiben
Roman und Film im Vergleich

Emil Na, komm mal mit. Siehst du den Typ da, der da am Tresen sitzt?

Pony Den mit den Cowboystiefeln und dem Vampirgesicht, der sich gerade die Buletten reinschiebt?

Emil Und die Buletten isst er für mein Geld.

Pony Für dein Geld, wie'n das?

Emil Also, ich sitz im Zug nach Berlin mit 1500 Mark in der Tasche, und die klaut mir dieser Kerl.

Pony 1500 Mark? So viel Kohle? Und du lügst auch nicht?

Emil Großes Captain-Spider-Ehrenwort.

Pony Spitze, das ist ja besser als in der Glotze, 'n echter Krimi. Los, wir sagen's meinem Vater, der ruft die Polizei, und die buchten ihn ein.

Emil Nee, lieber nicht. Ich hab zu Hause 'n bisschen was ausgefressen[1], und die suchen mich da jetzt wahrscheinlich.

Pony Verstehe, und was willst du jetzt unternehmen?

Emil Keine Ahnung, immer hinterher.

Pony Also, ich schätze, du wirst Hilfe gebrauchen. Ich bin dabei, und ich bin 'n superguter Detektiv. Ich sag dir, die Lage ist schwierig, aber wir kriegen den Kerl. Und dazu brauchen wir Verstärkung.

Emil Ja, und wie soll das gehen?

Pony Na, so! *Sie pfeift auf zwei Fingern und rennt los. Man sieht Pony durch die Straßen rennen und hört dabei ihre Stimme. Zwischendurch werden einzelne Kinder in ihrer typischen Umgebung gezeigt, die Ponys Pfiff hören, sofort zu*

[1] Emil hat einen Altkleidercontainer aufgebrochen, um sich für die Großstadt angemessene Kleidung zu besorgen.

ihr laufen und mit ihr gemeinsam weiterrennen. Zuerst sieht man einen Breakdancer.

Pony Das ist Kebab, unser türkischer Breakdance-Meister, ein supercooler Typ. *Ein rothaariger Junge springt wie Superman von einem Balkon.*

Pony Der da ist Krummbiegel, liest nur Comics und spricht nur Comicsprache. Ansonsten ist er aber ganz o.k. *Zwei gleich aussehende Mädchen sprühen ein Graffito auf die Wand.*

Pony Fee und Elfe machen die besten Graffiti der Stadt. Die zwei haben kein zu Hause, denen ihre Familie sind wir. *Ein Junge rennt im Sportstadion auf einer Bahn.*

Pony Flügel ist unsere Sportskanone, dem kann's nie schnell genug gehen. *Ein kleiner Junge liegt auf einer Luxusluftmatratze in einem Pool.*

Pony Das ist der kleine Dienstag mit seinem Hund Lotte. Dem seine Eltern machen Karriere, sind nie da und stellen deshalb keine doofen Fragen. *In einem Innenhof sitzt eine türkischer Junge mit seiner sehr großen Familie beim Essen.*

Pony Und das ist Gipsy, frech wie Oskar und der beste Geschichtenerfinder auf der Welt. *Pony und die anderen Kinder treffen bei Emil ein.*

Pony Und, was sagst du nun? *Pony stellt den anderen Emil vor und zeigt ihnen Grundeis im Lokal. Sie gibt Anweisungen, wer sich wo zu postieren hat. Zwei sollen Verstärkung holen. Sie verabreden, sich eine Viertelstunde später in einem verlassenen Kellergewölbe, den Katakomben, zu treffen. Emil fährt auf einem Skateboard mit den anderen zusammen durch die Straßen. Kurz darauf treffen in den Katakomben mehrere Dutzend Kinder zusammen.*

Sprechen und Schreiben
Roman und Film im Vergleich

Pony Hier halten wir Bandenrat, wenn wer von uns Probleme hat oder wenn eine Geheimmission ansteht, so wie jetzt mit dir. [...] *Pony pfeift. Alle verstummen.* Es ist natürlich klar, dass Emil geholfen werden muss. *Alle jubeln.* Wir haben mehrere Probleme zu lösen. Erstens ...

Kebab Wir müssen der Vampirsvisage das Geld abknöpfen, das er Emil gestohlen hat.

Pony Zweitens ...

Dienstag Wir müssen den Führerschein kriegen, den Emils Vater braucht, damit er endlich eine Arbeit hat. *Alle jubeln.*

Pony Ruhe! *Alle werden sofort still.* Wann ist das Treffen mit den Führerscheinhändlern?

Emil *holt die Karte heraus* Morgen, Punkt 10 Uhr, U-Bahnhof Alexanderplatz, bei den Schließfächern. Bis dahin brauch' ich mein Geld zurück.

Pony Leute, schaffen wir das?

Alle *laut* Ja!

Pony Gebongt. Aber als erstes brauchen wir Geld, dass wir uns rühren können, für Reisen und Proviant. Jeder gibt, was er hat.

Krummbiegel Was is'n das?

Dienstag Das ist 'ne Kreditkarte, hab ich von meinen Eltern.

Pony Cool, Danke, Dienstag, wird uns bestimmt weiterhelfen. Und jetzt verteilen wir mal die Aufgaben. Emil, ich, Flügel, Kebab, Krummbiegel, Fee und Elfe und Dienstag sind die acht Detektive. *Alle jubeln.* Wir nehmen die Verfolgung auf, sobald der Dieb sich rührt. *Einige Kinder gehen auf ihre Posten und beobachten Grundeis im Lokal.*

Pony *in den Katakomben* Alle außer uns Detektiven bleiben in Bereitschaft und warten auf weitere Befehle. *Die anderen murren.* Ruhe, Ruhe, ihr werdet alle später noch gebraucht, okay? Wer von euch hat Telefon? *Mehrere Kinder melden sich.*

Dienstag Ich hab sogar ein Handy, 01 72-455 455.

Pony 01 72-455 455. Jeder merkt sich die Nummer. Und wer erfahren will, wo wir Detektive gerade sind, der ruft den kleinen Dienstag an oder ruft die Auskunft 11 88 0 an.

Dienstag Ohhh, ich möchte aber nicht die ganze Zeit am Telefon hängen.

Flügel Mensch, Dienstag, sei doch froh, ist 'n voll wichtiger Job. Kann's jetzt endlich losgehen?

Pony Von mir aus eigentlich schon.

Emil Nein.

Krummbiegel Ächz, stöhn, nerv. Was is'n jetzt schon wieder?

Emil Wir haben noch ein Problem. Die Pastorin Hummel wartet doch auf mich. Sie ist bestimmt schon außer sich vor Sorge. Sie darf aber nicht erfahren, was wirklich los ist, weil sie sonst garantiert bei meinem Vater Alarm schlägt, und dann ist unser ganzer schöner, geiler Plan futsch.

ÜBEN 264–268

Sprechen und Schreiben

Roman und Film im Vergleich

Kebab Ach, du Hühnerkacke. Na, dann gehst du jetzt am besten gleich schnurstracks zu ihr, oder?

Die anderen Jaa!

Emil Kommt nicht in Frage. Ich werde hier gebraucht, ich will Grundeis selbst das Geld abnehmen.

Pony Klar, das versteh' ich. Aber was machen wir mit der Hummel?

Fee Ganz einfach. Die Pastorin hat doch Emil noch nie gesehen. Also zieht einfach jemand anders bei ihr ein und gibt sich als Emil aus.

Pony Ein falscher Emil, könnte glatt von mir sein, die Idee. Bloß wer?

Gipsy *springt nach vorne* Ist doch klaro, ich!

Emil Du? Du spinnst. Du bist mir nicht die Bohne ähnlich. Das schlucken die Hummel und Gustav doch nie.

Pony Na ja, wenn man nicht genau hinsieht, passt es. Außerdem hat Gipsy zwölf Geschwister.

Gipsy Hach, dreizehn.

Pony Noch besser, dem seine Eltern haben doch längst den Überblick verloren. Bei dem merkt es eh keiner, wenn er zu Hause fehlt.

Emil Na ja, wenn's sein muss, aber benimm dich!

Pony Red so wenig wie möglich, und friss denen nicht gleich den ganzen Kühlschrank leer.

Emil Genau!

Gipsy *werden Koffer und Blumen gereicht* Juchuh, ich mach mir'n schönes Leben! Hey, ich brauch'n Codewort.

Kinder Au ja. Gute Idee.

Pony Hey, ich schlage vor: Parole Emil!

Alle *heben die Arme und jubeln* Parole Emil!

1. Vergleicht diesen Filmausschnitt mit Kästners Buch.
   Was fällt euch als Erstes auf?
2. Seht euch die Zusammensetzung der Detektivgruppe genauer an.
   Was wurde im Film verändert? Stellt Überlegungen an, aus welchem Grund diese Veränderungen vorgenommen wurden.
3. Wie lösen die Kinder im Gespräch ihre Probleme? Untersucht, mit welchen rhetorischen Mitteln sie sich gegenseitig überzeugen. Besprecht, ob und inwiefern die Gespräche und der Umgang der Kinder miteinander realistisch sind.

Das Selbstverständnis der Detektivgruppe

Nachdem die Kinder sich zusammengefunden haben, singen sie auf dem Weg zu den Katakomben einen Hip-Hop-Song:

Pony Hey, ich bin Pony, ist doch klar,
wenn ich auf meinem Finger pfeife, sind sie alle da.
Es gibt keine Probleme,
wenn ich das Kommando übernehme.
So soll es sein, steigt doch mit ein, 5
das Schwein bringen wir ins Kittchen rein.

Alle Rennen durch die ganze Stadt, die Straßen auf und ab,
wir sind 'ne coole Bande,
die jüngsten Detectives im Lande.
Wir geben nicht auf, wir sind gut drauf. 10
Wir machen nie schlapp. (Hintergrundstimmen: Cool!)

Emil Hey, ich bin Emil, ich habe ein Ziel,
ich ziehe durch die Gassen, bin nie zu fassen,
ich kann es nicht lassen,
ich werde nicht ruhn, ich musste das ja tun, oh yeah. 15

Alle Rennen durch die ganze Stadt, die Straßen auf und ab,
wir sind 'ne coole Bande,
die jüngsten Detectives im Lande.
Wir geben nicht auf, wir sind gut drauf.
Wir machen nie schlapp. (Hintergrundstimmen: Cool!) 20

Kebab Wer andern eine Grube gräbt, fällt selbst hinein,
wir sind bei dir, wir lassen dich nicht allein.
wer dich beklaut, der ist gemein,
das Schwein bringen wir ins Kittchen rein.

Alle Steigt doch mit ein, 25
das Schwein bringen wir ins Kittchen rein. Oh yeah!
Rennen durch die ganze Stadt, die Straßen auf und ab,
wir sind 'ne coole Bande,
die jüngsten Detectives im Lande.
Wir geben nicht auf, wir sind gut drauf. 30
Wir machen nie schlapp.

Kebab Wir jagen diesen miesen Dieb durch die ganze Stadt,
und wenn wir mit ihm fertig sind, hat er das Klauen satt.

4. Wie stellen die Kinder sich in diesem Lied selbst dar?
5. Vergleicht die „Jugendsprache" des Liedes mit der Sprache der Detektive in Kästners Buch. Schreibt dann ein Lied, wie es Kästners Detektive singen könnten.

Kästners Pony Hütchen

Wie ihr sicher sofort gemerkt habt, werden die Detektive im Film nicht von Gustav, sondern von einem Mädchen angeführt. Auch in Kästners Roman gibt es eine Figur namens Pony Hütchen. Dort ist es allerdings Emils Kusine, die in Berlin lebt. Im Folgenden findet ihr einige Auszüge aus Kästners Buch, in denen Pony Hütchen eine Rolle spielt.

Nachdem die Kinder herausgefunden haben, dass Grundeis über Nacht im Hotel bleibt, überlegen sie, wie sie selbst die Nacht verbringen sollen. In diesem Moment erscheint Pony Hütchen auf ihrem Fahrrad. Bei ihr ist ein Junge, der ihr und der Großmutter eine Nachricht von Emil überbracht hat. Sie erzählt, wie die Großmutter die Neuigkeit aufgenommen hat, und Emil stellt ihr die Jungs vor. Pony verabschiedet sich mit folgenden Worten:

„Und nun mach ich mich schwach", sagte Pony Hütchen, „morgen früh bin ich wieder da. Wo werdet ihr schlafen? Gott, ich bliebe ja zu gern hier und würde euch Kaffee kochen. Aber was soll man machen? Ein anständiges Mädchen gehört in die Klappe. So! Wiedersehen, meine Herren! Gute Nacht, Emil."
Sie gab Emil einen Schlag auf die Schulter, sprang auf ihr Rad, klingelte fidel und radelte davon.
Die Jungen standen eine ganze Zeit sprachlos.
Dann tat der Professor den Mund auf und sagte:
„Verflucht noch mal!"
Und die anderen gaben ihm völlig Recht.
[…]
Am nächsten Morgen erscheint Pony Hütchen tatsächlich wieder bei den Detektiven.
Da klingelte es im Torbogen! Und Pony Hütchen radelte strahlend in den Hof.
„Morgen, ihr Hannaken", rief sie, sprang aus dem Sattel, begrüßte Vetter

Emil, den Professor und die Übrigen und holte dann einen kleinen Korb, den sie an der Lenkerstange festgebunden hatte. „Ich bringe euch nämlich Kaffee mit", krähte sie, „und ein paar Buttersemmeln! Sogar eine saubere Tasse hab ich. Ach, der Henkel ist ab! Pech muss der Mensch haben!" […]

„Nein, schmeckt das großartig!", rief Krummbiegel.

„Und wie knusprig die Semmeln sind", brummte der Professor kauend.

„Nicht wahr?", fragte Pony. „Ja, ja, es ist eben doch was andres, wenn eine Frau im Hause ist!" […]

So plauderten sie und waren denkbar guter Laune. Die Jungen benahmen sich äußerst aufmerksam. Der Professor hielt Ponys Rad. Krummbiegel ging, die Thermosflasche und die Tasse auszuspülen. Mittenzwey senior faltete das Brötchenpapier fein säuberlich zusammen. Emil schnallte den Korb wieder an die Lenkstange. Gerold prüfte, ob noch Luft im Radreifen wäre. Und Pony Hütchen hüpfte im Hof umher, sang sich ein Lied und erzählte zwischendurch alles Mögliche. […]

Da kam Gustav durchs Tor gerannt, hupte laut und brüllte: „Los! Er kommt!" Alle wollten davonstürzen.

„Achtung! Zuhören!", schrie der Professor. „Wir werden ihn also einkreisen. Hinter ihm Kinder, vor ihm Kinder, links Kinder, rechts Kinder! Ist das klar? Weitere Kommandos geben wir unterwegs. Marsch und raus!"

Sie liefen, rannten und stolperten durch's Tor. Pony Hütchen blieb, etwas beleidigt, allein zurück. Dann schwang sie sich auf ihr kleines vernickeltes Rad, murmelte wie ihre eigne Großmutter: „Die Sache gefällt mir nicht. Die Sache gefällt mir nicht!", und fuhr hinter den Jungen her.

[…]

Während die Jungen den Dieb einkreisen und vor der Bank festhalten, holt Pony Hütchen mit ihrem Fahrrad einen Polizisten, der den Dieb verhaftet. Die Jungen begleiten ihn zur Wache.

Pony Hütchen fuhr auf ihrem kleinen vernickelten Fahrrad nebenher, nickt dem glücklichen Vetter Emil zu und rief: „Emil, mein Junge! Ich fahre rasch nach Hause und erzähle dort das ganze Theater."

Der Junge nickte zurück und sagte: „Zum Mittagessen bin ich zu Hause! Grüß schön!"

Pony Hütchen rief noch: „Wisst ihr, wie ihr ausseht? Wie ein großer Schulausflug!" Dann bog sie, heftig klingelnd, um die Ecke.

6. Charakterisiert Pony Hütchen, wie sie bei Kästner dargestellt wird, und vergleicht sie mit der Bandenchefin im Film.
7. Warum und mit welcher Wirkung wurde Pony Hütchen im Film so verändert?
8. Diskutiert, welche der beiden euch besser gefällt.

Filmrezensionen

Der Film von Franziska Buch wurde in Zeitungen und im Internet bewertet. Dabei gab es unterschiedliche Meinungen.

Der Klassiker

[…] Interessant sind bei Franziska Buchs Adaption vor allem die Dinge, die sie modernisiert oder gar weggelassen hat: Emil ist viel weniger altklug als bei Kästner, der Kinder oft wie kleine gelehrige Erwachsenen sprechen ließ – möglicherweise war das in den dreißiger Jahren tatsächlich so. Heute funktioniert es nicht mehr, und Franziska Buch hat die Sprache der Kids behutsam auf die heutige Zeit, auf Computerspiele, Hip-Hop-Klänge, Comics und Fernsehen zugeschnitten, ohne aber anbiedernd zu wirken. Emil lebt alleine mit seinem arbeitslosen Vater (Kai Wiesinger) in einer ostdeutschen Kleinstadt, Pony Hütchens Eltern lassen sich scheiden, Gustav ist ein Außenseiter, da er für seine chaotische Mutter den Haushalt erledigt und keine Zeit mehr zum Spielen hat, der reiche, von seinen Managereltern vernachlässigte Dienstag in seinen Designerklamotten organisiert alle finanziellen Probleme mit der Kreditkarte seines Papas – die Probleme, mit denen Franziska Buch ihre Fassung bestückt, sind absolut zeitgemäß und dennoch ansprechend, kindgerecht und liebevoll-witzig verpackt. Erwachsene kommen aber auch auf ihre Kosten, und das ist bei Kinderfilmen ja doch immer wieder erwähnenswert: Jürgen Vogel als böser Taschendieb Grundeis spielt seinen Part mit einer ansteckenden Freude am deutlichen Überzeichnen und Chargieren[1], und auch Maria Schrader als zerstreute Mama von Gustav und Kai Wiesinger als Emils Vater sind wirklich überzeugend besetzt.

[1] Übertreiben

Emil und die Detektive *Harriet Dreier*

[…] Nun ist die gewitzte Kinderbande wieder auf Berlins Straßen unterwegs. Der Film von Franziska Buch („Die ungewisse Lage des Paradieses") wagt die dritte rein deutsche Neuverfilmung des Kästner-Buches und hat fast zehn Millionen Mark gekostet.
Das Grundgerüst des 1928 erschienenen ersten Romans für Kinder ist geblieben. […] Doch aus den 140 Mark sind 1500 Mark geworden, und früher fuhr der Junge noch Bus. Auch sonst geht die jetzige Verfilmung mit der Zeit: Die modernen Kids haben Handys, Skateboards und Rastazöpfe. Begleitet wird die rasante Jagd durch das neue Berlin von Hip-Hop-Musik – irgendwie muss man ja das junge actionverwöhnte Publikum noch erreichen.

Als ob das nicht schon hart genug wäre, muss der kleine Emil auch noch die Emanzipation über sich ergehen lassen. Hat früher Gustav die Berliner Bande angeführt, so übernimmt das heute die Rotzgöre Pony Hütchen (Anja Sommavilla). In der 73 Jahre alten Buchvorlage gefiel sie noch als naseweise Kusine. Ein weiteres Zugeständnis machte die Regisseurin an die Millionen von Scheidungskindern: Der neue Emil wächst bei seinem arbeitslosen Vater auf. Seine Mutter lebt mit einem neuen Mann in Kanada und schickt ihm zum Geburtstag nur Geld und Grüße.

Selbst die Verbrecher sind nicht mehr, was sie früher einmal waren. Die schweren Jungs von einst wollten gleich eine ganze Bank ausrauben. Der heutige Max Grundeis ist zu einem billigen Hoteldieb verkommen. [...]

Die Vorlage ist zu gut, als dass die Buch'sche Adaption ihren ursprünglichen Charme zerstören könnte. Doch leider badet die Regisseurin in Klischees. Zwar ist Kai Wiesinger ein wirklich netter Papi und Maria Schrader als Pastorin Hummel („Ich komme zu spät zu meinem Dritte-Welt-Kreis!") wunderbar, doch das diffizile moralische Geflecht des Kästner-Buches fegte die Regisseurin zu Gunsten eindimensionaler Charaktere weg. Wo Emil und seine Bande ursprünglich noch Skrupel hatten, sich das Geld auf illegale Weise wiederzubeschaffen, checken jetzt coole Kids die Lage in Comicsprache. Verweigerte damals noch die Polizei ihre Mithilfe und zwang die Rasselbande so zu cleverer Eigeninitiative, sind die modernen Straßenkinder mit widerwärtiger „Sherlock Holmes"-Schläue ausgestattet und ihren verantwortungslosen Eltern, die sich nur um die eigenen Probleme scheren, von vornherein überlegen. Die Moral von der Geschicht': Sogar wenn ihr eure Kinder halbverwahrlost herumzigeunern lasst – sie sind die besseren Menschen. [...]

1. Wie und nach welchen Kriterien wird der Film in den beiden Rezensionen bewertet?
2. Welche Rezension findet ihr aufgrund eurer Informationen angemessener? Begründet eure Ansicht.
3. Seht euch, wenn ihr die Möglichkeit habt, den Film einmal ganz an. Die folgenden Stichworte können euch helfen, genauere Beobachtungen anzustellen und den Film dabei mit der Buchvorlage zu vergleichen:
    – die Rolle Gustavs
    – Gipsy als falscher Emil
    – die Rolle des kleinen Dienstag
    – das Verhältnis zwischen Emil und Pony Hütchen
    – Emils Vater und die Pastorin Hummel
    – die Actionszenen bei der Verfolgung des Diebs
4. Schreibt nun selbst eine Rezension über den Film.

Wir bauen uns unsere Helden

Es müssen nicht immer „Die drei ???", „TKKG", „Fünf Freunde" oder „Emil und die Detektive" sein. Ihr könnt euch auch selbst eine Heldengruppe entwerfen – ganz egal, ob ihr die üblichen Typen mögt oder andere Charaktere erfindet.

Der Held

blaue Augen	muskulös	der Sportler	brauner Gürtel in Karate
		der Streber	
Brille	dünn	das Gehirngenie	der Computerfreak
			der Bastler
gelocktes Haar	klein	der Angsthase	der Helfertyp
Stupsnase	dick	der Gutmütige	der Vielfraß
Sommersprossen			

Die Heldin

kurze Haare	drahtig	der Kumpel	die Hilfsbereite
		die Draufgängerin	
Pagenschnitt	unauffällig	die Ordentliche	die Häusliche
Brille	schlank	Multitalent	die Ehrgeizige
			die Sensible
		die Kreative	
Pferdeschwanz	lässig gekleidet	die Sozialengagierte	die Pfadfinderin

PRISMA

A Stellt eure Heldengruppe mithilfe dieser Tabelle zusammen. Ihr könnt die Typen übernehmen oder die Eigenschaften ergänzen und neu mischen.

B Wählt die Art der Geschichte.

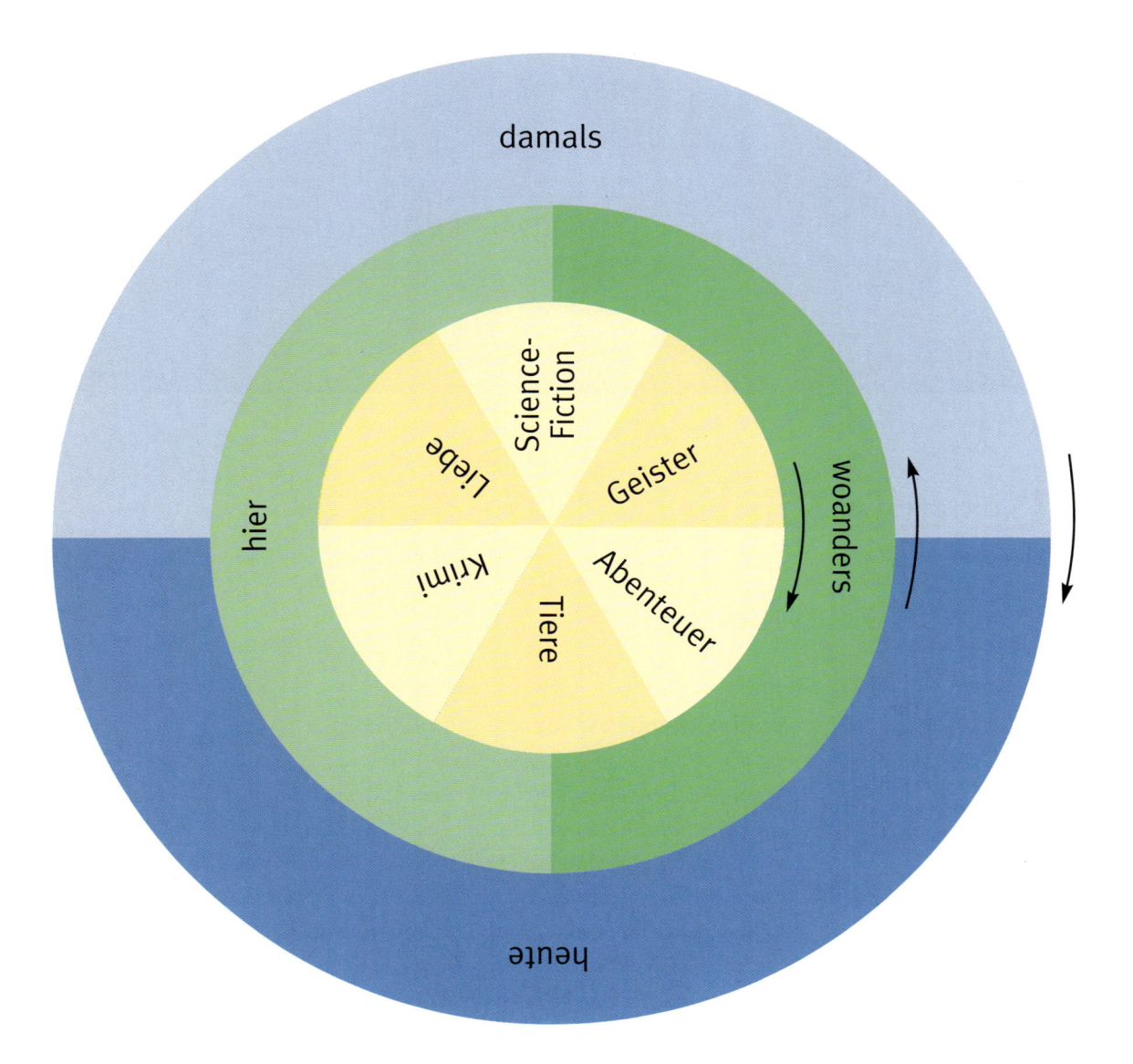

damals — woanders — heute — hier

Science-Fiction · Geister · Abenteuer · Tiere · Krimi · Liebe

C Lehnt euch entweder an die bekannten Erzählmuster an oder hebt euch davon ab.

Der edle Räuber?

LEGENDE UND WIRKLICHKEIT

*Zum Bild:
Thomas Rowlandson:
Straßenräuber überfallen
Doktor Syntax, 1819.*

[1] Die Texte S. 80 ff., 84 f., 88 ff., 91 ff. und 95 stammen aus dem Volksstück „Schinderhannes" von Carl Zuckmayer.

Schinderhannes inkognito *Carl Zuckmayer*[1]

Johann Bückler hält sich in der Wirtschaft „Grüner Baum" an der Nahe auf. In der Wirtschaft sind sowohl „bessere Leute" als auch „Gewöhnliche": Gutspächter, Kaufleute, Handwerksmeister, Bauern, Achatschleifer und Metallarbeiter sitzen an den Holztischen. In der Ecke hocken ein paar reisende Händler sowie Johann Bückler und Hans Bast Benedum in einfacher Kleidung. Bückler und Benedum trinken und essen kräftig zu Abend: Es gibt Schwinerippchen mit Sauerkraut und braun gebackenen Paarwecken.

Auf einem Holzpodest steht Blasius Trommelvater, ein fahrender Bänkelsänger und Kirmesmusikant, und macht auf mehreren Instrumenten gleichzeitig laut Musik, und zwar auf einer Handharmonika, einer Fußpauke, einem Dudelsack und einem Schellenspiel. Neben ihm stehen seine beiden Töchter Julchen und Margaret. Margaret spielt Geige, Julchen singt das Lied vom Schinderhannes.

Julchen „Im Schneppenbacher Forste,
Da geht der Teufel rundibum,
De Hals voll schwarzer Borste,
Und bringt die arme Kaufleut um!
Das ist der Schinderhannes,
Der Lumpenhund, der Galgenstrick,
Der Schrecken jedes Mannes,
Und auch der Weiberstück!
Im Soonewald, im Soonewald
Steht manche dunkle Tann,
Darunter liegt begraben bald
Ein braver Wandersmann.
Im Schneppenbacher Forste,
Da geht der Teufel rundibum,
Die Ank[2] voll schwarzer Borste,
Und legt die junge Weibsleut um!"

[2] Nacken

Die Musik wird still.

Bückler Bravo! Herr Wirt, en Schoppe für die Musik. So e Lied hört ma nit alle Tag. Da läuft's eim ja kalt über de Buckel!

Wirt Du bist auch lang nit mehr hier gewese, dass du das Lied nit kennst.

Bückler Christi Himmelfahrt werd's drei Jahr. Ich hab alleweil rechtsrheinisch gehandelt und drunte, im Blaue Ländche[3].

Ein Kaufmann Wer ist der Mann?

Wirtin Jakob Ofenloch schreibt er sich, ein Krämer. Mit was er handelt, musst du'n selbst frage.

Bückler Mit allem, was rar und teuer is – Zunder, Schwamm, Feuerstein, Gäul, Sättel, Stiefelwichs un gute Sprüch! Brauche se was?

Kaufmann E paar gute Sprüch, wenn se nix koste. Die kann eim doch der Schinderhannes nit gleich am nächste Straßekreuz wieder abnehme!

Bückler Ihr mit eurem Schinderhannes! Man hört euch ja von nix mehr anders redde. *Er lacht.*

Gutspächter Lach nit, Krämer, wenn du's nit verstehst. Mir wisse Bescheid, un bis du im nächste Flecke bist, weißt du's vielleicht noch besser!

Bückler Da bin ich emal gespannt!

Kaufmann Pack lieber dei Sach samme un mach wieder ins Rechtsrheinische nüwwer!

Bückler Das könnt dir so passe, dass du die Konkurrenz los wärst!

Ein Reisender Ei, lese Sie denn kei Zeitung? Wisse Sie nit, dass hierzuland kein Bettler unbeschädigt über die Landstraß kommt, wenn er sich nit mit dene Hundsbandite abgabemäßig konvettieriert[4]?

[3] Gegend im Westerwald, auch Kannebäckerland genannt, bekannt für ihre blaue Keramik

[4] verbündet

Exposition

Ein Fuhrmann Hört emal dem sei Nassauer Gosch! Von unsere einheimische Bandite hat noch keiner einer nie nit en Bettler oder arme Mann belästigt – nur Kaufleut, Offiziersbagage un reiche Judde.

Gutspächter Freilich! Wo nix is, kann der Dieb nix stehle!

Reisender Wenn ma gleich hinterrücks dementiert[5] wird, is kei Wunder, dass die fremde Leut nix glaube.

[5] berichtigt

Bückler Ich glaub überhaupt nix, was ich nit seh!

Gutspächter So? Da gucke Sie sich emal unsern hiesigen Gerbermeister an! Da hinne sitzt er un hat angelaufene Brillegläser vor Gall!

Gerbermeister *ein alter, kurzsichtiger Dürrhals mit weinerlicher Stimme* Spott und böse Mäuler noch owwedrei! Ihr schadefroh Gesindel, ihr dreckiges!

Gutspächter Die letzt Nacht hat er hohe Besuch gehabt. Ausm Hauptlager, unter seiner Schlafstub eweg, hawwe se sei ganze frische Ledervorrät getrage!

Bückler Un woher wisst ihr, dass es der Schinderhannes war? Gibt's nit überall Lederdieb?

Gerbermeister Drei schwarze Kreuz hat er mir auf die Wand gemalt! Sei Satanszeiche! Mei Frau is in Krämpf gefalle, wie sie's gesehe hat, un liegt alleweil noch drin!

Bückler Herrgottstrambach nochemal!

Gerbermeister Mei best Rindleder war's! Tadellose Häut! Kei einzig Löchelche drin! Grad gestern hat se die französisch Monturkolonn bei mir bestellt! Als ob er's gewusst hätt, der Säuteufel, der hundswütige, der Halsabschneider, der die arme ehrliche Handwerksleut nit lebe lasse kann, von ihrm sauere Arbeitsschweiß, ihrm schwerverdiente, armselige –

Bauer Raab Hö, hö, hö, Gerberphilipp, nehms Maul noch e bissje voller! Vier von dene Häut haste meim Nachbar als Schuldzins ausm Stall getriebe, du scheeläugiger Brillekiebitz, du geizknochiger!

Ein Achatschleifer Für e Schnippelche Daumeleder hat mir der Schweinsmage drei geschliffene Stein abgenomme, un jetzt greint er hinner seine grindige Bockshäut her, als wär's em Bischof sein Ring!

Metallarbeiter Die Kränk soll er kriege!

Gerbermeister Das sind die Aufwiegler, die wo's mit dem Schinderhannes halte! Das unehrlich Volk, wo kei Geld hat un kei Sittemoral!

Bauer Raab Was haste gesagt? Sag's noch emal!

Gerbermeister Ich hab ja niemand angesehe dabei!

Bauer Raab Ob du's noch emal sagst?!

Gerbermeister Jetzt grad nit!

Bauer Raab Da lässt du's bleibe. *Gelächter*

Bückler *zu Benedum* Da haste's! Wo vom Schinderhannes die Red is, lernt ma die Leut kenne!

Bauer Rotkopp Uns kleine Bauern nehme die Räuber nix ab. Das besorgt der Staat un die Kirch und die Steuer und der Fürst un der Pächter und de Kaufmann un de Zinsjudd ganz allein!

Gutspächter Weil ihr nix druff habt, ihr Faulenzer.

Achatschleifer Ich sag, wenn's de Schinderhannes nit gäb, da müsst er erfunde werde, damit die reiche Leut auch emal merke, wo Gott wohnt!

Reisender Hawwe Sie denn gar kein Rechtsgefühl?

Steinbrecher Vielleicht mehr wie Sie! Mir sin Arbeiter un lasse uns nit übers Maul fahre.

Fuhrmann Mir hawwe nix un werde nix hawwe, ob mit oder ohne Schinderhannes. Herr Wirt, noch e Kirschwasser.

Kaufmann Weil ihr nix arbeite wollt, deshalb kommt ihr auch zu nix.

Bückler Das wär mir neu, Herr Nachbar.

Kaufmann Was denn?

Bückler Das wär mir neu, dass ma durch die Arbeit zu was kommt!

Gutspächter So? Sie sehe mir aber ganz wohlgenährt aus – sin Sie durch de Heilig Geist dazu gekomme oder hawwe Sie gestohle?

Bückler Mein Vater – der hat geschafft, bis ihm die Nägel blau worde sin. Heut könnt er verrecke, wenn er kein Sohn hätt!

Kaufmann Un de Sohn? Da sitzt er un isst Schweinerippche für en halbe Taler! Ei, woher könne Sie sich denn das leiste?

Bückler Das will ich Ihne sage: weil ich's nehm, wo ich's find! Und weil ich mir eher en Finger abbeiße deet, als für fremde Leut mei Knöchel krumm mache! Und weil ich drauf pfeif, versteht ihr, wie der Spatz auf die Kirschkern, wenn die Traube reif sin! […]

1. Lest diese Szene mit verteilten Rollen und versucht, euch in den rheinhessischen Dialekt hineinzuhören.
2. Stellt zusammen, was der Leser zu Beginn des ▶ **Volksstücks** „Schinderhannes" erfährt (z. B. über Vorgeschichte, Ort der Handlung, Situation der handelnden Personen und den Räuber Schinderhannes). Wie werden die Personen charakterisiert (s. S. 109)?

INFO-BOX

Die Einführung des Zuschauers oder Lesers zu Beginn eines dramatischen Textes (Schauspiel, Tragödie, Komödie, Stück …) in die Situation und den Konflikt nennt man ▶ **Exposition**.
Die Kunst des Autors besteht darin, diese Informationen so in die Handlung zu integrieren, dass sie zu Situation, Text und Personen passen und nicht künstlich wirken.

3. Wodurch gelingt es Carl Zuckmayer, einerseits den Leser zu informieren und andererseits die Wirtshausszene glaubhaft zu gestalten?
4. Wodurch kann der Leser Verdacht schöpfen, dass Bückler der gesuchte Schinderhannes ist?
5. Worin besteht der Konflikt zwischen den gewöhnlichen und den besseren Leuten, und was bedeutet er für die Einschätzung des Schinderhannes?
6. Was würde sich ändern, wenn die Personen dieses Schauspiels Hochdeutsch sprächen? Schreibt dazu einen Teil des Dialogs um.

Schinderhannes und das Volk

2. Akt. Französische Soldaten rücken in den Hunsrück ein, um dem Banditentum ein Ende zu machen.

Bauer Raab Seit ich mei erste Windel beschisse hab un mei erste Krisch getan, weiß ich nix anders wie allweil Krieg und Soldate un Steuern un Abgab un Einquartierung un Geld, wo nix wert is, un Mehl, das ma nit behalte darf, un Fleisch, das ma nit bezahle kann, un für jeden, der's Maul auftut, zwei Schutzleut un e Dutzend Richter, die's ihm wieder zubinde! Seit hier der Schinderhannes groß worde is, hat sich kein Zinstreiber mehr übers Land gewagt, un wie mir hier sitze, hat keiner mehr en halbe Kreuzer Steuern zahlt! Unser Korn hammer selber gedrosche un unser Kartoffel selbst gefresse, un die Würscht sin billig worde, weil kein fremder Händler mehr die Preis getriebe hat!
Achatschleifer Unser Werkmeister in der Schleiferei hat gesagt, die Bandite müsste raus, un es müsst wieder Ordnung gewwe, weil sonst kei Ausfuhr wär! Ei, was geht mich die Ausfuhr an, Ausfuhr is was für die reiche Leut, ich brauch kei Ausfuhr, ich brauch besser Esse, wenn ich schaffe soll!
Steinbrecher Das sin unser Brotherrn, die hole's Militär, ob deutsch oder französisch, von de Fürschte oder von der Republik, damit se mehr Profit mache un uns schlechter bezahle könne!
Holzknecht Bravo! So isses auch mit der Holzschlägerei! De Fürscht von Lahnstein will sein Wald verjuxe, un mir hawwe die Händ voll Blase! Ei, hat denn der die Tanne wachse lasse un auf die Buchewurzel geregnt?!
Bauer Rotkopp Das hilft uns all nix, wie mir schimpfe un kreische, jetz isses aus mitm starke Joseph! Ihr habt se gehört einmarschiern un Halt mache vorm Gemeindehaus, so viele Füß hawwe getrappt, wie kein Kaufmann hat zähle könne, e ganz Bataillon muss es sein, wenn's nit mehr sin.
Achatschleifer Un wenn se komme mit der ganze Rheinarmee un mehr Kanone wie Leut – solang er hier nit verrate wird, kriegt kein Teufel den Bückler zu fasse!

[1] Kleinbauer

Bauer Rotkopp Wer redt hier von Verrate! Wenn der Schinderhannes im Hunsrück gehetzt wird, dann hat jeder Zwiwwelkaffer[1] noche Schlupploch, in das er verschwinde kann!

„Schinderhannes" im Lexikon

Schinderhannes, eigentlich **Johann Bückler**, Räuberhauptmann, * Miehlen (Rhein-Lahn-Kreis) 25. 5. 1783 (1777 ?), † (hingerichtet) Mainz 21. 11. 1803; führte eine Straßenräuberbande im Hunsrück und Taunus; mit 19 Spießgesellen zum Tode verurteilt, später sozialromantisch verklärt. – Drama von C. Zuckmayer (1927).

Der Schinderhannes ist allgegenwärtig   *Helmut Mathy*

Von Zeit zu Zeit scheint er wieder allgegenwärtig: in der deutschen, ja internationalen Tagespresse und im Fernsehen, auf dem Markt, in Amtsstuben und Stadtverwaltungen, bei Oberbürgermeistern,
5 Beigeordneten und Volksvertretungen – und natürlich am Stammtisch: Johannes Bückler, genannt Schinderhannes: Er zählt wohl zu den populärsten historischen Ge-
10 stalten unserer Regionen, zumal am Mittelrhein. Im Taunus und an der Nahe, im Hunsrück, im Pfälzer Bergland und in Rheinhessen ist er fast zum genius
15 loci¹ geworden. […]

Und dann seine werbemäßige Allzweck-Vermarktung: Es gibt Schinderhannes-Brot, Schinderhannes-Altbier, natürlich
20 den unvermeidlichen Schinderhannes-Spießbraten, eine Schinderhannes-Brennerei, zahllose Schinderhannes-Gaststätten und -Hotels; man kann Pauschalferien im Schinderhannesland, das vor einigen Jahren vielen deutschen Fernsehzu-
25 schauern in einem ungewöhnlichen Film von Edgar Reitz zum Inbegriff von Heimat schlechthin stilisiert wurde, buchen oder mithilfe von aufwändigen Farbprospekten „auf den Spuren des Schinderhannes" wandeln. 1983 wurde für Winter-
30 sportler bei Morbach eine Schinderhannes-Loipe eröffnet, und der Rotary-Club in Simmern veranstaltet sogar seit Jahren eine Schinderhannes-Rallye.

Der Name ist jedenfalls außerordentlich berühmt. Aber Dichtung und Wahrheit sind kaum mehr 35 voneinander zu trennen. Für den einen ist er – um die beiden Extreme sogleich aufzuzeigen – ein zu Unrecht verkannter mutiger Sozialrebell, für die anderen bleibt er ein 40 gemeiner und feiger Verbrecher, ja ein mieser Ganove.

Zu seinem 180. Todestag, dem 21. November 1983, wollte man sogar, wie es hieß, seine Gebeine 45 „heimholen". […] Die zunächst auf ein Happening² ausgehenden jungen Mitglieder einer ad-hoc-Bürgerinitiative³ in der Landeshauptstadt Mainz wären 50 indessen gut beraten gewesen, wenn sie sich vorher von der Echtheit der alten Knochen überzeugt hätten, die sie nun gleichsam in den Rang von Reliquien erhoben. […]

Doch dies ist nur ein fast belangloser Nebenaspekt 55 des Themas vom edlen Räuber und seiner historischen Wirklichkeit; nur ein kleiner Farbtupfer des facettenreichen Gemäldes vom Räuberhauptmann, Rebellen oder von Grund auf ehrenwerten Mannes – Bezeichnungen und Interpretationen, 60 die Schinderhannes immer wieder zugedacht worden sind.

---

¹Geist des Ortes, der Gegend

²Kunstaktion, bei der Künstler und Zuschauer zusammenwirken

³spontane, für kurze Zeit gegründete Interessengemeinschaft

7. Eine erste Orientierung gibt der Kartenausschnitt. Informiert euch in einem Atlas über den Schauplatz der Handlung.
8. „Sozialrebell" oder „Ganove" – findet in der Exposition des Schauspiels Belege für beide Einschätzungen Johann Bücklers.
9. Der Mathy-Text ist die Einleitung eines Buches über Schinderhannes, in dem der Autor die historische Wirklichkeit aufdecken will. Welche Absicht könnte Carl Zuckmayer bewogen haben, sich dieses Stoffes anzunehmen?

Über Banditen und Räuberbanden *Helmut Mathy*

Über die Herkunft der Banditen lässt sich zusammenfassend und vereinfachend nach den neueren Forschungen feststellen: Die beiden in der Hauptsache auftretenden Typen von Banditen unterscheiden sich zunächst in ihrer verschiedenen sozialen Herkunft. Die ländliche Bevölkerung ist die Heimat des Bauernbanditen, des „idealtypischen Sozialrebellen". Namentlich in Zeiten besonderer Not und Unterdrückung beginnen sich einzelne Bauern gegen offensichtliche gesellschaftliche Missstände zu wehren. Sie bekämpfen mehr oder minder bewusst die unerträglichen Auswüchse herrschaftlicher Willkür, stellen jedoch keineswegs die Herrschaftsverhältnisse an sich in Frage.

Eine andere Einstellung zu Staat und Gesellschaft zeigen die Vertreter einer starken ländlichen, meist vagierenden Unterschicht. Ihre Mitglieder – in erster Linie Vaganten[1], dann Angehörige „unehrlicher" Berufe, Zigeuner und ein Teil der jüdischen Bevölkerung – sehen sich ausnahmslos, meist ohne eigene Schuld, in sozial gering geschätzter und wirtschaftlich kaum hinreichender Lage. […] Ihre Angehörigen verstehen sich mehr oder minder ausgeprägt als erklärte Gegner einer Ordnung, die ihnen keinen ausreichenden Platz bietet. Gewissermaßen als „harter Kern" dieses Gaunertums erscheinen die Räuberbanden.

Während die Lebensweise des Gauners als defensiv zu bezeichnen ist, einzig darauf ausgerichtet, in feindlicher Umwelt zu überleben, trägt das Vorgehen des Räubers bisweilen Merkmale offenen Aufbegehrens.

Aber sie verfügen im Grunde über keinerlei politische Programmatik. Ihre Aktivitäten gegen die, bei denen am meisten Beute zu holen ist, sind nicht in ein theoretisches Gesamtkonzept einbezogen, das etwa auf eine Änderung von unterdrückenden gesellschaftlichen Bedingungen abzielt. Damit ist ihr Auftreten lediglich nur in Ansätzen Ausdruck eines unmittelbaren, unreflektierten, in diesem Sinne „primitiven" oder „archaischen"[2] sozialen Protests. […]

Obgleich wegen der geringen Überlieferung sowie des herrschenden Analphabetismus in diesen Kreisen banditische Selbstzeugnisse äußerst selten sind und auf der anderen Seite das Verhör-Material in seiner Sicht oft einseitig die Auffassung der aburteilenden Obrigkeit wiedergibt, somit also kaum gesicherte primäre Quellen vorliegen, kann doch vorsichtig gefolgert werden, dass sich mancher Bandit prinzipiell des Umstands seiner Herkunft aus einer verachteten und verfolgten Bevölkerungsschicht bewusst war und teilweise auch aus diesem Bewusstsein heraus seine illegalen Aktionen begründete.

[1] Menschen, die ihren Beruf nicht an einem festen Ort ausüben, sondern umherziehen

[2] ursprünglich, alt

10. Fasst zusammen, welche Typen von Banditen es nach Auskunft des Textes gibt, und welche Ursachen das Banditenwesen hat.
11. Welche Rolle spielt nach Auskunft des Textes das Bewusstsein der Räuber, einer verachteten Bevölkerungsschicht anzugehören, bei der Begründung der räuberischen Taten?
12. Ordnet die Aussagen Bücklers auf S. 83 über seinen Vater und über seinen Lebensunterhalt in diese Argumentation ein.

Julchen zwischen Adam und Johann

Bittere Wahrheit

Julchen und Schinderhannes sind ein Paar. Der Gendarm Adam will aber Julchen heiraten und weiß nichts von Julchens Beziehung zu Schinderhannes. Adam kommt mit zwei Gendarmen und zwei reichen Hofbesitzern, Scheerer und Stämmele, zum Haus von Schinderhannes' Vater.

Scheerer Da wohnt sein Vatter. Aber eigentlich gehört das Haus der Gemeinde. Der Bückler junior hat sich's widerrechtlich angeeignet.

Adam Ei, wozu bist du Gemeinderat, wenn du so was passiere lässt?

Scheerer Mir hawwe uns als nit getraut, was zu unternehme, aus Angst vor Brandschäde! Aber jetzt, denk ich, wo die Gendarmerie hier is, könnte mir den Alte ausräuchern. Vielleicht erfährt ma dann vom Junge auch was.

Adam Der is über alle Berg, sonst hätte mir'n schon! *Sie kommen herbei.*

Adam *bemerkt die Mädchen, die gerade ins Haus wollen, noch ohne sie zu erkennen* Halt! Stehn bleibe! Da wäre ja schon zwei Galgevögel!

Julchen *dreht sich herum, sieht ihn an.*

Adam *fährt zusammen* Was tust du denn hier –?

Julchen Ich such hier e Stell –

Adam So? In der alte Mühl, die nit mehr mahlt?

Margaret Ei, weißt du's nit –

Julchen *winkt ihr zu schweigen.*

Adam *zu den Gendarmen* Ihr zwei geht emal ins Haus un verhaftet alles. Das Mädche kann mitgehn. *Die Gendarmen mit Margaret ins Haus* Ihr zwei – *zu den Hofbauern* – untersucht emal die Ställ auf Schluppwinkel un Diebsgut. *Die Bauern ab. Zu Julchen* Du bleibst hier.

Julchen Wer hat mir hier zu befehle, wo ich bleib?!

Adam Ich befehl ja gar nit. Aber du brauchst mir auch nit so grob zu komme.

Julchen Ich komm so, wie ma mir kommt!

Adam Das is nur, weil ich nit erwarte konnt, dich hier zu treffe.

Julchen So, un deshalb brauchst du mich noch lang nit am Arm zu packe wie e Bettelmensch!

Adam Julche, jetzt sag mir's doch, was du hier treibst!

Julchen Ich hab dir doch gesagt, ich such e Stell. – Hier wär was frei, hab ich gehört, bei eme alte Mann. Ich wollt grad hineingehn, frage!

Adam Da bin ich ja noch recht komme.

Julchen Ich hab's nit mehr ausgehalte mit dem Vatter. Als nix wie Jammern un Vorwürf, dass mir kei reiche Herrn bringe!

Adam So, un da läufste einfach weg, bei Nacht und Nebel?

Julchen Ja, was sollt ich denn mache –? Ich wär dann noch emal heim, mei Sach hole!

Adam Un hast gar nit dran gedacht, erst emal en Freund zu frage –?

Julchen Ich hab ja kein –

Adam Julche – warum guckste mich denn nit an? Kannste mir nit in die Auge sehn? Julche! Magst mich nit mehr?

Julchen Nein, eigentlich nit. *Plötzlich dicht zu ihm* Du, geh fort! Wenn du mich gern hast, geh fort! Ruf dei Leut samme un geh! Ich komm dann später ins Dorf – un sag dir alles!

Adam *packt ihre Hand* Jetzt will ich's wisse! Hier will ich's höre! Da sin mir allein, un später is en Lumpsack!

Julchen Du – ich kann jetzt nit – ich hab jetzt kei Zeit – ich – lass mich los –

Adam Julche – du kommst jetzt mit! Ich bring dich hier weg! Ich helf dir! Ich sorg für dich! Ich lass dich nit mehr los, wehr dich nit! Ich kann dich auch zwinge!

Julchen Lass mich los! Ich ruf laut, wenn du nit aufhörst! Ich schrei! Ich – da!

Im Haus lautes Stampfen, Fluchen, eine Scheibe zerklirrt. Adam lässt Julchen los, gleich darauf erscheinen die beiden Gendarmen, schleppen Kasper und Gottverdippelche heraus, auch die Bauern tauchen aus dem Stall wieder auf.

Gendarm Drei Stück sin entwischt. Bis aufs Dach hammer se getriebe, dann sin se durch die Fensterluk gesprunge!

Adam Da is ja der Alte! Her mit ihm!

Kasper Was is denn los, wo is denn mein Sohn, mir hawwe grad Kaffee getrunke, ich seh ja gar nix, Julche, wo biste denn –?

Gendarm Was, der kennt dich?

Julchen Schweig! Ich geb dir kei Antwort mehr.

<amtlich> **Adam** Legt den Gefangenen Handschelle an!!

Gottverrdippelche *beginnt zu schreien und zu jammern.*

<Befehlston> **Adam** Los!! Wird's bald!!

<bittend> **Gendarm** Die alte Leut könne ja so nix mache!

Adam *in sinnloser Wut* Handschelle!!

<langsam, eindringlich> **Julchen** Pfui! Pfui Teufel! Du Schinder!

<Befehlston> **Adam** Still da! Handschelle hab ich gesagt!!

<langsam, eindringlich> **Julchen** Ausspucke muss ma vor dir!!

<drohend> **Adam** Gleich leg ich dich auch in Eise, du schlecht Mensch!!

<kalt drohend> **Julchen** Wag's nur!!

Adam *schreiend* Schweig!! Handschelle!!

Sprechen und Schreiben
Personen im Drama

In diesem Augenblick treten Bückler und Zughetto aus den Büschen, jeder hat einen mächtigen Hahn und eine Gans am Gürtel baumeln. Hinter ihnen Benedum, Iltis Jakob, Seibert und andere Banditen.

Die Bauern Der Schinderhannes! Der Bückler! *Weichen kreuzschlagend zurück* Mei beste Staatshahne! Mei Stoppgäns!

Gendarm *schreit auf* Jesu Zuversicht, ich hab siwwe Kinner!!

Julchen *mit einem Sprung zu Bückler, packt seine Hand.*

Adam *starrt sie an, steht wortlos.*

Gendarm *wankt, hält sich an seinem Kameraden.*

Bückler *tritt langsam vor* Gottverdippelche, hol emal die Schnapsflasch! Dem Mann wird üwwel!

Kasper Hannes, die wolle mich in Eise schließe!

Bückler Das werde die sich als noch e bissje überlege.

Adam *als höre und sehe er nichts, wendet sich zum Gehen.*

Bückler Halt! So rasch sin mir nit fertig! Erst sag emal deine Bleisoldate, sie solle uns ihr Kanöncher abgewwe!

Adam Ich hab hier nix mehr zu sage. Für mich is aus.

Bückler *tritt zu ihm* Adam! Lass doch nit gleich de Kopp hänge! Mich hast du auch schon geschnappt! Heut is es emal umgekehrt!

1. Welche Eigenschaften des Schinderhannes' werden in dieser Szene sichtbar?
2. Weshalb vermag Bückler Adam nicht zu trösten?
3. Versetzt euch in Julchens Lage. Schreibt einen ▶ **Dialog** zwischen ihr und ihrer Schwester Margaret, in dem sie ihr von dem Gespräch mit Adam berichtet.
4. Wie werden beim Anblick der Räuber die reichen Bauern und ein Gendarm charakterisiert? Inwiefern passt diese Charakterisierung zur ersten Szene?
5. Spielt den Dialog zwischen Julchen und Adam. Beachtet dabei die Regieanweisungen und setzt außer der Sprache auch Mimik und Gestik ein. Die Markierungen im Text (rot = schreiend; grün = leise; blau = Hinweis zur Sprechart) können euch dabei helfen. Fotokopiert die Szene und markiert die anderen Dialogteile auf die gleiche Weise. Vielleicht findet ihr eigene Markierungen, die euch beim ▶ **gestaltenden Sprechen** unterstützen.

> **INFO-BOX**
>
> Von Schauspielern erwartet man auf der Bühne ▸ **gestaltendes Sprechen**. Sie bedienen sich dabei der Sprache, ihrer Mimik und ihres ganzen Körpers.
>
> **Sprache** Damit man verstanden wird, muss man ▸ **artikuliert** sprechen, d. h., die einzelnen Silben eines Wortes müssen zu hören sein, man darf z. B. nicht wie in der Alltagssprache die Endsilben verschlucken. Außerdem muss man sich die richtige Betonung erarbeiten.
>
> **Mimik** Mehr als im Alltag üblich muss der Gesichtsausdruck das, was in einer Person vorgeht, widerspiegeln. Auf der anderen Seite muss man sich vor Übertreibungen hüten, die eine ungewollte Komik erzeugen.
>
> **Körper** Der Körper spielt mit. Das bezieht sich auf unterstützende, verdeutlichende Arm- und Handbewegungen, auf die Haltung des Kopfes und des ganzen Körpers: Wendet ihr euch z. B. der anderen Person zu oder von ihr ab, bewegt ihr euch zielgerichtet im Raum oder irrt unschlüssig umher?

Vergebliche Warnung

2. Akt. Johann Bückler will die französische Armee angreifen, die in den Hunsrück einmarschiert ist, um den Banditen das Handwerk zu legen, und begeistert seine Leute dafür. Nur Julchen teilt diese Begeisterung nicht.

Bückler *dreht sich zu ihr um* Warum bist du so still, Julche?

Julchen *schweigt.*

Bückler *zieht die Tür hinter sich zu* Warum sagst gar nix?

Julchen *sieht ihm voll ins Gesicht. Sie ist sehr blass, ihre Augen brennen.*

Bückler Freust dich nit e bissje – wie mein Gaul jetzt rennt? 5

Julchen Nein. *Sie steht auf.* Ich mag nit lüge.

Bückler *tritt dicht zu ihr* Julche! Was is denn –

Julchen *fast lächelnd, bittend* Lass mich jetzt naufgehen! Ich bin müd – sonst nix.

Bückler *starrt sie an* Erst muss ich wisse, was du denkst! 10

Julchen Es is ja zu spät. Du machst ja doch, was du mache willst.

Bückler Ich tu, was ich tun muss! Nix is zu spät! Grad recht is alles!

Julchen Du – wenn's noch Zeit is – wenn's noch rückwärts geht – dann lass es sein! Tu's nit!

Bückler Eher trag ich selbst mein abgehackte Kopp nach Mainz – als dass 15 ich hier die Zügel falle lass! *Tobend* Es wird geritte, un wenn der Gaul krepiert!

Julchen Jetzt schreist du so laut, dass du dich selbst nit hörst! Du hast ja Blut in de Auge vor lauter Trotz!

Bückler *läuft umher* Es gibt kei Zurück! Es gibt nur Vorwärts! Jetzt krieg ich die Arm frei, jetzt will ich se rege! Was Pferd stehle, un Kaufleut plündern, un e Kass knacke, das kann jeder krumme Hund, solang ihm die Luft nit ausgeht! *Mit den Füßen stampfend* Ich kann auch anders – un ich werd's euch zeige!

Julchen Warum schreist du so laut – wenn du recht hast!

Bückler Mei Sach is sauber! Mei Sach is recht! Ich hab nix getan, was ich nit wieder tät! An meine Händ klebt kei Blut!

Julchen Heut nit! Aber morge!

Bückler *starrt sie an* Morge –

Julchen Das is nit gut, was du mache willst! Das muss dich umschmeiße! Das geht nit ab ohne Mord –!

Bückler Das is kein Mord! Das is Totschlag! Das schadt nix, im offene Kampf! Die han ja angefange! Warum komm se her?!

Julchen Aber du kannst es doch nit wehre! Wie willst denn du Krieg führe, gege die Welt?! Denk doch, wie mir im Weggrabe gelege sin, am Rheinufer drunte, bei der große Heerstraß – denk doch die vielen tausend Huf un Räder und Kanone – das trappt un trappt, das rollt un rollt, en ganze Tag lang wie Mühlklappern an unsere Köpp vorbei – ich spür noch de Boden zittern durch mein ganze Leib, wenn ich's im Schlaf seh –!

Bückler Das marschiert alles auf die ander Rheinseit! Das kommt hier nit aufwärts!

Julchen Wenn's aber doch kommt, wie Hochwasser bergauf, un schlägt über dich samme?! Das kannst nit lenke! Das nit!

Bückler Ich kann's! Weil ich's könne muss! Un will!

Julchen Du kannst doch die große Armee nit aufhalte, mit deiner Handvoll Hunsrücker?!

Bückler Schweig! Das is Männersach! Das geht dich nix an!

Julchen Dann frag mich nit – was ich denk!

Bückler Ich frag dich auch nimmermehr! Ich will nix mehr hörn! Geh nauf, bei die annern Weiber, un leg dich schlafe!

Julchen Nein! Jetz schickst du mich nit schlafen wie en Vieh! Jetz will ich redde, jetz musst mich zu End höre, hier, wenn sonst keiner da is, wo dir Licht macht! Die sin ja all besoffe, wenn du se anguckst! Die springe ja von der Rheinbrück, wenn du se runnerjagst! Aber dann, wenn se wach werde, dann falln se um wie morsch Holz – un dann bleibst allein, du!

Bückler *steht keuchend, mit geballten Fäusten.*

Julchen *dicht zu ihm, fast zärtlich* Jetz is e Jahr, dass ich bei dir bin – un reut mich kei halbe Tag! Un folg dir, wohin de willst! Un wie's auch geht, un sollst kein Laut höre, wenn's hart kommt – nur jetz – glaub nur jetz, was ich seh –! *stark* Du hebst aus der falsche Schulter, un musst in die Knie breche! Ich spür's! Ich spür's doch! *Fast ohne Ton* Ich muss es doch spürn –

K. M. Ernst: Schinderhannes mit Frau und Sohn

Bückler Weg! Du hängst mir zu dicht auf der Haut, du zerrst mich runner! Du willst mich klein mache!
Julchen Das weißt du selbst – dass das nit wahr is!
Bückler Weibergeheul! Scheißangst, verfluchte! Bleib mir vom Leib!
Julchen Dann bleib ich ganz weg, wenn du mich jetz vom Leib willst!
Sie geht zur Tür.
Bückler Halt! Da gehst nauf – in die Kammer!
Julchen Ich geh hin, wo ich will!
Bückler Kein Schritt weiter! Du rührst die Tür nit an!
Julchen Jetz geh ich –!

Bückler *tritt ihr in den Weg, brüllend* Du bleibst! Ich verbiet's dir! *Er hebt die Faust.*
Julchen Das wagst du nit! Mach Platz!
Bückler Zurück!
Julchen Lass mich durch! Geb die Tür frei!
Bückler Da! *Er packt sie bei den Schultern, schmettert sie furchtbar zu Boden.*
Julchen *liegt wie gefällt.*
Bückler *steht regungslos, mit hängenden Armen, den Kopf tief gebeugt.*
Julchen *hebt sich hoch, schwer und langsam, bleibt kurz stehen, ohne Besinnung, fast wie im Traum, dann geht sie still zum Feuer, nimmt ihren Mantel, wirft ihn um ihre Schulter, geht zur Tür und verschwindet, ohne sich umzudrehen.*

> **INFO-BOX**
>
> Man unterscheidet im Schauspiel die ▸ **steigende** und die ▸ **fallende Handlung.** Das Schicksal des Helden scheint zu Beginn günstig, die Handlung steigt. Dann kommt es zum Wendepunkt. Ab hier fällt die Handlung dem tragischen Ende zu.
> So ist Schinderhannes bisher vom Glück begünstigt gewesen: Sein Ruf bei Freund und Feind ist legendär und er ist glücklich mit Julchen. Aber im Verlauf des zweiten Aktes wendet sich mit der Bedrohung durch die Franzosen das Blatt. Sein Stern sinkt.

6. Beschreibt den Dialog zwischen Julchen und Bückler: Fertigt dazu eine Tabelle an, in der ihr die von beiden vorgebrachten Argumente sammelt, und nutzt sie für eure Beschreibung.
7. Erklärt die Reaktionen der Personen am Ende des Dialogs.
8. Charakterisiert die beiden Personen und nutzt dazu die folgende Info-Box. Welche ▸ **Motive** bestimmen ihr Handeln?

> **INFO-BOX**
>
> In Schauspielen werden die Personen dem Leser hauptsächlich durch ihr Verhalten im ▸ **Dialog** charakterisiert, aber auch durch die ▸ **Regieanweisungen.** Die Personen vertreten im Dialog inhaltliche Standpunkte, machen aber auch deutlich, in welcher Beziehung sie zum Geschehen oder zu anderen Personen stehen. Letzteres wird durch die Regieanweisungen unterstützt. (Die Charakterisierung in epischen Texten wird im nächsten Kapitel thematisiert, s. S. 109.)

Adam und Johann

3. Akt. Bücklers Bande hat die Schlacht gegen die Franzosen verloren; die Leute unterstützen ihn nicht mehr und die ersten Räuber verlassen ihn. Er wird mit Steckbrief gesucht und eine Belohnung ist auf seinen Kopf ausgesetzt. Da trifft er unverhofft an einer Schmiede den Gendarmen Adam.

Adam *drohend* Wo hast du die Frau, Bückler? Wo hast du die hingeschafft? Wo hast du die Frau?

Bückler *schweigt, sieht ihn an.*

Adam *fast schreiend* Antwort! Wo steckt se? Was hast du mit ihr gemacht? […] Bückler! Sag mir die Wahrheit! Lebt sie noch?

Bückler *zuckt die Achseln.*

Adam *in hilfloser Wut* Du Hund!

Bückler *springt auf* Adam! Mir zwei, mir hawwe was auszumache, das geht keiner was an! Wenn du mich packe willst un wenn du mich unnerkriegst und legst mir die Handschelle an un schleppst mich nach Mainz bei die Franzose und streichst dirs Blutgeld ein – gut, Adam – probier's, sag ich dir! Du triffst mich nit noch mal allein, ich pfeif niemand bei, ich hätt se ja nit fortschicke brauche. Aber ich wehr mich, Adam. Leicht kriegste mich nit.

Adam *brüllt ihn an* Wo sie steckt, will ich wisse!

Bückler *auch brüllend* Fort isse! Fort, fort, fort, fort! Wenn ich wüsst, wo se steckt, wär ich längst nit mehr da!!

Adam *verständnislos* Fort? Wohin denn?

Bückler *wieder ruhig, einfach* Uff Ostern hab ich sie zuletzt gesehen – in seller Nacht. Sie is mir fortgange, damals, wie ich auf die Franzose los bin.

Adam Das is – e paar Monat – e gut Vierteljahr is das her –

Bückler Gottverdippel, das weiß ich selber, wie lang das her is. Die hat's gewüsst –

Adam Was denn – Hannes – was denn?

Bückler *vor sich hin* „Du hebst aus der falsche Schulter – du musst in die Knie breche" – die hat's gewüsst –! *Er wendet sich ab.*

Adam *hinter ihm* Wenn die fort ist – dann bleibt se fort. Dann kommt se nit wieder, Hannes. – Un mir zwei, mir sin jetzt quitt mitenanner.

Bückler *dreht sich um, deutet mit dem Kopf auf den Steckbrief* Un das da?

Adam Das is mir zu dreckig!

9. Welches Bild wird in dieser Szene von der Beziehung zwischen Bückler und Adam und ihrem Charakter gezeichnet?

10. Welche Wirkung hat dies für das Stück?

Ein Zeitgenosse*

Nach der Verhaftung im Jahre 1802, aber noch vor der Hinrichtung erschien die „Authentische Beschreibung der Herkunft des Schinderhannes und des schwarzen Jonas" in Frankfurt am Main. In diesem Text versucht der ungenannte Autor dem Schinderhannes gerecht zu werden.

So viel aus dem vorherigen kurzen Abriss des Lebens des sogenannten Schinderhannes erhellet, und so wie seine Aufmerksamkeit und Gewandtheit seit Jahren es darlegt, so kam er mit nicht gemeinen Anlagen auf die Welt. Er hätte ebenso gut für Menschen- und Vaterlandsrecht streiten können, als daß er gewalttätig geraubt hat. Und daß er hier raubte, und dort wieder wohl tat, beweist immer noch, daß keine gemeine Seele in ihm wohnte. Ja, wir schaudern über solche Beispiele. Aber wir beben nicht zurück über die elende Erziehung, besonders auf dem Lande; über den erbärmlichen Dorfunterricht, den hin und wieder die Dorfjugend erhält; über den Menschenhaß, der ihr sogar mit der Religion eingepflanzt wird. […]

Der Unglückliche, von welchem diese Blätter sprechen, ward früh gegen Menschen gereizt, die die häusliche Wohlfahrt seines väterlichen Hauses betrügerisch zertrümmerten. Wär es nicht eine edle Rache gewesen, hätt' er die Betrüger im jugendlichen Eifer auf der Stelle dafür strafen können? Aber jetzt ward sein Gefühl mißgeleitet. Eine ganze Nation, über die er vielleicht mehr als einmal das Verdammungsurteil hatte aussprechen hören, ward ihm verhaßt. […] Und dennoch kam kein Mordgedanke in seine Seele; dennoch begnügte er sich nur damit, daß er bei Gelegenheit Einzelne beraubte und das Geraubte wieder verschenkte, oder Bedrängten damit aufhalf, um nur seinen Muth an jenen Einzelnen zu kühlen, und so, wie er glaubte, die älteren Beleidigungen, obgleich an Schuldlosen, ahnden zu können.

Ob er nach einer genaueren Untersuchung, die erst bevorsteht, nach den Gesetzen der Nation wird bluten müssen, muß die Zeit lehren. Aber das wäre zu wünschen, daß nach überhingegangenem Schwindel des Unglaubens ein redlicher und gewissenhafter Lehrer der wieder neu aufgelebten Religion die Geschichte seines Lebens studieren und dem Publikum vorlegen möchte. So würde es sich wahrscheinlich ergeben, daß der Verbrecher nicht unseren Haß, sondern unser Mitleiden verdiene; so wie ja die Religion im Allgemeinen von uns fordert: „nie den Sünder, aber immer die Sünde zu hassen!"

11. Welches Bild wird hier von Schinderhannes gezeichnet?
12. Welche Aussagen können eine Grundlage für die Legende vom edlen Räuber Schinderhannes geworden sein?

*Text in originaler Orthografie

Der Nachruhm

Das Urteil*

[1] Brumaire: zweiter Monat im französischen Revolutionskalender (22. Oktober bis 20. November)

Mainz vom 29ten Brumair[1]. Gestern wurde das Schicksal von Schinderhannes und seinen Mitschuldigen entschieden. Mit zarter Menschlichkeit sprach das Gericht zuerst das Urteil über Julie Blesius aus, welche zu einer zweijährigen Gefängnisstrafe verdammt wurde. Die unglückliche Mutter sollte das Todesurtheil über den Vater ihres Kindes nicht sprechen hören, und Schinderhannes fand einen Trost in der Überzeugung, daß seine Geliebte nicht den Tod auf dem Schafott sterben würde. Während dem das Gericht in einem abgesonderten Gemache über das Schicksal der Verbrecher beratschlagte, unterhielt er sich mit seiner Geliebten und seinem Kinde, und er wußte, daß es zum letztenmal war. Neunzehen Mitschuldige wurden mit ihrem Anführer zum Tode verurtheilt.

Da der President dem beruchtigten Räuberhauptmanne sein Urtheil gesprochen hatte, fügte er der Ermahnung, die Todesstrafe mit Muth zu ertragen, die Versicherung bei, sein Vater werde nicht sterben. Bekanntlich war er um das Schicksal seiner Julie und seines Vaters immer zärtlich besorgt. Sein Urtheil vernahm er mit Standhaftigkeit, nur einige brachen in Thränen und Verwünschungen aus. Da Schinderhannes aus dem Sitzungssaale des Gerichts wieder nach dem Gefängnisse abgeführt wurde, und die wogende Menge von Menschen sah, welche sich zu ihm drängte, sagte er: Betrachtet ihn nur recht; denn heute und morgen ist es zum letzten Male.

Die Neugierde, diesen Menschen zu sehen, ist unbeschreiblich und unbegreiflich zugleich. Zu Wasser und zu Land, zu Pferde und zu Fuß, in Wägen und auf Karren strömte seit zwei Tagen die Menge aus einem Umkreis von zwölf Stunden herbei. Die Eintrittsbillette in den Sitzungssaal waren schon den ersten Tag, an dem sie vertheilt wurden, vergriffen. […]

Mainzer Zeitung vom 22. 11. 1803

Das Holztor in Mainz, wo Schinderhannes eingekerkert war.

1. Diskutiert Inhalt und Ton des Artikels.
2. Wie wird Schinderhannes in diesem Artikel beschrieben? Sammelt Textbelege und diskutiert die Wirkung auf den Leser.

*Text in originaler Orthografie

Juristen über Schinderhannes   *Edmund Nacken*

(Keil lächelte) und zog ein Buch aus der Reihe heraus. „Sieh einmal an! Christian August Vulpius, Rinaldo Rinaldini, Leipzig 1798." Und er summte vor sich hin:
„In des Waldes tiefsten Gründen, in der Höhle tief versteckt,
ruht der Räuber aller kühnster, bis ihn seine Rosa weckt…"
Rebmann trat lachend hinzu, nahm ihm das Buch aus der Hand und setzte fort:
„Rinaldini, ruft sie schmeichelnd, Rinaldini, wache auf,
Deine Leute sind schon munter, längst schon ging die Sonne auf."
„Natürlich habe ich den Schmöker auch verschlungen, Sie, lieber Keil, doch auch? Leugnen Sie nicht, Angeklagter!"
„Ja, ich auch, wenn wir auch von Amts wegen zu den Feinden des Räubers gerechnet werden müssen. Nun sagen Sie bloß statt des italienisch-romantischen ‚Rinaldo' ‚Hannes' und statt ‚Rosa' ‚Julchen', dann wissen Sie auch,

Andreas Georg Friedrich Rebmann (1768–1824), der Richter des Schinderhannes.

warum nicht nur die guten Mainzer Bürger und die Winzer und Bauern vom Rhein und der Nahe, vom Hunsrück und aus der Pfalz heute nach Mainz gekommen sind."

„So ist es, Keil, aber ich frage mich nur, ob es nicht schließlich ein anderer ist, als der wirkliche Johann Bückler, den die Räuberromantik noch lange Jahre weiterleben lassen wird. […]

„Hat der Bursche vielleicht schon gefühlt, dass sich die Leute ein ganz anderes Bild von ihm machen und dass dieses Bild weiterlebt? Eine Rolle hat er ja immer gespielt!"

„Das will ich meinen, lieber Keil! Er war so etwas wie ein Seiltänzer, der die höchsten und gefährlichsten Sprünge riskiert, auf die Gefahr hin, einmal herunterzufallen und den Hals zu brechen. Und die Leute sehen ja Seiltänzern gerne zu."

„Sie meinen, das hat er gewusst und genossen?"

„Ganz gewiss, Keil, und seinen Nachruhm hat er damit begründet. Er wird im Gedächtnis der Leute weiterleben, verlassen Sie sich darauf, ganz anders, als er wirklich war, verklärt durch Räuberromantik, Franzosenhass, Heimatliebe, missverstandene Heldenverehrung, Sentimentalität und was weiß ich sonst noch. […]"

„Ja, Rebmann, ich glaub es auch. Aber irgend etwas Persönliches von dem Hannes steckt auch dahinter! Ich kann es Ihnen nicht näher erklären […] Der Kerl strahlte etwas aus, das erinnerte an jene Original-Genies, wie sie unsere Stürmer und Dränger[1] in ihren Theaterstücken zu zeichnen versucht haben. Diese Ausstrahlung haben auch die primitiven Burschen gefühlt, die sich ihm unterordneten, obwohl sie ihm an Jahren und auch an brutaler Kraft überlegen waren."

„Vergessen Sie Julchen nicht! Nicht nur wegen der Ausstrahlung, sondern auch wegen des romantischen Nachruhms!"

„O nein", lachte Keil, „sie wird gewiss auch noch etwas von diesem Nachruhm genießen können, wenn sie erst einmal ihre zwei Jahre hinter sich hat."

[1] Sturm und Drang: literarische Epoche (1765–1785)

3. In diesem fiktiven Gespräch redet Rebmann, der Richter des Schinderhannes, mit einem Kollegen über den Räuber. Gebt wieder, welche Gründe für dessen erwarteten Nachruhm angeführt werden. Welche Rolle spielt dabei die Erinnerung an Vulpius' Buch über den Räuber „Rinaldo Rinaldini"?

ROBIN HOOD

Robin Hood und Lady Marian *Simon Green*

Robin Hood, eigentlich Sir Robin von Locksley, kommt aus dem Kreuzzug nach Hause und findet seinen Besitz enteignet, seinen Vater ermordet. Überall leiden besonders die armen Leute, es herrscht Gesetzlosigkeit im Land. König Richard Löwenherz ist verschollen, ob er vom Kreuzzug wiederkehrt, ist ungewiss. Robin will wieder Gerechtigkeit herstellen. Es kommt zu einem Gespräch mit Lady Marian Dubois, die er von Kind auf kennt. Er muss ihr vom Tod ihres Bruders berichten.

Sie tupfte sich mit einem Taschentuch die Augen ab, um sich ihrer Tränen zu erwehren. „Ich werde meiner Mutter in London dein Beileid ausrichten", sagte sie schließlich förmlich. „Du wärst dort bei ihr gewiss sicherer."
„Das Leben bei Hofe interessiert mich nicht", widersprach sie schroff. „All dieser Klatsch und dieses Jagen nach Gunstbeweisen." 5
„Bist du also allein?" „Keineswegs." Sie deutete auf die in Lumpen gehüllten Bauern, die an der Küchentür des Hauses nach Suppe anstanden. Sie sahen allesamt verhärmt und unterernährt aus und trugen das Wenige, das sie überhaupt noch besaßen, wie Kriegsflüchtlinge auf dem Rücken bei sich. Aus den eingesunkenen Gesichtern standen die Knochen hervor, und verstörte, 10 tief liegende Kinderaugen blickten verständnislos in die Welt. Der Anblick erregte neuen Zorn in Marian. „Diese Zeiten haben mir die Pflicht aufgebürdet, viele Münder zu füttern. Während ihr beide, mein Bruder und du, in der Welt herumgezogen seid und die Helden gespielt habt, hat uns hier der Sheriff[1] von Nottingham ausgeplündert." 15
Sie funkelte ihn an, als sei es tatsächlich seine Schuld. Doch er hielt ihrem Blick stand und beherrschte sich. „Immerhin ist dir wenigstens euer Land und euer Haus geblieben, Marian. Wie kommt das?"
„Weil ich dem Sheriff keinen Grund gebe, unseren Besitz beschlagnahmen zu lassen", fuhr sie ihn an. „Und weil ich meinen Mund halte. Weil ich keine 20 Schwierigkeiten mache. Was kann ich sonst schon tun? Wenn ich nicht mehr da wäre, wer würde diese Leute ernähren? Ich bin eine Kusine des Königs. Es ist meine Pflicht, diesen Menschen zu helfen, bis er zurückkommt und wieder Recht und Ordnung einkehren."

[1] oberster Verwaltungsbeamter einer Grafschaft

PRISMA

Sie starrten einander lange an, und allmählich wich der Zorn in ihren Augen dem Schmerz und der Verzweiflung, die sie beide empfanden. Robin senkte als erster seinen Blick.
[…]
Marian musterte ihn in seiner Verlorenheit. Das war nicht der Robin, den sie einst gekannt hatte. Sein Gesicht war jetzt von Trauer und harten Entbehrungen gezeichnet. Aber in seinen Zügen spiegelte sich auch seine Kraft.
„Was hast du jetzt vor, Robin?"
„Die Dinge wieder in Ordnung bringen", sagte er, und in seiner Stimme war nicht die Spur eines Zweifels oder Zögerns, vielmehr starke, unbeugsame Entschlossenheit.
Marian blickte hinaus zum Horizont und schien mit einem Mal müde und mutlos zu sein. „Noch mehr Blutvergießen? Ich bin dieser heroischen Knabengesten müde … ich bin der Knaben überhaupt müde." Sie sah ihn an und lächelte betrübt. „Tu nichts Unsinniges, Robin. Wir leben in gefährlichen Zeiten."
„Dann müssen diese Zeiten eben geändert werden", sagte Robin.

Dieser Text entstammt einem Buch, das nach dem Hollywoodfilm „Robin Hood" 1991 geschrieben wurde.
Eure Aufgabe ist es einmal, diesen ▶ **epischen Text** in einen Theatertext umzuwandeln und zum anderen diese Szene so weiterzuschreiben, dass der Leser erfährt, wie Robin Hood gedenkt, die schlechten Zeiten zu ändern.

A   Informiert euch im Internet, in Lexika oder in Büchern über die sagenhafte Figur Robin Hood.

B   Welche Teile des Textes können unverändert in den Theatertext übernommen werden, welche wollt ihr streichen?

C   Welche Informationen im Text braucht der Leser der Theaterszene, um den Dialog zu verstehen und sich die Szene vorstellen zu können?

D   Welche Regieanweisungen und Dialogteile wollt ihr hinzufügen?

E   Robin Hood ist zur Zeit dieses Gesprächs noch nicht der Anführer der Gesetzlosen. Wenn ihr die Szene weiterschreibt, müsst ihr das berücksichtigen, genauso wie ihr die Haltung Lady Marians gegenüber dem bewaffneten Kampf berücksichtigen müsst. Kann sie Robin oder er sie überzeugen?

F   Wenn eure Szene fertig geschrieben ist, spielt sie in der Klasse vor. Dazu müsst ihr wie auf Seite 89 das Sprechen der Texte vorbereiten und üben. Achtet darauf, durch euer Sprechen die Personen zu charakterisieren.

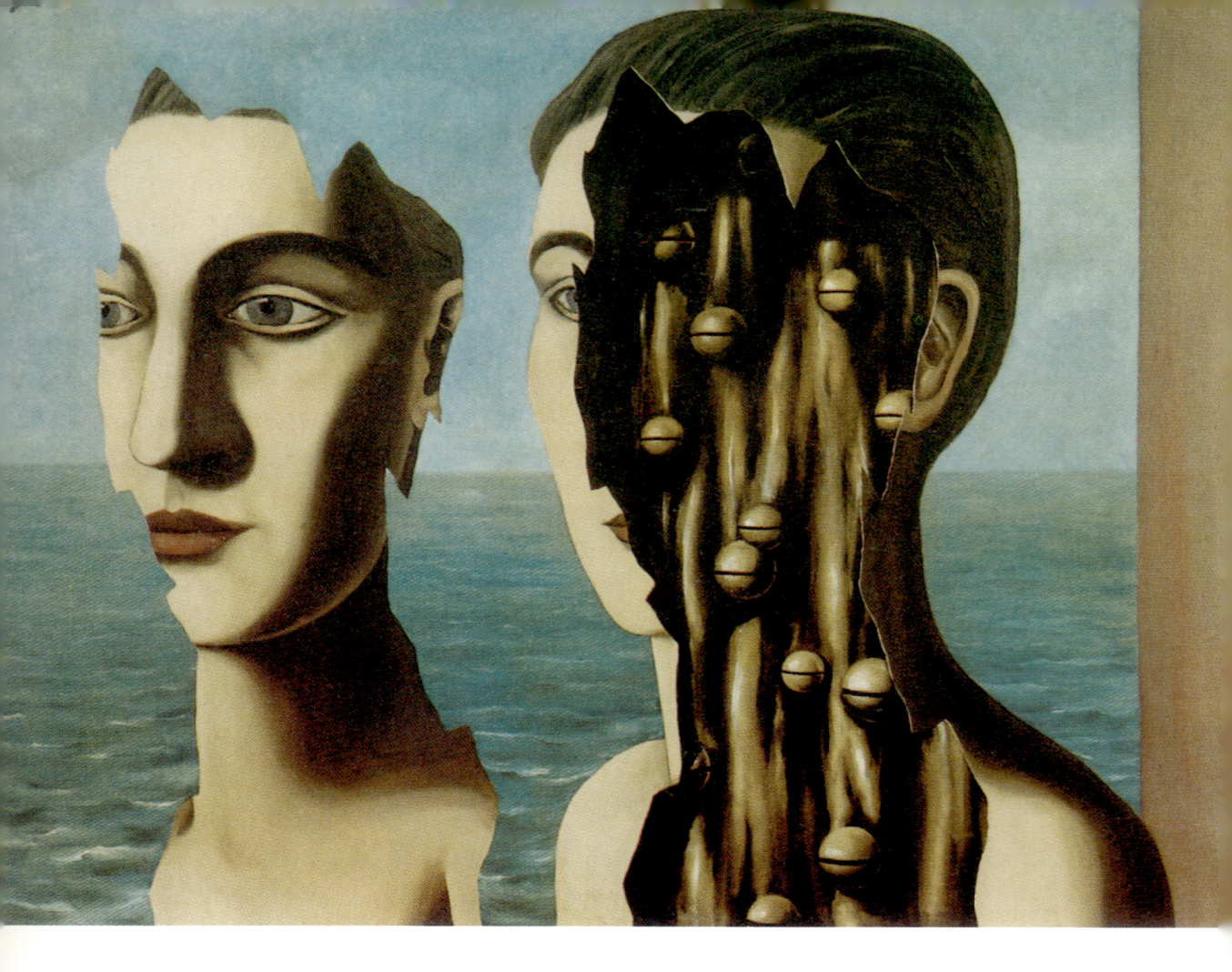

Schein und Sein

VOM SCHULDIGSEIN

Der Sohn. Aus den Papieren eines Arztes *Arthur Schnitzler*

Ich sitze noch um Mitternacht an meinem Schreibtisch. Der Gedanke an jene Hofzimmer mit den altertümlichen Bildern; an das Bett mit dem blutgeröteten Polster, auf dem ihr blasser Kopf mit den halbgeschlossenen Augen ruhte. Ein so trüber Regenmorgen war es überdies. Und in der andern Zimmerecke, auf einem Stuhle, die Beine übereinander geschlagen, mit trotzigem Gesichte, saß er, der Unselige, der Sohn, der das Beil gegen das Haupt der Mutter erhoben … ja, es gibt solche Menschen, und sie sind nicht immer wahnsinnig! Ich sah mir dieses trotzige Gesicht an, ich versuchte darin zu lesen. Ein böses, bleiches Antlitz, nicht hässlich, nicht dumm, mit blutleeren Lippen, die

Zum Bild:
René Magritte:
Das doppelte Geheimnis,
1927.

5

Augen verdüstert, das Kinn in dem zerknitterten Hemdkragen vergraben, um 10
den Hals eine flatternde Binde, deren eines Ende er zwischen den schmalen
Fingern hin und her drehte. – So wartete er auf die Polizei, die ihn wegführen sollte.

Unterdessen stand einer, der Acht hatte, vor der Türe draußen. Ich hatte die
Schläfe der unglücklichen Mutter verbunden; die Arme war bewusstlos. Ich 15
verließ sie, nachdem eine Frau aus der Nachbarschaft sich erboten, bei ihr zu
wachen. Auf der Stiege begegneten mir die Gendarmen, welche den Muttermörder abholen kamen. Die Bewohner des Vorstadthauses waren in heftiger
Erregung; vor der Wohnungstüre standen sie in Gruppen und besprachen
das traurige Ereignis. Einige fragten mich auch, wie es da oben stehe und ob 20
Hoffnung für das Leben der Verletzten vorhanden sei. Ich konnte keine
bestimmte Antwort geben. Eine mir bekannte, nicht mehr ganz junge Person,
die Frau eines kleinen Beamten, zu dem ich früher als Arzt gekommen war,
hielt mich etwas länger auf. Sie lehnte am Stiegengeländer und schien ganz
vernichtet. „Das ist noch weit schrecklicher als Sie denken, Herr Doktor!", 25
sagte sie, den Kopf schüttelnd. – „Noch schrecklicher?", fragte ich. – „Ja, Herr
Doktor! – Wenn Sie wüssten, wie sie ihn geliebt hat!" – „Sie hat ihn geliebt?"
– „Ja, sie hat ihn verwöhnt, verzärtelt." – „Diesen Burschen!? Und warum?" –
„Ja, warum!… Sehen Sie, Herr Doktor, der Junge war ungeraten von Kindesbeinen auf. Aber alles ließ sie ihm hingehen… die schlimmsten Streiche 30
verzieh sie ihm… Wir im Hause mussten sie oft warnen, der Tunichtgut
betrank sich schon als Knabe, und erst als er älter wurde… diese Geschichten!" – „Was für Geschichten?" – „Für kurze Zeit war er in einem Geschäft,
aber er musste wieder weg!" – „Er musste?" – „Ja, er stellte alles Mögliche an;
er bestahl sogar seinen Dienstherrn… Die Mutter ersetzte das Geld, die arme 35
Frau, die kaum selbst zu leben hatte!" – „Was ist sie denn eigentlich?" – „Sie
nähte und stickte; es war ein recht karges Auskommen. Und der Junge, statt
sie zu unterstützen, trug ihr das bisschen, was sie verdiente, ins Wirtshaus
und weiß Gott wohin. Damit war's aber nicht genug. Das Esszeug, zwei, drei
Bilder, die Wanduhr, fast alles, was nicht angenagelt war, wanderte ins Leih- 40
haus…!" – „Und sie hat es geduldet?" – „Geduldet?! – Sie liebte ihn immer mehr! Wir alle haben es nicht begriffen… Und nun wollte er Geld… Sie gab ihm, was sie hatte… Er drohte ihr, er musste Geld haben!" 45

„Woher wissen Sie das alles?"

„Man erfährt das so im Hause. Sein Schreien hörte man oft durchs Stiegenhaus, und wenn er in der Nacht oder auch bei Tag betrunken nach Hause kam, fing er schon bei der Türe an zu 50
brummen und zu schelten. Die arme Frau hatte

M. C. Escher: Band ohne Ende, 1956.

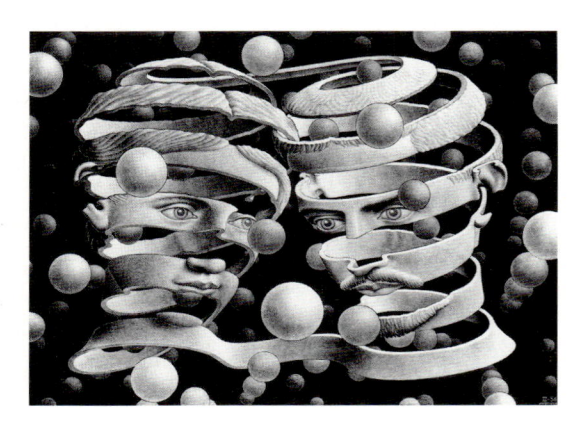

Schulden überall: es gab manchmal kein Brot da oben ... Wir im Hause halfen ihr manchmal aus, obwohl es unter uns keine Reichen gibt. Aber es wurde nur ärger. Sie schien ganz verblendet zu sein. Alles hielt sie für Jugendstreiche; sie bat uns manchmal um Entschuldigung, wenn der Bursche in der Nacht über die Stiege torkelte und Lärm machte. Ja, so ein Sohn war das, Herr Doktor. – Aber dass es so weit gekommen ist ..." Und nun erzählte sie mir die ganze Geschichte: „Er kam heute erst früh am Morgen heim; ich hörte ihn hier vor unserer Wohnung über die Stufen stolpern. Dabei sang er etwas mit seiner heiseren Stimme. Nun, und oben wird er wieder Geld verlangt haben. Die Türe hat er offen gelassen – bis zu uns herab ... denken Sie, vom vierten bis in den zweiten Stock – hörte man sein Toben. Und dann plötzlich ein Schrei. Noch ein Schrei. Da stürzten die Leute hinauf, und da sah man's. Er aber soll ganz verstockt dagestanden sein und die Achseln gezuckt haben ...!"

– Ich ging. Hinter mir hörte ich schwere Schritte. Man führte den Muttermörder davon. In den Gängen standen Männer, Weiber und Kinder, sie starrten nach; keiner sprach ein Wort. Ich hatte mich im Flur umgewandt, stieg die Treppe hinab, schritt aus dem Hause und ging in einer sehr trüben Stimmung daran, mein übriges Tagewerk zu vollbringen. Kurz nach Mittag kehrte ich in das Unglückshaus zurück; ich fand die Verletzte, wie ich sie verlassen, bewusstlos, ziemlich schwer atmend. Die Wartefrau erzählte mir, dass unterdessen die Gerichtskommission da gewesen und den Tatbestand aufgenommen habe. Es war so dunkel in dem Zimmer, dass ich eine Kerze anzünden und auf das Nachttischchen am Kopfende des Bettes stellen ließ ... Welch ein unendliches Leiden lag auf diesem sterbenden Antlitz ... Ich richtete eine Frage an die Kranke. Sie wurde unruhig, stöhnte und öffnete die Augen ein wenig. Zu sprechen vermochte sie nicht. Nachdem ich das Nötige verordnet, entfernte ich mich ...

Abends, als ich hinaufkam, schien sich die arme Frau etwas wohler zu befinden. Sie antwortete auf meine Frage, wie es ihr gehe: „Besser ..." und versuchte zu lächeln. Gleich aber versank sie wieder in die frühere Bewusstlosigkeit ...

Sechs Uhr morgens! –

Nach Mitternacht – eben als ich die letzte Zeile in mein Tagebuch eingetragen – wurde heftig geklingelt ... Martha Eberlein – dies war der Name der

Edvard Munch: Salome-Paraphrase, 1898.

Schwerverletzten – verlangte nach mir. Irgendein Junge aus dem Hause war hergeschickt worden; ich sollte gleich zu ihr, gleich, gleich … Ob sie im Fieber liege, ob es zu Ende gehe …? Er wusste nichts; jedenfalls sei es höchst dringend. Ich folgte dem Jungen auf dem Fuße, und mit meiner chirurgischen Handtasche versehen, eilte ich die Treppe des Hauses hinauf, während der Junge unten stehen blieb, ein Wachsstöckchen in der Hand haltend, um mir zu leuchten. Die letzten Stufen lagen schon tief im Dunkel, nur am Anfang des Weges geleitete mich ein matter, flackernder Schein. Doch aus der halb offenen Wohnungstür der Kranken fiel mir ein Lichtstreif entgegen. Ich trat ein und durch den Vorraum, der auch die Küche vorstellte, in das Hofzimmer. Die Wartefrau war aufgestanden, als sie meine Schritte hörte, und kam mir entgegen. „Was gibt's?", flüsterte ich … „Sie will Sie durchaus sprechen, Herr Doktor!", sagte das Weib.

Ich stand schon beim Bette; die Kranke lag regungslos da; ihre Augen waren weit geöffnet; sie sah mich an. Leise sagte sie: „Danke, Herr Doktor – danke!" – Ich ergriff ihre Hand; der Puls war nicht gerade schlecht. Ich schlug den fröhlichen Ton an, den wir ja immer in der Kehle haben müssen, auch wenn es uns nicht danach zumute ist.

„Also, besser geht es, wie ich sehe, Frau Eberlein, das ist sehr erfreulich!"

Sie lächelte. „Ja, besser – und ich habe mit Ihnen zu sprechen …"

„So?", fragte ich – „lassen Sie hören!"

„Mit Ihnen allein!" –

„Ruhen Sie eine Weile aus!", wandte ich mich an die Wartefrau.

„Draußen!", sagte die Kranke. Die Wartefrau sah mich noch einmal fragend an, worauf sie ging, die Türe leise hinter sich schließend. Ich war allein mit der Kranken.

„Bitte!", sagte diese, mit den Augen auf einen Stuhl weisend, der am Fußende des Bettes stand. Ich ließ mich nieder, ihre Hand in der meinen behaltend, und rückte näher, um sie besser verstehen zu können. Sie sprach ziemlich leise. „Ich war so frei, Herr Doktor", begann sie – „denn es ist sehr notwendig, dass ich Sie spreche!"

„Was wünschen Sie, meine Liebe?", frug ich … „Strengen Sie sich nur nicht allzu sehr an!"

„O nein … es sind nur ein paar Worte … Sie müssen ihn befreien, Herr Doktor!"

„Wen?"

„Meinen Sohn – ihn!"

„Meine liebe Frau Eberlein", erwiderte ich bewegt … „Sie wissen wohl, das steht nicht in meiner Macht!"

„Oh, es steht in Ihrer Macht, wenn es eine Gerechtigkeit gibt …"

„Ich bitte Sie recht sehr … versuchen Sie sich nicht aufzuregen … Ich fühle wohl, dass Sie mich für Ihren Freund halten, und ich danke Ihnen dafür; ich bin aber auch Ihr Arzt und darf Ihnen ein bisschen befehlen. Nicht? – Also Ruhe! Vor allem Ruhe!"

„Ruhe …", wiederholte sie, und schmerzlich zuckte es ihr um Augen und Mund … „Herr Doktor – Sie müssen mich anhören … es lastet so schwer auf mir!"

Auf meinem schweigenden Antlitz glaubte sie eine Aufforderung zum Sprechen zu lesen, und meine Hand fest drückend, begann sie: „Er ist unschuldig – oder doch weniger schuldig, als es die Leute ahnen können. Ich bin eine schlechte, eine elende Mutter gewesen …"

„Sie?"

„Ja, ich … eine Verbrecherin war ich!"

„Frau Eberlein!"

„Gleich werden Sie mich verstehen … Ich bin nicht Frau Eberlein … ich bin Fräulein Martha Eberlein … Man hält mich nur für eine Witwe … Ich habe nichts dazu getan, um die Leute zu täuschen, aber ich konnte diese alten Geschichten doch nicht jedermann erzählen …"

„Nun ja, … das darf Sie doch heute nicht mehr so entsetzlich quälen!"

„Oh, nicht das! Es sind zwanzig Jahre, dass ich verlassen wurde … verlassen, noch bevor er zur Welt kam, er, mein und sein Sohn. Und da … es ist nur der reine Zufall, dass er lebt, denn, Herr Doktor … ich hab' ihn umbringen wollen in der ersten Nacht! … Ja, schaun Sie mich nur so an! … Allein und verzweifelt stand ich da. Aber ich will mich nicht reinwaschen … Ich nahm Decken und Linnenzeug und legte es über ihn und dachte, er werde ersticken … Dann in der Früh' nahm ich furchtsam die Decken wieder weg … und er wimmerte! Ja, er wimmerte – und atmete – und lebte!" Sie weinte, die arme Frau. Mir selber versagten die Worte. Sie aber fuhr nach einem kurzen Schweigen fort: „… Und er sah mich an mit großen Augen und wimmerte in einem fort! Und ich, vor diesem kleinen Ding, das noch keinen Tag alt war, musste ich erbeben … Ich weiß noch genau, dass ich es vielleicht eine Stunde lang anstarrte und dachte: Welch ein Vorwurf liegt in diesen Augen! Und vielleicht hat es dich verstanden und klagt dich an! Und vielleicht hat es ein Gedächtnis und wird dich immer, immer anklagen … Und es wurde grö-

Käthe Kollwitz: Frau an der Wiege, 1897.

ßer, das kleine Ding – und in den großen Kinderaugen immer derselbe Vorwurf. Wenn es mir mit den Händchen ins Gesicht fuhr, dachte ich: Ja, … es will dich kratzen, es will sich rächen, denn es erinnert sich an jene erste Nacht seines Lebens, wo du es unter Decken vergrubst… Und er begann zu lallen, zu sprechen. Ich hatte Angst vor dem Tage, wo er wirklich würde sprechen können. Aber das kam so allmählich – so allmählich. – Und immer wartete ich – immer, wenn er den Mund aufmachte, wartete ich: Jetzt wird er es dir sagen. Ja, ja, er wird es dir sagen, dass er sich nicht täuschen lässt, dass all die Küsse, all die Liebkosungen, all die Liebe dich nicht zur wahren Mutter machen können. Er wehrte sich, er ließ sich nicht küssen, er war ungebärdig, er liebte mich nicht… Ich ließ mich schlagen von dem fünfjährigen Buben, und auch später noch ließ ich mich schlagen und lächelte… Ich hatte eine wahnsinnige Sehnsucht, meine Schuld loszuwerden, und wusste doch, dass es nimmer ginge! Konnt' ich's denn jemals sühnen?… Und, wenn er mich ansah, immer mit denselben fürchterlichen Augen…! Als er älter wurde, in die Schule ging, da wurde es mir vollends klar, dass er mich durchschaute… Und alles nahm ich reuig hin… Ach, er war kein gutes Kind… aber… ich konnte ihm nicht böse sein! Böse! Oh, ich liebte ihn, liebte ihn bis zum Wahnsinn… Und mehr als einmal sank ich hin vor ihn, küsste seine Hände – seine Knie – seine Füße! – Oh, er verzieh mir nicht. – Kein Blick der Liebe, kein freundliches Lächeln…! Er wurde zehn, zwölf Jahre alt, er hasste mich! – In der Schule tat er kein gut… Eines Tages kam er nach Hause mit trotzigen Worten: ‚Es ist aus mit der Schule, sie wollen mich dort nicht mehr haben…' Oh, wie ich damals erbebte. Ich wollte ihn ein Handwerk lernen lassen – ich bat, ich flehte – er blieb starr – er wollte nichts von der Arbeit wissen. Er trieb sich herum… Was konnte ich ihm sagen – was ihm vorwerfen?… Ein Blick von ihm machte all meinen Mut zunichte… Wie zitterte ich vor dem Tage, wo er mir's ins Gesicht sagen würde: ‚Mutter, Mutter! Du hast das Recht auf mich verwirkt!' – Aber er sprach es nicht aus… Manchmal, wenn er trunken nach Hause kam, dachte ich: Nun wird ihm der Rausch die Zunge lösen… Aber nein… Da fiel er auch zuweilen hin und lag auf dem Boden bis in den hellen Mittag. Und wenn er dann erwachte und ich neben ihm saß, blickte er mich an mit Hohn… mit einem verständnisvollen Lächeln um die Lippen, ungefähr, als wollte er sagen: Wir wissen ja, woran wir sind! Und Geld brauchte er, viel Geld, ich musste es schaffen. Aber es ging doch nicht immer so, wie er wollte, und dann wurde er böse, bitterböse – oft hob er die Hand auf gegen mich… Und wenn ich müd aufs Bett gesunken war, stand er vor mir, wieder mit dem höhnischen Lachen, das bedeutete: Nein, den Gnadenstoß geb' ich dir nicht!… Heute morgen endlich – polternd kam er herauf – ‚Geld! Geld!' – Ja, um Gottes willen, ich hatte keines! – ‚Wie? keines?' – Und ich beschwor ihn, er solle warten bis zur nächsten Woche, bis morgen, bis heut Abend! Nein! Ich musste ihm Geld geben – ich hatte es ver-

steckt –, er schrie und suchte und riss die Kasten auf und das Bett … und fluchte … Und dann … und dann …" Nun hielt sie inne … Nach einer Sekunde sagte sie: „Und war es nicht sein Recht?"
„Nein!", sagte ich … „Nein, Frau Eberlein! … Sie waren längst Ihrer Schuld ledig. Ihre tausendfältige Güte hat die Verwirrung eines Momentes, in dem ein Wahn Sie gefangen hielt, längst gesühnt! …"
„Nein, Herr Doktor!", erwiderte sie, „kein Wahn! Denn ich erinnere mich allzu deutlich jener Nacht … ich war nicht wahnsinnig, ich wusste, was ich wollte! … Und darum, Herr Doktor, gehen Sie vors Gericht, und erzählen Sie, was Sie hier von mir gehört; man wird ihn freilassen, man muss es tun …!"
Ich sah, dass ich hier schwer ankämpfen konnte. „Nun" – meinte ich – „wir sprechen morgen noch davon, Frau Eberlein – für heute tut Ihnen Ruhe Not … Sie haben sich allzu sehr angestrengt …!"
Sie schüttelte den Kopf.
„Herr Doktor! – Der Wunsch einer Sterbenden ist heilig. Sie müssen es mir versprechen!"
„Sie werden nicht sterben – Sie werden sich erholen." –
„Ich werde sterben – denn ich will es … Werden Sie zu Gericht gehen …?"
„Vor allem fügen Sie sich mir, und denken Sie, dass ich Ihr Arzt bin! Ich befehle Ihnen jetzt zu schweigen und zu ruhen." – Damit war ich aufgestanden und rief die Wartefrau herein. Aber Frau Eberlein ließ meine Hand nicht los, die ich ihr zum Abschied reichte – eine Frage glühte in ihren Augen. „Ja!", sagte ich.
„Ich danke Ihnen!", erwiderte sie. Dann gab ich der Wärterin die nötigen Anordnungen und entfernte mich mit dem Vorsatze, morgen mit dem frühesten wiederzukommen …
Am Morgen fand ich die Kranke bewusstlos; zu Mittag war sie tot … Noch liegt ihr Geheimnis in mir, in diesen Blättern verborgen, und es steht mir frei, ihren letzten Wunsch zu erfüllen oder nicht. Ob ich zu Gericht gehe oder nicht – für den elenden Sohn dieser unseligen Mutter ist es dasselbe! Kein Richter der Welt wird die Verirrung der Mutter als mildernden Umstand für das todeswürdige Verbrechen des Sohnes gelten lassen. Der Sühne mehr als genug für diese unglückliche Mutter war der Wahn, in den Augen ihres Sohnes einen ewigen Vorwurf, eine stete Erinnerung an jene entsetzliche Nacht sehen zu müssen. Oder sollte es möglich sein? Bleiben uns selbst von den ersten Stunden unseres Daseins vermischte Erinnerungen zurück, die wir nicht mehr deuten können und die doch nicht spurlos verschwinden? – Ist vielleicht ein Sonnenstrahl, der durchs Fenster fällt, die allererste Ursache eines friedlichen Gemütes? – Und wenn der erste Blick der Mutter uns mit unendlicher Liebe umfängt, schimmert er nicht in den blauen Kinderaugen süß und unvergesslich wider? – Wenn aber dieser erste Blick ein Blick der Verzweiflung und des Hasses ist, glüht er nicht mit zerstörender Macht in

jene Kindesseele hinein, die ja tausenderlei Eindrücke aufnimmt, lange bevor sie dieselben zu enträtseln vermag? Und was mag sich in dem Empfindungskreise eines Kindes abspielen, dessen erste Lebensnacht in schauerlicher unbewusster Todesangst dahingegangen? Niemals noch hat ein Mensch von seiner ersten Lebensstunde zu berichten gewusst, – und keiner von euch – so könnte ich ja den Richtern sagen – kann wissen, was er dem Guten und Schlechten, das er in sich trägt, dem ersten Lufthauche, dem ersten Sonnenstrahl, dem ersten Blick der Mutter zu danken hat! – Ich werde zu Gericht gehen; nun habe ich mich dazu entschlossen, denn mich dünkt, es ist noch lange nicht klar genug, wie wenig wir wollen dürfen und wie viel wir müssen.

1. Wie glaubwürdig ist für euch diese Geschichte?
2. Sie lässt sich in zwei große Teile gliedern. Gebt beiden Teilen eine eigene Überschrift.
3. Beschreibt die Wirkung des Übergangs zwischen den beiden Teilen auf den Leser.

INFO-BOX

Im Alltag begegnen wir anderen Menschen, bei der Lektüre literarischer Texte begegnen wir literarischen Figuren. Über lebende Menschen und über literarische Figuren machen wir Aussagen, wenn wir uns genauer mit ihnen beschäftigen. Wir setzen uns mit ihnen auseinander, wir versuchen sie einzuschätzen und zu beschreiben, wir charakterisieren sie.
Die **Charakterisierung** versucht, die individuellen Merkmale einer Person darzustellen. Als Textform wird sie auch **Charakteristik** genannt. Die Charakterisierung interessiert sich für die Gesamtheit einer Person, sie will ein Gesamtbild der Persönlichkeit zeichnen und die Frage beantworten: Wer ist diese Person?
Deshalb beschäftigt sich die Charakteristik mit
- äußerer Erscheinung (Körperbau, Aussehen, Kleidung)
- Verhalten (Auftreten, Reaktionen, Sprech- und Verhaltensweisen in bestimmten Situationen)
- Gedanken und Wertvorstellungen
- sozialen Rollen

In literarischen Texten werden die Figuren dem Leser durch eine **direkte** oder **indirekte Charakterisierung** vermittelt:

direkte Charakterisierung: – durch den Erzähler
– durch andere Figuren
indirekte Charakterisierung: – durch das Verhalten der Figur in einzelnen Situationen
– durch die eigene Redeweise

Umgang mit Texten

Novelle als literarische Form

4. Wie beurteilt der Ich-Erzähler die Selbstvorwürfe der Mutter?
5. Erarbeitet, wie der Sohn charakterisiert wird.
6. Verfasst nun als Ergebnis eurer Arbeit eine Charakteristik des Sohnes.
7. Auf der ersten Textseite bezeichnet der Erzähler die Mutter als „jene unglückliche Frau", auch spricht er von der „unglücklichen Mutter". Überprüft diese Einschätzung und verfasst eine Charakteristik der Mutter.
8. Der Text ist eine ▶ **Novelle**. Gegenstand einer Novelle ist nach Johann Wolfgang von Goethe „eine unerhörte Begebenheit". Überprüft, inwieweit es bei der vorliegenden Novelle um eine unerhörte Begebenheit geht.

Die Textform „Novelle" ist mit dem Hinweis auf eine unerhörte Begebenheit noch nicht hinreichend erklärt. Das Lexikon „Encarta" gibt euch folgende ▶ **Definition**:

> **Novelle**, Prosa-, selten auch Verserzählung von mittlerem Umfang, die sich durch straffe Handlungsführung, formale Geschlossenheit und thematische Konzentration auszeichnet. Gegenstand ist, nach einer Definition Johann Wolfgang von Goethes, „eine sich ereignete unerhörte Begebenheit", eine Begebenheit also, die einen gewissen Anspruch auf Wahrheit erhebt und von etwas Neuem oder Außergewöhnlichem erzählt. Als charakteristische Merkmale novellistischen Erzählens gelten, ohne jedoch normative Verbindlichkeit beanspruchen zu können, die Zuspitzung auf einen „Wendepunkt" hin (entsprechend der ▶ **Peripetie** im Drama) und die Strukturierung durch ein sprachliches Leitmotiv oder durch ein ▶ **Dingsymbol** (Paul Heyses „Falkentheorie"). Häufig werden Novellen zu Zyklen verbunden oder einzelne Novellen in ▶ **Rahmenerzählungen** eingebettet: Techniken, die es ermöglichen, die Erzählsituation sowie die jeweiligen zeitgeschichtlichen und gesellschaftlichen Zusammenhänge zu beleuchten. [...]

9. Ein solcher Lexikonartikel wird häufig von den Schülerinnen und Schülern in den Unterricht eingebracht, ist aber nicht einfach zu verstehen. Erklärt den vorstehenden Text in allen Einzelheiten, soweit euch das möglich ist.

- Dingsymbol = ...
- formale Geschlossenheit = ...
- thematische Konzentration = ...
- Verbindung zu Zyklen = ...
- normative Verbindlichkeit = ...
- Strukturierung durch ein sprachliches Leitmotiv = ...
- charakteristische Merkmale novellistischen Erzählens = ...

10. Verfasst eine eigene Worterklärung für die Textart „Novelle",
    die euch für eure Altersgruppe verständlich und angemessen erscheint.
    Dabei könnt ihr auch erklären, woher das Wort „Novelle" stammt.
    Diese Erläuterung fehlt im „Encarta"-Text. Zieht deshalb andere Lexika
    zu Rate.
11. Welche der Novelle zugeschriebenen Merkmale können am Text
    „Der Sohn" von Arthur Schnitzler aufgezeigt werden? Begründet,
    warum es sich nicht um eine Kurzgeschichte handelt (vgl. S. 30).
12. Wann erschien die Novelle „Der Sohn"? Informiert euch genauer über
    Arthur Schnitzlers Lebenslauf. Beantwortet dabei folgende Fragen:
    Was war sein Beruf? Mit welchen Personen, Themen und
    Fragestellungen seiner Zeit hat er sich besonders beschäftigt?
13. Der Ich-Erzähler entschließt sich am Schluss, eine Aussage bei
    Gericht zu machen. Erklärt diese Entscheidung und den Schlusssatz
    vor dem Hintergrund der Fragestellungen zu Schnitzlers Zeit.
14. Diskutiert die Frage nach der Schuld von Mutter und Sohn aus
    heutiger Sicht und tragt mithilfe von Notizen eine Anklage- und
    Verteidigungsrede vor.

Arthur Schnitzler (1862–1931)

Kleider machen Leute

Ankunft in Goldach *Gottfried Keller[1]*

[1] Die Texte S. 112 f., 114 ff., 117 f., 118 f. und 120 stammen aus der Novelle „Kleider machen Leute" von Gottfried Keller.

An einem unfreundlichen Novembertage wanderte ein armes Schneiderlein auf der Landstraße nach Goldach, einer kleinen reichen Stadt, die nur wenige Stunden von Seldwyla entfernt ist. Der Schneider trug in seiner Tasche nichts als einen Fingerhut, welchen er, in Ermangelung irgendeiner Münze, unablässig zwischen den Fingern drehte, wenn er der Kälte wegen die Hände in die Hosen steckte, und die Finger schmerzten ihn ordentlich von diesem Drehen und Reiben. Denn er hatte wegen des Falliments[2] irgendeines Seldwyler Schneidermeisters seinen Arbeitslohn mit der Arbeit zugleich verlieren und auswandern müssen. Er hatte noch nichts gefrühstückt als einige Schneeflocken, die ihm in den Mund geflogen, und er sah noch weniger ab, wo das geringste Mittagbrot herwachsen sollte. Das Fechten fiel ihm äußerst schwer, ja schien ihm gänzlich unmöglich, weil er über seinem schwarzen Sonntagskleide, welches sein einziges war, einen weiten dunkelgrauen Radmantel trug, mit schwarzem Sammet ausgeschlagen, der seinem Träger ein edles und romantisches Aussehen verlieh, zumal dessen lange schwarze Haare und Schnurrbärtchen sorgfältig gepflegt waren und er sich blasser, aber regelmäßiger Gesichtszüge erfreute.

[2] wirtschaftlicher Bankrott

Solcher Habitus war ihm zum Bedürfnis geworden, ohne dass er etwas Schlimmes oder Betrügerisches dabei im Schilde führte; vielmehr war er zufrieden, wenn man ihn nur gewähren und im Stillen seine Arbeit verrichten ließ; aber lieber wäre er verhungert, als dass er sich von seinem Radmantel und von seiner polnischen Pelzmütze getrennt hätte, die er ebenfalls mit großem Anstand zu tragen wusste.

Er konnte deshalb nur in größeren Städten arbeiten, wo solches nicht zu sehr auffiel; wenn er wanderte und keine Ersparnisse mitführte, geriet er in die größte Not. Näherte er sich einem Hause, so betrachteten ihn die Leute mit Verwunderung und Neugierde und erwarteten eher alles andere, als dass er betteln würde; so erstarben ihm, da er überdies nicht beredt war, die Worte im Munde, also dass er der Märtyrer seines Mantels war und Hunger litt, so schwarz wie des letztern Sammetfutter.

Als er bekümmert und geschwächt eine Anhöhe hinaufging, stieß er auf einen neuen und bequemen Reisewagen, welchen ein herrschaftlicher Kutscher in Basel abgeholt hatte und seinem Herrn überbrachte, einem fremden Grafen, der irgendwo in der Ostschweiz auf einem gemieteten oder angekauften alten Schlosse saß. Der Wagen war mit allerlei Vorrichtungen zur Aufnahme des Gepäckes versehen und schien deswegen schwer bepackt zu sein, obgleich alles leer war.

Der Kutscher ging wegen des steilen Weges neben den Pferden, und als er, oben angekommen, den Bock wieder bestieg, fragte er den Schneider, ob er sich nicht in den leeren Wagen setzen wolle. Denn es fing eben an zu regnen und er hatte mit einem Blicke gesehen, dass der Fußgänger sich matt und kümmerlich durch die Welt schlug.

Derselbe nahm das Anerbieten dankbar und bescheiden an, worauf der Wagen rasch mit ihm von dannen rollte und in einer kleinen Stunde stattlich und donnernd durch den Torbogen von Goldach fuhr. Vor dem ersten Gasthofe, zur Waage genannt, hielt das vornehme Fuhrwerk plötzlich, und alsogleich zog der Hausknecht so heftig an der Glocke, dass der Draht beinahe entzweiging. Da stürzten Wirt und Leute herunter und rissen den Schlag auf; Kinder und Nachbarn umringten schon den prächtigen Wagen, neugierig, welch ein Kern sich aus so unerhörter Schale enthülsen werde, und als der verdutzte Schneider endlich hervorsprang, in seinem Mantel, blass und schön und schwermütig zur Erde blickend, schien er ihnen …

1. Welchen ersten Eindruck gewinnen die Goldacher Bürger wohl vom armen Schneidergesellen? Begründet diesen Eindruck aus dem Text.
2. Wie könnte die Geschichte weitergehen?

Im Gasthof

[…] Während dieser umständlichen Zubereitungen befand sich der Schneider in der peinlichsten Angst, da der Tisch mit glänzendem Zeuge gedeckt wurde, und so heiß sich der ausgehungerte Mann vor kurzem noch nach einiger Nahrung gesehnt hatte, so ängstlich wünschte er jetzt der drohenden Mahlzeit zu entfliehen. Endlich fasste er sich einen Mut, nahm seinen Mantel um, setzte die Mütze auf und begab sich hinaus, um den Ausweg zu gewinnen. Da er aber in seiner Verwirrung und in dem weitläufigen Hause die Treppe nicht gleich fand, so glaubte der Kellner, den der Teufel beständig umhertrieb, jener suche eine gewisse Bequemlichkeit, rief: „Erlauben Sie gefälligst, mein Herr, ich werde Ihnen den Weg weisen!" und führte ihn durch einen langen Gang, der nirgends anders endete als vor einer schön lackierten Türe, auf welcher eine zierliche Inschrift angebracht war.

Also ging der Mantelträger ohne Widerspruch, sanft wie ein Lämmlein, dort hinein und schloss ordentlich hinter sich zu. Dort lehnte er sich bitterlich seufzend an die Wand und wünschte der goldenen Freiheit der Landstraße wieder teilhaftig zu sein, welche ihm jetzt, so schlecht das Wetter war, als das höchste Glück erschien. Doch verwickelte er sich jetzt in die erste selbsttätige Lüge, weil er in dem verschlossenen Raum ein wenig verweilte, und er betrat hiermit den abschüssigen Weg des Bösen. […]

Und als der Schneider wieder aus dem langen Gange hervorgewandelt kam, melancholisch wie der umgehende Ahnherr eines Stammschlosses, […] wurde er ohne ferneres Verweilen an den Tisch gebeten, der Stuhl zurechtgerückt, und da der Duft der kräftigen Suppe, dergleichen er lange nicht gerochen, ihn vollends seines Willens beraubte, so ließ er sich in Gottes Namen nieder und tauchte sofort den schweren Löffel in die braungoldene Brühe. In tiefem Schweigen erfrischte er seine matten Lebensgeister und wurde mit achtungsvoller Stille und Ruhe bedient.

Als er den Teller geleert hatte und der Wirt sah, dass es ihm so wohl schmeckte, munterte er ihn höflich auf, noch einen Löffel voll zu nehmen, das sei gut bei dem rauen Wetter. Nun wurde die Forelle aufgetragen, mit Grünem bekränzt, und der Wirt legte ein schönes Stück vor. Doch der Schneider, von Sorgen gequält, wagte in seiner Blödigkeit nicht, das blanke Messer zu gebrauchen, sondern hantierte schüchtern und zimperlich mit der silbernen Gabel daran herum. Das bemerkte die Köchin, welche zur Türe hereinguckte, den großen Herren zu sehen, und sie sagte zu den Umstehenden: „Gelobt sei Jesus Christ! Der weiß noch einen Fisch zu essen, wie es sich gehört, der sägt nicht mit dem Messer in dem zarten Wesen herum, wie wenn er ein Kalb schlachten wollte. Das ist ein Herr aus großem Hause, darauf wollt ich schwören, wenn es nicht verboten wäre! Und wie schön und traurig er ist! Gewiss ist er in ein armes Fräulein verliebt, das man ihm nicht lassen will! Ja

ja, die vornehmen Leute haben auch ihre Leiden!"
Inzwischen sah der Wirt, dass der Gast nicht trank, und sagte ehrerbietig: „Der Herr mögen den Tischwein nicht; befehlen Sie vielleicht ein Glas guten Bordeaux, den ich bestens empfehlen kann?"

Da beging der Schneider den zweiten selbsttätigen Fehler, indem er aus Gehorsam ja statt nein sagte, und alsbald verfügte sich der Waagwirt persönlich in den Keller, um eine ausgesuchte Flasche zu holen; denn es lag ihm alles daran, dass man sagen könne, es sei etwas Rechtes im Ort zu haben. Als der Gast von dem eingeschenkten Weine wiederum aus bösem Gewissen ganz kleine Schlücklein nahm, lief der Wirt voll Freuden in die Küche, schnallte mit der Zunge und rief: „Hol mich der Teufel, der verstehts; der schlürft meinen guten Wein auf die Zunge, wie man einen Dukaten auf die Goldwaage legt!" „Gelobt sei Jesus Christ!", sagte die Köchin. „Ich habs ja behauptet, dass ers versteht!" […]

Unterdessen hatte der Kutscher die Pferde füttern lassen und selbst ein handfestes Essen eingenommen in der Stube für das untere Volk, und da er Eile hatte, ließ er bald wieder anspannen. Die Angehörigen des Gasthofes zur Waage konnten sich nun nicht länger enthalten und fragten, eh es zu spät wurde, den herrschaftlichen Kutscher geradezu, wer sein Herr da oben sei und wie er heiße? Der Kutscher, ein schalkhafter und durchtriebener Kerl, versetzte: „Hat er es noch nicht selbst gesagt?" „Nein", hieß es, und er erwiderte: „Das glaub ich wohl, der spricht nicht viel in einem Tage; nun, es ist der Graf Strapinski! Er wird aber heut und vielleicht einige Tage hier bleiben, denn er hat mir befohlen, mit dem Wagen vorauszufahren."

Er machte diesen schlechten Spaß, um sich an dem Schneiderlein zu rächen, das, wie er glaubte, statt ihm für seine Gefälligkeit ein Wort des Dankes und des Abschiedes zu sagen, sich ohne Umsehen in das Haus begeben hatte und den Herren spielte. Seine Eulenspiegelei aufs äußerste treibend, bestieg er auch den Wagen, ohne nach der Zeche für sich und die Pferde zu fragen, schwang die Peitsche und fuhr aus der Stadt, und alles ward so in der Ordnung befunden und dem guten Schneider aufs Kerbholz gebracht.

Nun musste es sich aber fügen, dass dieser, ein geborener Schlesier, wirklich Strapinski hieß, Wenzel Strapinski, mochte es nun ein Zufall sein oder mochte der Schneider sein Wanderbuch im Wagen hervorgezogen, es dort vergessen und der Kutscher es zu sich genommen haben. Genug, als der Wirt freudestrahlend und händereibend vor ihn hintrat und fragte, ob der Herr Graf

Strapinski zum Nachtisch ein Glas alten Tokaier oder ein Glas Champagner nehme, und ihm meldete, dass die Zimmer soeben zubereitet würden, da erblasste der arme Strapinski, verwirrte sich von neuem und erwiderte gar nichts. … 85

3. Wodurch wird das falsche Bild von Strapinski verfestigt?
4. Welche Rolle spielt der Erzähler in dieser Novelle?
   Nutzt zur Beantwortung der Frage die folgende Mindmap.

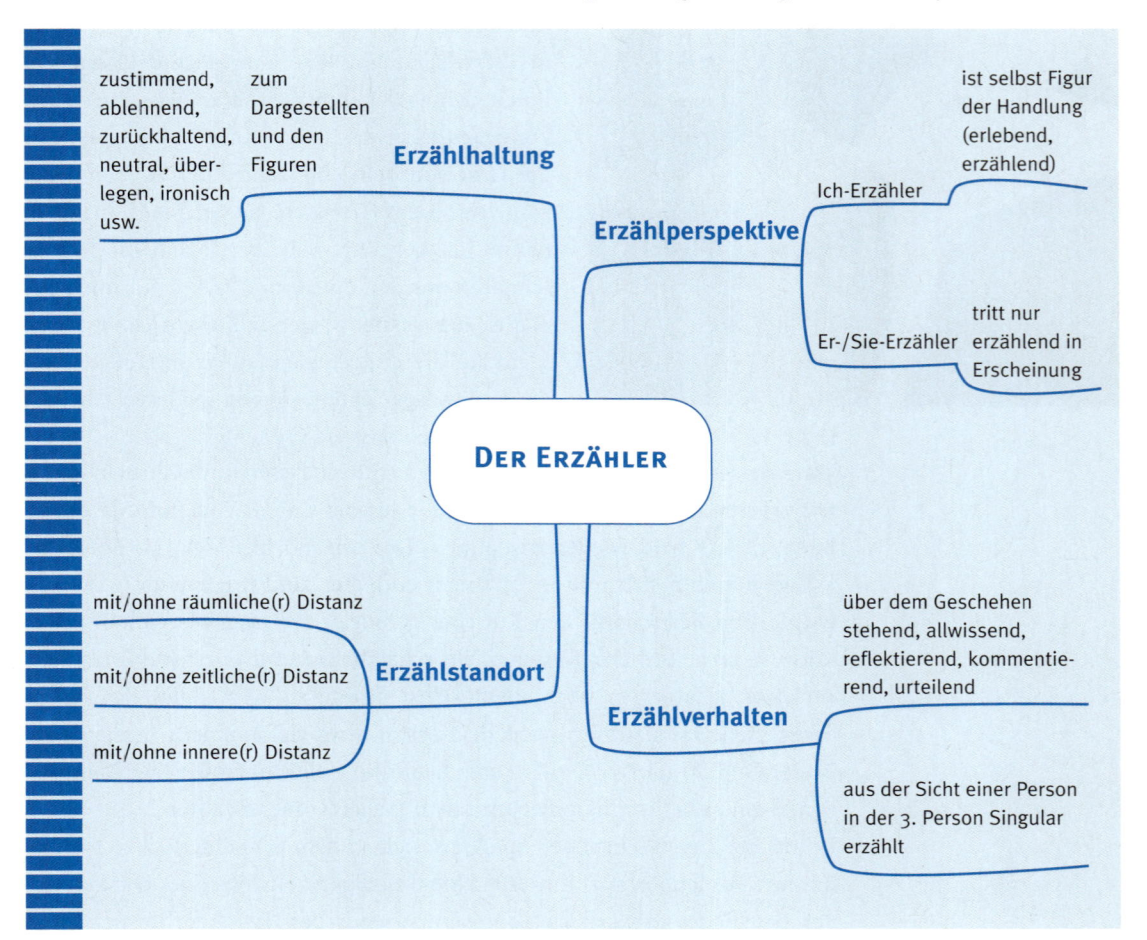

DER ERZÄHLER

- **Erzählhaltung**: zustimmend, ablehnend, zurückhaltend, neutral, überlegen, ironisch usw. zum Dargestellten und den Figuren

- **Erzählperspektive**:
  - Ich-Erzähler: ist selbst Figur der Handlung (erlebend, erzählend)
  - Er-/Sie-Erzähler: tritt nur erzählend in Erscheinung

- **Erzählstandort**:
  - mit/ohne räumliche(r) Distanz
  - mit/ohne zeitliche(r) Distanz
  - mit/ohne innere(r) Distanz

- **Erzählverhalten**:
  - über dem Geschehen stehend, allwissend, reflektierend, kommentierend, urteilend
  - aus der Sicht einer Person in der 3. Person Singular erzählt

5. Welchen Standort nimmt der Erzähler im Text der Seiten 112–113 ein?
6. Formt den Text auf S. 114 bis Zeile 27 in eine Ich-Erzählung um. Vergleicht Original und Bearbeitung.
7. Der Schneider wird immer stärker in die Rolle eines polnischen Grafen hineingedrängt. Welchen Anteil hat der Schneider selbst an dieser Fehleinschätzung? Kann man ihn als Betrüger bezeichnen?
8. Sucht Textstellen, in denen der Schneider die Fehleinschätzung korrigieren könnte, und spielt eine solche Szene als Rollenspiel.

Die Goldacher Bürger

… „Höchst interessant!", brummte der Wirt für sich, indem er abermals in den Keller eilte und aus besonderem Verschlage nicht nur ein Fläschchen Tokaier, sondern auch ein Krügelchen Bocksbeutel und eine Champagnerflasche schlechthin unter den Arm nahm. Bald sah Strapinski einen kleinen Wald von Gläsern vor sich, aus welchem der Champagnerkelch wie eine Pappel emporragte. Das glänzte, klingelte und duftete gar seltsam vor ihm, und was noch seltsamer war, der arme, aber zierliche Mann griff nicht ungeschickt in das Wäldchen hinein und goss, als er sah, dass der Wirt etwas Rotwein in seinen Champagner tat, einige Tropfen Tokaier in den seinigen.
Inzwischen war der Stadtschreiber und der Notar gekommen, um den Kaffee zu trinken und das tägliche Spielchen um denselben zu machen; bald kam auch der ältere Sohn des Hauses Häberlin und Cie., der jüngere des Hauses Pütschli-Nievergelt, der Buchhalter einer großen Spinnerei, Herr Melcher Böhni; allein statt ihre Partie zu spielen, gingen sämtliche Herren in weitem Bogen hinter dem polnischen Grafen herum, die Hände in den hintern Rocktaschen, mit den Augen blinzelnd und auf den Stockzähnen lächelnd. Denn es waren diejenigen Mitglieder guter Häuser, welche ihr Leben lang zu Hause blieben, deren Verwandte und Genossen aber in aller Welt saßen, weswegen sie selbst die Welt sattsam zu kennen glaubten.
Also das sollte ein polnischer Graf sein? Den Wagen hatten sie freilich von ihrem Kontorstuhl aus gesehen; auch wusste man nicht, ob der Wirt den Grafen oder dieser jenen bewirte; doch hatte der Wirt bis jetzt noch keine dummen Streiche gemacht; er war vielmehr als ein ziemlich schlauer Kopf bekannt, und so wurden denn die Kreise, welche die neugierigen Herren um den Fremden zogen, immer kleiner, bis sie sich zuletzt vertraulich an den gleichen Tisch setzten und sich auf gewandte Weise zu dem Gelage aus dem Stegreif einluden, indem sie ohne weiteres um eine Flasche zu würfeln begannen.
Doch tranken sie nicht zu viel, da es noch früh war; dagegen galt es einen Schluck trefflichen Kaffee zu nehmen und dem Polacken, wie sie den Schneider bereits heimlich nannten, mit gutem Rauchzeug aufzuwerten, damit er immer mehr röche, wo er eigentlich wäre.
„Darf ich dem Herren Grafen eine ordentliche Zigarre anbieten? Ich habe sie von meinem Bruder auf Kuba direkt bekommen!", sagte der eine.
„Die Herren Polen lieben auch eine gute Zigarette, hier ist echter Tabak aus Smyrna, mein Kompagnon hat ihn gesendet", rief der andere, indem er ein rotseidenes Beutelchen hinschob.
„Dieser aus Damaskus ist feiner, Herr Graf", rief der Dritte, „unser dortiger Prokurist selbst hat ihn für mich besorgt!"
Der Vierte streckte einen ungefügen Zigarrenbengel dar, indem er schrie:

„Wenn Sie etwas ganz Ausgezeichnetes wollen, so versuchen Sie diese Pflanzerzigarre aus Virginien, selbst gezogen, selbst gemacht und durchaus nicht käuflich!"
Strapinski lächelte sauersüß, sagte nichts und war bald in feine Duftwolken gehüllt.

45

9. Auch in diesem Textabschnitt verfestigt sich die Grafenrolle des Schneiders. Beschreibt und bewertet das Auftreten der angesehenen Bürger des Ortes.

Nettchen

Bei einem Ausflug lernt der Schneider, als er der Situation entfliehen will, den Amtsrat und dessen Tochter Nettchen kennen. Diese findet beim gemeinsamen Abendessen Gefallen am vermeintlichen Grafen, der am Ende des Tages im Gasthof übernachtet.
Von den Goldachern als polnischer Graf behandelt, macht der Schneider am kommenden Tag einen Spaziergang durch die Stadt, die ihm sehr gefällt. Sein Gewissen drängt ihn, die Stadt zu verlassen; eine kurze Begegnung mit Nettchen jedoch, die ihn liebenswürdig grüßt, lässt ihn die Grafenrolle in Goldach weiterspielen.

Mit viel Glück gelingt es ihm in den nächsten Wochen, durch Lotteriegewinne so viel Geld zu erhalten, dass er alle in Goldach entstandenen Unkosten ersetzen kann. Deshalb plant er, eine Geschäftsreise vorzugeben, abzureisen und die Schulden aus der Ferne zu begleichen.

[…] An demselben Tage nun begab sich Strapinski auf einen stattlichen Ball, zu dem er geladen war. In tiefes, einfaches Schwarz gekleidet erschien er und verkündete sogleich den ihn Begrüßenden, dass er genötigt sei zu verreisen. In zehn Minuten war die Nachricht der ganzen Versammlung bekannt, und Nettchen, deren Anblick Strapinski suchte, schien, wie erstarrt, seinen Blicken auszuweichen, bald rot, bald blass werdend. Dann tanzte sie mehrmals hintereinander mit jungen Herren, setzte sich zerstreut und schnell atmend und schlug, eine Einladung des Polen, der endlich herangetreten war, mit einer kurzen Verbeugung aus, ohne ihn anzusehen.

Seltsam aufgeregt und bekümmert ging er hinweg, nahm seinen famosen Mantel um und schritt mit wehenden Locken in einem Gartenwege auf und nieder. Es wurde ihm nun klar, dass er eigentlich nur dieses Wesens halber so lange dageblieben sei, dass die unbestimmte Hoffnung, doch wieder in ihre Nähe zu kommen, ihn unbewusst belebte, dass aber der ganze Handel eben eine Unmöglichkeit darstelle von der verzweifeltsten Art. Wie er so dahin schritt, hörte er rasche Tritte hinter sich, leichte, doch unruhig bewegte. Nettchen ging an ihm vorüber und schien, nach einigen ausgerufenen Worten zu urteilen, nach ihrem Wagen zu suchen, obgleich derselbe auf der anderen Seite des Hauses stand und hier nur Winterkohlköpfe und eingewickelte Rosenbäumchen den Schlaf der Gerechten verträumten. Dann kam sie wieder zurück, und da er jetzt mit klopfendem Herzen ihr im Wege stand und bittend die Hände nach ihr ausstreckte, fiel sie ihm ohne weiteres um den Hals und fing jämmerlich an zu weinen. Er bedeckte ihre glühenden Wangen mit seinen fein duftenden dunklen Locken und sein Mantel umschlug die schlanke, stolze, schneeweiße Gestalt des Mädchens wie mit schwarzen Adlerflügeln; es war ein wahrhaft schönes Bild, das seine Berechtigung ganz allein in sich selbst zu tragen schien.

10. Verfasst einen Tagebucheintrag, in dem Nettchen ihre Gefühle und Gedanken bei Strapinskis Ankündigung seiner Abreise formuliert.

Heirat

Am gleichen Abend erklärt Nettchen ihrem Vater, dass sie den polnischen Grafen zu heiraten gedenkt. Dieser hält auch am kommenden Tag offiziell um Nettchens Hand an. Die Verlobung soll bei einem großen Faschingsball in einem Gasthaus zwischen Goldach und Seldwyla gefeiert werden.
Bei diesem Ball wird der falsche Graf von den Teilnehmern einer anderen, aus Seldwyla kommenden Ballgesellschaft entlarvt und verlässt den Ball. Nettchen, die sich nach mehr als einer Stunde mit einem Pferdeschlitten allein auf den Weg macht, findet den Schneider halb erfroren am Straßenrand. Die beiden sprechen sich aus. Strapinski erzählt seine Lebensgeschichte, und Nettchen entschließt sich, mit ihm gemeinsam durchs Leben zu gehen. Beide begeben sich noch am Abend nach Seldwyla, wo sie in unterschiedlichen Gasthäusern ein Zimmer beziehen.

[…] Es dauerte jedoch eine kleine Weile, bis Nettchen den Vater bitten ließ, sie auf ihrem Zimmer zu besuchen und dort allein mit ihr zu sprechen. Auch sagte man, sie habe bereits den besten Rechtsanwalt der Stadt rufen lassen, welcher im Laufe des Vormittags erscheinen werde. Der Amtsrat ging etwas schweren Herzens zu seiner Tochter hinauf, überlegend, auf welche Weise er 5
das desperate Kind am besten aus der Verirrung zurückführe, und war auf ein verzweifeltes Gebaren gefasst.
Allein mit Ruhe und sanfter Festigkeit trat ihm Nettchen entgegen. Sie dankte ihrem Vater mit Rührung für alle ihr bewiesene Liebe und Güte und erklärte sodann in bestimmten Sätzen: erstens sie wolle nach dem Vorgefal- 10
lenen nicht mehr in Goldach leben, wenigstens nicht die nächsten Jahre; zweitens wünsche sie ihr bedeutendes mütterliches Erbe an sich zu nehmen, welches der Vater ja schon lange für den Fall ihrer Verheiratung bereit gehalten; drittens wolle sie den Wenzel Strapinski heiraten, woran vor allem nichts zu ändern sei; viertens wolle sie mit ihm in Seldwyla wohnen und ihm da ein 15
tüchtiges Geschäft gründen helfen; und fünftens und letztens werde alles gut werden; denn sie habe sich überzeugt, dass er ein guter Mensch sei und sie glücklich machen werde.

Die Erzählung endet mit der Heirat von Nettchen und Wenzel Strapinski, die dann durch einen Tuchhandel in Seldwyla wohlhabend werden und nach mehreren Jahren mit einer Schar von Kindern nach Goldach übersiedeln.

Appell an den Vater

Der von Nettchen beauftragte Rechtsanwalt hätte folgenden Brief an den Vater schreiben können.

Balthasar Haeberli – Rechtsanwalt
Gerichtsgasse 15
Seldwyla

Sehr geehrter Herr Amtsrat,
wie Ihre Tochter Ihnen bereits mitgeteilt hat, wird sie den Schneidergesellen Wenzel Strapinski heiraten. Das junge Paar, das von mir vertreten wird, beabsichtigt, sich in Seldwyla niederzulassen. Obwohl es nach den Aufregungen der vergangenen Tage vielleicht schwierig ist, möchte ich Sie um Verständnis für die Person Ihres Schwiegersohnes bitten. Dazu erlaube ich mir, kurz auf seine Lebensgeschichte einzugehen.
Nachdem sein Vater früh gestorben war, lebte Wenzel allein mit seiner Mutter. Diese hatte vor ihrer Heirat in Diensten einer adligen Gutsherrin gestanden und legte deshalb viel Wert auf feine Art und entsprechende Umgangsformen. Die Wenzel durch die Gutsherrin angebotenen Chancen auf eine höherwertige Ausbildung nahm er nicht wahr, da er seine kränkelnde Mutter nicht allein im Heimatdorf zurücklassen wollte. Er ist also keineswegs ein berechnender Egoist, sondern erscheint schon damals eher willensschwach und wenig selbstbewusst. Dabei war er stark an der Mutter orientiert, sodass er eine Lehre beim Dorfschneider begann. Weil er mit schönen Stoffen arbeiten durfte, wurde sein von der Mutter gewecktes Interesse an guter und vornehmer Kleidung weiter verstärkt.
Sie werden mir zugeben, dass es keine Schande ist, wenn ein Schneider durch gute und gepflegte Kleidung seinem Handwerk Ehre macht. Dass Wenzel Strapinski ein ehrenwerter Mann ist, besagen auch die zahlreichen von mir mittlerweile eingeholten Zeugnisse und Auskünfte. Wie sie aus den beigefügten Abschriften entnehmen können, hat er sich nirgendwo etwas zu Schulden kommen lassen, sondern immer durch gute Arbeit beeindruckt. Es handelt sich bei ihm also um einen ordentlichen, ehrenhaften und strebsamen Vertreter des Schneiderhandwerks, dem aufgrund seiner Erziehung die feine Lebensart nicht unbekannt ist.
Gestatten Sie mir noch einige Bemerkungen zu den Vorfällen in Goldach. Weil Wenzel vornehm gekleidet und mit einer herrschaftlichen Kutsche in Goldach ankam, wurde er für einen Grafen gehalten. Über die Goldacher Bürger, die sich so sehr an das Äußere halten, will ich hier nicht urteilen. Während Wenzel sich in Goldach aufhielt, hat er sich nie selbst als Graf ausgegeben und stets mit seinem bürgerlichen Namen unterschrieben. Falls der

Nachdenken über Sprache
Logische Verknüpfungen von Sätzen

fremde Kutscher ihn in einem schlechten Scherz als Graf bezeichnete, so wusste Wenzel davon nichts. <u>Wenn</u> er bei seinem Hunger das ihm aufgedrängte Essen im Wirtshaus nicht ablehnte, so sagt das eher etwas über seine Hilflosigkeit und Unsicherheit aus als über einen schlechten Charakter. Auch sind sämtliche in Goldach entstandenen Unkosten mittlerweile bezahlt. In den auf die Ankunft folgenden Tagen und Wochen hat Wenzel nie die Flucht ergriffen, <u>obwohl</u> es ihm mehrfach leicht möglich gewesen wäre. Er blieb in Goldach, <u>weil</u> er Ihre Tochter zu lieben begann, <u>weil</u> er ihr die Enttäuschung von Trennung und Abreise ersparen wollte.

<u>Nachdem</u> nun Ihre Tochter mit ihrer Entscheidung zur Heirat die Person des Wenzel Strapinski zu würdigen weiß, sollten auch Sie sich dem Glück der beiden ehrenhaften jungen Leute nicht länger verschließen.

Mit freundlichem Gruß
Balthasar Häberli, Rechtsanwalt

11. Der Rechtsanwalt versucht in seinem Brief Nettchens Vater zu überzeugen. Seine Argumentation kann nur Erfolg haben, wenn seine Ausführungen glaubhaft sind und die einzelnen Aussagen in einem logischen Zusammenhang stehen. Untersucht den Gedankenzusammenhang zwischen einzelnen ▸ **Haupt-** und ▸ **Gliedsätzen**. Betrachtet dazu die unterstrichenen ▸ **Konjunktionen**, übertragt die folgende Tabelle in euer Heft und vervollständigt sie.

Sinnzusammenhang	Bezeichnung des Gliedsatzes	Konjunktion
Ursache, Begründung	Kausalsatz	
	Temporalsatz	
		falls, wenn
Folge, Konsequenz		
		obwohl, obgleich

12. Neben den Verbindungen zwischen Haupt- und Gliedsätzen gibt es im Text noch andere logische Verknüpfungen, die auch einen Sinnzusammenhang herstellen. Sucht sie heraus und erläutert sie. Beispiel: *Diese ... legte <u>deshalb</u> viel Wert auf ...*

Kellers Novelle

Vielleicht regen die Textauszüge euch an, den Gesamttext dieser kurzen Novelle zu lesen. Immerhin ist es eine der bekanntesten Geschichten unter den vielen, die von Hochstaplern handeln. Auch von Strapinskis Nebenbuhler, Melchior Böhni, der sich vergeblich um Nettchen bemüht, würdet ihr dann etwas erfahren. Nach der Lektüre des Gesamttextes könnt ihr die folgenden Aufgaben bearbeiten.

13. Diese Erzählung ist in einem Erzählband erschienen. Ihr ist eine Charakterisierung der „Leute von Seldwyla" vorangestellt. Nennt die wichtigsten Kritikpunkte an den Seldwyler Bürgern.
14. Fasst nach der Lektüre der Erzählung die Gesellschaftskritik des Textes zusammen.
15. Schreibt einen Brief Nettchens an ihre Kusine, in dem sie Wenzel Strapinski charakterisiert.
16. Nettchens engste Freundin Ursula, die das Geschehen aus nächster Nähe verfolgte, charakterisiert in einem Brief an eine gemeinsame Freundin Barbara die Entwicklung Nettchens. Verfasst diesen Brief, der erklären soll, warum Nettchen einen unbekannten Schneidergesellen heiratet. Achtet besonders auf die logische Verbindung zwischen den einzelnen Aussagen.
17. Informiert euch über andere Erzählungen Gottfried Kellers.

Gottfried Keller gilt als einer der bedeutendsten deutschsprachigen Novellenautoren. Er wurde am 19. Juli 1819 in Zürich geboren. Zunächst versuchte er, sich als Maler auszubilden. Von 1840–1842 lebte er in München. Dann kehrte er nach Zürich zurück, sein erster Gedichtband erschien 1846. 1848 ging Keller mit einem Stipendium der Züricher Kantonsregierung nach Heidelberg, wo er sich mit der aktuellen Philosophie beschäftigte. Von 1850–1855 lebte Keller in Berlin. Hier entstand sein Roman „Der grüne Heinrich", der autobiografische Züge aufweist. Nach seiner Rückkehr nach Zürich im Jahre 1855 erhielt Keller 1861 das Amt des ersten Stadtschreibers, das er bis 1876 innehatte. Kellers politische Haltung betont die Selbständigkeit und die Verantwortung des mündigen Bürgers; seinem Verständnis von Kunst entsprechend ist es die Aufgabe des Dichters, das Menschliche zur Geltung zu bringen. Er hoffte auf einen Sieg des Humanen und kämpfte in seinen Novellen mit Ernst, Spott und Humor gegen Lüge und Heuchelei. Keller wird zu den Dichtern des poetischen Realismus gezählt, er starb am 15. Juli 1890.

BUCHVORSTELLUNGEN IN DER SCHULE

Zum Bild:
Giuseppe Arcimboldo:
Der Bibliothekar, 1563.

„Der Büchermarkt" im Deutschlandfunk, Fernsehsendungen wie „Bücher, Bücher" im Hessischen Rundfunk, „Kulturreport" in der ARD oder „Kulturjournal" beim Norddeutschen Rundfunk, regelmäßige Buchvorstellungen in Zeitschriften wie „Stern" oder „Brigitte" – es werden mehr Bücher in den Medien vorgestellt, als irgendjemand lesen kann. Dabei steht die Information über neue Bücher zwar im Vordergrund, dies alles dient aber auch der Verkaufsförderung. So bezieht sich die Werbung immer wieder auf solche Vorstellungen in den Medien. Buchvorstellung in der Schule heißt nicht: Verkaufszahlen steigern! Hier gilt es,
– Gleichaltrige für lesenswerte Bücher zu interessieren
– über Themen, behandelte Probleme und sprachliche Auffälligkeiten von Büchern zu informieren
– Bücher zu bewerten und die Bewertungen zu begründen.

Die Buchvorstellung in der Schule gliedert sich in zwei Arbeitsteile, die **Vorbereitung** und die **Präsentation**.

A Wählt ein Buch aus und erstellt eine knappe Inhaltsangabe. Entscheidet, ob ihr über den Inhalt vollständig informieren wollt, oder – um nicht zu viel zu verraten – nur teilweise.
B Informiert euch über den Autor und seine Zeit. Informiert euch auch über die Zeit, in der die Handlung spielt.
C Stellt eure positiven und negativen Leseeindrücke in einer kurzen Tabelle einander gegenüber.

Warum ist das Buch lesenswert? Was hat mich beeindruckt?	Was hat die Lektüre beeinträchtigt? Was war besonders ärgerlich oder uninteressant?
...	...
...	...
...	...

D Entscheidet euch für eine kurze, aber typische Textstelle, die ihr bei der Buchvorstellung vorlesen wollt.
E Bei der Buchvorstellung sollen die Mitschüler und Mitschülerinnen einen möglichst anschaulichen Eindruck von dem Buch bekommen. Deshalb sollte das Buch auch zur Hand sein; auch kann ein Foto des Autors gezeigt werden. Überlegt euch, wie ihr symbolisch mit einem Gegenstand auf das Thema des Textes hinweisen könnt, um am Anfang das Interesse für die Buchvorstellung zu wecken.

Möglicher Ablauf der Buchvorstellung (Präsentation):

- Präsentation des symbolischen Gegenstandes (bei der Novelle „Kleider machen Leute" zum Beispiel ein Kleidungsstück)
- Fragen und Vermutungen zur Bedeutung des Gegenstandes für das Buch
- kurze Information über das Buch und seinen Inhalt
- zusätzliche Informationen über den Autor
- Vorlesen einer typischen Textstelle
- positive und negative Leseeindrücke und Bewertung des Buchs

Zeit für Freizeit

Was tun?

Zum Bild:
Pieter Bruegel d. Ä.:
Kinderspiele, 1560.

Feierabend* *Loriot*

Bürgerliches Wohnzimmer. Der Hausherr sitzt im Sessel, hat das Jackett ausgezogen, trägt Hausschuhe und döst vor sich hin. Hinter ihm ist die Tür zur Küche einen Spalt breit geöffnet. Dort geht die Hausfrau emsiger Hausarbeit nach. Ihre Absätze verursachen ein lebhaftes Geräusch auf dem Fliesenboden.

Sie Hermann …
Er Ja …
Sie Was machst du da?
Er Nichts …
Sie Nichts? Wieso nichts?

* Text in alter Rechtschreibung

Er Ich mache nichts …
Sie Gar nichts?
Er Nein …
 (*Pause*)
Sie Überhaupt nichts?
Er Nein … ich *sitze* hier …
Sie Du *sitzt* da?
Er Ja …
Sie Aber irgendwas *machst* du doch?
Er Nein …
 (*Pause*)
Sie *Denkst* du irgendwas?
Er Nichts Besonderes …
Sie Es könnte ja nicht schaden, wenn du mal etwas spazierengingest …
Er Nein-nein …
Sie Ich bringe dir den Mantel …
Er Nein danke …
Sie Aber es ist zu kalt ohne Mantel …
Er Ich gehe ja nicht spazieren …
Sie Aber eben wolltest du doch noch …
Er Nein, *du* wolltest, dass ich spazierengehe …
Sie Ich? *Mir* ist es doch völlig egal, ob *du spazierengehst* …
Er Gut …
Sie Ich meine nur, es könnte dir nicht schaden, wenn du mal spazierengehen würdest …
Er Nein, *schaden* könnte es nicht …
Sie Also was willst du denn nun?
Er Ich möchte hier sitzen …
Sie Du kannst einen ja wahnsinnig machen!
Er Ach …
Sie Erst willst du spazierengehen … dann wieder nicht … dann soll ich deinen Mantel holen … dann wieder nicht … was denn nun?
Er Ich möchte hier sitzen …
Sie Und jetzt möchtest du plötzlich sitzen …
Er Gar nicht plötzlich … ich wollte immer nur hier sitzen … und mich entspannen …
Sie Wenn du dich wirklich *entspannen* wolltest, würdest du nicht dauernd auf mich *einreden* …
Er Ich sag ja nichts mehr …
 (*Pause*)
Sie Jetzt hättest du doch mal Zeit, irgendwas zu tun, was dir Spaß macht …
Er Ja …

Umgang mit Texten

Dialoge analysieren

Sie Liest du was?
Er Im Moment nicht ...
Sie Dann lies doch mal was ...
Er Nachher, nachher vielleicht ...
Sie Hol dir doch die Illustrierten ...
Er Ich möchte erst noch etwas hier sitzen ...
Sie Soll *ich* sie dir holen?
Er Nein-nein, vielen Dank ...
Sie Will der Herr sich auch noch bedienen lassen, was?
Er Nein, wirklich nicht ...
Sie Ich renne den *ganzen Tag* hin und her ... Du könntest doch wohl *einmal* aufstehen und dir die Illustrierten holen ...
Er Ich möchte jetzt nicht lesen ...
Sie Dann quengle doch nicht so rum ...
Er *(schweigt)*
Sie Hermann!
Er *(schweigt)*
Sie Bist du taub?
Er Nein-nein ...
Sie Du tust eben *nicht*, was dir Spaß macht ... statt dessen *sitzt* du da!
Er Ich sitze hier, *weil* es mir Spaß macht ...
Sie Sei doch nicht gleich so aggressiv!
Er Ich bin doch nicht aggressiv ...
Sie Warum schreist du mich dann so an?
Er *(schreit)* ... Ich schreie dich nicht an!!

1. Lest den Text mit verteilten Rollen. Achtet dabei auf die *kursiv* gedruckten Wörter.
2. Beschreibt die Beziehung zwischen den beiden Personen, die der Autor als Hausfrau und Hausherr bezeichnet.
3. Schreibt einen ▶ **inneren Monolog**, der die Gedanken des Hausherrn während des Gesprächs wiedergibt.
4. Welche unterschiedlichen Möglichkeiten der Freizeitgestaltung zeigen sich hier?
5. Führt eine ▶ **Kartenabfrage** durch, indem ihr drei eurer häufigsten Freizeitbeschäftigungen auf je eine Karteikarte schreibt. Sortiert die Karten und diskutiert euer Freizeitverhalten.
6. Bereitet ein Gespräch zwischen Jugendlichen und Eltern vor. Zeigt darin die unterschiedlichen Vorstellungen von Freizeit auf. Spielt den Dialog vor der Klasse.

Umgang mit Texten
Dialoge analysieren

	Montag	Dienstag
8–9	S	
9–10	C	
10–11	H	
11–12	U	
12–13	L	
13–14	E	
14–15	Mittagessen	
15–16	Hausaufgaben	
16–17	Volleyballtraining	
17–18	Volleyballtraining	
18–19	Abendessen/Fernsehen	
19–20	Fernsehen/Telefon	
20–21	Fernsehen/Computer	
21–22	Fernsehen	
ab 22	Schlafen	

7. Legt nach diesem Muster eine Übersicht für die Tage eurer letzten Woche an und vergleicht miteinander.
8. Welche dieser Tätigkeiten bezeichnet ihr als Freizeit? Versucht innerhalb der Klasse eine ▶ **Definition** für den Begriff Freizeit zu finden.
9. Diskutiert darüber, wie viel Freizeit Jugendliche eures Alters pro Tag haben.

ÜBEN 275–278

Interessen durchsetzen

Auch Freizeit muss erkämpft werden! *Raja Morgan*

Eva sitzt am Küchentisch und löffelt die dicken Bohnen mit Speck in sich hinein, die sie nicht sonderlich mag. Normalerweise würde sie die Bohnen nicht so freiwillig essen wie heute, sondern stattdessen versuchen, etwas Besseres zu bekommen: „Die Dinger sind so trocken, dass es staubt! Ich krieg' die nicht 'runter. Guckt euch diese Farbe an! Das ist nicht mal eine Farbe, eine Unfarbe ist das. Nur grüne Oliven sehen so aus, und die schmecken auch nicht. Außerdem ist der Speck einfach ekelig: nur Fett. Sicher hatte das Vieh Schweinepest. Bald kommt heraus, dass die sich auch auf den Menschen überträgt. Kann ich nicht lieber einen Joghurt haben?"
Eva hatte in der Regel viel Übung, mit Charme zu maulen, trotzig zu sein und zu betteln. Sie kam nicht immer damit durch, aber manchmal unternahm sie so lustige Versuche, ihr Ziel zu erreichen, dass ihre Mutter sich gelegentlich erweichen ließ. Tat sie es nicht, hatte Eva eben Pech und fügte sich ihrem Schicksal. Doch heute ist ihr nicht nach Quengelei, denn ihre Gedanken kreisen um etwas viel Wichtigeres als um dicke Bohnen mit Speck.
Eben hatte sie mit Jule, ihrer besten Freundin, telefoniert, die ihr von ihrem Streit mit Röthers, Jules Eltern, erzählt hatte. Da ihre eigenen Eltern sich gerade über den heutigen Abend bei Möllers unterhalten, bei dem sie ohnehin nicht dabei sein wird, lässt sie das Gespräch mit Jule noch einmal Revue passieren:
„Eva Steinke!" – „Hi, ich bin's. Bau mich mal auf!" – „Hi, Jule, was ist denn los?", hatte Eva irritiert gefragt, da sie Jules Anruf erst viel später, eben nach dem Abendessen, erwartet hatte. „Alles, alles ist Scheiße. Meine Eltern verbieten mir, am Samstag auf Ralfs Party zu gehen!", schluchzte Jule am anderen Ende der Leitung. „Waaas? Das ist ja voll krass!" Eva hatte es im ersten Moment nicht glauben wollen, wurde dann aber schnell neugierig.
Früher wäre es undenkbar gewesen, dass Jules Eltern ihrer Tochter etwas verbieten. Im Gegenteil, oft hatte Eva es beneidenswert gefunden, was ihre Freundin alles anstellen konnte, ohne Ärger dafür zu bekommen. Doch seit einiger Zeit, seit etwa fünf Monaten, war das anders geworden. Herr Röther war damals im Flur gewesen und hatte seine Tochter gehört, als diese ihrer Freundin am Telefon verkündete: „Ach, meine Eltern, die erlauben mir eh alles und wenn nicht, mache ich trotzdem, was ich will. Ärger gibt es bei uns eh nicht!" Den Eltern hatte dieser Spruch gar nicht gefallen; und so hatten sie beschlossen, die Forderungen ihrer Tochter demnächst genauer zu hinterfragen. Eva fand Herrn und Frau Röthers Reaktion normal, hatte sich sogar insgeheim gefreut, dass es doch Gerechtigkeit gibt. Aber da Jule ihre Eltern

weder verstehen konnte noch wollte, hatte es Eva damals für klüger gehalten zu schweigen, damit Jule nicht noch das Gefühl bekam, dass nun alle gegen sie seien. Offensichtlich hatten die Eltern Wort gehalten und nicht mehr zu allem „Ja und Amen" gesagt.

„Nun mal langsam, deine Eltern sind doch sonst so cool drauf. Was ist denn passiert?" – „Ach, meine Mutter und meine Oma haben sich heute Mittag darüber unterhalten, dass wir alle am Sonntag schon um halb sieben aufstehen müssen, um rechtzeitig um zehn zur Taufe meiner Cousine in Dortmund zu sein." – „Na und?" – „Ich habe gesagt, dass ich ausschlafen muss, weil ich ja zu Ralles Party gehe und Papa mich da nicht vor zwei Uhr abholen soll." – „Uh, hattest du mir heute Morgen nicht gesagt, deine Eltern wüssten noch gar nichts von der Party?" – „Wussten sie ja auch noch nicht, hab' ich meiner Mutter ja dann erzählt. Aber die ist total ausgeflippt, hat meinen Vater im Büro angerufen, ihm erzählt, was ich für Forderungen stelle und mir ausgerichtet, dass mein Vater mich spätestens um zwölf Uhr, auf dem Rückweg vom Theater, abholen würde." – „Und dann?", hatte Eva, die diese Entscheidung nicht ganz so dramatisch fand, vorsichtig gefragt. „Ich lass' mich doch nicht wie ein Baby behandeln. Ich bin 14, da komm ich doch nicht um zwölf nach Hause. Die spinnen doch. Hab ich meiner Mutter auch so gesagt." – „Du hast deiner *Mutter* gesagt, dass sie spinnt?" – „Ja, und dass es außer ihnen keine so spießigen Eltern auf dieser verdammten Welt gibt." – „Das hat sie sicherlich gerne gehört." – „Ha, ha, was hättest du denn gesagt? ‚Danke Mama, ihr seid so wundervoll'?" – „Nein, wohl kaum. Versteh' dich ja." – „Sie hat mir voll Stress gemacht, dass ich mich nicht an Regeln halte, mir vorgeworfen, dass ich schon vor fünf Tagen versprochen hatte, mein Zimmer aufzuräumen." – „Und, stimmt das?" – „Ja, ich hatte am Freitag gesagt, dass ich mein Zimmer aufräume. Ich hatte aber doch Freitag keine Zeit, weil ich direkt nach unserem Telefonat zum Klavierunterricht musste, und am Wochenende waren wir ja unterwegs. Am Montag hatten wir dann so viel auf, da wollte ich auch nicht mehr. Dienstag war ich mit meiner Tante in der Stadt, abends kam der Superfilm, und gestern hab' ich ja mit Ralle und Sina überlegt, was wir dann so auf der Party machen." – „Cool, wenn ich mein Zimmer zwei Tage nicht aufräume, macht meine Mutter schon einen Affentanz, und du lässt alles ganz ruhig fünf Tage liegen." – „Ja, war blöd. Hab' ihr deshalb gesagt, ich würde das Zimmer gleich Sonntagabend nach der Taufe aufräumen." Eva hatte ihren ironischen Ton nicht mehr unter Kontrolle gehabt und gefragt, ob heute nicht Mittwoch sei, und eine übellaunige Antwort erhalten: „Na klar ist heute Mittwoch, aber wir schreiben doch morgen Latein, und davon habe ich noch keinen Plan. Morgen müssen wir das Geschenk für Ralle kaufen, Freitag habe ich wieder Klavierstunde, Samstag ist die Party und Sonntag muss ich zu dieser Taufe." – „Conny und ich hätten das Geschenk doch alleine…" – „Spinnst du jetzt auch noch? Ich will natürlich mit, um das Geschenk zu kaufen. Das kommt nicht in Frage!" – „Ja, und nun kannst du zwar mit uns ein Geschenk kaufen, aber es nicht mit schenken, weil du zu Hause bleiben musst, oder wie?" – „Hm, ja, sieht fast so aus. Meine Mutter hat sich immer weiter aufgeregt, gemeckert und so. Zuerst habe ich sogar noch rumgebettelt, aber als das nichts gebracht hat, hab' ich ihr gesagt, wenn ihr Sonntag nicht früh genug ist, soll sie es selbst aufräumen, mich stört es ja nicht. Da ist sie endgültig ausgeflippt und hat mir gesagt, ich könnte dann halt am Samstag zu Hause bleiben, mein Zimmer aufräumen und über meine Forderungen nachdenken. Hab' dann zurückgeschrien, Wochenende ist Freizeit und Freizeit ist freie Zeit, da hat sie sich nicht einzumischen." – „Oh, oh!" – „Ja, ist doch wahr! Bin dann in mein Zimmer gegangen und hab' die Tür zugeknallt. Darauf hat meine Mutter nur durch die Tür gebrüllt, dass ich mir die Party abschminken kann. Seitdem ist es still und ich bin noch nicht wieder aus dem Zimmer raus. Ich ruf dich jetzt gerade per Handy an, weil ich keinen Bock hatte, das Telefon aus dem Wohnzimmer zu holen." – „So ein Mist aber auch. Meinst du, deine Eltern bleiben dabei?" – „Keine Ahnung, was mein Vater sagt, wenn er nach Hause kommt. Wie sieht's denn bei dir aus? Hast du schon gefragt, ob du darfst?"

Nein, Eva hatte bis zu diesem Zeitpunkt noch nicht um Erlaubnis gefragt. Nachdem sie im letzten Vokabeltest in Englisch eine Fünf hatte, wollten ihre Eltern, dass sie mehr für die Schule machte. Das war ihren Eltern wichtiger als Partys. Deshalb wollte sie einen guten Moment abpassen.

Dieser bot sich beim Abendessen, da die Eltern danach noch eingeladen und bereits guter Laune waren. Um die Stimmung der Eltern nicht zu dämpfen, hatte sie Jule versprochen, sich später noch einmal zu melden und war schnell zum Abendessen in der Küche erschienen. Nun wollte sie sich geschickter anstellen als Jule und um keinen Preis, egal wie schwierig sich das Gespräch gestalten sollte, zickig werden.

„Mama, Papa …?", setzt Eva vorsichtig an, als sie glaubt, das Gespräch der Eltern nicht wesentlich zu stören. „Hm?", fragt ihre Mutter. „Der Ralle hat morgen …" – „Der *wer*?", wird sie von ihrem Vater unterbrochen. „Ralf Weber aus meiner Klasse, gegen den ich manchmal Tennis spiele." – „Ach, der. Was ist mit ihm?" – „Der hat Geburtstag und feiert am Samstag eine große Party, zu der ich eingeladen bin. Ich wollte fragen, ob ich dahin darf." Eva hält den Atem an und wagt kaum, ihre Eltern anzublicken. Da kommt es auch schon: „Wann wird denn eure nächste Englischarbeit geschrieben?" – „Am nächsten Dienstag." – „Dann bleibst du zu Hause." – „Bitte Papa, das ist die erste große Party, alle aus meiner Klasse sind eingeladen, ich möchte so gerne hin." – „Und deine Englischarbeit setzt du wieder in den Teich? Kommt gar nicht in Frage. Du weißt, dass das Schuljahr sehr wichtig für dich ist. Überhaupt ist Englisch wichtig, wird immer wichtiger, da kann man nicht so schludern." – „Ich weiß, Mama, es war ja auch nicht okay von mir, einfach nicht für den Vokabeltest zu üben. Aber ich habe die Vokabeln schon nachgelernt. Frau Rot hat die Vokabeln noch einmal mündlich abgeprüft und mich gelobt." […]

1. Beschreibt die Besonderheiten der Gesprächssituation zwischen Jule und ihrer Mutter.
2. Jule fühlt sich eingeengt. Diskutiert in der Klasse, inwieweit ihr Jules Verhalten und das ihrer Mutter verstehen könnt.
3. Welche Verhaltensweisen haltet ihr für unangemessen, welche nicht?
4. Eva und Jule beschließen bei ihrem zweiten Telefonat, noch einmal gemeinsam mit Röthers zu sprechen, um von ihnen doch noch die Erlaubnis für die Party zu erhalten. Verfasst eine Diskussion zwischen den beiden Mädchen und Jules Eltern.
5. Eva hat das Gespräch mit ihren Eltern noch vor sich.
Nennt Gründe, die aus Sicht der Eltern gegen den Besuch der Party sprechen. Wie könnte Eva ihre Eltern dazu bewegen, ihr trotz der Bedenken die Erlaubnis zu erteilen?
6. Spielt, wie das Gespräch zwischen Eva und ihren Eltern ablaufen könnte.
7. Erzählt, welche Probleme ihr habt, eure Vorstellungen von Freizeit durchzusetzen, und wie ihr vorgeht, um eure Ziele zu erreichen.

Hobbys

Freizeitmöglichkeit Sport

Oft wird man Zeuge einer Diskussion: „Volleyball ist blöd." – „Unsinn, Volleyball ist super!" – „Nein, nein, Volleyball ist wirklich dämlich!"
Sind zwei Personen unterschiedlicher Meinung, so vertreten sie gegensätzliche ▸**Thesen**. Hier steht die These „Volleyball ist kein schöner Sport." der These „Volleyball ist durchaus ein schöner Sport." gegenüber. Allerdings ähnelt das Wortgefecht dem kleiner Kinder, weil lediglich die These vertreten und wiederholt, nicht aber begründet wird. Auf diese Weise werden die Sprecher zu keiner Einigung kommen.
Um einen Gesprächspartner von seinem Standpunkt zu überzeugen, muss man ihn begründen, indem man ▸**Argumente** findet. In einer Diskussion über die Sportart Volleyball könnten folgende Argumente genannt werden:

- Beim Volleyball lernt man taktisches Handeln. Das hilft einem auch in anderen Situationen.
- Im Sommer spielt man draußen Beach-Volleyball, und im Winter spielt man eben in der Halle! Im Winter habe ich so viel gelernt, dass ich im Urlaub am Strand voll der Held war.
- Wenn ich im Freien Sport treiben will, gehe ich besser joggen.
- Beim Volleyball bewegt man sich viel. Die meisten Leute leben viel zu ungesund und sitzen nur rum.
- Ich finde Volleyball klasse, weil es dort auf Teamfähigkeit und soziales Handeln ankommt. Seit ich Volleyball spiele, kann ich mich viel besser auf Menschen einstellen.
- Volleyballspielen ist preiswert, weil man nur wenig Ausrüstung braucht.
- Mannschaftssport ist blöd. Spiele ich toll und die anderen nicht, verliere ich ja trotzdem!
- Volleyball ist gefährlich. Dieses Jahr haben sich schon drei Bekannte dabei verletzt!

1. Stellt die Argumente für die These „Volleyball ist super." und die entsprechenden Gegenargumente gegenüber. Findet weitere Gegenargumente.
2. Welche Argumente wirken besonders überzeugend auf euch? Ordnet sie in ihrer Gewichtung.
3. Findet weitere Beispiele für diese Argumente.

Muss es immer Sport sein? – Nein!

Sport ist nicht jedermanns Sache. Die einen finden es blöd, sich immer nach festen Trainingsstunden richten zu müssen, wie dies beispielsweise beim Basketball, Fußball oder Tennis der Fall ist. Beim Joggen kann man sich zwar die Zeit aussuchen, aber dafür ist man vom Wetter abhängig. Die anderen hassen einfach nur den Muskelkater und haben keinen Spaß daran, sich zu bewegen. Außerdem, so das Argument einiger, stehe man bei jeder Sportart unter Leistungsdruck, da man mit anderen in Konkurrenz stehe oder für ein verlorenes Spiel verantwortlich gemacht werde.
Solche Jugendlichen finden es entspannender, Musik zu machen, zu zeichnen und zu malen, zu fotografieren, Geschichten zu schreiben oder einfach nur alleine oder mit Freunden ihre Zeit zu verbringen.

4. Beschreibt die Rolle, die verschiedene Sportarten bzw. andere Aktivitäten in eurer Freizeit einnehmen.
5. Entwickelt zu verschiedenen Freizeitbeschäftigungen Thesen und stützt oder widerlegt sie mit Argumenten.
6. Wählt zu jedem Thema zwei Teilnehmer aus, welche die Argumente innerhalb einer ▶ **Fishbowl-Diskussion** vertreten. Benutzt das Argumentationsschema „These – Argument – Beispiel" (s. Info-Box, S. 136).
7. Verfasst eine Argumentation, in der ihr andere von eurer Lieblingsbeschäftigung zu überzeugen versucht.

Sprechen und Schreiben
Argumentieren

> **INFO-BOX**
>
> - Die Reihenfolge, in der Argumente vorgebracht werden sollten, ist abhängig von der Situation. Schreibt man eine ▸**Argumentation**, so sollten sich die Argumente in ihrem Gehalt steigern. Das stärkste Argument, welches schließlich überzeugen soll, steht am Ende. Innerhalb einer Diskussion kann man allerdings situationsbedingt zwischen starken und schwachen Argumenten variieren.
>
> - Um ein Argument zu veranschaulichen, ist es oftmals hilfreich, sein Argument mit einem ▸**Beispiel** zu unterstreichen. Beispiele, aber auch ▸**Zitate** und ▸**Belege** können ein Argument und somit die vertretene These stärken und sollten deshalb immer mit in eine Diskussion eingebracht werden.
>
> - Eine ▸**These** ist eine Behauptung, die ohne Begründung selten Zustimmung findet. Deshalb sollte jeder These ein Argument folgen, um sie zu begründen. Häufig dienen Fakten oder Expertenmeinungen als Argumente. Eine Argumentation wird durch zusätzliche Zitate, Beispiele und Belege verständlicher und anschaulicher.
>
> **THESE**
>
> **ARGUMENT**
> Fakten, Expertenmeinungen
> Zitate, Beispiele, Belege
>
> **ARGUMENT**
> Fakten, Expertenmeinungen
> Zitate, Beispiele, Belege
>
> **ARGUMENT**
> Fakten, Expertenmeinungen
> Zitate, Beispiele, Belege

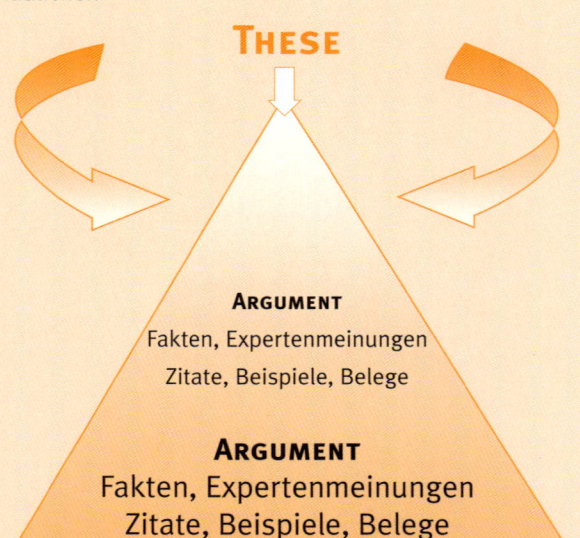

Arbeiten als Freizeitbeschäftigung

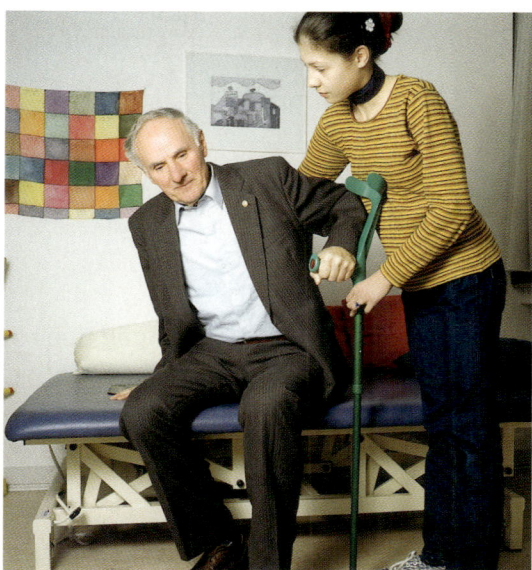

Nebenjobs – die Meinung eines 15-Jährigen

Ich behaupte, dass wir heute mehr wollen als die Jugendlichen früher. Um die vielen Bedürfnisse zu befriedigen, ist die heutige Jugend sogar bereit, in ihrer Freizeit zu arbeiten. In meinem Freundeskreis arbeiten vier Schüler. Mein Vater findet diese Entwicklung nicht gut, weil die Lehrer berichten, dass die Schüler ihre Jobs nicht als Nebentätigkeit, sondern als wichtigste Tätigkeit ansehen. Unser Mathelehrer hat ihm erzählt, ein Schüler sei ohne Hausaufgaben in die Schule gekommen, weil er am Vortag länger arbeiten musste als geplant. Meine Mutter sagt allerdings, es sei gut, wenn Kinder selbst Geld dazu verdienten, da sie mit hart Erarbeitetem sorgfältiger umgehen. Das habe sie auch irgendwo gelesen.

Meine Schwester hat mir empfohlen, Nachhilfe in Mathe zu geben. Damit verdiene ich einerseits Geld und wiederhole andererseits den Lernstoff. Das habe ich dann einfach gemacht und ich muss zugeben, sie hatte Recht: Die letzte Arbeit fand ich ganz einfach, während andere Schüler sich darüber beklagten, das sei alles schon so lange her.

1. Schreibt die angeführten Thesen heraus.
2. Nach dem aufgezeigten Schema gibt es verschiedene Argumente. Benennt, um welche Art von Argumenten es sich jeweils handelt.
3. Führt den Text fort, indem ihr weitere Thesen zu diesem Thema aufstellt und sie mit Argumenten und Beispielen untermauert.

Jugendarbeitsschutzgesetz – warum eigentlich?

Junge Menschen müssen geschützt werden, damit ihre Gesundheit nicht gefährdet wird und ihre Entwicklung ungestört verlaufen kann.

Das Jugendarbeitsschutzgesetz und die Kinderarbeitsschutzverordnung schützen deshalb Kinder und Jugendliche vor Arbeiten, die zu früh beginnen, die zu lange dauern, die zu schwer sind, die sie gefährden oder die für sie ungeeignet sind.

Verordnung über den Kinderarbeitsschutz
Kinderarbeitsschutzverordnung (KindArbSchV) v. 23. 6. 1998 (Auszug)

§ 2
Zulässige Beschäftigungen

(1) Kinder über 13 Jahre und vollzeitschulpflichtige Jugendliche dürfen nur beschäftigt werden
1. mit dem Austragen von Zeitungen, Zeitschriften, Anzeigenblättern und Werbeprospekten,
2. in privaten und landwirtschaftlichen Haushalten mit
   a) Tätigkeiten in Haushalt und Garten,
   b) Botengängen,
   c) der Betreuung von Kindern und anderen zum Haushalt gehörenden Personen,
   d) Nachhilfeunterricht,
   e) der Betreuung von Haustieren,
   f) Einkaufstätigkeiten mit Ausnahme des Einkaufs von alkoholischen Getränken und Tabakwaren,
3. in landwirtschaftlichen Betrieben mit Tätigkeiten bei
   a) der Ernte und der Feldbestellung,
   b) der Selbstvermarktung landwirtschaftlicher Erzeugnisse,
   c) der Versorgung von Tieren,
4. mit Handreichungen beim Sport,
5. mit Tätigkeiten bei nichtgewerblichen Aktionen und Veranstaltungen in Kirchen, Religionsgemeinschaften, Verbänden, Vereinen und Parteien, wenn die Beschäftigung nach § 5 Abs. 3 des Jugendarbeitsschutzgesetzes leicht und für sie geeignet ist.

1. Wer ist mit der Formulierung „Kinder über 13 Jahre und vollzeitschulpflichtige Jugendliche" gemeint?
2. Wie steht ihr zu den aufgeführten Möglichkeiten und Einschränkungen?

Kinderarbeit im Medien- und Kulturbereich

Kinderarbeitsschutzverordnung (KindArbSchV) v. 23. 6. 1998 (Auszug)

Genehmigungsmöglichkeiten nach § 6 JarbSchG

Nur unter Berücksichtigung der unten aufgeführten Voraussetzungen kann das Staatliche Amt für Arbeitsschutz auf Antrag des Veranstalters eine Ausnahmegenehmigung für Kinderarbeit erteilen.
Bei Musikaufführungen und anderen Aufführungen, Werbeveranstaltungen, Aufnahmen im Hörfunk und Fernsehen sowie bei Film- und Fotoaufnahmen:

Kinder über 3 bis 6 Jahre
– bis zu 2 Stunden täglich
– in der Zeit von 8–17 Uhr

Kinder über 6 Jahre
– bis zu 3 Stunden täglich
– in der Zeit von 8–22 Uhr

Die Ausnahmegenehmigungen unterscheiden sich in ihren Anforderungen entsprechend der Mitwirkungszeit der Kinder.

Verfahren nach § 6 JarbSchG bei Mitwirkung von Kindern im Kalenderjahr über 30 Tage

Der schriftliche Antrag muss enthalten:
Einen Mitwirkungsplan für jedes Kind, den eine unabhängige medienpädagogische Fachkraft (mF) erstellt hat und in dem folgende Aspekte berücksichtigt sind:
- die Mitwirkung der mF bei Vertragsabschluss
- die darstellerische Rolle des Kindes
- die Tage und die Zeit des Einsatzes
- die pädagogische Bewertung des Produktes (z. B. Drehbuch) und die Vorbereitung der kindgerechten Gestaltung durch die mF
- die Stellungnahme des Jugendamtes
- die Stellungnahme der Schule
- die Einverständniserklärung der Erziehungsberechtigten
- die Unbedenklichkeitsbescheinigung einer/s Kinderärztin/-arztes, evtl. Erstellen eines Gutachtens oder das Hinzuziehen eines Kinderpsychologen bzw. -therapeuten.

Hinweis: Die mF hat das Recht, die Tätigkeit des Kindes einzuschränken.

3. Formuliert zu jedem Aspekt, der in dem Antrag für die „Kinderarbeit im Medien- und Kulturbereich" zu berücksichtigen ist, Argumente und Beispiele.

Gefährliche Freizeit

Ich ganz cool   *Kirsten Boie*

Dieser Ausschnitt ist der Beginn eines Jugendromans von Kirsten Boie, der 1992 erstmalig erschien.

Schule, also logisch, das bockt nicht so, aber was sollst du machen, ich geh trotzdem meistens hin. Und zurück denn immer, also zurück ist logisch besser, geh ich meistens mit Holger und Recep, und denn machen wir noch Mutjoggen auf dem Weg.

Also Mutjoggen, nä, darfst du erst losrennen, wenn das Auto voll auf der Kreuzung ist; der Kühler muss hinter der Fensterscheibe von Edeka, sonst gilt das nicht. Gibt es auch keine Ausnahme, Recep sagt, egal, ob einer kleiner ist oder was und kürzere Beine hat, ganz egal. Wer mitmachen will, gleiche Spielregeln.

Der Trick ist, du musst an der Stelle rennen, wo die Baustelle ist, da können die Autos nicht ausweichen. Bremsen können sie da auch nicht mehr, haben wir alles abgecheckt. Entweder, du bist schnell genug rüber, oder bommmppp!, ist es gewesen. Alles nur noch Matsche. Ja Pech.

Ich hab immer echt Muffe dabei, ich bin voll klein für mein Alter, kann ich echt nicht so rennen. Bin ich schon immer gewesen, zu klein, hat meine Alte in der Schwangerschaft vielleicht zu viel gesoffen oder was oder zu viel geraucht. Sagen die doch immer, nä? Im Fernsehen immer und Radio. Also vielleicht deshalb, dass ich so klein bin, nä. Aber bin ich schon immer gewesen, darum kann ich auch nicht so schnell, aber Recep sagt, das gilt nicht, alles egal. Ich denk, vielleicht ist es darum für mich noch geiler, kann doch sein, ich weiß ja nie, ob ich es bis rüber schaff. Recep weiß das, logisch, der kann echt rennen, da bockt das doch ehrlich nicht mehr.

„Los, Steffen!", brüllt Recep. „Ist was oder was?"

War aber zu schnell, das letzte Auto, konnte man schon bei Edeka sehen, das wissen die ja, dass es hier gleich auf die Schnellstraße geht. Da fahren die denn schon volle Pulle, manche, musst du im Blick haben. Hab ich aber. Selbstmörder bin ich ja keiner.

„Jetzt!", schreit Recep. Ist schon zweimal gerannt, der Typ, Holger auch. Der jetzt kommt, das ist ein Mazda, neues Modell, nicht schlecht, würd ich mir aber nicht kaufen. Überhaupt keine Japaner, sieht doch jeder, dass du keine Kohle hast, höchstens BMW, die sind ganz geil. Oder Benz. Ich kauf mir aber sowieso eine Maschine, später, sowieso kein Auto, Kawasaki oder Honda vielleicht, mal sehen, ziemlich schwer, 100 PS. Mal sehen.

„Los, du Hirni!", schreit Recep. „Bist du behindert oder was?"

Mazda war aber zu schnell, bestimmt mindestens achtzig, gucken die Bullen

Nachdenken über Sprache
Jugendsprache analysieren

natürlich logisch nicht hin. Aber wenn der mich jetzt Matsche gemacht hätte, nä, beim Rüberrennen, wetten, der hätte noch nicht mal die Schuld gekriegt? Wetten, die hätte ich gekriegt, auch wenn ich im Arsch gewesen wäre oder was, für die Bullen sind wir sowieso immer schuld. Der im Mazda hatte auch Anzug an, hab ich gleich gesehen, und Krawatte, also, da wäre immer gleich ich schuld gewesen, echt. Da lass ich mich nicht drauf ein. Recep kann das ja logisch egal sein, ob ich hin bin, mir aber nicht.

„Los, du Arsch!", schreit Recep. „Was ist jetzt?" Ich hab aber Glück, das ist ein Lada, steinalt, seh ich gleich. Da hab ich nicht mal richtig Muffe, also, das bockt echt nicht mal richtig. Aber Leben ist auch kein Scheiß, alles kannst du nicht haben.

„Das gilt nicht!", schreit Recep. „Willst du uns verarschen oder was? Erst warten, bis so ein Schrotthaufen kommt, das gilt nicht!"

Ist aber ganz egal, was er sagt, nämlich der Typ hat jetzt angehalten, Typ im Lada, voll mit Bremsen und alles. Der kommt jetzt angerannt, Mann, ist der stinkig. Schleudert der seine Fäuste, echt geil, brüllt wie Sau, ich lach mich tot. Klar hat der keine Chance, uns zu kriegen, alter Greis, aber jetzt bockt das wenigstens wieder.

„Geil!", sagt Recep hinter der Kirche. Wir lachen uns echt tot, das war voll gut. Jetzt sind sie auch nicht mehr sauer auf mich.

[...]

1. Wie beurteilt ihr die „Freizeitbeschäftigung" der drei Jungen?
2. Sprecht über mögliche Gründe, die die Jugendlichen gerade zu diesem „Spiel" veranlassen.
3. Was fällt euch an Steffens Ausdrucksweise und Wortwahl auf? Beschreibt auch die Besonderheiten des Satzbaus.
4. Schreibt die Geschichte unter Beachtung der sprachlichen Besonderheiten des Textes weiter.

Medien und Freizeit

An der Strippe vor der Glotze
Was Jugendliche am häufigsten tun

(dpa) Junge Leute in Deutschland beschäftigen sich in ihrer Freizeit vor allem mit Fernsehen und Telefonieren. Auf der Liste der zehn beliebtesten Freizeitaktivitäten der 14- bis 29-Jährigen steht nach dem Fernsehen (89 Prozent) das Telefonieren an zweiter Stelle (69 Prozent).

Gemeinsame Aktivitäten mit Freunden kommen nach Angaben des Sozialforschers und Leiters des Freizeit-Forschungsinstituts der British-American Tobacco, Horst W. Opaschowski, erst an vierter Stelle (64 Prozent) nach dem Musikhören (67 Prozent). [...]

Opaschowski erhebt per Umfrage regelmäßig die Lebens-, Konsum- und Mediengewohnheiten der Deutschen. In seiner jüngsten Untersuchung nannten die Befragten im Alter zwischen zehn und dreißig als Freizeitaktivitäten auch Video-Filme schauen (45 Prozent), Bücher lesen (38 Prozent), Beschäftigung mit dem Computer (31 Prozent) und Videospiele (19 Prozent). Kommunikation per E-Mail wird Opaschowski zufolge häufig überschätzt: Sie mache lediglich einen Anteil von neun Prozent aus. Taschengeld, Geldgeschenke und Sparguthaben von Kindern und Jugendlichen summierten sich im Schnitt auf jährlich 1810 Mark[1] pro Kopf. [...] Auf der Wunschliste für neue Anschaffungen stehen bei den Zehn- bis 17-Jährigen vor allem Computer, möglichst mit Internet-Anschluss sowie Videorekorder, Fernseher und Handys. Dabei sind die jungen Leute sehr markenbewusst.

Insgesamt erhalten die Jugendlichen im Schnitt 225 Mark zu Weihnachten und zum Geburtstag und haben 951 Mark auf dem Sparkonto. Im Monat können Kinder durchschnittlich 53 Mark ausgeben, Jugendliche über 14 Jahren ungefähr das Doppelte.

Unter den 14- bis 17-Jährigen besitzen 62 Prozent einen eigenen Fernseher, 32 Prozent einen Videorekorder. In diesem Alter sparen sie häufig für Führerschein oder PC, für ein Motorrad oder ein Auto. Ein Handy wünschen sich 36 Prozent der Jungs und 25 Prozent der Mädchen.

Frankfurter Rundschau vom 27. 4. 2000

[1] Deutsche Mark entsprach im Jahr 2000 ca. 0,51 Euro.

1. Welche Aussagen über Freizeitbeschäftigungen von Jugendlichen werden in diesem Artikel gemacht?
2. Erstellt ein geeignetes ▶ **Säulen**- oder ▶ **Tortendiagramm**, in dem ihr die prozentualen Anteile bildlich darstellt. Entsprechen die Ergebnisse euren eigenen Erfahrungen?
3. Diskutiert darüber, woran es liegt, dass Aktivitäten mit Freunden erst an vierter Stelle auf der Beliebtheitsskala stehen.
4. Sprecht über die Geldbeträge, die euch monatlich zur Verfügung stehen, und vergleicht sie mit den im Text genannten. Wofür gebt ihr euer Geld aus?

Freizeit – Krieg der Spiele

Für Kids unschlagbar: Videospiele faszinieren mit immer imposanteren Abenteuern und überraschender Technik

Wenn der zwölfjährige Uwe aus Lünen in Westfalen von der Schule nach Hause kommt, führt ihn der erste Weg zu der Spielkonsole mit dem TV-Gerät. Er schiebt die Kassette mit dem Spiel „Zelda – A Link to the Past" in das Gerät und ist für Stunden nicht mehr ansprechbar.
Gebannt starrt er auf den Bildschirm und bewegt den Spielhelden Link mittels Richtungstasten seines Handsteuergeräts (Control Pad) durch das wie in einem Comic gezeichnete Königreich Hyrule.
Das Abenteuerspiel entführt den Schüler in eine bizarre Fantasiewelt, gemixt aus mittelalterlichen Märchen und Mythen mit ihren Helden, Zauberern, Feen und Bösewichten.
Die Realität hat da keine Chance. Uwe alias Link ist nicht mehr auf dieser Welt. In 4,8 Millionen deutschen Wohnstuben und Kinderzimmern, so eine Emnid-Studie, geht es täglich ebenso zu.
Videospiele sind zu dem Kulturphänomen der 90er geworden. Ein Zustand, vergleichbar mit den Zeiten, als Elvis zum ersten Mal den Rock 'n' Roll sang oder in Liverpool vier junge Männer[1] sich die Haare wachsen ließen. Die Games verändern das Freizeitverhalten einer Generation. In Zigmillionen Spielzimmern rund um den Globus knallt, pfeift und orgelt es schrill. „The kids go crazy", stellt das US-Magazin „Time" nüchtern fest – die Kinder flippen aus.
Die meisten Eltern stehen der sich rasch ausbreitenden Seuche hilflos gegenüber. Die totale Hingabe, mit der ihre Kinder den schnellen Spielen verfallen, macht viele Eltern betroffen. Wenn die sich dann spielend auf die Ursachenforschung der Faszination machen, werden sie nicht selten selber infiziert. […]

[1] Die Beatles, brit. Popgruppe 1962

5. Weshalb sind sowohl Jugendliche als auch Erwachsene von Computerspielen fasziniert?
6. Schreibt einen Leserbrief, der zu diesem Zeitungsartikel Stellung nimmt.

Freizeit früher – Freizeit heute

Wilhelm Menke (1938 geboren) berichtet

Als ich vierzehn Jahre alt war, war meine freie Zeit sehr begrenzt. Wenn ich in den Sommermonaten mittags aus der Volksschule kam und mit meiner Mutter und meinen sechs Geschwistern zusammen Mittag gegessen hatte, musste ich meistens mit meinen drei jüngeren Brüdern im großen Garten hinter unserem Haus arbeiten. Wir mussten die Beete umgraben, Unkraut jäten und bei der Ernte helfen. Die Mädchen halfen unserer Mutter in der Küche.
Wir trieben abends die Kühe von der Weide in den Stall, gingen in den Wald, um Holz für den Winter zu hacken und halfen im Herbst den Bauern in der Nachbarschaft bei der Kartoffel- und Tabakernte. In der wenigen freien Zeit spielten wir sehr oft Fußball, gingen im Sommer im nahe gelegenen Fluss baden, machten ein Lagerfeuer, bauten ein Floß oder im Herbst einen Drachen aus Zeitungspapier und selbst geschnittenen Holzlatten, wobei wir anstelle von teurem Kleister gekochte Kartoffeln zum Verkleben benutzten. Im Winter rodelten wir auf selbst gebauten Schlitten und saßen an den langen Winterabenden mit der ganzen Familie in der Küche vor dem Ofen und erzählten uns Geschichten oder spielten Karten, während meine Mutter und meine Schwestern oft häkelten, strickten oder Socken stopften. Manchmal durften wir abends Radio hören (einen Fernseher oder ein Telefon gab es ja nicht). Da unsere Eltern immer sehr früh aufstehen mussten, um unser Vieh zu versorgen, mussten wir alle früh ins Bett gehen, sodass für unsere Schulaufgaben, die wir meist direkt nach dem Abendessen oder sonntags erledigten, nicht viel Zeit blieb.

Zweimal im Jahr kaufte meine Mutter neue Kleidung für uns, die wir nicht selbst aussuchen durften. Ich, als ältester Sohn, hatte Glück, da ich dann neue Sachen bekam, während meine jüngeren Geschwister die Kleidung der älteren übernehmen mussten.

Als ich dann mit fünfzehn meine Lehre zum Landmaschinenmechaniker begann, blieb mir kaum noch Zeit für mich, da ich von morgens sieben bis abends um sieben arbeiten und zusätzlich noch jeden Tag acht Kilometer mit dem Fahrrad zurücklegen musste. Wenn ich abschließend an meine Jugendzeit zurückdenke, gab es trotz der vielen Dinge, die ich entbehren musste, viele schöne Momente, die ich zusammen mit meiner Familie und meinen Freunden erlebt habe, die mir immer in Erinnerung bleiben werden. Weiterhin glaube ich, dass ich meine freie Zeit damals bewusster erlebt und sinnvoller verbracht habe als manche Jugendliche heute.

1. Wie unterscheidet sich das Leben des jungen Wilhelm Menke vom Leben eines vierzehnjährigen Jugendlichen heute?
2. Diskutiert die Ursachen für das veränderte Freizeitverhalten.
3. Welche Bedeutung hat die Freizeit für den Berichtenden?
4. Was meint Wilhelm Menke wohl mit dem letzten Satz seines Berichts?
5. Führt ein Interview mit Erwachsenen, wie sie als Jugendliche ihre Freizeit verbracht haben.
6. Wie werden Jugendliche in fünfzig Jahren vermutlich ihre freie Zeit verbringen?
7. Schreibt einen ▶ **Bericht** über eure Freizeitaktivitäten, den diese Jugendlichen in fünfzig Jahren verstehen können.

Was ist los in unserer Stadt?

Oftmals wird das geringe Freizeitangebot für Jugendliche im Alter von zwölf bis vierzehn Jahren beklagt.

A Informiert euch im Internet über die Freizeitangebote eurer Stadt, die sich ausdrücklich an Jugendliche richten. Notiert alle für euch relevanten Events der nächsten vier Wochen.

PRISMA

18 FEBRUAR MONTAG

MARKT
11.00 **Briefmarkentauschtag,** FBZ Bürgerpark
GOSLAR
11.00 **Abendflohmarkt,** Real-Kauf-Parkdeck, Gewerbegebiet Gutenbergstr.

ANSONSTEN
HANNOVER
08.00 **Stadtführung mit Stattreisen:** Besuch der Ausstellung „Byzanz, das Licht aus dem Osten" im Diözesanmuseum Paderborn und Führung durch die Stadt, Treff: ZOB
09.30 **Capital World,** Messe für private und professionelle Anleger, Messegelände (bis 18.00)
11.30 **Natur-Werkstatt:** Nisthilfen für Bienen bauen, Landesmuseum (Naturkunde-Abteilung, Raum 107)
14.30 **Schadinsekten-Beratung** mit Dipl.-Biol. Ludger Schmidt und Dr. Wedmann, Landesmuseum (Naturkundeabteilung, Raum 014/015)
15.00 **Circus Flic Flac,** Schützenplatz (auch 19.00)
17.00 **Dart-Turnier,** Sport-Club Victory, Engelbosteler Damm 111 (Hinterhaus)
20.00 **Verführung zum Tango,** Tango Argentino zum Kennenlernen, Tango Milieu, Leinaustr./Ecke Berdingstr. (Faust)
HILDESHEIM
11.00 **Traumhochzeit 2002,** Stadthalle (bis 19.00)
15.00 **Das Schloss und seine Geschichte,** Führung und Besichtigung der Barock-Kirche Salder, Treff: Schloss Salder (Eingangshalle)

LIVE MUSIK
HANNOVER
16.00 **Margitta Peyrot,** Piano (Galerie-Bar, bis 21.00); 21.00: Gina & John, Gesang und Piano, Hotelbar Night Flight im Maritim Airport Hotel am Flughafen Langenhagen (bis 1.00)
20.00 **Punk-Package:** Derita Sisters (77er Punk/Santa Barbara) und Weekly Carouse Punk-Rock/Voerde), Bei Chez Heinz
20.00 **Melissa Etheridge,** Kuppelsaal
21.00 **Broadway Duo,** Maritim Stadthotel, Hildesheimer Str. (Hotel-Bar, bis 1.00)
21.30 **Granfaloon Bus,** Westcoast-Rock und -Pop, Labor, Callinstr. 23
BIELEFELD
19.00 **O-Town,** PC 69

KLASSIK
HANNOVER
13.00 **Konzert am Mittag,** Studierende der Abschlussklassen spielen Kammermusik, Hochschule für Musik und Theater, Emmichplatz
BRAUNSCHWEIG
20.00 **6. Sinfoniekonzert:** Das Staatsorchester Braunschweig spielt Werke von Wimberger, Mozart und Dvorak; Dirigent: Leopold Hager, Solist: Johannes Denhoff, Stadthalle

BÜHNE
20.15 **Love-Jogging,** Lustspiel von Derek Benfield, Neues Theater
21.00 **Ausweitung der Kampfzone,** Stück von Michel Houellebecq, Schauspielhaus (Foyer)
HILDESHEIM
19.30 **Der Vogelhändler,** Operette von Carl Zeller, Stadttheater
PEINE
20.00 **Marlene,** Stück von Pat Gems mit Judy Winter, Ulrike Jackwert und Adam Benzwi, Stadttheater Peiner Festsäle
HELMSTEDT
20.00 **Godspell,** die Landesbühne Hannover spielt ein Musical nach dem Matthäus-Evangelium von Stephen Schwartz, St. Stephani Kirche
GOSLAR
20.00 **Hape Kerkeling,** Odeon-Theater

LIVE MUSIK
HANNOVER
18.00 **Tai Chi Chuan Probetraining,** Yang-Stil, Bonifatiusplatz 15
18.30 **Lauftreff des SLS Leinebagger Hannover,** Treff: Unisportanlage, Am Moritzwinkel (Umkleideraum 3)
WETTBERGEN
17.00 **Asthma-Sport,** Grundschule

VORTRAG
HANNOVER
18.00 **Frauenfiguren in der Musikgeschichte:** „Ophelia – Gesang von Traum und Wirklichkeit

---

B Gestaltet euren speziellen Veranstaltungskalender. Hängt den Kalender an zentralen Orten aus und bittet um eine Rückmeldung.

C Interviewt Jugendliche: „Welche Angebote fehlen euch?" Notiert die Antworten so, dass ihr auch später noch in der Lage seid, die Wünsche den entsprechenden Altersgruppen zuzuordnen.

D Wer ein besseres Freizeitangebot haben will, muss aktiv werden und mit verantwortlichen und einflussreichen Personen Verbindung aufnehmen. Überlegt, wie man dies tun kann.

Fritz Jacobsen: Elektro-Stahlwerk mit Öfen, 1926 (Ausschnitt).

Die Geister, die ich rief

SCHMELZEN UND GIESSEN, REISEN UND RASEN

Lied von der Glocke (1799)   *Friedrich Schiller*

Fest gemauert in der Erden
Steht die Form aus Lehm gebrannt.
Heute muss die Glocke werden!
Frisch, Gesellen, seid zur Hand!
5 Von der Stirne heiß
Rinnen muss der Schweiß,
Soll das Werk den Meister loben;
Doch der Segen kommt von oben.
[…]
10 Nehmet Holz vom Fichtenstamme,
Doch recht trocken lasst es sein,
Dass die eingepresste Flamme
Schlage zu dem Schwalch[1] hinein!
Kocht des Kupfers Brei,
15 Schnell das Zinn herbei,
Dass die zähe Glockenspeise
Fließe nach der rechten Weise!
[…]

Weiße Blasen seh ich springen.
20 Wohl! Die Massen sind im Fluss.
Lasst's mit Aschensalz durchdringen
Das befördert schnell den Guss.
Auch von Schaume rein
Muss die Mischung sein,
25 Dass vom reinlichen Metalle
Rein und voll die Stimme schalle.
[…]
Wie sich schon die Pfeifen bräunen!
Dieses Stäbchen tauch ich ein,
30 Sehn wir's überglast erscheinen,
Wird's zum Gusse zeitig sein.
Jetzt, Gesellen, frisch!
Prüft mir das Gemisch,
Ob das Spröde mit dem Weichen
35 Sich vereint zum guten Zeichen.
[…]

[1] Dampf

Umgang mit Texten
Texte analysieren

Wohl! Nun kann der Guss beginnen,
Schön gezacket ist der Bruch.
Doch bevor wir's lassen rinnen,
40 Betet einen frommen Spruch!
Stoßt den Zapfen aus!
Gott bewahr' das Haus!
Rauchend in des Henkels Bogen
Schießt's mit feuerbraunen Wogen.
45 […]
In die Erd' ist's aufgenommen,
Glücklich ist die Form gefüllt;
Wird's auch schön zu Tage kommen,
Dass es Fleiß und Kunst vergilt?
50 Wenn der Guss misslang?
Wenn die Form zersprang?
Ach! Vielleicht, indem wir hoffen,
Hat uns Unheil schon getroffen.
[…]
55 Bis die Glocke sich verkühlet,
Lasst die strenge Arbeit ruhn;
Wie im Laub der Vogel spielet,
Mag sich jeder gütlich tun.
Winkt der Sterne Licht,
60 Ledig aller Pflicht,
Hört der Bursch die Vesper schlagen,
Meister muss sich immer plagen.
[…]

Nun zerbrecht mir das Gebäude,
65 Seine Absicht hat's erfüllt,
Dass sich Herz und Auge weide
An dem wohlgeformten Bild.
Schwingt den Hammer, schwingt,
Bis der Mantel springt!
70 Wenn die Glock' soll auferstehen,
Muss die Form in Stücken gehen.
[…]
Freude hat mir Gott gegeben!
Sehet, wie ein goldner Stern
75 Aus der Hülse, blank und eben,
Schält sich der metallne Kern.
Von dem Helm zum Kranz
Spielt's wie Sonnenglanz,
Auch des Wappens nette Schilder
80 Loben den erfahrnen Bilder.
[…]
Jetzo mit der Kraft des Stranges
Wiegt die Glock' mir aus der Gruft,
Dass sie in das Reich des Klanges
85 Steige, in die Himmelsluft.
Ziehet, ziehet, hebt!
Sie bewegt sich, schwebt,
Freude dieser Stadt bedeute,
Friede sei ihr erst Geläute.

TIPP
Ihr findet das ganze Gedicht im Internet unter www.ingeb.org/Lieder/festgema.html.de

1. Wer spricht in diesen Strophen?
2. Wovon hängt das Gelingen des Glockengusses ab? Was bedeutet das für das Verhältnis des Menschen zur Technik?
3. Schiller hat sich intensiv mit dem Glockenguss vertraut gemacht. Weist dies anhand des Gedichtes nach.
4. Ermittelt das ▶ **Metrum** und das ▶ **Reimschema**. Was tragen sie zur Wirkung des Gedichts bei?
5. Ihr findet zwei- und einsilbige Reime. Was tragen sie zu Klang und Wirkung bei?
6. Findet ▶ **unreine Reime**. Warum stören sie die Klangwirkung des Gedichts nicht?

Die Eisenhütte im Gebirge (1798)   *Ludwig Tieck*[1]

[1] Aus: Franz Sternbalds Wanderungen

[2] Fabrik, in der Eisen gewonnen (verhüttet) wird

[3] Gestein, das übrig bleibt, nachdem das Eisenerz herausgeschmolzen wurde

Indem war es ganz dunkel geworden. Der Mond stieg eben unten am Horizont herauf, sie hatten schon fernher Hammerschläge gehört, jetzt standen sie vor einer Eisenhütte[2], in der gearbeitet wurde. Der Anblick war schön, die Felsen standen schwarz umher, Schlacken[3] lagen aufgehäuft, dazwischen einzelne grüne Gesträuche, fast unkenntlich in der Finsternis. Vom Feuer und dem funkenden Eisen war die offene Hütte erhellt, die hämmernden Arbeiter, ihre Bewegungen, alles glich bewegten Schatten, die von dem hell glühenden Erzklumpen angeschienen wurden. Hinten war der wild bewachsene Berg so eben sichtbar, auf dem alte Ruinen auf der Spitze vom aufgehenden Monde schon beschimmert waren: gegenüber waren noch einige leichte Streifen des Abendrots am Himmel.
Bolz rief aus: „Seht den schönen, bezaubernden Anblick!"

7. In welcher Beziehung stehen Natur und Technik zueinander?
8. Der Erzähler, dem sich dieser Anblick bietet, achtet nicht auf die Arbeitsbedingungen der Hüttenarbeiter und stört sich nicht an den Schlackenhaufen. Sucht Gründe dafür.

Die Welt verändert sich (1857)   *Joseph von Eichendorff*[1]

[1] Aus: Erlebtes

[2] Schnelligkeit

[3] optisches Spielzeug, in dem Glasstückchen beim Drehen Muster bilden

[4] hier: Anblick

[5] Reisende bilden ständig neue Gruppen

An einem schönen warmen Herbstmorgen kam ich auf der Eisenbahn vom andern Ende Deutschlands mit einer Vehemenz[2] dahergefahren, als käme es bei Lebensstrafe darauf an, dem Reisen, das doch mein alleiniger Zweck war, auf das Allerschleunigste ein Ende zu machen. Diese Dampffahrten rütteln die Welt, die eigentlich nur noch aus Bahnhöfen besteht, unermüdlich durcheinander wie ein Kaleidoskop[3], wo die vorüberjagenden Landschaften, ehe man noch irgendeine Physiognomie[4] gefasst, immer neue Gesichter schneiden, der fliegende Salon immer andere Sozietäten[5] bildet, bevor man noch die alten recht überwunden. Diesmal blieb indessen eine Ruine rechts überm Walde ganz ungewöhnlich lange in Sicht. Europamüde vor Langerweile fragte ich, ohne dass es mir gerade um eine Antwort sonderlich zu tun gewesen wäre, nach Namen, Herkunft und Bedeutung des alten Baues; erfuhr aber zu meiner größten Verwunderung weiter nichts als gerade das Unerwartetste, dass nämlich dort oben ein Einsiedler hause. [...] Ich beschloss daher, auf der nächsten Station zurückzubleiben. Und den seltsamen Kauz womöglich in seinem eignen Neste aufzusuchen.
Das war aber nicht so leicht, wie ich's mir vorgestellt hatte. In den Bahnhöfen ist eine so große Eilfertigkeit, dass man vor lauter Eile mit nichts fertig werden kann. Die Leute wussten genau, in welcher Stunde und Minute ich in

Paris oder Triest oder Königsberg, wohin ich nicht wollte, sein könne, über Zugang und Entfernung des geheimnisvollen Waldes aber, wohin ich eben wollte, konnte ich nichts Gewisses erfahren; ja der Befragte blickte verwundert nach der bezeichneten Richtung hin, ich glaube, er hatte die Ruine bisher noch gar nicht bemerkt. Desto besser! dachte ich, schnürte mein Ränzel und schritt wieder einmal mit lang entbehrter Reiselust in die unbestimmte Abenteuerlichkeit des altmodischen Wanderlebens hinein. Schon war die Rauchschlange des Bahnzuges weit hinter mir in den versinkenden Tälern verschlüpft, statt der Lokomotive pfiffen die Waldvögel grade ebenso wie vor vielen Jahren, da ich mir als Student zum ersten Mal die Welt besehen, als wollten sie fragen, wo ich denn so lange gewesen?

9. Welche Einstellung hat der Erzähler zu verschiedenen Reisemöglichkeiten?
10. Der Erzähler vermittelt uns sein Verhältnis zum Erzählten durch eine ironische ▶ **Erzählhaltung**. Findet Stellen, die das belegen, und erläutert sie.

Triumph des Dampfes   *Verfasser unbekannt*

[1] Engel
[2] Land Nirgendwo; Bezeichnung für ein Ideal-Land

Legt eure Schienen, ihr Völker nah und fern –
Spannt eure vollen Züge an den Triumphwagen des Dampfes.
Verbindet Stadt mit Stadt: vereint durch Eisenbänder
Die lang entfremdeten und oft bekämpften Länder.
Friede, sanftäugiger Seraph[1] – Wissen, göttliches Licht,
Sollen ihre Botschaften schicken auf jeder Bahn ...
Segenswünsche der Wissenschaft und ihrer Magd, des Dampfs!
Sie machen, dass Utopia[2] nur halb ein Traum noch ist.

11. Welche Einstellung zur Eisenbahn wird in diesem Gedicht aus der gleichen Zeit inhaltlich und sprachlich deutlich. Vergleicht mit dem Text von Eichendorff.

Faszination der Technik

Lokomotive   *Gerrit Engelke*

Da liegt das zwanzigmeterlange Tier,
Die Dampfmaschine,
Auf blank geschliffener Schiene
Voll heißer Wut und sprungbereiter Gier –
5 Da lauert, liegt das lang gestreckte Eisen-Biest –
    Sieh da: Wie Öl- und Wasserschweiß
Wie Lebensblut, gefährlich heiß
Ihm aus den Radgestängen: den offnen Weichen fließt.
Es liegt auf sechzehn roten Räder-Pranken,
10 Wie fiebernd, lang geduckt zum Sprunge
Und Fieberdampf stößt röchelnd aus den Flanken.
Es kocht und kocht die Röhrenlunge –
Den ganzen Rumpf die Feuerkraft durchzittert,
Er ächzt und siedet, zischt und hackt
15 Im hastigen Dampf- und Eisentakt, –
Dein Menschenwort wie nichts im Qualm zerflittert.
    Das Schnauben wächst und wächst –
Du stummer Mensch erschreckst –
Du siehst die Welt aus allen Ritzen gären –
20   Der Kesselröhren-Atemdampf
Ist hoch gewühlt auf sechzehn Atmosphären:
Gewalt hat jetzt der heiße Krampf:
    Das Biest es brüllt, das Biest es brüllt,
    Der Führer ist in Dampf gehüllt –
25 Der Regulatorhebel steigt nach links:
Der Eisenstier harrt dieses Winks!:
    Nun bafft vom Rauchrohr Kraftgeschnauf:
    Nun springt es auf! Nun springt es auf!

    Doch:
30 Ruhig gleiten und kreisen auf endloser Schiene
Die treibenden Räder hinaus auf dem blänkernden Band.
Gemessen und massig die kraftangefüllte Maschine,
Der schleppende, stampfende Rumpf hinterher –

    Dahinter – ein dunkler – verschwimmender Punkt –
35   Darüber – zerflatternder – Qualm –

1. Sprecht und spielt das Gedicht.
2. Wodurch wirkt das Gedicht besonders anschaulich?
3. Der Sprechende fasst die Lokomotive als gefährliches Tier auf. Vergleicht seine Haltung gegenüber der Eisenbahn mit der im Eichendorff-Gedicht.
4. Welche Funktion haben die beiden Teile des Gedichts?
5. Die beiden Teile unterscheiden sich auch hinsichtlich des **Metrums**. Was trägt das Metrum jeweils zur Wirkung bei?

INFO-BOX

Das Metrum im zweiten Teil des Gedichts ist ein **Anapäst**. Dieser ist dreigliedrig und weist zwei unbetonte (x) und eine betonte Silbe (x́) auf.

x x x́ / x x x́ / x x x́ / x x x́ / x
Ruhig gleiten und kreisen auf endloser Schiene
v x x́ / x x x́ / x x x́ / x x x́ / x x x́ /
Die treibenden Räder hinaus auf dem blänkernden Band

(v bezeichnet eine ausgelassene Silbe.)

6. Welches Verhältnis zwischen Mensch und Maschine wird in diesem Gedicht deutlich? Schreibt eure Meinungen auf, tauscht sie untereinander aus und überprüft, ob verschiedene Deutungen möglich sind.

Beim Sprechen dieses Gedichts kommt es darauf an, dass ihr das langsame „Erwachen des Tieres“ durch zunehmende Lautstärke und unterschiedliches Tempo verdeutlicht. Die vielen Verben, Adjektive und Partizipien, die die Lokomotive charakterisieren, müssen ihrem Inhalt angemessen, also lautmalend, ausgesprochen werden (z. B. „ächzt“, „röchelnd“).
Das Sprechen des Gedichts kann durch das Spielen des Vorgangs unterstützt werden. Vier von euch könnten die Lok darstellen, indem z. B. der/die Erste aufrecht steht und die anderen gebückt dahinter. Die Beine stellen die Räder, die Arme das sich vor- und rückwärts schiebende Gestänge dar. Natürlich muss das im Rhythmus des Sprechens geschehen. Rhythmisches Zischen, das aber das Sprechen nicht übertönen darf, kann dazu kommen. Lasst eure Fantasie spielen!

ÜBEN 279–285

Umgang mit Texten
Texte analysieren

Auf der Straßenbahn   *Gerrit Engelke*

Wie der Wagen durch die Kurve biegt,
Wie die blanke Schienenstrecke vor ihm liegt:
Walzt er stärker, schneller.

Die Motore unterm Boden rattern,
5   von den Leitungsdrähten knattern
Funken.

Scharf vorüber an Laternen, Frauenmoden,
Bild an Bild, Ladenschild, Pferdetritt, Menschenschritt –
Schütternd walzt und wiegt der Wagenboden,
10 Meine Sinne walzen, wiegen mit!:
Voller Strom! Voller Strom!

Der ganze Wagen, mit den Menschen drinnen,
Saust und summt und singt mit meinen Sinnen.
Das Wagensingen sausebraust, es schwillt!
15 Plötzlich schrillt
Die Klingel! –
Der Stromgesang ist aus –
Ich steige aus –
   Weiter walzt der Wagen.

In diesem Gedicht von Gerrit Engelke geht es darum, dass das Großstadtleben, hier dargestellt am Beispiel der Straßenbahn, dem Menschen die Selbständigkeit raubt. Er muss sich, ob er will oder nicht, der Geschwindigkeit und den Kräften, die die Bahn auf ihn ausübt, anpassen, bis er glaubt, dass seine Sinne so eins mit der Bewegung geworden sind, dass sie selbst „voller Strom" sind. Dem kann er nur entgehen, indem er an der Haltestelle aussteigt, den elektrischen Fortschritt also nicht mitmachen will. Doch sein Ausstieg hilft nur ihm: „Weiter walzt der Wagen."

Der Dichter empfindet das für ihn moderne Großstadtleben – das Gedicht wurde 1923 veröffentlicht – als überwältigend. Die Schnelligkeit des Fortschritts zieht den Menschen mit. Der Sprecher des Gedichts zeigt dies im Bild der Straßenbahn. Schnell, rüttelnd und doch kontrolliert – dazu sind die Schienen da – fährt die Straßenbahn den Menschen durch die Welt: In rasantem Wechsel führt sie ihn zu Menschen und Geschäften und vermittelt ihm das moderne Leben. Der Mensch ist nicht ausgeschlossen, er wird ein Teil dieser modernen Welt, und zwar mit allen Sinnen: Er fühlt das „Rattern", sieht die Welt, die draußen vorbeifliegt, hört das Summen, Singen und Sausen, sodass seine Sinne sogar mitsingen.

7. Die beiden Schülerarbeiten zu diesem Gedicht kommen zu verschiedenen Ergebnissen. Begründet, welchem Ergebnis ihr eher zustimmt. Verfasst eine eigene Deutung.

8. Versucht, die beiden gegensätzlichen Deutungen beim Sprechen des Gedichts auszudrücken. Bereitet den jeweiligen Vortrag in Partner- oder Gruppenarbeit vor.

Metaphorischer Alltag   *Bert Klabeck*

Gestern stand ich vielleicht unter Dampf! Mir schien aber auch alles aus dem Ruder zu laufen: Als ich mit Volldampf um die letzte Kurve vor unserer Schule bog, natürlich wie immer auf den letzten Drücker, merkte ich schon: Der Zug ist abgefahren, ich würde zu spät zum Unterricht kommen.
Unser Mathelehrer stellte mir auch sofort bohrende Fragen nach dem Grund der Verspätung, doch ich stand so auf der Leitung, dass mir keine geschliffene Formulierung über die Lippen kam. Da das beileibe nicht das erste Mal war, dass ich mich gerade in Mathe verspätete, sprühte er natürlich Funken und zischte: „Wenn du glaubst, auf diese Weise noch die Kurve zu kriegen, bist du schief gewickelt!" Ramona, der ich versprochen hatte, mich endlich ins Geschirr zu legen, flüsterte mir entrüstet zu: „Also, das krieg ich nicht auf den Schirm, dass du wieder verpennt hast!" Und darauf zeigte sie mir die kalte Schulter. Zwar hab ich in solchen Sachen oft 'ne lange Leitung, doch dass das zwischen Ramona und mir in die Brüche gehen könnte, checkte ich schon. Dabei hatte sie Recht: In Mathe pfiff ich tatsächlich auf dem letzten Loch. Aber seit ich mir surfend die Nächte um die Ohren schlug, war mein schulisches Leben etwas aus dem Gleis geraten.
In der Pause machte Ramona weiter Druck. Ich stammelte etwas davon, dass mir ein Licht aufgegangen sei und dass ich jetzt Gas geben würde. Doch sie meinte, sie wolle, keine gestanzten Worte, sondern dass ich jetzt endlich was auf die Reihe kriege.

9. Schreibt die ▶ **Alltagsmetaphern** dieses Textes heraus und erklärt ihre ursprüngliche Bedeutung.

10. Erklärt, warum so viele technische Ausdrücke zu Alltagsmetaphern wurden.

11. Findet selbst solche Alltagsmetaphern, z. B. in Anlehnung an den Computerbereich. Versucht daraus ebenfalls einen Text zu machen.

Zu viel gewollt?

Der Turmbau zu Babel

(1) Alle Menschen hatten die gleiche Sprache und gebrauchten die gleichen Worte. (2) Als sie von Osten aufbrachen, fanden sie eine Ebene im Land Schinar und siedelten sich dort an. (3) Sie sagten zueinander: Auf, formen wir Lehmziegel, und brennen wir sie zu Backsteinen. So dienten ihnen gebrannte Ziegel als Steine und Erdpech als Mörtel. (4) Dann sagten sie: Auf, bauen wir uns eine Stadt und einen Turm mit einer Spitze bis zum Himmel, und machen wir uns damit einen Namen, dann werden wir uns nicht über die ganze Erde zerstreuen. (5) Da stieg der Herr herab, um sich Stadt und Turm anzusehen, die die Menschenkinder bauten. (6) Er sprach: Seht nur, ein Volk sind sie, und *eine* Sprache haben sie alle. Und das ist erst der Anfang ihres Tuns. Jetzt wird ihnen nichts mehr unerreichbar sein, was sie sich auch vornehmen. (7) Auf, steigen wir hinab, und verwirren wir dort ihre Sprache, sodass keiner mehr die Sprache des anderen versteht. (8) Der Herr zerstreute sie von dort aus über die ganze Erde, und sie hörten auf, an der Stadt zu bauen. (9) Darum nannte man die Stadt Babel (Wirrsal), denn von dort aus hat er die Menschen über die ganze Erde zerstreut.

Altes Testament, Genesis 11, 1–9

1. Welche Vorstellung vom menschlichen Können haben die Erbauer des Turms? Vergleicht diese mit der des Sprechers im „Lied von der Glocke".
2. Erklärt die Haltung Gottes zum Vorhaben der Menschen.

*Zum Bild:
Pieter Bruegel d. Ä.:
Turmbau zu Babel, 1563.*

Sprechen und Schreiben
Analysieren und Gestalten

Zum Bild: Dominique Appia: L'empire des gares, 1978.

Babel, Turmbau zu (hebräisch *Bâbhel*; von assyro-babylonisch *bâb-ili*: Tor Gottes), im Alten Testament (Genesis 11,1–9) jener Turm, der von den Nachfahren Noahs auf der Ebene im Land Sinear in Babylonien errichtet wurde. Der Turm sollte bis in den Himmel reichen, doch Jahwe war über diese Anmaßung erzürnt und unterbrach den Bau, indem er eine Sprachverwirrung bewirkte. Daraufhin verstreuten sich die Menschen, die nun verschiedene Sprachen redeten, über die ganze Erde.

3. Beschreibt die beiden Bilder aus dem 16. und 20. Jahrhundert. Was wird in ihnen jeweils über das Verhältnis des Menschen zur Technik ausgedrückt?
4. Der Turm zu Babel als moderner Bahnhof: Diese Darstellungsart nennt man ▶ **Verfremdung**. Versucht alte Gemälde durch moderne technische Bildelemente ebenfalls zu verfremden.
5. Tauscht eure Werke untereinander aus, erläutert eure Darstellungsabsicht und beschreibt die Wirkung der Bilder.

Der Zauberlehrling   *Johann Wolfgang von Goethe*

Hat der alte Hexenmeister
Sich doch endlich wegbegeben!
Und nun sollen seine Geister
Auch nach meinem Willen leben!
5 Seine Wort' und Werke
Merkt' ich, und den Brauch,
Und mit Geistesstärke
Tu' ich Wunder auch.

Walle! Walle
10 Manche Strecke,
Dass zum Zwecke
Wasser fließe,
Und mit reichem, vollem Schwalle
Zu dem Bade sich ergieße.

15 Und nun komm, du alter Besen!
Nimm die schlechten Lumpenhüllen!
Bist schon lange Knecht gewesen;
Nun erfülle meinen Willen!
Auf zwei Beinen stehe,
20 Oben sei ein Kopf.
Eile nun und gehe
Mit dem Wassertopf!

Walle! Walle
Manche Strecke,
25 Dass zum Zwecke
Wasser fließe,
Und mit reichem, vollem Schwalle
Zu dem Bade sich ergieße!

Seht, er läuft zum Ufer nieder;
30 Wahrlich! Ist schon an dem Flusse,
Und mit Blitzesschnelle wieder
Ist er hier zu raschem Gusse.
Schon zum zweiten Male!
Wie das Becken schwillt!
35 Wie sich jede Schale
Voll mit Wasser füllt!

Stehe! Stehe!
Denn wir haben
Deiner Gaben
40 Vollgemessen! –
Ach, ich merk' es! Wehe! Wehe!
Hab' ich doch das Wort vergessen!

Ach, das Wort, worauf am Ende
Er das wird, was er gewesen.
45 Ach, er läuft und bringt behände!
Wärst du doch der alte Besen!
Immer neue Güsse
Bringt er schnell herein,
Ach! Und hundert Flüsse
50 Stürzen auf mich ein.

Nein, nicht länger
Kann ich's lassen;
Will ihn fassen.
Das ist Tücke!
55 Ach! Nun wird mir immer bänger!
Welche Miene! Welche Blicke!

Oh, du Ausgeburt der Hölle!
Soll das ganze Haus ersaufen?
Seh' ich über jede Schwelle
60 Doch schon Wasserströme laufen.
Ein verruchter Besen,
Der nicht hören will!
Stock, der du gewesen,
Steh doch wieder still!

65 Willst's am Ende
Gar nicht lassen?
Will dich fassen,
Will dich halten,
Und das alte Holz behände
70 Mit dem scharfen Beile spalten.

Seht, da kommt er schleppend wieder!
Wie ich mich nun auf dich werfe,
Gleich, o Kobold, liegst du nieder;
Krachend trifft die glatte Schärfe!
75 Wahrlich, brav getroffen!
Seht, er ist entzwei!
Und nun kann ich hoffen,
Und ich atme frei!

Wehe! Wehe!
80 Beide Teile
Stehn in Eile
Schon als Knechte
Völlig fertig in die Höhe!
Helft mir, ach! Ihr hohen Mächte!

85 Und sie laufen! Nass und nässer
Wird's im Saal und auf den Stufen.
Welch entsetzliches Gewässer!
Herr und Meister! Hör mich rufen! –
Ach, da kommt der Meister!
90 Herr, die Not ist groß!
Die ich rief, die Geister,
Werd' ich nun nicht los.

„In die Ecke,
Besen! Besen!
95 Seid's gewesen!
Denn als Geister
Ruft euch nur zu seinem Zwecke
Erst hervor der alte Meister."

6. Tragt diese ▶ **Ballade** ausdrucksvoll vor. Achtet dabei auf die beiden Strophentypen, die Reime und besonders auf den Rhythmus. Berücksichtigt die seelische Verfassung des Zauberlehrlings.
7. Erarbeitet den inhaltlichen Ablauf dieser Ballade.
8. Diese Ballade hat seit fast 200 Jahren ihren festen Platz im Schulunterricht. Früher sollten die Schülerinnen und Schüler an ihr lernen, dass es unklug ist, sich über Ältere und Vorgesetzte hinwegzusetzen. Welche „Lehre" entnehmt ihr heute diesem Text?
9. Die Wendung „Die Geister, die ich rief ..." ist allgemein bekannt und wird sprichwörtlich gebraucht. Was bedeutet sie?
10. Wo seht ihr Parallelen zum Text „Der Turmbau zu Babel"?
11. Wie im „Lied von der Glocke" findet ihr ein- und zweisilbige Reime. Welche Wirkung übt ihr Wechsel aus?

INFO-BOX

Zweisilbige Reime nennt man ▶ **klingende Reime**.
Beispiel: *Hexenmeister*
Geister

Einsilbige Reime nennt man ▶ **stumpfe Reime**.
Beispiel: *Brauch*
auch

Sprechen und Schreiben
Analysieren und Gestalten

Der Schneider von Ulm*   Bertolt Brecht

Bischof, ich kann fliegen
Sagte der Schneider zum Bischof.
Paß auf, wie ich's mach!
Und er stieg mit so'nen Dingen
5   Die aussahn wie Schwingen
Auf das große, große Kirchendach.

Der Bischof ging weiter.
Das sind lauter so Lügen
Der Mensch ist kein Vogel
10   Es wird nie ein Mensch fliegen
Sagte der Bischof vom Schneider.

Der Schneider ist verschieden
Sagten die Leute dem Bischof.
Es war eine Hatz.
15   Seine Flügel sind zerspellet
Und er liegt zerschellet
Auf dem harten, harten Kirchenplatz.

Die Glocken sollen läuten
Es waren nichts als Lügen
20   Der Mensch ist kein Vogel
Es wird nie ein Mensch fliegen
Sagte der Bischof den Leuten.

12. Wie beurteilt ihr das Verhalten des Schneiders und das des Bischofs?

13. Deutet das Verhalten des Bischofs, indem ihr in einer ▸ **Pantomime** das Geschehen darstellt, vielleicht kommt ihr vom ▸ **Standbild** zum lebenden Bild. Ihr braucht dazu Schneider, Bischof und zwei bis drei Zuschauer; als Kirchendach reicht ein Stuhl. Denkt dabei an ▸ **Mimik** und ▸ **Gestik**.

14. Setzt das Gedicht fort, indem ihr zwei Strophen hinzufügt. Überlegt dabei, wie ihr die Tatsache, dass Menschen heutzutage wirklich fliegen, in das Gedicht einbaut.

* Text in alter Rechtschreibung

Mond *Christa Peikert-Flaspöhler*

Wir haben dich durchschaut.
Nichts bist du als ein Ball
aus Stein
und Staub
und Dunkelheit
im Fernen
doch nah genug für uns,
dich zu erobern.

Nichts bist du als ein Punkt,
ins All geschleudert,
im Glanze ungeheurer Sonnen
schwindend.

Wie lange
gilt
des Tages Wissen?

Abends,
wenn wir
heimgekehrt vom Markt,
stiller werden,
ziehst du uns zu dir;
goldne Sichel –
Silberscheibe –
in das Licht
und
das Geheimnis.

„Der Mond ist eine kalte und leblose Welt von Schwarz und Weiß und Grau […]. Ich möchte wissen, wie alle die Dichter und Liedkomponisten so romantische Dinge vom Mond sagen konnten."

Astronaut James Lovell

15. Die moderne Technik ermöglichte uns die Landung auf dem Mond. Welchen Einfluss hatte dies auf unsere Beziehung zum Mond? Berücksichtigt bei euren Überlegungen das Gedicht und die Stellungnahme Lovells.

Wer herrscht – Mensch oder Maschine?

Unruhiger Schlaf   *Günter Kunert*

Ich sehe euch.
Geduckt hinter den Steuerpulten der
Kreisenden Radarspiegel, den Blick auf
Die glimmende Scheibe gerichtet, seht
5 Ihr nichts mehr von der Welt.

Aus der Maschine strahlt die zitternde Flamme
Und stößt euch hoch zum Himmel.
Ich sehe euch, Piloten.
Hinter der Atemmaske die angestrengten Gesichter.
10 Die Augen starren in den leeren, dunklen Raum.
Das Ohr hört Zahlen, Ziffern, Grade und der
Mund spricht Zahlen, Ziffern, Grade
Und fragt nicht: Wohin?

In den unterseeischen Schiffen
15 Schlagen die Matrosen schreiend an die Stahlwände;
Monate schon fahren sie am Meeresboden dahin.
Ungerührt bleiben die Wände,
Ungerührt registern die Ärzte, wie lange
Der Mensch unter Wasser leben kann. Noch nicht
20 Lange genug.
Ich sehe euch.

Ich sehe euch.
Im Schatten startbereiter Riesengeschosse, die
Um die Erde fliegen können und weiter,
25 Ruht ihr euch aus für eine kurze Zeit, die euch
Nicht gehört.
Besitzlose, die eine ganze Erde besitzen
Und es nicht wissen. In harten Beton gebettet
Ihre Gehirne und unangreifbar.

30 Aber manchmal schlägt das Herz schneller.
Aber manchmal ist der Schlaf unruhig.
Aber manchmal vernimmt man noch einen Fetzen Musik,
Ein Flüstern, einen Schrei.
Manchmal scheint es, die Giganten
35 Leiden daran,
Dass sie gewöhnliche Menschen sind.

1. Wo „sieht" das ▸ **lyrische Subjekt** die Menschen in den verschiedenen Strophen und welche Arbeit verrichten sie?
2. Welche Widersprüche werden formuliert? Was sagen sie über das Leben dieser Menschen aus?
3. Warum nennt das lyrische Subjekt die geschilderten Menschen „Giganten"?
4. Das Gedicht hat kein regelmäßiges Metrum und keine Reime. Selbst die Strophen sind unregelmäßig. Findet Gründe dafür, dass es dennoch ein Gedicht ist.
5. Beim Lesen des Gedichts entstehen innere Bilder. Versucht sie zu zeichnen.

Die Maschine   *Günter Kunert*

Erhaben und in einsamer Größe reckt sie sich bis unters Werkhallendach; schuf sogleich die Vorstellung, Monument des Zeitalters zu sein und diesem gleich: stampfend, gefahrvoll, monoton und reichlich übertrieben. Und vor allem: Auch sie produzierte einzig und allein durch gegensätzliche Bewegung unterschiedlicher Kräfte, durch einen gezähmten Antagonismus[1] all ihrer Teile.

Aber in diesem wundervollen System blitzender Räder, blinkender Kolben, sich hebender und sich senkender Wellen[2] war ein unansehnliches Teil, das wie von Schimmel überzogen schien und das sich plump und arhythmisch[3] regte. Ein hässlicher Zusatz an der schönen Kraft. Ein Rest von Mattigkeit inmitten der Dynamik.

Als um die Mittagszeit ein Pfiff ertönte, löste sich dieses Teil von der Maschine und verließ die Halle, während die Maschine hilflos stehen blieb, zweifach: in sich und am Ort.

Plötzlich erwies sich, das billigste Teil und das am schlimmsten vernachlässigte war das teuerste und nur scheinbar ersetzlich. Wo es kaputtgeht, wird es nicht lange dauern, bis über den Beton Gras gewachsen ist.

[1] Gegensatz
[2] runde Stange zur Übertragung von Drehbewegungen
[3] unregelmäßig

6. Was stört den Betrachter an der Maschine?
7. Welche Auffassung vom Menschen wird hier deutlich?
8. Schreibt die Eigenschaften heraus, die im Text der Maschine zugeschrieben werden. Warum wird sie so geschildert?
9. Schildert die Maschine aus der Sicht des „hässlichen Zusatzes".

Die Wahl *Hans Manz*

Menschen machen Maschinen.
Mehr Menschen machen mehr Maschinen.
Weniger Menschen machen mehr Maschinen.
Weniger Menschen machen mehr Maschinen,
um mehr Mensch zu sein.
Mehr und mehr Menschen machen Maschinen, um weniger und weniger
Mensch zu sein.
Mehr und mehr Menschen machen Maschinen,
um mehr und mehr Maschine und weniger Mensch zu sein.
Weniger Menschen machen mehr Maschinen,
um mehr Mensch
und weniger Maschine zu sein.

10. Tragt das Gedicht vor und gebt den Inhalt wieder.
11. Stellt den Bezug zwischen Gedicht und Überschrift her.
12. Weshalb hat der Autor diese Form gewählt?
13. Wie versteht ihr den letzten Satz?

Erfindungen sind böse W. L. Mann[1]

[1] Aus: Die Biomaten

In ferner Zukunft hat sich die Menschheit in zwei Gruppen aufgespalten: die Mehrheit lebt in einer keimfreien, sauberen Welt der Maschinen, Roboter und so genannter „Biomaten", also künstlicher Menschen, die von echten kaum zu unterscheiden sind. Die Minderheit, „Dirties" genannt, verabscheut dieses moderne Leben, weil es ihrer Meinung nach die Menschen nicht mehr Menschen sein lässt. Deshalb leben sie naturnah, verbieten jede neue Erfindung und bezeichnen sie als böse. Jim und Ella aus der technischen Welt besuchen die Dirties und freunden sich mit einem Jungen namens Thorn an.

Thorn schob einen Ast tiefer ins Feuer und sagte: „Ich weiß, dass ich zu neugierig bin. Vater sagt es auch immer. Aber ich verstehe vieles nicht. Warum ist mein Schnurspiel böse?" „Dein Schnurspiel?", fragte Jim. „Was ist das?" „Ich habe es ganz allein erfunden." Ein wenig Stolz lag in der Stimme des Jungen. „Aber Vater sagt immer, ich soll es nicht spielen. Es sei ein böses Spiel, sagt er, und er hat Gwenda angedroht, er wolle es ihrem Vater sagen, wenn sie es noch einmal mit mir spielte." Thorn griff in seine Hosentasche und zeigte den beiden sein Schnurspiel.
Jim und Ella betrachteten verwundert, was ihnen der Junge entgegenhielt. Es waren zwei durch eine lange Schnur verbundene kleine Blechdosen, in deren Deckel winzige Löcher geschlagen waren. Offenbar handelte es sich um alte

Sprechen und Schreiben
Analysieren und Diskutieren

Medikamentenbehälter, die irgendwann einmal von einem Hubschrauber abgeworfen worden waren.

„Wie spielt man dein Schnurspiel?", fragte Jim.

Thorn lief zu einem kleinen Wasserlauf und feuchtete die Schnur an. Er gab Jim die eine Dose in die Hand und entfernte sich etwa zehn Meter mit der anderen, bis die Schnur straff gespannt war. Im flackernden Licht sah Jim, dass Thorn die Dose an seinen Mund hob und sprach. Er konnte aber kein Wort verstehen. „Sie müssen ihre Dose ans Ohr halten", rief der Junge laut. „Und die Schnur muss ganz straff sein." Jim gehorchte diesen Anweisungen und hielt seine Dose dicht ans Ohr.

„Können Sie mich jetzt hören?", hörte er aus der Dose. Sein Gesicht verzog sich staunend. Was hatte der Junge hier entdeckt? „Bei dieser Schnurlänge geht es am besten, habe ich herausgefunden. Aber Vater sagt, es sei ein böses Spiel!"

Jim reichte die Empfangsdose zu Ella hinüber, die sie nun ebenfalls ans Ohr presste und zuhörte, was Thorn am anderen Ende der Schnur in seine Dose hineinsprach. Nach einer Weile hörte der Junge auf, kam zurück, ließ sich die Dose wiedergeben und stopfte alles wieder in seine Hosentasche. Fragend sah er die beiden an.

„Es ist eine Art primitives Telefon", sagte Jim langsam. „Und es ist Ihnen wohl klar, Ella, warum dieses Spiel bei den Dirties als böse gilt? Man könnte es weiter ausbauen, vervollkommnen und über kurz oder lang herausfinden, was sich damit anstellen lässt. Es ist ein progressives Spielzeug, ein Kinderspiel im Vorzimmer der Technik. Es *muss* ein böses Spiel sein."

14. Fasst kurz zusammen, warum bei den Dirties das Schnurspiel als böse gilt. Was befürchten sie?
15. Wie beurteilt ihr die Entscheidung der Dirties, aus Angst vor der Abhängigkeit von Maschinen ein technikfreies Leben zu führen, sodass selbst technische Kinderspielzeuge als Gefahr angesehen werden?
16. Diskutiert in einer ▶ **Pro-und-Kontra-Diskussion** die Haltung der Dirties. Beziht in eure Überlegungen auch die letzten drei Zeilen des Gedichtes „Die Wahl" ein.

METHODE

In einer **Pro-und-Kontra-Diskussion** teilt man die Diskutierenden in zwei kleine Gruppen, deren Mitglieder jeweils eine Position von zwei möglichen vertreten. Aus jeder Gruppe trägt ein Mitglied seine Stellungnahme mit den Argumenten vor. Danach melden sich die anderen Mitglieder der Gruppen zu Wort und tragen im Wechsel ihre Argumente und Gegenargumente vor. Die Zuhörer entscheiden – mit oder ohne Begründung – am Schluss, welche Gruppe sie überzeugt hat.

Die Kehrseite der Technik

Ladislav Kroha (?): Kopf als Schlüssel zur Technik

1. Welche der bisher abgedruckten Texte und welches der folgenden Gedichte könnt ihr in Beziehung zu Krohas Bild setzen? Begründet eure Einschätzung.

Unterwegs nach Utopia II *Günter Kunert*

Auf der Flucht
vor dem Beton
geht es zu
wie im Märchen: Wo du
5   auch ankommst
er erwartet dich
grau und gründlich

Auf der Flucht findest du
vielleicht
10   einen grünen Fleck
am Ende
und stürzest selig in die Halme
aus gefärbtem Glas.

Die Vögel und der Test   *Stephan Hermlin*

Zeitungen melden, dass unter dem Einfluss der Wasserstoffbombenversuche
die Zugvögel über der Südsee ihre herkömmlichen Routen änderten.

[1] tropische Graslandschaft

Von den Savannen[1] übers Tropenmeer
trieb sie des Leibes Notdurft mit den Winden,
5 wie taub und blind, von weit- und altersher,
um Nahrung und um ein Geäst zu finden.

[2] tropischer Wirbelsturm

Nicht Donner hielt sie auf, Taifun[2] nicht, auch
kein Netz, wenn sie was rief zu großen Flügen,
strebend nach gleichem Ziel, ein schreiender Rauch,
10 auf gleicher Bahn und stets in gleichen Zügen.

Die nicht vor Wassern zagten noch Gewittern,
sahn eines Tags im hohen Mittagslicht
ein höhres Licht. Das schreckliche Gesicht

zwang sie von nun an, ihren Flug zu ändern.
15 Da suchten sie nach neuen sanfteren Ländern.
Lasst diese Änderung euer Herz erschüttern …

---

2. Fasst den Inhalt des ersten Gedichtes zusammen und erläutert, worin die Änderung besteht, „die euer Herz erschüttern" lassen soll.
3. Informiert euch in einem Lexikon über Atom- und Wasserstoffbombenversuche und ihre Auswirkung auf die Umwelt. Erläutert, was mit „höhres Licht" und „schreckliches Gesicht" gemeint ist.
4. Im Gedicht „Unterwegs nach Utopia II" schildert das ▶ **lyrische Subjekt** eine Flucht, die „selig" endet. Was erreicht der oder die Flüchtende?
5. Die beiden Gedichte sind sehr unterschiedlich. Versucht ihnen dennoch eine gemeinsame Überschrift zu geben.

Das Paradies   *Gabriel Laub*

Das Einzige, was sich in unserer Welt mit der Zeit wirklich ändert, ist die Vorstellung, die wir uns vom Paradies machen. Früher sah das Paradies der Automobilisten ungefähr so aus:
Ein großes, weitläufiges Netz guter Straßen mit schnellen Wagen und freundlichen, fröhlichen Fahrern. Alle winkten einander zu und lächelten. Jeder Verkehrspolizist war ein Engel, jeder Motorist ein Heiliger. Der Erzengel Gabriel gab mit flammendem Schwert das Signal zu ewigem, frohen Rennen; himmlische Chöre begleiteten die Musik der Motoren mit einem süßen Halleluja im Walzertakt. Gott der Gerechte war der Zielrichter. Heute wünscht sich ein Automobilist das Paradies anders: Im ganzen weiten Himmel gibt es nur einen einzigen Superwagen – das ist sein eigener –, sonst sind die paradiesischen Straßen vollkommen leer, die Engel waschen und polieren das Auto im Schweiße ihres Angesichts, und alle sieben Kreise des Himmels sind ein einziger unbegrenzter freier Parkplatz.
Und fahren muss man auch nicht.

6. Welche Erfahrungen haben eurer Meinung nach die Paradiesvorstellungen der Autofahrer geändert? Erläutert den letzten Satz.
7. Entwerft ein „realistisches" Zukunftsbild: Wie sollte das anzustrebende Verkehrsparadies aussehen?

Der Doppelgänger   *Ulrich Gebhard*

Wie jeden Morgen bei Familie Paulsen Gerangel um die Zeitung. „Mirka, immer musst du die ganze Zeitung horten. Gib mir auch was ab", mault Christina, worauf ihr Mirka die Sportseite überlässt. Christina schnaubt verächtlich: „Vielen Dank, was soll ich denn damit?", und angelt nach Mirkas Seiten. Ein Ruck und die Zeitung ist ihre. Sich wohlig räkelnd und ihre wutschnaubende Schwester nicht beachtend, fängt Christina an, die Klatschseite zu studieren. „Wow", ruft sie plötzlich. „Abgefahren! Hör dir mal das an."

Klon Dolly: Das unsterbliche Schaf

LONDON (SAD) – Britischen Genforschern ist es erstmals gelungen, den Doppelgänger eines erwachsenen Säugetieres zu züchten: Klon. Entstanden ist das Klonschaf aus Zellen, die einem Spenderschaf aus dem Euter entnommen wurden. Diese wurden in eine Eizelle implantiert, deren eigenes genetisches Material vorher entfernt worden war. Die so manipulierte Zelle wuchs zu einem Embryo heran, der in den Uterus einer Leihmutter verpflanzt wurde. Ergebnis: Klon Dolly. Weitere Vervielfältigungen jederzeit möglich. Ein Bock wird nicht gebraucht. Vorteil: Eigenschaften von Nutztieren können beliebig oft reproduziert werden.

„Na und?", Mirka rührte wenig beeindruckt in ihrem Joghurt. „Kannst du doch jeden Tag lesen: manipuliertes Erbmaterial, Gen-Tomaten, Gentherapie – all sowas. Über diesen Kram wird ja wohl überhaupt nur noch berichtet. Ich kann das ganze Gejammer schon nicht mehr hören."

Christina reißt die Augen auf: „Wieso – das ist doch wichtig, dass man das erfährt. Stell dir das doch mal vor: Die entnehmen dir dein Erbgut, hier aus Zellen deiner Haut oder so – und dann töten die das genetische Material in so'ner Eizelle ab und pflanzen da deins rein. Und daraus wächst dann 'n Embryo, der dir hundert Prozent gleicht. Das ist doch total gruselig, dass es dich dann plötzlich doppelt gibt."

„Ach was." Mirka vollführt einen kühnen Schwung mit ihrem Löffel. „Das neue Wesen da wäre doch ganz anders als ich. Das wäre doch 18 Jahre jünger und würde doch ganz anders aufwachsen als ich und so. Wovor sollte ich denn da Angst haben. So ein Klon, das ist doch einfach nur ein Mensch mehr auf der Welt."

8. In diesem Text wird ein umstrittenes Thema, das Klonen, aufgegriffen. Führt die Diskussion von Christina und Mirka weiter, entweder mittels eines ▶ **Schreibgesprächs** oder mittels einer ▶ **Kartenabfrage**.

> **METHODE**
>
> Das **Schreibgespräch** ist eine Methode, die sicherstellt, dass zu einem Thema alle Mitglieder einer Gruppe zu Wort kommen und ohne Wartezeiten die Meinungen der anderen kommentieren können. Man legt ein Stück Karton auf einen Tisch und schreibt in die Mitte das Thema oder Problem. Dann notiert jeder seine Gedanken. Will man die Einträge anderer kommentieren, schreibt man seine Meinung dazu. Es fällt kein Wort. Nach Ablauf der vorher vereinbarten Zeit gilt das Schreibgespräch als abgeschlossen. Nun kann man über das Ergebnis diskutieren und versuchen die Meinungen der Gruppe zusammenzufassen.

> **METHODE**
>
> Die **Kartenabfrage** dient wie das Schreibgespräch dazu, die Meinungen einer Gruppe zu einer Frage oder einem Thema zu ermitteln, schließt aber die Möglichkeit aus, die Einträge der anderen zu kommentieren. Jedes Mitglied der Gruppe schreibt zu der aufgeworfenen Frage eine Antwort oder ein Stichwort auf eine Karte. Haben alle ihre Karte ausgefüllt, werden diese nach inhaltlichen Schwerpunkten sortiert. Das Ergebnis kann diskutiert werden und gegebenenfalls Grundlage einer Gruppenentscheidung z. B. für das weitere Vorgehen sein.

Eckige Kinder *Georg Danzer*

Meine Damen und Herren!
Ich habe jetzt endlich die Lösung. Und zwar: Eckige Kinder!
Ja – Sie haben schon richtig gehört. Eckige Kinder!
Keine runden oder ovalen oder flachen. Nein – eckige! Die sind nämlich viel leichter zu stapeln. Und rollen nicht so leicht herunter. Sie werden ja schließlich schon gehört haben, dass in letzter Zeit die Zahl der Kinder, die immer überall herunterrollen, wieder in erschreckendem Maße gestiegen ist. Kaum hat man eines irgendwo hingelegt und sich für ein paar Sekunden umgedreht – schwups – schon fällt es aus der Rolle. Und tut sich dabei vielleicht auch noch weh. Und deshalb sage ich: Eckige Kinder sind das einzig Wahre! Rationell, pflegeleicht, verpackungsfreundlich und vor allem: anständig! Diese Kinderrollbarkeit muss endlich aufhören. Außerdem – so paradox es klingt – eckige Kinder können nirgends anecken. Vor allem dann nicht, wenn man sie richtig und ordentlich auf Kante ausrichtet. Dann stehen sie da, Kante an Kante, Ecke an Ecke, und rühren sich nicht. Und erst die Platzersparnis bei der Lagerung. In den Kindergärten und Schulen. Es ist nämlich erwiesen: Runde Kinder brauchen mehr Platz als eckige! Ist ja auch ganz klar: Nicht umsonst gibt es – beispielsweise im Transportwesen – keine runden Kisten. Weil das zu viel Platz wegnimmt. Und dann noch etwas – und das ist eigentlich der wichtigste Punkt meines Anliegens:

Runde Kinder wachsen viel zu schnell und unkontrolliert. Nach allen Seiten oder nur nach einer … Sie wissen schon, wie es ihnen halt gerade passt. Das geht nicht! Das muss aufhören! Das muss wieder in geordnete Bahnen gelenkt werden!

Und darum spreche ich es heute deutlich aus: Eckige Kinder sind eine unabdingbare Notwendigkeit, um die nicht länger herumgeredet zu werden braucht. Das muss einmal gesagt werden. Auch wenn dass vielleicht heutzutage unpopulär sein mag. Nur eckige Kinder ergeben später einmal zackige Staatsbürger, die sich einordnen können. Und solche brauchen wir. Das Runde an sich – ich meine – das Runde an sich, nicht? Das ist ja schon irgendwie suspekt. Kurven und Krümmungen, da weiß man doch schon, was man davon zu halten hat. Das führt dann wieder zu Anarchie und Revolution, zu Aufsässigkeit und Widerstand. Es heißt schließlich nicht umsonst: Früh krümmt sich, was ein Häkchen werden will.

Und solche Häkchen haben wir ja schon zur Genüge! Nein, nein und nochmals nein! Wir haben ja gesehen, wo solche runden Sachen hinführen! Nicht wahr? Und schließlich kann man nicht so einfach alles, was aus der Vergangenheit – bitte, ich meine dieses Wort ganz wertfrei, ja –, also aus der Vergangenheit kommt, als schlecht abtun! Als man noch glaubte, dass die Erde eine Scheibe sei, da hatten es die Leute schon irgendwie einfacher und waren nicht so verunsichert. Das muss man auch einmal so sehen. Es gibt nämlich sozusagen irgendwie ganz einfach Erkenntnisse, die sind nicht gut für die Menschen. Und schon gar nicht für Kinder. Und Kinder sind ja auch Menschen. Und außerdem: unser höchstes Gut! Und das muss geschützt werden! Das sag' ich doch schon immer!

Die Kinder und der edle Wein, die wollen gut gelagert sein! Möchte ich da ganz bewusst poetisch werden dürfen!

Eckige Kinder sind ein Garant für eine bessere Zukunft. Und für eine freundliche Umwelt. Eine eckige sozusagen! Da ist es dann eben nicht mehr möglich, dass einer nicht die Kurve kriegt! Weil es dann keine Kurven mehr gibt. Das ist logisch.

Eckige Kinder bedeuten Sicherheit! Absolute Sicherheit. Und die brauchen wir heute mehr denn je! Eben! Ich danke Ihnen für Ihre geschätzte Aufmerksamkeit!

A Dieser ▶ **ironische** Text fordert eckige Kinder und lehnt runde Kinder ab. Sammelt Textstellen, in denen es um „eckig" im Wortsinn geht, und solche, in denen „eckig" in übertragenem Sinn gebraucht wird.

B Welche Eigenschaften haben nach Meinung des Textes „runde" Kinder?

C Findet die Stellen, an denen deutlich wird, dass der Redner nicht argumentiert, sondern schwafelt. Warum nimmt der Autor solche Stellen in seinen argumentativen Text auf?

D Der Fortschritt der Technik führt zur Machbarkeit der Welt und schließlich zur Machbarkeit des Menschen. Formuliert die Kritik, die dieser Text indirekt am technischen Fortschritt übt.

E Ergänzt Textpassagen an einzelnen Stellen dieser Rede, in der ihr moderne technische Verfahren vorschlagt, mit deren Hilfe Kinder eckig gemacht werden.

F Schreibt eine ironische Rede, in der ihr ▶ **Argumente** dafür vorbringt, dass runde Kinder für die Welt besser sind als eckige. Wenn euch das nicht ausreicht oder ihr darüber nicht schreiben wollt, lasst euch andere Gegensatzpaare einfallen, z. B. *leere* und *volle*, *hüpfende* und *kriechende Kinder* ...

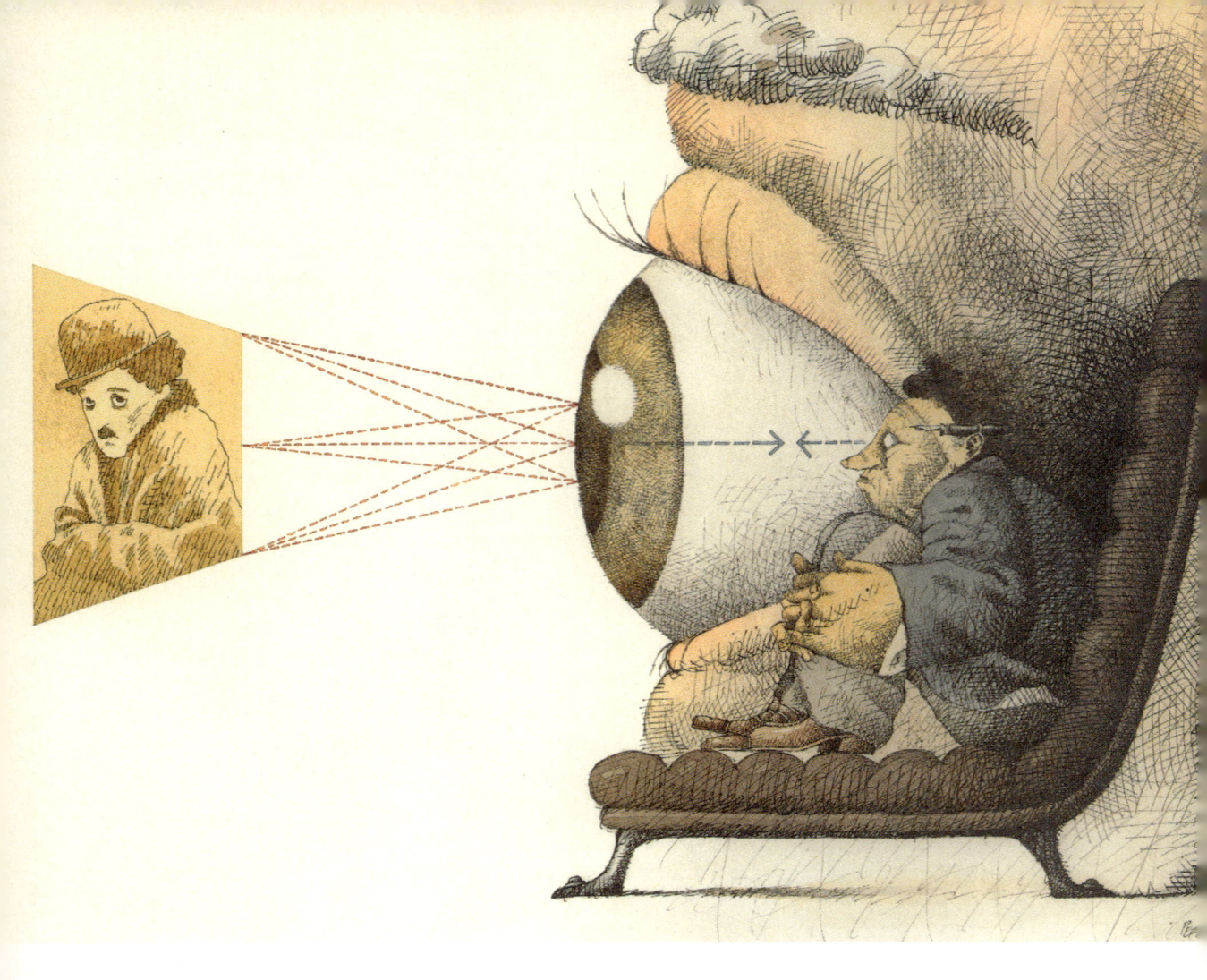

Wie die Bilder laufen lernten

FASZINATION EINES MEDIUMS

Filme – heute und früher

Das Medium ▶ **Film** ist Ende des 19. Jahrhunderts entwickelt worden. Filme sind also für die Menschen heute nichts Besonderes mehr, und dennoch haben Bilder im Kino einen besonderen Reiz. Sicher habt ihr selbst auch schon Erfahrungen mit diesem Medium und Beobachtungen zu seiner Wirkung gemacht.

*Zum Bild:
Tullio Pericoli:
Über den Film, 1980.*

1. Sprecht über eure Erfahrungen und Beobachtungen zur Wirkung von Filmbildern.
2. Überlegt und besprecht: Was müsste man von der Technik des Films wissen, um die Wirkungen dieses Mediums zu erklären?

Umgang mit Texten
Sachtexte verstehen und schreiben

Die Brüder Lumière als erste Unternehmer in der Filmproduktion

Schon seit einigen hundert Jahren ist es möglich, Bilder (Zeichnungen, Gemälde, usw.) auf eine Fläche zu projizieren. Dabei handelte es sich um Standbilder. Die ersten Bilder, die auch Bewegungen wiedergegeben haben, sind nach der Entwicklung der Fotografie (gr.: Lichtaufzeichnung) möglich gewesen.

Die Brüder Auguste und Louis Lumière, deren Vater in Lyon (Frankreich) eine Fabrik für fotografisches Gerät besitzt, entwickeln einen Apparat, mit dem Filmaufnahmen und Filmvorführungen möglich sind. Am 13. Februar 1895 lassen sie sich ihren Kinematographen[1] patentieren. Mit einem perforierten[2] Zelluloidfilm, der mit einer Geschwindigkeit von 16 Bildern pro Sekunde ruckweise hinter der Aufnahmelinse vorbeigeführt wird, können „lebende Bilder" aufgenommen und wieder vorgeführt werden. Aus der Folge der Projektion einzelner Standbilder ergibt sich für den Zuschauer eine Darstellung von Bewegungen. Die getrennten Bilder verschmelzen für das wahrnehmende Auge zu einer Bewegung, wenn die Folge der Standbilder rasch genug erfolgt, damals mit 16, heute meist mit 24 Bildern pro Sekunde. Dies ist der stroboskopische Effekt, der auch in Daumenkinos oder ähnlichen Basteleien genutzt wird.

Am 28. Dezember 1895 findet in Paris die erste öffentliche Vorführung von Filmen der Lumières statt. Das etwa 20 Minuten dauernde Programm, das aus zehn einminütigen Filmen besteht, wird zunächst nicht gut besucht. Doch nach wenigen Tagen stehen die Menschen auf der Straße Schlange, und die Einnahmen der Lumières steigen schnell an. Sofort lassen diese weitere Apparate bauen, mit denen neue Filme gemacht und vorgeführt werden können. Schon zwei Jahre später bieten sie über 350 Filme an, meist mit Dokumentaraufnahmen aus aller Welt. Das Motto ihres Angebots lautet: „Die Welt in Reichweite".

[1] etwa: Bewegungsaufzeichner
[2] am Rand gelocht

3. Setzt das Motto „Die Welt in Reichweite" in Bezug zum heutigen Filmangebot: Inwieweit gilt es noch?

> **TIPP**
>
> Bastelt ein **Daumenkino**. Nehmt einen Papierblock und zeichnet auf jedes Blatt ein Bild, das sich von den anderen durch ein Detail unterscheidet. Beim schnellen Durchblättern entsteht so die Illusion der Bewegung.

Filme der Lumières

Die ersten Filmvorführungen zeigen nur Alltägliches, und dennoch waren die Zuschauer sehr beeindruckt und kamen in Strömen. Zu den ersten Filmen gehört der Streifen „La sortie de l'usine Lumière à Lyon" („Der Ausgang der Fabrik Lumière in Lyon"), der Arbeiter und Angestellte der Lumières zeigt, wie sie die Fabrik verlassen. Die meisten Aufnahmen sind dokumentarisch und halten Ereignisse wie die Ankunft eines Zuges im Bahnhof, Verkehr auf einer Großstadtstraße oder den Abbruch einer Mauer fest. Nur wenige Aufnahmen sind gestellt.

Démolition d'un mur (Zerstörung einer Mauer), 1896.

Arrivée d'un train (Ankunft eines Zuges), 1896.

Le Repas (Die Mahlzeit), 1895.

La Sortie de l'usine Lumière à Lyon (Der Ausgang der Fabrik Lumière in Lyon), 1895.

4. Was fällt euch an den Filmen auf? Was könnte ihren besonderen Reiz für die Menschen damals ausgemacht haben?

Umgang mit Texten
Sachtexte verstehen und schreiben

Eine der ersten Filmvorführungen   Maxim Gorki

Die ersten Filmvorführungen finden am Ende des 19. Jahrhunderts bald in allen größeren Städten auf der ganzen Welt statt. Es handelte sich dabei meist um Aufnahmen von alltäglichem Geschehen, die auf Jahrmärkten oder in Varietés vorgeführt wurden. Solche Filme dauerten nicht länger als etwa eine Minute. Maxim Gorki (1868–1936), ein russischer Schriftsteller, schrieb für die Tageszeitung seiner Heimatstadt folgenden Bericht über die erste Filmvorführung an diesem Ort.

What happened on twenty-third Street (Was auf der 23. Straße geschah), 1901.

[1] Ausdruck für frühe Fotografie

Die Lichter in dem Raum, in dem Lumières Erfindung gezeigt wird, gehen aus, und plötzlich erscheint auf der Leinwand ein großes, graues Bild. Eine Straße in Paris, wie Schatten einer schlechten Gravure[1]. Bei genauerem Hinsehen erkennt man Wagen und Leute in verschiedenen Stellungen, alle zur Unbeweglichkeit erstarrt. Alles, auch der Himmel darüber, ist grau – man erkennt nichts Neues in dieser allzu bekannten Szene, denn Bilder von Pariser Straßen gab es schon mehr als eines zu sehen. Aber plötzlich läuft ein seltsames Zittern über die Leinwand, und das Bild beginnt zu leben. Wagen, die irgendwo aus der Tiefe des Bildes kommen, bewegen sich direkt auf dich in der Dunkelheit, wo du sitzt, zu; von irgendwoher erscheinen Leute und wirken größer, je näher sie kommen; im Vordergrund spielen Kinder mit einem Hund, Radfahrer ziehen vorbei, und Fußgänger überqueren zwischen Wagen hindurch die Straße. All das bewegt sich, wimmelt von Leben, und wenn es die Ränder der Leinwand erreicht, verschwindet es. Und all das geschieht in seltsamer Lautlosigkeit [...].

5. Was haltet ihr an dieser Beschreibung für besonders wichtig? Wie ist der Text sprachlich gestaltet?
6. Versetzt euch in einen Zeitgenossen, der zum ersten Mal in seinem Leben eine solche Vorführung erlebt. Schreibt einen Brief an einen auf dem Land lebenden Bekannten, in dem ihr über eure Erlebnisse berichtet.

Der Kinematograph

Der Kinematograph der Brüder Lumière konnte sowohl für das Aufnehmen als auch zur Projektion, also zur Vorführung von Filmen, benutzt werden. Das Bild zeigt Herrn Moisson, den Chefmechaniker der Lumière-Fabriken, der den Kinematographen als einen Projektor bedient.
Das Gerät steht auf einem Stativ und war schnell auf- und wieder abgebaut. Die Besitzer von Kinematographen mussten mobil sein, denn sie reisten mit ihrem Apparat von Stadt zu Stadt. Auf den Jahrmärkten, wo sie Filme vorführten, waren sie die Hauptattraktion.

Aufnahmemechanismus

Auf den folgenden Abbildungen könnt ihr das Innere einer Filmkamera sehen. Ein Projektor besitzt eine Mechanik, die prinzipiell ebenso funktioniert, der Lichtweg verläuft dann natürlich in die entgegengesetzte Richtung. Lumières Kinematograph hatte ein ähnliches Innenleben.

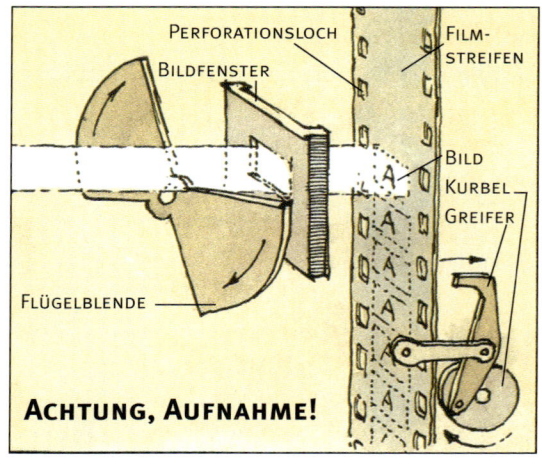

1 Belichtung beginnt
Der Greifer löst sich aus dem Perforationsloch. Die Lücke in der Flügelblende dreht sich so vor den stehenden Filmstreifen, dass das Objektiv ein Lichtbild auf den Film werfen kann.

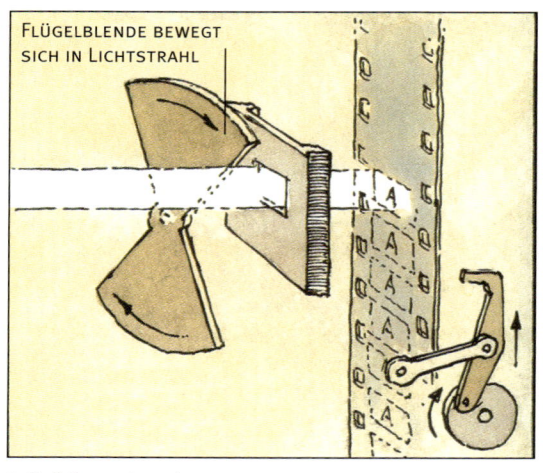

2 Belichtung beendet
Die rotierende Flügelblende schneidet den Lichtstrahl ab. Inzwischen hat die Kurbel den Greifer zur nächsten Lochung hochbefördert.

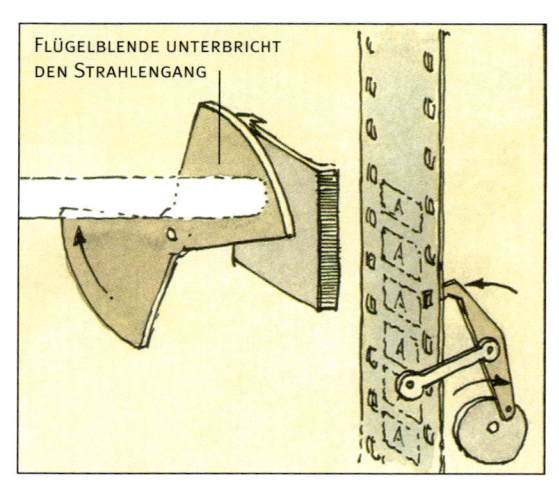

3 Greifer klinkt ein
Der Greifer klinkt sich in die Filmperforation ein. Die Flügelblende unterbricht den Strahlengang, wenn der Filmstreifen sich zu bewegen beginnt.

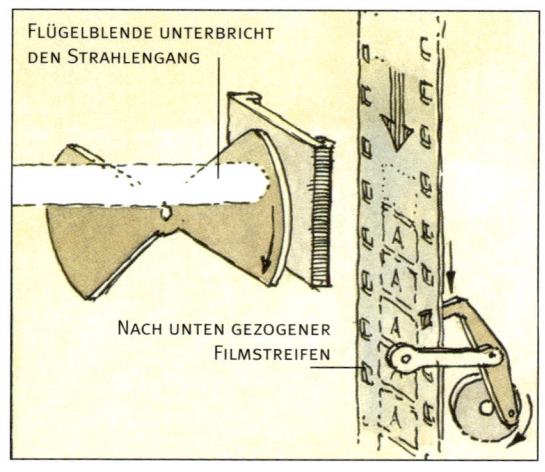

4 Film wird bewegt
Während die Kurbel sich dreht, bewegt der Greifer den Filmstreifen um ein Bild nach unten. Der Strahlengang ist noch immer unterbrochen.

7. Verfasst eine Beschreibung, in der ihr den Lesern erklärt, wie der Kinematograph funktioniert.

Nachdenken über Sprache

Wortbedeutungen untersuchen

WORTGESCHICHTE UND WORTFELD FILM

Worte finden und erfinden

Für das neue Medium, seine technische Ausstattung wie auch für die Herstellung und Aufführung von Filmen mussten neue Wörter und Begriffe gefunden werden. Hier kann man beobachten, auf welchen Wegen neue Wörter entstehen und wie sie Eingang finden in den allgemeinen Sprachgebrauch.

Der Begriff Brille etwa geht zurück auf das Material (Beryll, ein Edelstein) für die Linsen der ersten Brillen (um 1300). Wenn jemand etwas durch „die rosa Brille" sieht, dann wird der Begriff für neue Bedeutungen gebraucht. Im Fall des neuen Mediums Film gilt vielleicht Ähnliches.

1. Sammelt möglichst viele Bezeichnungen für den Film, seine Herstellung und Aufführung. Entwickelt dazu das hier angelegte Cluster weiter.

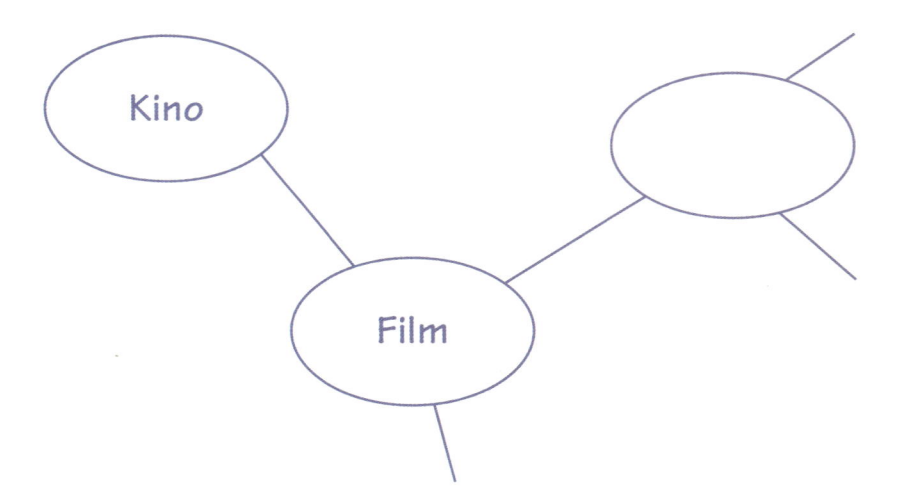

> **METHODE**
>
> Bei einem ▸ **Cluster** werden von einem Begriff in der Mitte weitere assoziative Verbindungen mit anderen Begriffen hergestellt. Diese Methode eignet sich für das Sammeln von Ideen zu einem Thema oder einem Vorhaben.
>
> In einer ▸ **Mindmap** können die gesammelten Informationen in eine Ordnung gebracht werden, die Übersicht bietet und logische Beziehungen deutlich macht.

Nachdenken über Sprache
Wortbedeutungen untersuchen

2. In welcher Beziehung stehen die im Cluster gesammelten Wörter? Versucht, sie mithilfe der folgenden Mindmap zu ordnen.

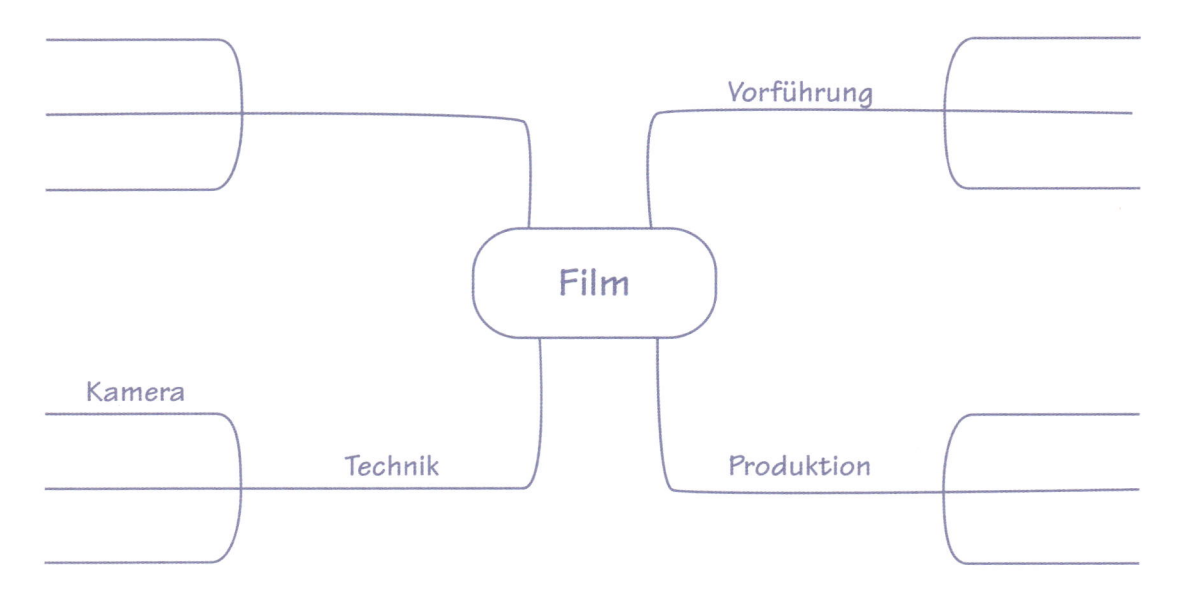

Mindmap: **Film** mit Ästen zu *Vorführung*, *Produktion*, *Technik*, *Kamera*.

3. Woher stammen die Wörter? Klärt mithilfe von Wörterbüchern und Lexika den Ursprung und die Entwicklung dieser Wörter.
4. Erläutert, welcher Aspekt des Films jeweils durch die verschiedenen Bezeichnungen im folgenden Wortspeicher besonders betont wird. Benutzt auch umfangreiche Wörterbücher.

WORTSPEICHER

Film, Lichtspiel, Bioskop, screenplay, picture, Spielfilm, Kinofilm, movie

5. In welchen Situationen werden die Ausdrücke aus dem folgenden Wortspeicher gebraucht? Stellt den Zusammenhang zu der ursprünglichen Bedeutung her.

WORTSPEICHER

einen Filmriss haben
im falschen Film sein
sein Pensum abspulen
Black-out
etwas im Zeitlupentempo tun

6. Erfindet neue Übertragungen von der Filmsprache in die Alltagssprache.

Sprechen und Schreiben
Bildwirkungen beschreiben

Bilder wirken

Ansichtssache

Hier seht ihr auf einer zeitgenössischen Darstellung einen Kameramann der Lumières bei der Arbeit. Die Kamera hat er so auf- und eingestellt, dass die Aufnahmen das erfassen, was für ihn wichtig ist. Die ▶ **Einstellung** der Kamera ist entscheidend dafür, was später im Film zu sehen ist. Wie weit entfernt oder wie nah die Kamera am Geschehen ist, bestimmt den Ausschnitt, den der Zuschauer zu sehen bekommt.

1. Stellt euch vor, der Kameramann hatte den Auftrag, die Kinder bei einer Gartenparty zu filmen. Wie müsste die Kamera aufgestellt werden, wenn der Film zeigen soll, was die Kinder auf dem Gartenfest gemacht haben?

> **INFO-BOX**
>
> Die Position der Kamera, ihre Auf- oder Einstellung bestimmt, welche Objekte und welches Geschehen später bei der Filmvorführung den Zuschauern gezeigt werden. Der jeweilige Blickpunkt der Aufnahme entscheidet also über die Ansichten, die im Film zu sehen sind.

Sprechen und Schreiben
Bildwirkungen beschreiben

181

Einstellungen

„Weit"

„Amerikanisch"

„Totale"

„Nah"

„Halbnah"

„Detail"

2. Vergleicht die hier gezeigten ▶ **Einstellungsgrößen**.
   Was wird jeweils von dem Geschehen gezeigt, was nicht? Welche
   Wirkung haben die Bilder der verschiedenen Einstellungsgrößen?
3. Nicht alle möglichen Einstellungen sind hier abgebildet.
   Welche fehlen und wie könnten sie heißen?
4. Die Einstellungsgröße bestimmt, welcher Ausschnitt aus der
   Wirklichkeit den Zuschauern gezeigt wird. Eine weitere Möglichkeit,
   die Bildgröße zu verändern, ist der ▶ **Zoom**. Wie funktioniert das?
   Informiert euch darüber.

ÜBEN 286–289

Sprechen und Schreiben
Bildfolgen untersuchen

BILDER ERZÄHLEN

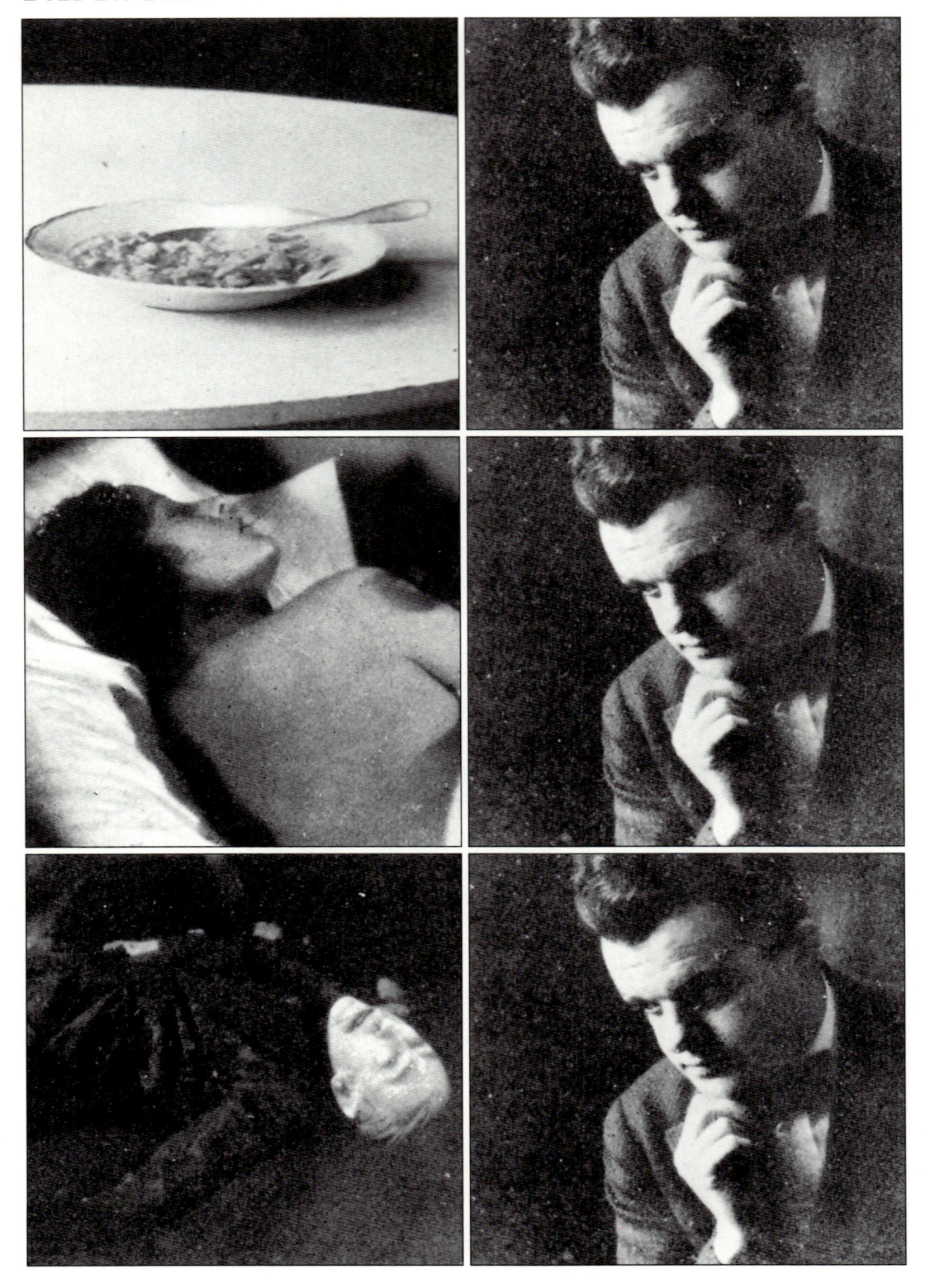

Der Kuleschow-Effekt

Die ersten Filme sind zunächst stumm, bei der Vorführung werden sie allerdings oft von Musik begleitet. Um den Zusammenhang einer Geschichte zu verdeutlichen, werden manchmal Texte eingeblendet, die so genannten Inserts.

Die Frage, wie es überhaupt möglich ist, dass Filmaufnahmen den Zuschauern etwas vermitteln und bedeuten, hat mit Beginn der Produktion von längeren Spielfilmen die Filmemacher sehr beschäftigt. Lew Kuleschow hat mit einer Arbeitsgruppe an der Staatlichen Filmschule in Moskau 1921 zu diesem Problem ein Experiment durchgeführt. Dabei wurde die Aufnahme eines Gesichts (des damals sehr bekannten Schauspielers Iwan Mosjukin) mit verschiedenen anderen Bildern kombiniert (ein Teller Suppe, eine Frau und ein Toter). Diese Kombinationen hat Kuleschow den Zuschauern vorgeführt und sie anschließend nach ihrer Meinung zu dem Bild des Mannes gefragt.

1. Ihr könnt diesen Versuch auch selbst machen: Betrachtet die zusammengehörenden Bildpaare, deckt dazu die jeweils anderen ab. Woran denkt der Mann gerade in den verschiedenen Folgen? Welche mögliche Handlung ergibt sich aus diesen Sequenzen?
2. Beschreibt nach den Beobachtungen den Kuleschow-Effekt.

Vom Bild zur Geschichte

Der Film ist ein Medium, das sich vor allem an den Sehsinn richtet. Dies gilt auch noch für den Tonfilm, der Geräusche, Dialoge und Musik zu Gehör bringen kann und damit die Ausdrucks- und Darstellungsmöglichkeiten erweitert.

Um den Zuschauern den Verlauf einer Geschichte deutlich zu machen, müssen die Bilder aus den verschiedenen Einstellungen so geschnitten werden, dass ein Zusammenhang entsteht. Der Sinn einer Einstellung ergibt sich aus diesem Zusammenhang, den die Zuschauer präsentiert bekommen, den sie aber auch in ihrer Vorstellung selbst herstellen müssen. Die Bedeutung dieser Bildfolgen muss also von den Zuschauern erfasst und verstanden werden können. Dabei sind die Vorstellungen, die sich beim Betrachten der Bilder entwickeln, ebenso wichtig wie die Montage der Aufnahmen.

Die dargestellte Geschichte ergibt sich demnach sowohl aus den montierten Aufnahmen verschiedener Einstellungen als auch aus den Vorstellungen, die beim Betrachten dieser Bilder entwickelt werden. Die Zuschauer sind also an der Produktion einer Geschichte beteiligt.

3. Erläutert, inwiefern die Zuschauer an der Produktion der Filmhandlung beteiligt sind.

ÜBEN 286–289

Sprechen und Schreiben

Bildfolgen untersuchen

Einstellungen und Montage

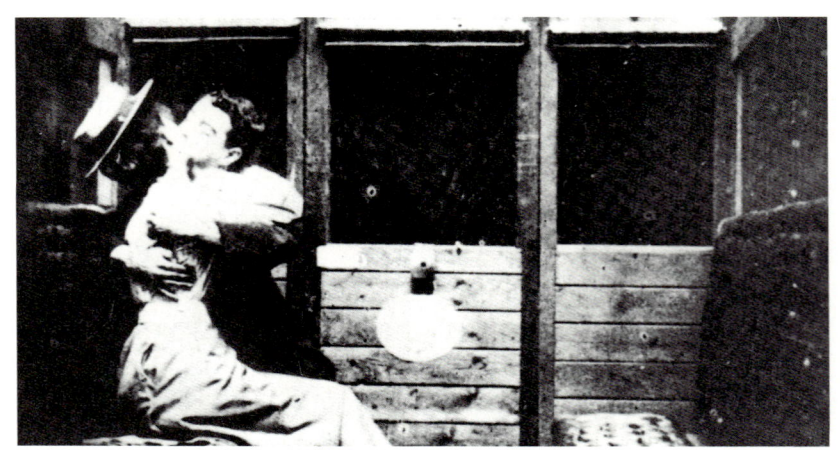

4. Was seht ihr auf den Bildern? Gebt dem abgebildeten Film einen Titel und begründet ihn.
5. Erzählt die mögliche Handlung dieses Films nach und vergleicht eure Fassungen.
6. Auf welche Weise wird in diesem Streifen ein Zusammenhang hergestellt?

INFO-BOX

Um einen Film herzustellen, werden die Filmstreifen, die in einer Einstellung gedreht worden sind, geschnitten und so aneinander montiert, wie die Abfolge für die Zuschauer sein soll. Die Filmemacher sprechen deshalb von ▶ **Schnitt** oder ▶ **Montage**. Der Film, der für die Vorführung bestimmt ist, wird im Schneideraum geschnitten und montiert.

Sprechen und Schreiben

Bildfolgen untersuchen

Filmsequenzen entwerfen

Bevor ein Film gedreht wird, werden die Einstellungen und deren Abfolge geplant. Dabei gibt es die Möglichkeit, eine solche Filmsequenz in einem Protokoll zu beschreiben. Ein solches Sequenzprotokoll ordnet die Einstellungen in ihrer Abfolge und stellt deren Einstellung und Inhalt dar.

7. Stellt euch vor, ihr bekommt den Auftrag, einen kurzen Film zu drehen, der das Treffen eines Paares zeigt, bei dem sich eine/r verspätet. Beschreibt die Einstellungen und deren Abfolge für einen solchen Film mithilfe der folgenden Tabelle.

Nummer der Einstellung	Einstellungsgröße	Inhalt: Was der Zuschauer sieht
1		
2		
3		
…		

TIPP

Besprecht zunächst das mögliche Geschehen. Besonders interessant sind natürlich Hindernisse oder Komplikationen, die das Treffen verzögern, so entsteht Spannung. Orte und Handlungen müssen in der Weise ins Bild gebracht werden, dass der Zuschauer versteht, um was es geht, aber nicht gleich alles auf einmal gezeigt bekommt.

8. Welche Lösungen, das Geschehen ins Bild zu bringen, habt ihr verfolgt? Wie wirken die verschiedenen Fassungen?

Weitere Themenbeispiele für einen kurzen Film:

komische Situation: Mann will Rasen mähen, hat aber keinen Strom

Schnelligkeit: Versuch, den Bus noch zu erreichen

peinliche Situation: Liebesbrief wird vom Lehrer abgefangen

Nachdenken über Sprache

Indirekter Fragesatz

Über realistische Regisseure *François Truffaut*

Oft wirft man Hitchcock vor, sein Verlangen nach Klarheit führe ihn zu ungebührlichen Vereinfachungen … Dem halte ich entgegen, dass Hitchcock der einzige Filmmacher ist, der ohne Hilfe des Dialogs die Gedanken einer oder mehrerer Personen filmen und verdeutlichen kann. Deshalb ist er für mich ein realistischer Regisseur.

Hitchcock ein Realist? In Filmen wie in Bühnenstücken vermittelt ausschließlich der Dialog die Gedanken der Personen, während doch bekannt ist, dass es im Leben genau andersherum geht, vor allem im gesellschaftlichen Leben, wenn man mit Menschen zusammenkommt, die man nicht gut kennt, bei Cocktails, Essen, Familientreffen und so weiter.

Bei solchen Gelegenheiten kann man sehr schnell feststellen, dass das, was gesagt wird, zweitrangig ist, bloße Konvention[1], und sich das Entscheidende anderswo abspielt, in den Gedanken der Gäste, Gedanken, die man erraten kann, wenn man auf ihre Blicke achtet.

Nehmen wir an, bei einem Empfang beobachte ich Herrn Y, der gerade drei Leuten erzählt, wie er mit seiner Frau in Schottland Ferien gemacht hat. Wenn ich seinem Blick folge, sehe ich, dass er sich in erster Linie für die Beine von Frau X interessiert. Nun zu Frau X. Sie redet über die Schwierigkeiten, die ihre beiden Kinder in der Schule haben, aber ihr kühler Blick gleitet immer wieder über die elegante Gestalt des jungen Fräulein Z.

Nicht im Dialog, der rein gesellschaftlich, konventionell bleibt, liegt also das Entscheidende dieser Szene, sondern in den Gedanken der Personen: Erstens, Herr Y steht auf Frau X; zweitens, Frau X ist eifersüchtig auf Fräulein Z. Zwischen Hollywood und Cinecittà[2] ist gegenwärtig kein anderer Filmmacher fähig, die menschliche Realität einer solchen Szene so zu filmen wie Hitchcock. […] So ist Hitchcock praktisch der einzige, der direkt, ohne die Hilfe erläuternder Dialoge Gefühle wie Verdacht, Eifersucht, Lust, Begierde filmt.

[1] Gewohnheit
[2] Filmstadt in Italien

9. Was macht nach François Truffaut einen realistischen Regisseur aus?
10. Truffaut hat in diesem Zusammenhang gesagt: „Alles, was gesagt statt gezeigt wird, ist für das Publikum verloren." Was meint er damit?

Nachdenken über Sprache

Indirekter Fragesatz

Eine Filmszene erproben

Die im Text von François Truffaut beschriebene Filmszene soll möglichst realistisch verfilmt werden. Dazu muss sie zuvor mit Schauspielern geprobt werden.

11. Führt solche Proben in Gruppen durch, dazu muss eine/r die Regie übernehmen, die anderen übernehmen die Rollen der Gastgeber, Gäste u. a. Die Schauspieler werden vom Regisseur an ihre Plätze gestellt und bekommen Hinweise zu ihren Rollen. Die Spieler fühlen sich in ihre Rollen ein, erzählen von sich und kommentieren das Verhalten der anderen Personen in der Szene.

Anregungen für Regieanweisungen
Sprecht die Schauspieler an, gebt ihnen einen Namen oder lasst sie einen Namen wählen, fordert sie auf, sich in die Situation, in die Rolle einzufühlen. Folgende Fragen können dabei helfen.
Was geht euch gerade durch den Sinn? Wie seid ihr hierher gekommen? Wen seht ihr hier? Was denkt ihr über die anderen Personen?
Denkt daran, dass ihr gerade angekommen seid. Ihr überlegt, was ihr als Erstes tut. Ihr zögert, ob ihr zuerst zu einer Bekannten geht oder die Gastgeberin begrüßen sollt.

Hinweise für Schauspieler und Schauspielerinnen
Versetzt euch in die zu spielende Person, in ihre mögliche Geschichte und in ihre Gedanken. Erzählt von euch, wer ihr seid, welchen Beruf ihr habt, wie ihr zu der Einladung gekommen seid, wie ihr euch im Moment in dieser Gesellschaft fühlt, was ihr über die anderen Personen denkt, was ihr glaubt, warum sich die anderen so verhalten.
Beachtet die Hinweise der Regie und beantwortet deren Fragen zu eurer Einschätzung.
In der Rolle könnt ihr euch auch direkt zu dem, was die anderen sagen oder machen, äußern, etwa in einem halblauten ▶ **Beiseitesprechen**: „Also, ich frage mich, warum Frau X immer so nach Fräulein Y schielt."

ÜBEN 286–289

Nachdenken über Sprache

Indirekter Fragesatz

Probensituation

Alle Beteiligten denken in Probensituationen häufig gemeinsam über die geprobten Szenen nach und überlegen, wie Verbesserungen zu erreichen sind:

> Die Frau mit dem auffälligen Schmuck scheint zu überlegen, ob sie jetzt ihren Mann zur Rede stellen soll.

> Ich bin mir nicht sicher, wie ich mich jetzt verhalten soll.

> Der Mann weiß jetzt, warum seine Frau so uninteressiert tut.

12. Untersucht diese Aussagen und erörtert, wer sie in welcher Situation gemacht haben könnte. Vergleicht den Aufbau der Satzgefüge, also das Verhältnis von Haupt- und Gliedsatz, die Stellung der Verben sowie das jeweilige Einleitewort der Gliedsätze.

INFO-BOX

Fragen kann man (sich) nicht nur direkt, sondern auch indirekt stellen, und zwar in Form eines Gliedsatzes als indirekter Fragesatz.
▶ **Indirekte Fragesätze** werden entweder mit *ob* eingeleitet oder mit einem „w-Wort" (*wer, was, warum, wie, …*).
In ob-Sätzen formulieren die Sprecher (indirekt) eine Entscheidungsfrage, in w-Sätzen verlangen sie die Ergänzung einer offenen Lücke.

---

13. Manchmal lassen sich indirekte Fragesätze und Relativsätze nicht eindeutig unterscheiden. Versucht die folgenden Beispiele zu klären.

> Der Mann vergisst, was seine Frau ausgesucht hat.
> Er überlegt, was er tun soll.
> Er fragt sich, wann die nächste Probe ist.
> Man weiß nicht, was es bedeuten soll.
> Ich frage mich, worin das Problem besteht.
> Sie fragt sich, wie lange das noch so weitergehen soll.

Sprechen und Schreiben 189
Bildergeschichten produzieren

Auf der Eisbahn

Produktion einer Fotostory

Fotostorys stellen mithilfe von Aufnahmen, die mit kurzen Kommentaren unter- oder überschrieben und oft mit Sprechtexten ergänzt werden, einen Handlungsablauf dar. Dabei werden Bilder verschiedener Kameraeinstellungen so in eine Reihenfolge gebracht, dass die Leser die Geschichte nachvollziehen können. Einstellung und Montage sind also auch hier wichtige Produktionsverfahren.

Hey, super!

Laura steht zum ersten Mal auf Schlittschuhen ...

1. Entwickelt und gestaltet eine Fotostory. Entwerft dazu eine Geschichte, die in 5–6 Fotos erzählt werden kann. Schreibt in einer Aufnahmeschrift (Skript) alle dazu notwendigen Texte. Plant ebenfalls die zu machenden Aufnahmen ein. Vor dem Fotografieren probt die Haltungen, Gestik und Mimik der Darsteller sowie deren Platzierung im Bild. Die fertige Fotostory könnt ihr kopieren und mit den Lesern besprechen. Das Skript könnt ihr so anlegen:

Bild	Darsteller	Dialoge/Kommentare
1		
2		
3		
...		

TIPP

In Standbildern können Haltungen von Personen und Figuren eingenommen und erprobt werden. Auch für die Aufstellung der Darsteller in einer Fotogeschichte oder auch einem Film kann dieses Verfahren genutzt werden.

ÜBEN 286–289

Sprechen und Schreiben

Filmmusik untersuchen

MUSIK MACHT DEN TON

Filmmusik – eine „akustische Brille"?

Film und Musik bilden einen Zusammenhang. Selbst der so genannte Stummfilm war nie ganz ohne Ton, oft wurde bei solchen Filmvorführungen Musik gemacht, meist als Klavierbegleitung. Die Musik wirkte wie der Unterton zum Geschehen, besonders in den Anfängen der ▶ **Filmmusik** kommentierte die Musik das Gezeigte.
Bei der Filmproduktion heute ist der Ton und besonders auch die Musik nicht mehr wegzudenken. So wird für einen neuen Film in der Regel eine eigene Musik komponiert, und oft wird der ▶ **Soundtrack** (also die Tonspur des Film) ausgekoppelt und auf anderen Tonträgern (wie etwa Audiokassette, CD) verkauft. Dieser eigenen Rolle der Musik entspricht auch die Vergabe eines Oscars für die beste Filmmusik.
Die Musik spricht Gefühle an und kann so Stimmungen erzeugen, die die Aufnahme der Bilder nicht nur begleiten, sondern auch steuern können.

> „Die entscheidende Bedeutung bei der Filmmusik kommt dem Sound zu, er ist die Botschaft, durch die eine Filmhandlung gehört bzw. ‚gesehen' wird. Auf der Folie des Sounds finden die Zuordnungen zu den Bildern statt. Die Musik ist eine wortlose Vermittlerin."
>
> *F.J. Röll*

1. Was ist hier mit „Sound" gemeint?
2. Inwiefern ist Filmmusik eine „akustische Brille"?

> „Es ist die Allgegenwart des Tons, die seine attraktivste Qualität ist. Er bewirkt den Aufbau von Raum wie Zeit. Er ist wesentlich für das Schaffen eines Schauplatzes. [...] Ein tonloses Bild wird lebendig, wenn ein Soundtrack hinzugefügt wird, der eine Vorstellung vom Ablauf der Zeit hervorrufen kann."
>
> *James Monaco*

3. Diskutiert die Behauptung, der Ton sei allgegenwärtig.
4. Inwiefern kann der Ton „eine Vorstellung vom Ablauf der Zeit hervorrufen"?

Sprechen und Schreiben 191
Filmmusik untersuchen

5. Welche Musik könnte zu den Filmbildern passen? Bringt euch passend erscheinende Einspielungen auf Kassetten mit und besprecht, inwiefern diese Musik eine „wortlose Vermittlerin" sein könnte.

ÜBEN 286–289

Mit Bildern werben

Werbespots erzählen oft kleine Geschichten, mit denen für das Produkt geworben wird. Werbefilme, die eine Geschichte erzählen und damit für ein Produkt oder eine Dienstleistung werben, könnt ihr mit einem Videorekorder aufnehmen und im Unterricht untersuchen.

Untersucht und beschreibt einen von euch ausgewählten Werbespot.

A Verwendet dabei die bisher entwickelten Begriffe wie Einstellung, Einstellungsgröße, Schnitt, Montage, Dialog, Ton und Vorstellungen der Zuschauer.

B Legt zur Untersuchung des Films ein Sequenzprotokoll an.

Nr.	Inhalt/ Geschehen	Dialoge	Ton	Einstellung/ Kamerabewegung
1				
2				
3				
...				

C Stellt eure Ergebnisse in einem Vortrag in der Klasse oder auf einem Elternabend vor.

> **TIPP**
>
> Bei der Untersuchung müsst ihr den Film wiederholt ansehen, auch ohne Ton. Nur bei Stillstand (Pause) der Wiedergabe könnt ihr die verschiedenen Einstellungen erkennen und beschreiben. In einer weiteren Spalte „Wirkung" könnt ihr Vorstellungen, Eindrücke, aber auch Beobachtungen festhalten.

PRISMA

193

Ihr könnt auch ein Skript für einen Werbefilm selbst schreiben (und vielleicht sogar verfilmen).

D Sammelt Ideen für einen Spot, in dem für sportliche Aktivitäten geworben wird.

E Schreibt das Skript für diesen Werbespot. Ihr könnt dabei die Tabelle verwenden, die auch zur Untersuchung von Werbefilmen dient.
Hinweis: Es kann sinnvoll sein, die Reihenfolge der Spalten ein wenig zu verändern.

Nr.	Einstellung Kamerabewegung	Inhalt Geschehen	Ton	Wirkung
1				
2				
3				
...				

Zeitungsleser wissen mehr

Erfahrungen bei der Zeitungslektüre

Ordnung ist das ganze Leben *Ludwig Harig*

Mein Vater war der erste Mensch, den ich habe lesen sehen, und das entschied über mein Leben. Ich sah ihn lesen, sitzend auf seinem Stuhl am Küchentisch oder liegend auf der Chaiselongue
5 im Wohnzimmer. Mein Vater las die Zeitung, er las die Saarbrücker Zeitung, er las nur die Saarbrücker Zeitung. Er sagte: „Siehst du, mein Knechtchen, es gibt Leute, die müssen die Frankfurter Zeitung lesen und die Münchner Zeitung
10 und die Hamburger Zeitung. Es gibt sogar Leute, die müssen unbedingt die Berliner Zeitung lesen, und sie tun so, als ob da drin etwas Besseres stehen würde als in der Saarbrücker Zeitung. Ich lese nur die Saarbrücker Zeitung, aber ich weiß, dass
15 es die Saarbrücker Zeitung ist, die ich lese, und ich denke mir mein Teil dabei."

Vater setzte sich auf den Stuhl oder legte sich auf die Chaiselongue, nahm die Zeitung in die Hand und begann zu lesen, die linke Hand am linken Rand und die rechte Hand am rechten. Er fing 20 vorne an und hörte hinten auf. Es schien auf diese Weise, als finge er jedes Mal vorne beim Wichtigsten an und höre hinten beim Belanglosen auf. […] Jedes Mal, wenn er mit dem Lesen fertig war, sagte er: „Es ist schlimm, dass die Zeitungsleute 25 nicht das Wichtige von dem Unwichtigen unterscheiden können. Zum Beispiel: der Sport, der kommt in der Zeitung erst auf Seite 5."
Was musste mein Vater nicht alles über sich ergehen lassen, Wirtschaft, Wetterbericht, Feuilleton 30 und Filmvorschau, bis er endlich auf der Seite 5 angekommen war. Niemals hätte er zuerst die

Seite 5 aufgeschlagen, nein, die Zeitungsleute in ihrer aufgeblasenen Besserwisserei sollten ihre Strafe haben, und so las er die Meldungen von politischen Geschehnissen, wirtschaftlichen Vorgängen, kulturellen Ereignissen und versah sie mit seinem schonungslosen Kopfschütteln. Geschehnisse, Vorgänge, Ereignisse, wichtigtuerisch gemeldet, von gestern auf heute gedeutet und morgen schon wieder vergessen, wo er immer schon wusste, wie sie ausgehen würden, nämlich unerfreulich, so wie es der Beschaffenheit der menschlichen Natur entsprach.

Wieder einmal saßen die Partner am Verhandlungstisch, wieder einmal schwächte sich das Wachstum ab, wieder einmal blamierte sich das Stadttheater, und was schrieb die Saarbrücker Zeitung? Eine schwierige Verhandlungssituation, sagte der politische Kommentar; eine leichte Abschwächungstendenz, sagte die Wirtschaftsanalyse; ein deftiger Theaterskandal, sagte das Feuilleton. Situationen, Tendenzen, Skandale: „Es ist alles dasselbe", sagte mein Vater, „und am Ende geht's immer bergab."

Ja, es ist immer alles dasselbe. Zuerst beobachtet man eine Situation, dann zeigt sich eine Tendenz, und am Ende kommt der Skandal. Ich lernte, wie alles dasselbe ist, ich lernte, wie sich das eine in das andere taucht, wie die Verhandlungssituation zur Verhandlungstendenz und schließlich zum Verhandlungsskandal wird, wie die Abschwächungstendenz zuvor eine Abschwächungssituation gewesen ist und zum Abschwächungsskandal wird und dem Theaterskandal eine Theatertendenz und dieser eine Theatersituation vorausgeht. „Alles nur Politik, alles nur Theater", sagte mein Vater. Nur der Sport war für ihn voller Überraschungen, bei einem Fußballspiel konnte niemand voraussagen, wie es ausgehen würde, und bei einem Schießwettkampf konnte ein einziger Ring über Sieg und Niederlage entscheiden. Nein, der Sport hatte für meinen Vater nichts mit Politik und Wirtschaft und Kultur zu tun, Sport war Sport und damit basta! […] Er saß also werktags auf seinem Stuhl am Küchentisch, und feiertags lag er auf der Chaiselongue im Wohnzimmer, hielt die Saarbrücker Zeitung in der Hand, kniffte, faltete und las, und wenn er auf der letzten Seite beim allerletzten Wort angekommen war, schloss er die Augen und hielt sein Mittagsschläfchen. Werktags, sitzend am Küchentisch, legte er den Kopf in die rechte Hand, die er auf die Tischplatte stützte, und feiertags, liegend auf der Chaiselongue, lag sein Kopf auf dem Kissen mit den Paradiesvögeln, und kaum hatte er die Augen zugemacht, war er auch schon eingeschlafen. So fing auch ich eines Tages mit dem Lesen an. […]

1. Welche Beobachtungen macht der ▶ **Ich-Erzähler**, wenn er seinen Vater Zeitung lesen sieht? Geht dabei auf dessen Leseverhalten und das Verhältnis zum Gelesenen ein. Warum erzählt der Ich-Erzähler nicht von der Zeitungslektüre seiner Mutter?
2. Welche Informationen enthält der Romanauszug über Aufbau und Funktion der Zeitung?
3. Beobachtet eure Eltern, andere Menschen und euch selbst beim Zeitunglesen. Fragt sie, warum, wie und wo sie Zeitung lesen. Erzählt davon oder berichtet darüber.
4. Vergleicht eure Beobachtungen und Erfahrungen mit denen des Ich-Erzählers. Wie erklärt ihr euch Gemeinsamkeiten und Unterschiede?
5. Was lest ihr in der Zeitung? Entwerft für eure Klasse eine Übersicht in Form eines ▶ **Säulendiagramms**.

Zeitung lesen – gewusst wie

Was jeder über die Tageszeitung wissen sollte

In Deutschland gibt es über 350 lokale und regionale Abonnementzeitungen mit einer täglichen Auflage von insgesamt ca. 17,6 Millionen Exemplaren. Sicherlich kennt ihr die Tageszeitungen aus eurer Region, die euch der jeweilige Zeitungsverlag möglicherweise kostenlos als Klassensatz über 14 Tage zur Lektüre in die Schule liefert.

Mithilfe der folgenden Aufgaben könnt ihr eure Tageszeitungen (in arbeitsteiliger Gruppenarbeit) untersuchen. Im Anschluss an die Aufgaben findet ihr wichtige Informationen und Fachbegriffe rund um das Zeitungswesen, die ihr zur Bearbeitung der Aufgaben nutzen solltet.

> **TIPP**
> Aktuelle Daten zum Bereich Zeitungswesen und zu den Anzeigenblättern findet ihr unter www.bdzv.de (Bundesverband Deutscher Zeitungsverleger) und www.bvda.de (Bundesverband Deutscher Anzeigenblätter).

1. Sammelt die Namen der Sparten in eurer Tageszeitung und ordnet sie den Ressorts zu. Bei welchen Sparten gibt es Schwierigkeiten? Bleiben die Sparten jeden Tag gleich?
2. Bildet für jedes Ressort ein Redaktionsteam und erarbeitet mithilfe eurer Tageszeitungen verschiedene Themenbereiche, die typisch für euer Ressort sind. Haltet entscheidende Merkmale eures Ressorts fest.
3. In der Tageszeitung findet ihr „Information", „Meinungsbildung", „Unterhaltung" und „Werbung". Diese vier Leistungen sind in den einzelnen Ressorts und Sparten unterschiedlich stark umgesetzt. Fertigt eine Collage mit der Grobeinteilung der vier Leistungen und ordnet entsprechende Artikel, Fotos und andere Beiträge zu. Abschließend könnt ihr noch die einzelnen Sparten zuordnen.
4. Untersucht, welche Artikel von Nachrichtenagenturen stammen und welche von eigenen Zeitungsredakteuren verfasst wurden. Welche Bedeutung hat in diesem Zusammenhang das Impressum?
5. Schaut euch die Titelseite genau an. Welche Ressorts sind hier (täglich?) vertreten? Wie ist das Verhältnis von Schlagzeile, Text und Bild auf der Titelseite gegenüber dem Innenteil?
6. Fertigt ein „blindes" Lay-out zur Titelseite eurer Zeitung an (z. B. mit dem PC). Wie ist die Spaltenaufteilung, wo steht Text, wo sind Bilder und Grafiken? Haltet fest, mit welchen Gestaltungsmitteln Interesse und Neugier des Lesers geweckt werden.
7. Kommt zu einem ersten Fazit: Wozu brauchen wir im heutigen multimedialen Zeitalter noch eine Tageszeitung?

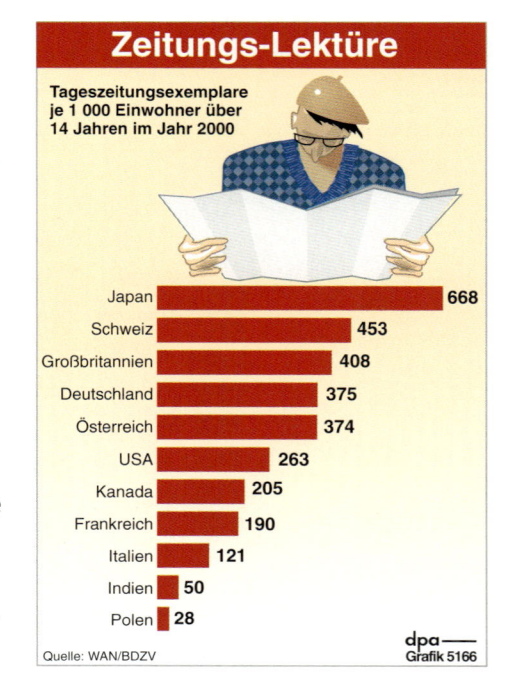

Zeitungs-Lektüre

Tageszeitungsexemplare je 1 000 Einwohner über 14 Jahren im Jahr 2000

Japan	668
Schweiz	453
Großbritannien	408
Deutschland	375
Österreich	374
USA	263
Kanada	205
Frankreich	190
Italien	121
Indien	50
Polen	28

Quelle: WAN/BDZV
dpa Grafik 5166

Umgang mit Texten
Zeitung lesen und verstehen

Abonnement- und Boulevardzeitung	Die breiten, von Bäumen eingesäumten Straßen in den Städten Frankreichs nennt man Boulevards. Danach werden auch Zeitungen benannt, die auf der Straße oder am Kiosk verkauft werden und meistens nicht abonniert werden können. Die bekannteste Boulevardzeitung ist die „Bild". Die direkte deutsche Übersetzung für Boulevardzeitung ist Straßenverkaufszeitung. Neben der Boulevardzeitung gibt es die Abonnementzeitung, die vom Leser bestellt und jeden Tag ins Haus geliefert wird, aber auch am Kiosk gekauft werden kann. Man unterscheidet zwischen regionalen/lokalen Tageszeitungen (Hannoversche Allgemeine Zeitung, Rheinische Post …) und überregionalen Tageszeitungen (Süddeutsche Zeitung, Frankfurter Allgemeine Zeitung …).
Impressum	Jede Zeitung ist verpflichtet, an irgendeiner Stelle ihre Adresse und die Namen derjenigen zu nennen, die für alles, was in der Zeitung steht, verantwortlich sind.
Nachrichtenagentur	Eine Zeitung kann nicht alle Nachrichten selbst beschaffen; deshalb arbeitet sie mit Nachrichtenagenturen zusammen, die Informationen aus aller Welt zusammentragen und diese an die Zeitungen verkaufen. So versorgen Nachrichtenagenturen die Redaktion rund um die Uhr mit aktuellen Meldungen und Berichten, die über Fernschreiber oder per Satellit übermittelt werden. Die wichtigsten Agenturen sind: dpa: Deutsche Presse-Agentur, UPI: United Press International (USA), AFP: Agence France Presse (Frankreich), rtr: Reuters AG, sid: Sport-Informationsdienst, VWD: Vereinigte Wirtschaftsdienste, AP: Associated Press (amerikanische Nachrichtenagentur), ITAR-TASS: Nachrichtenagentur in den meisten Nachfolgestaaten der Sowjetunion.
Lay-out	Plan einer Zeitungsseite (Spaltenbreite, Schriftgröße); das Lay-out legt genau fest, an welcher Stelle der Seite ein Artikel oder ein Foto stehen soll.
Redaktion	Zur Redaktion einer Zeitung gehören alle Redakteure. Sie treffen sich normalerweise täglich zur Redaktionskonferenz, um zu besprechen, über welche Themen in der Zeitung am nächsten Tag berichtet werden soll, wie lang die Artikel sein dürfen und wo sie in der Zeitung stehen. Eine lokale/regionale Zeitung hat zusätzlich eine Lokalredaktion, d. h. Journalisten, die über alles berichten, was in der unmittelbaren Umgebung passiert. Mit der Redaktion können auch einfach die Räume gemeint sein, in denen die Redakteure arbeiten.
Redakteur	Fest angestellter Journalist, der z. B. bei der Tageszeitung regelmäßig Informationen und Bildmaterial sammelt, ordnet und auswählt und damit Artikel oder Berichte schreibt. Welcher Redakteur einer Zeitung sich beispielsweise mit einem bestimmten Thema beschäftigt, bestimmt der Chefredakteur.

Ressort	Die verschiedenen Arbeitsbereiche in der Redaktion einer Zeitung heißen Ressorts; in jedem Ressort arbeiten speziell für diesen Arbeitsbereich zuständige Redakteure. Als Grundressorts einer Zeitung gelten: Politik, Wirtschaft, Sport, Feuilleton (Kulturteil), Lokales.
Schlagzeile	Überschrift eines Artikels, die meistens in großen Buchstaben und fett gedruckt ist.
Spalte	Jede Zeitungsseite ist von oben nach unten in Spalten eingeteilt, damit der Leser sich schneller zurechtfindet.
Sparte	Seitenüberschrift in einer Tageszeitung.

Eine Tageszeitung entsteht – oder: der Weg vom Ereignis zum Leser

Ein Marathon: ein Sportereignis, über das die Medien berichten.

Redaktionssitzung

Am Bildschirm werden die Seiten aufgebaut.

Umgang mit Texten 199
Zeitung lesen und verstehen

Über Transportketten gelangen die fertig gedruckten Teile der Zeitung in die Packerei.

In einem Belichtungsgerät werden die elektronisch gespeicherten Seiten verfilmt.

Das Papier wird in riesigen Rotations-Druckmaschinen von Papierrollen abgewickelt und beidseitig bedruckt.

Ein Teil der Zeitungsauflage wird in Kiosken und Supermärkten verkauft.

Über Zusteller gelangt der andere Teil der Zeitungsauflage direkt an die Leser.

8. Untersucht die Bildfolge „Eine Tageszeitung entsteht" auf ihren Informationsgehalt hin. Werdet ihr ausreichend über den Entstehungsprozess informiert? Welche Funktion hat der erläuternde Text zum Bild?

Kurzgefasst

Von der Neuigkeit zur Nachricht *Verena Hruska*

Was ist eine ▶ **Nachricht**? Dass Züge fahren, dass Zugreisende mit ihnen fahren und an Stationen aussteigen? Solche Feststellungen sind im journalistischen Sinne keine Nachrichten, denn ihnen fehlt das Wichtigste: Neuigkeitswert. Aber: „Zugreisende zu Fuß zum Ziel" – das ist eine Nachricht.

Was ist geschehen? Richtig: etwas Ungewöhnliches, Unerwartetes, etwas Neues. Und schon ist unser Interesse geweckt: Was ist passiert, wieso müssen Leute, die eigentlich fahren wollen, zu Fuß gehen? Wir lesen:

> PARIS – Einen halbstündigen Weg über Stock und Stein mussten Zugreisende der Linie Paris–Le Havre bei Regen und Dunkelheit zurücklegen, weil sie zu früh ausgestiegen waren. Wie die Staatsbahn SNCF bekannt gab, hatte der Zug auf offener Strecke in der Normandie angehalten. Da wenige Minuten zuvor der nächste Bahnhof ausgerufen worden war, glaubten sich rund 20 Reisende am Ziel und stiegen aus. Aufgrund der Finsternis merkten sie ihren Irrtum erst, als der Zug weitergefahren war. [...]

Würde chronologisch berichtet, müsste die Nachricht so lauten:

> Ein fahrplanmäßiger Zug war am Abend von Paris nach Le Havre unterwegs. Es war dunkel und regnete. Während der Fahrt durch die Normandie wurde über Lautsprecher die nächste Station angesagt. Kurz darauf hielt der Zug. Etwa 20 Fahrgäste stiegen aus. Die Bahn fuhr weiter. Erst jetzt merkten die Reisenden, dass sie im Finstern auf freier Strecke standen. Sie machten sich zu Fuß auf den Weg zur nächsten Station. Nach einem halbstündigen Marsch über Stock und Stein erreichten sie ihr Ziel.

Machen wir aber den Test: Was fällt uns spontan von der ▶ **Meldung** ein? – Die Stichworte: Irrtümlich aus Zug ausgestiegen, zu Fuß zum Ziel, vielleicht noch Dunkelheit und Regen. – Und tatsächlich beginnt die Zeitungsnachricht so. [...] In der Nachrichtenforschung wird für diesen Aufbau das Bild von der „inverted pyramid" gebraucht, der auf die Spitze gestellten Pyramide.

Die „W"s stehen für die Beantwortung der Frage: Wer hat was wann wo wie und warum getan? „Qu" ist die Quelle. Gleich an den Kern der Meldung wird oft die Quelle gehängt. Hier ist nicht Agentur oder Schreiber gemeint, sondern der Ursprung einer Nachricht. Die „E"s bedeuten weitere Einzelheiten. „H" und „Z" stehen für Hintergrund und Zusammenhänge.

Sprechen und Schreiben

Journalistische Textformen

201

„Von über 99 % des Geschehens auf der Erde erfährt der Zeitungsleser nichts, weil es einfach nicht zur Kenntnis der Presse gelangt. Und über 99 % der Nachrichten, die der Presse bekannt sind, gelangen nie vor die Augen des Lesers, weil sie aus verschiedenen Gründen aussortiert werden."

Martin Steffens, dpa-Redakteur

1. Überprüft den Aufbau der vorliegenden Nachricht mithilfe der umgekehrten Pyramide. Warum fehlen einige Informationen?
2. Untersucht die sprachliche Darstellung der Nachricht und haltet typische Merkmale fest.
3. Sammelt in euren Tageszeitungen Nachrichten und ▶ **Berichte** aus allen Ressorts, unterscheidet zwischen ▶ **„hard news"** und ▶ **„soft news"** und analysiert Aufbau und sprachliche Darstellung. Warum wird über diese Ereignisse berichtet?
4. Welches Ereignis ist eine Zeitungsmeldung wert? Überlegt euch Beispiele, die ihr als Redakteurin oder Redakteur aufgreifen oder verwerfen würdet. Denkt dabei an eure eigenen Interessen, aber auch an die eurer Leser.
5. Schreibt zu den Ereignissen in der Geschichte „Grausiges Erlebnis eines venezianischen Ofensetzers" (S. 31 ff.) eine Nachricht. In welches Ressort, in welche Sparte gehört sie? Was wollt ihr als Redakteurin oder Redakteur mit dieser Nachricht erreichen?

Was ist wichtig?

„Es geschieht viel in der Welt. Nicht alles ist wichtig. Was wichtig ist und was nicht wichtig ist, entscheiden wir Journalisten. Nach welchen Kriterien? Das verletzte Knie eines Bundesliga-Fußballers ist zweifellos wichtig. Die Schwangerschaft der zeitweiligen Geliebten des Vaters einer Weltklasse-Tennisspielerin war so wichtig, dass darüber monatelang berichtet wurde. Der Tod eines Obdachlosen bei Frost im Stadtwald ist unwichtig. Dass einem jungen Deutschen in einem südostasiatischen Land wegen Heroinschmuggels die Todesstrafe droht, vermelden wir. Dass dort 20 oder 30 einheimische Drogenhändler hingerichtet werden, ist nicht so wichtig. [...] Kriege können wichtig oder unwichtig sein. [...] Politiker sind wichtig. Wir sind in der Lage, sie zu ungeheurer Wichtigkeit aufzublasen. [...] Je mehr Journalisten bei einem Ereignis anwesend sind, desto wichtiger muss es sein."

Eckart Spoo, seit 1962 Redakteur der „Frankfurter Rundschau"

6. Fasst die Meinung von Eckart Spoo zusammen.
7. Was ist eures Erachtens wichtig und sollte deshalb in einer Zeitung erscheinen?
8. Wie geht die Redaktion eurer Tageszeitung mit der Verantwortung der Themenauswahl um? Bittet sie um eine Stellungnahme und ladet einen Redakteur/eine Redakteurin zum Gespräch in die Klasse ein.

Wie Sätze wirken   *Peter Linden*

Sätze geben nicht einfach nur Information wieder. In jedem Satz steht versteckt eine kleine Kamera. Es ist interessant, manchmal sogar entscheidend, wo diese Kamera steht. Steht sie näher bei Herrn Meier, näher bei seiner Frau? Steht sie in neutraler Distanz von beiden gleich weit entfernt? [...] Drei Beispiele:

1. An diesem Wochenende fuhr Herr Meier mit seiner Frau nach Italien.

[...] Ein Satz so normal, dass viele nichts an ihm finden. Und doch hat der Satz einen erheblichen Mangel, zumindest aus Frau Meiers Sicht: Es ist ein Männersatz. Während Herr Meier protzig als Subjekt daherkommt, ist Frau Meier Präpositionalobjekt. Wie ein Gepäckstück. [...] Wie wäre es denn, wenn Frau Meier befördert würde zum gleichwertigen Subjekt? [...] Das ist nicht ganz einfach. *Herr Meier und seine Frau fuhren nach Italien* bessert Frau Meiers Lage, ganz wohl wird sie sich in Kombination mit einem Possessivpronomen nicht fühlen. Durch Gepäckstücke ließe sie sich nun nicht mehr ersetzen, wohl aber durch ein Haustier. Ohne Possessivpronomen heißt der Satz übrigens: *An diesem Wochenende fuhren Herr und Frau Meier nach Italien.* So geht es auch.

2. Er wird beschuldigt, das Kind 13 Tage lang [...] in einer Kiste verborgen gehalten zu haben.

Vieles ist an diesem Satz auszusetzen, eines unverzeihlich: Der Autor kümmert sich einen Dreck um das Kind. Ihn scheint allein der Täter zu interessieren und dessen Bemühungen, nicht erwischt zu werden. Verborgen halten kann man Gedanken, auch Dinge, aber nicht Kinder in Kisten. Wäre die Perspektive lesergerecht und korrekt aus der Perspektive des Kindes errichtet, müsste der Satz lauten: Er wird beschuldigt, das Kind 13 Tage lang [...] in eine Kiste gesperrt zu haben. Jetzt fühlt man die Enge der Kiste und die Grausamkeit des Entführers.

3. Er verlor seinen Arbeitsplatz.

Subjekt: er. Objekt: seinen Arbeitsplatz. So wird aus einem alltäglichen Vorgang in der Wirtschaft ein Schicksalsschlag oder ein dummer Zufall. Der Satz klingt wie: Er verlor seine Brieftasche. Doch im Gegensatz zur Brieftasche kann man einen Arbeitsplatz nicht wiederfinden. Der Fehler des Satzes liegt in der Veränderung der Subjekt-/Objekt-Position, wodurch das eigentliche Subjekt der Handlung, die Firma, der Chef, der Unternehmer, verschwindet. Mit den Handelnden die Nachricht einzuleiten, erfordert Mut. Der Manager strich seine Stelle; der Chef entschied, dass er überflüssig war – so geschieht es im Alltag, und die Leser wissen es genau.

9. Überprüft die Kameraführung und die Wirkung der Sätze in den Nachrichten eurer Tageszeitungen. Verändert diese Nachrichten und ergründet, wie eure Änderungen sich auswirken.

Nachgefragt

Jeden Tag ein bunter Strauß

Lange Zeit waren Zeitungen das einzige aktuelle Medium. Längst gibt es neben Radio und Fernsehen auch noch das Internet. Doch trotz der großen Konkurrenz sehen Wissenschaftler die Bedeutung der Printmedien auf lange Zeit gesichert. Zur Zukunft der Zeitung befragte RP-Redakteur Ralf Jüngermann Prof. Dr. Günther Rager vom Institut für Journalistik der Universität Dortmund.

Die deutschen Tageszeitungen haben zuletzt einen spürbaren Wandel vollzogen. Welche Veränderungen sind aus Ihrer Sicht die bedeutendsten?

Die Tageszeitungen haben Gott sei Dank auf wichtige Themen reagiert, zum Beispiel verstärkt über neue Medien berichtet und Angebote für bestimmte Zielgruppen wie Jugendliche geschaffen. Dadurch ist der Umfang des redaktionellen Angebots gewachsen.

[…] Sind die aktuellen Printmedien mit diesem Konzept fit fürs 21. Jahrhundert?

Ich gehöre absolut nicht zu denen, die dieses wichtige Kulturgut in absehbarer Zeit untergehen sehen. Wenn ein neues Medium hinzukommt, verschwindet das alte nicht zwingend. Es ändert sich nur seine Funktion. Das Internet ist eine gewaltige Herausforderung für die Zeitung. Es wird sie verändern.

Zu einem Orientierungsmedium?

Viele Anzeichen sprechen dafür. Leser werden von der Zeitung vor allem Orientierung erwarten. Das heißt, sie wollen informiert und mit Meinungen konfrontiert werden. Eine Zeitungsredaktion arbeitet optimalerweise wie eine Floristin: Sie bindet einen bunten Strauß zusammen. Die Redakteure akzentuieren, heben bestimmte Dinge hervor. Diese Leistung ist einmalig und wird in der Medienlandschaft auf lange Zeit unbestritten sein.

Welche Vorteile hat die Zeitung im Vergleich zu anderen Medien?

Neben der angesprochenen Integrationsleistung bietet sie eine große Nutzungsfreiheit. Wenn ich mir Nachrichten im Fernsehen anschaue, würde ich manchmal gerne vorspulen. In der Zeitung überblättere ich, was mich nicht interessiert. Ich kann die Nachrichten in meiner Geschwindigkeit aufnehmen. Dazu kommt, dass Zeitungen es sich als einziges Medium leisten, als Plattform für Auseinandersetzungen zu dienen. […]

Welche Entwicklung erhoffen Sie von den aktuellen Printmedien?

Sie sollen unterhaltsamer werden, in doppeltem Sinne. Natürlich muss die Information das Standbein bleiben, aber das Spielbein könnte stärker werden. Damit meine ich, dass Themen so aufbereitet sein sollen, dass es den Lesern Spaß macht, eine Zeitung in die Hand zu nehmen. Und sie sollte zum anderen den Stoff dafür liefern, dass sich Menschen miteinander unterhalten.

Nachrichten kommen heute auf elektronischem Weg in die Redaktion, werden elektronisch verarbeitet – und dann auf Papier gedruckt. Wird das so antiquiert bleiben?

Papier sorgt für eine gute Handhabbarkeit. Zeitungen werden viel an Orten gelesen, an denen es bislang keine Bildschirme gibt: im Bus oder auf der Toilette zum Beispiel. Alle, die das bislang untersucht haben, sind sehr skeptisch, ob Redaktionen ihre Informationen künftig direkt auf Bildschirme übertragen werden. […]

Zeitungen gibt es seit knapp 400 Jahren. Wird es Sie auch noch in 400 Jahren geben?

Wenn ich das wüsste. Ich glaube schon. Vielleicht sogar in einer Form wie ganz früher. Dass einsame Publizisten sich in netten Aufsätzen darüber auslassen, dass die Welt früher viel besser war.

Rheinische Post vom 25. 9. 2000

1. Wie seht ihr die Zukunft der Tageszeitung?
2. Fasst den Inhalt des Interviews zu einer Nachricht zusammen. Was ändert sich dadurch?
3. Stellt in einer Tabelle vergleichend gegenüber: Merkmale und Wirkung der Nachricht – Merkmale und Wirkung des Interviews.
4. Was gehört alles zur Vorbereitung eines Interviews?

Immer auf dem Laufenden

Mehr als 21 000 Läufer starteten beim Köln-Marathon/Wetter für Skater gefährlich

„Hopp, hopp, Turboschnecke!"

Von DIRKE KÖPP

KÖLN. Einsam steht der Mann am Straßenrand, dick in zwei Decken eingewickelt, den Blick gesenkt. Aus der Traum. Kurz vor Kilometer 20 hatte sich der 49-jährige Belgier Luc beim Kölner Ford-Marathon am Sonntag eine Fußverletzung zugezogen und musste aufgeben. Vielleicht die Achillessehne, vermutet er. Dabei hatte es ein Jubiläum werden sollen. „Es ist mein 50. Marathon, und ich habe in ein paar Wochen Geburtstag, wollte den letzten Lauf in dieser Altersklasse machen."

Luc war einer von mehr als 21 000 Läufern, die es am Sonntag in die Domstadt gezogen hatte. Da liefen muskelbepackte Bodybuilder neben zierlichen knapp 1,50 Meter großen Sportlerinnen, Hobbyläufer neben Cracks. Die meisten von ihnen hatten mehr Glück als Luc und schafften es über 42,195 Kilometer bis ins Ziel.

Wie schon vor zwei Jahren hatte den Athleten auch diesmal das Wetter übel mitgespielt: Es regnete Bindfäden. Klatschnass waren sie. Viel machte es ihnen da nicht aus, dass beim Laufen der weitaus größere Teil des Wassers, das ihnen Helfer vom Versorgungsteam in Plastikbechern anreichten, nicht in den Mund, sondern auf dem T-Shirt landete. 70 000 Liter Wasser, knapp 10 000 Liter Cola und 24 000 Liter Apfelschorle sollten den Durst der „Marathonis" löschen. 60 000 Bananen, 15 000 Gebäckstücke, genau so viele Schokoriegel, Nüsse und Trockenobst hatten die Organisatoren eingekauft, um für die Kalorienzufuhr zu sorgen. […]

Durchhaltevermögen belohnt

[…] Durchhaltevermögen belohnten die Zuschauer, die trotz Regen mit Trillerpfeifen, Trommeln und Schellen am Straßenrand standen und jeden Sportler bejubelten, mit Zurufen: „Hopp, hopp, du hast schon mehr als die Hälfte!" oder „Ja, weiter so.".

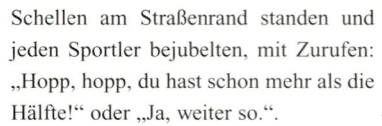

[…] Vor den Läufern waren bereits knapp 5000 Inline-Skater sowie mehr als 50 Rollstuhlfahrer und Handbiker an den Start gegangen. Für die Inline-Skater war der Regen nicht nur unangenehm, sondern regelrecht gefährlich. Rutschiges Pflaster und glatte Straßenmarkierungen machten es den Sportlern schwer.

„Aber Spaß hat es trotzdem gemacht", so Jörg Nolte aus Duisburg, der nach 2,13 Stunden ins Ziel rollte. Auch seine Freunde nahmen das Wetter mit Humor: „Ich glaube, ich habe keinen trockenen Quadratzentimeter mehr am Körper", sagte Carsten Deuper. „Immer wenn ich den Fuß gehoben habe, habe ich gespürt, wie mir Wasser zwischen den Zehen durchlief", bestätigte Heike Grüter.

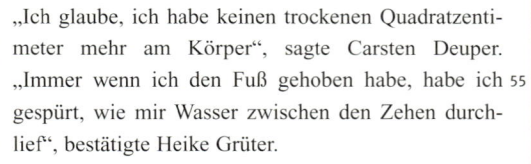

Der Sieger des Marathons stand nach 2,15 Stunden fest. Der kenianische Läufer Benson Lorkowe konnte damit seinen Vorjahreserfolg wiederholen.

Rheinische Post vom 2. 10. 2000

---

1. Welche Wirkung möchte Dirke Köpp mit ihrer ▸ **Reportage** erreichen? Ergründet, ob ihr das gelingt? Beziehet dazu auch die Fotos ein.
2. Sucht in euren Tageszeitungen nach Reportagen, die euch interessieren. Schreibt alle Formulierungen heraus, die in einer Nachricht nicht auftauchen dürften.
3. Schreibt einen Artikel über die Reportage für ein Journalistenhandbuch. Geht dabei auch darauf ein, was an Vorbereitungen notwendig ist, wie sie zu schreiben ist und welche Wirkung sie beim Leser erzielen soll.
4. „Schulschluss nach der 6. Stunde" – schreibt eine Reportage.

KOMMENTAR UNERWÜNSCHT

Presserecht und Pressegesetz

Aus dem Grundgesetz für die Bundesrepublik Deutschland

Art. 5 (1) Jeder hat das Recht, seine Meinung in Wort, Schrift und Bild frei zu äußern und zu verbreiten und sich aus allgemein zugänglichen Quellen ungehindert zu unterrichten. Die Pressefreiheit und die Freiheit der Berichterstattung durch Rundfunk und Film werden gewährleistet. Eine Zensur findet nicht statt.

Pressegesetz für das Land Nordrhein-Westfalen
Landespressegesetz NRW vom 24. 5. 1966, Stand Januar 1997

§ 1 Freiheit der Presse. (1) Die Presse ist frei. Sie ist der freiheitlich demokratischen Grundordnung verpflichtet. […]

§ 3 Öffentliche Aufgabe der Presse. Die Presse erfüllt eine öffentliche Aufgabe insbesondere dadurch, dass sie Nachrichten beschafft und verbreitet, Stellung nimmt, Kritik übt oder auf andere Weise an der Meinungsbildung mitwirkt.

§ 4 Informationsrecht der Presse. (1) Die Behörden sind verpflichtet, den Vertretern der Presse die der Erfüllung ihrer öffentlichen Aufgabe dienenden Auskünfte zu erteilen.

§ 6 Sorgfaltspflicht der Presse. Die Presse hat alle Nachrichten vor ihrer Verbreitung mit der nach den Umständen gebotenen Sorgfalt auf Inhalt, Herkunft und Wahrheit zu prüfen. […]

Gegendarstellungsanspruch. (1) Der verantwortliche Redakteur und der Verleger eines periodischen Druckwerks sind verpflichtet, eine Gegendarstellung der Person oder Stelle zum Abdruck zu bringen, die durch eine in dem Druckwerk aufgestellte Tatsachenbehauptung betroffen ist. Die Verpflichtung erstreckt sich auf alle Neben- und Unterausgaben des Druckwerks, in denen die Tatsachenbehauptung erschienen ist.

§ 21 Strafrechtliche Verantwortung. (1) Die Verantwortlichkeit für die Straftaten, die mittels eines Druckwerkes begangen werden, bestimmt sich nach den allgemeinen Strafgesetzen.

1. Kommentiert einzelne Passagen aus dem Grundgesetz und aus dem Presserecht, die euch besonders wichtig sind.
2. Definiert auf der Grundlage eurer Darstellungen von Aufgabe 1 den Begriff ▶ **Kommentar**.
3. Nehmt zum ▶ **Comic** unter Beachtung von § 3 des Presserechts Stellung.

Die Rechtschreibreform in der Diskussion

Die Absichtserklärung zur Neuregelung der deutschen Rechtschreibung wurde von einer Kommission am 1. Juli 1996 in Wien unterzeichnet. Diese Neuregelung trat am 1. August 1998 für alle Klassen und Jahrgangsstufen in Kraft. Ein Jahr später führten die Zeitungen die neuen Schreibweisen ein, bis schließlich am 1. August 2000 die „Frankfurter Allgemeine Zeitung" zur alten Rechtschreibung zurückkehrte. Die Diskussion um die Rechtschreibreform ist in diesen Jahren auch in ▶ **Zeitungskommentaren** geführt worden.

Steter Tropfen ...
Schreibreform spaltet die Deutschen

Die neuen Rechtschreibregeln spalten die Deutschen – und das buchstäblich. Die am Wochenende veröffentlichte Umfrage belegt es: 45 Prozent wollen sich verweigern, wenn Presse und Behörden die
5 Reform ab August umsetzen. 54 Prozent dagegen wollen es gleich oder später mit den Veränderungen aufnehmen. Es liegt auf der Hand: Wer beruflich mit der Reform konfrontiert wird, zögert sicher weniger, sie auch im Privatleben anzuwenden. Wer
10 aber keinerlei Druck hat, weil er der Schulbank längst entwachsen ist, und auch im beruflichen Alltag weiterhin gut ohne „dass" leben kann, läßt sich eben Zeit.
Dagegen ist auch nichts einzuwenden: Schließlich
15 schreibt ein Erwachsener keine Diktate mehr – seine Schreibweise gilt nur als veraltet. Wer nun wieder befürchtet, die Reform führe den Untergang der deutschen Sprache herbei, tut den Regeln viel zu viel Ehre an. Denn der große Wurf ist die
20 Reform nicht. Allerdings vereinfacht sie gerade bei der von vielen immer mit tollkühner Spontaneität angewandten Groß- oder Kleinschreibung so manche heiklen Fälle und räumt auch bei der Silbentrennung Hürden aus dem Feld. Ganz ohne Ungereimtheiten freilich kommt sie nicht aus – in dieser 25 Hinsicht steht sie den bisherigen Regeln also in nichts nach.
Die Aversion gegen die neuen Rechtschreibvorschriften wird in den kommenden Monaten bei vielen Deutschen aber wohl abgebaut – wenn sie sich 30 tagtäglich bei der Zeitungslektüre an die Veränderungen gewöhnen können; oder von ihrer Stadtverwaltung „neudeutsch" erfahren, dass die Müllleerung verschoben werden muss.
Steter Tropfen höhlt den Stein. Auch im Umgang 35 mit der Sprache. Und wenn die Diskussion um die Reform dazu beiträgt, daß die Sprache im Zeitalter der Anglizismen und des allgegenwärtigen Internet-Klicks wieder bewußter verwendet wird – umso besser. *Dorle Neumann* 40
Westfälische Nachrichten vom 26. 7. 1999

4. Wie kommentiert die Verfasserin die 1999 noch gespaltene Haltung der Deutschen zur Rechtschreibreform?
5. Stellt in einer Tabelle informierende und kommentierende Teile dieses Kommentars gegenüber; erarbeitet danach, mit welchen sprachlichen Mitteln die Verfasserin ihre Meinung vermittelt. Warum muss ein Kommentar auch Elemente einer Nachricht enthalten?
6. Definiert nun den Begriff „Kommentar".
7. Sucht aus dem Kommentar Wörter in alter Rechtschreibung heraus.

Blick in die Presse
Eitelkeit in Gefahr

Die Presse diskutiert über die Rechtschreibreform, nachdem die Frankfurter Allgemeine Zeitung beschloss, wieder die alten Regeln anzuwenden:

BREMER NACHRICHTEN: Wenn nun eine überregionale Tageszeitung beschließt, aus dem Verbund der Verlage auszuscheren und zur alten Schreibung zurückzukehren, ist das zwar ihr gutes Recht, in der Konsequenz jedoch schlicht eine eitle Posse. Tröstlich ist dabei nur, dass sich für die Rolle rückwärts bisher keine Nachahmer gefunden haben. Und dabei sollte es auch bleiben, denn eine Reform der Reform ist nun wirklich nicht mehr vermittelbar. Etwa zwölf Millionen Schüler lernen seit drei Jahren die neuen Schreibregeln. Kinder sind zwar in der Lage, sich – im Gegensatz zu den meisten Erwachsenen – schnell umzugewöhnen, doch dieses Chaos sollte man ihnen ersparen.

DIE WELT (Berlin): Pragmatisch und vernunftgesteuert statt fundamentalistisch und gefühlstrotzig kann in diesem Fall nur heißen: Perfektion des Status quo, nicht Wiederherstellung des alten Zustandes. Auf der Basis dessen, was Schulkinder seit vier Jahren lernen und worauf sich inzwischen das gesamte Verlagswesen umgestellt hat, muss man nun im Einzelnen modifizieren, statt alles komplett zu negieren …

BERLINER KURIER: ‚Känguru'? ‚Ketschup'? ‚Albtraum'? Wörter, über die so mancher Deutsche stolpert. Beim Briefeschreiben oder im Büro. Verzweifelt wälzen sie den neuesten teuren Duden. Versuchen der Wortungetüme Herr zu werden. Oder man macht es wie die meisten Bürger. Die schreiben frei nach Schnauze, setzen die Buchstaben salopp nach Gefühl. Rechtschreibreform – ohne mich! Bei dieser bockigen Mehrheit ist wohl Hopfen und Malz verloren. Wen wundert's? Der Mensch ist ein Gewohnheitstier, neue Regeln perlen an ihm einfach ab. Die Reform also sterben lassen? Der Gedanke ist verlockend – für uns begriffsstutzige Erwachsene. Wäre da nicht ein Haken. Was ist mit den hunderttausend Schülern, die schon seit Jahren Neuschrieb pauken? Klar, die Reform produziert Unsicherheiten. Lässt uns oft genug fluchen. Doch die deutsche Kultur ist nicht in Gefahr – höchstens die Eitelkeit einiger Philologen und Autoren.

Süddeutsche Zeitung vom 29./30. 7. 2000

8. Wie kommentieren die einzelnen Zeitungen die Rückkehr der „Frankfurter Allgemeinen Zeitung" zur alten Rechtschreibung.
9. Kommentiert aus heutiger Sicht die (veränderte?) Haltung zur Rechtschreibreform. Nehmt dazu eure Erfahrungen, aber auch die von Großeltern, Eltern, Lehrerinnen und Lehrern auf.
10. Schaut euch die Leserbriefe in euren Zeitungen an. Welche Themen kommentieren sie? Wie sind sie aufgebaut? In welcher Form kommentieren sie?
11. Sucht Themen aus der Zeitung, die euch interessieren, und schreibt dazu kommentierende ▶ **Leserbriefe** an die Zeitung.

Kino der Gefühle

Geduld, der Eisberg kommt

Wie lange dünne Finger greifen die Lichtstrahlen von Mini-U-Booten ins tiefe Blau der Unterwasserwelt, tasten sich heran an das Objekt der Begierde. Da unten liegt es, groß und schweigend: das Wrack eines Schiffes, dessen Untergang die westliche Welt in ihrem Glauben an die Allmacht des Menschen erschütterte; das Wrack der Titanic, die seit ihrem Untergang in der Nacht vom 14. auf den 15. April 1912 nie mehr aufgehört hat, die Fantasie der Menschen zu beschäftigen. […]

Die modernen Schatzsucher haben einen Tresor hervorgeholt und auf ihr Bergungsschiff gehievt. […] Den Bergern glitzern beim Öffnen des Tresors keine goldenen Dukaten entgegen, es fällt ihnen bloß eine Zeichnung in die Hand. Das Bild einer jungen Frau, die einen großen Diamanten an einer Halskette trägt.

„Es ist vierundachtzig Jahre her, und ich kann immer noch die Farbe riechen", sagt die alte Frau, die sich in dem Bild erkannt und bei den Schatzsuchern eingefunden hat. Und dann erzählt sie ihre Geschichte, führt den von James Cameron inszenierten „Titanic"-Film direkt hinein in die Vergangenheit. Und in ein Melodram.

„So groß ist sie gar nicht", sind die ersten Worte der jungen Rose (Kate Winslet), als sie am Pier ihren wagenradgroßen Hut aus der Limousine streckt, ganz der verwöhnte Snob aus der Upperclass. „Amerika!", jubelt Jack (Leonardo DiCaprio), ein armer, aber frischer Mann, der beim Pokern ein Ticket für die Titanic gewonnen hat.

Nächtliche Begegnung am Heck

Die Repräsentantin einer alten, verlebten, arroganten Welt voller Klassendünkel, der Repräsentant einer neuen, vitalen und aufgeschlossenen Welt, in der jeder sein Glück selber schmiedet: Die beiden begegnen sich zum ersten Mal nachts am Heck des Schiffes. Sie will springen, er redet sie zurück.

So fängt es an. Es folgen ein steifes Dinner und ein proletarisches Fest. Jack macht zunächst im geliehenen Frack am Oberdeck eine gute Figur und wirbelt dann unten im Bauch des Schiffes seine Rose ausgelassen zu Folkmusik herum. Schließlich stehen die beiden am Bug des Schiffes. Nun ist Rose dabei, nicht sich selber, sondern ihre Ketten abzuwerfen. Die beiden sehen aus wie der Zukunft zugewandte Galionsfiguren. Regisseur Cameron, der mit dem zweiten Teil der „Alien"-Saga und den beiden „Terminator"-Filmen Maßstäbe setzte im Action-Genre, probiert's diesmal mit Gefühl. Er inszeniert diese Liebesgeschichte in gemächlichem, in einem gar nicht mal unsympathisch altmodischen Tempo, gerade so, also hätte er alle Zeit der Welt. Geduld, Geduld, der Eisberg kommt noch.

Stolz auf Computer-Animation

Die Personen um Rose und Jack herum allerdings stellt er nur auf recht holzschnittartige Weise vor: die Mutter der Heldin als üble Kupplerin (Frances Fisher); den reichen Verlobten Cal (Billy Zane) als zynisches Ekel; dessen Kammerdiener (David Warner) als zu allem bereites Faktotum. […] Zunächst wird das junge Paar aber stellvertretend für den Zuschauer immer wieder durchs Schiff geführt. Auf dessen durch Computer-Animation ergänztes Modell scheint der Regisseur so stolz zu sein wie damals der Konstrukteur Thomas Andrews auf das von ihm entworfene Original. […] Die schiere Größe, mit der Cameron in seiner 200-Millionen-Dollar-Produktion die früheren „Titanic"-Verfilmungen übertreffen will, wird erkauft durch eine seltsame Sterilität. Diese Schiffswände sehen einfach nicht so aus, als wären sie aus Metall; ja, sie wirken so, als bestünden sie überhaupt nicht aus irgendeinem „greifbaren" Material.

Aber zurück zu Jack und der inzwischen entblätterten Rose, die sich von ihm in einem Boudoir zeichnen und dann – es geht schließlich Richtung Amerika! – auf dem Rücksitz eines unter Deck geparkten Autos lieben lässt. Gleich danach durchdringt der Eisberg das Schiff. Es müsste nun ein Katastrophenfilm folgen, in dem die Extremsituation einerseits den wahren Charakter der Menschen hervortreibt und andererseits die Chance für Einsicht, Bewährung, Läuterung oder Umkehr besteht. […]

Die Szenen von überfluteten Gängen und verschlossenen Gittern, von Reibereien an den Rettungsbooten, von einem abknickenden Kamin, der donnernd ins Meer schlägt, beeindrucken allenfalls durch ihren technischen Aufwand. Emotional zu berühren vermögen sie nicht. […]

Die großen Rettungstaten

Jack und Rose werden in diesen letzten Stunden der Titanic von Cal und seinem Kammerdiener noch in eine große Verfolgungsjagd verwickelt. Doch diese Geschichte und die vom Untergang des Schiffes sind nicht schlüssig miteinander verbunden, sondern laufen zu lange nebeneinander her. Die Titanic-Katastrophe liefert der Liebesgeschichte zu lange nur äußere Dramatik.

Bis dann doch noch die großen Rettungstaten und das finale Opfer folgen. Bis dann am Ende, als sich die Gegenwart wieder meldet alles in einer symbolischen Geste kulminieren will, die präsentiert wird als Essenz dieses Films. Da wirft eine Frau, die vor über achtzig Jahren ihr Leben geändert hat, heimlich einen großen Diamanten mit dem Namen „Heart of Ocean" ins Wasser und sieht zu, wie er in den Tiefen des Nordatlantiks versinkt.

Rupert Koppold
Rheinische Post vom 7. 1. 1998

---

1. Welche – euch schon bekannten – (journalistischen) Textformen sind in der ▶ **Filmkritik** enthalten? Ergründet deren Funktion für den Leser.
2. In welchen Textstellen wird der Film bewertet?
3. Welche Funktion hat eine Filmkritik in der Tageszeitung?
4. Verfasst eine Filmkritik eines aktuellen Films, der euch besonders ge- oder missfallen hat.

Umgang mit Texten

Boulevard- und Abonnementpresse im Vergleich

DER UNFALLTOD EINER PRINZESSIN ...

... in zwei Zeitungen

Montag, 1. September 1997

Bild Zeitung

Trauer um Di

Die Welt hat ihr Lächeln verloren

Das Schicksal hat ihr alles gegeben – und es ihr grausam wieder entrissen. Prinzessin Di mit 36 zerschellt an einem Beton-Pfeiler in einem Straßen-Tunnel in Paris. Die Nachricht von ihrem Tod lief wie die Schockwellen eines Erdbebens um die Welt, stürzte Millionen Menschen in Fassungslosigkeit und tiefe Trauer. Die Welt hat ihr Lächeln verloren. Die Sonderberichte über den Tod von Di auf den Seiten 2 bis 5.

Das Unglücksauto mit Di und Dodi im Todestunnel. [...]

Prinzessin Di – ihr schüchternes Lächeln, ihre klaren blauen Augen und ihre Bescheidenheit verzauberten die Welt.

Das Wrack des Mercedes 600. Die Front ist einen Meter tief eingedrückt, der Motor nach innen geschoben, die Scheiben sind zersplittert. Am zerschmetterten Armaturenbrett die Reste des Airbags.

Prinz Charles holt seine Ex-Frau heim nach England: Vier Männer tragen den Sarg von Prinzessin Diana aus dem Krankenhaus in Paris. Er ist eingehüllt in die blau-goldene Flagge der Prinzessin von Wales.

Auf der Flucht vor Sensationsfotografen in Paris/Auch Freund und der Chauffeur tot

Weltweite Bestürzung über den Unfalltod von Prinzessin Diana

PARIS (dpa/ap/rtr) Gejagt von Sensationsfotografen ist Prinzessin Diana gestern am frühen Morgen in Paris mit dem Auto tödlich verunglückt. Bei dem Versuch, die Paparazzi abzuschütteln, hatte der Fahrer ihres Wagens die Gewalt über das Fahrzeug verloren. Mit der 36-jährigen Prinzessin starben auch ihr Freund und Begleiter, der ägyptische Milliardärssohn Dodi al-Fayed (41), und der Chauffeur. Die Todesnachricht löste in aller Welt tiefe Bestürzung und Trauer, aber auch Kritik an den Methoden der Sensationsmedien aus.

Prinz Charles holte den Leichnam Dianas gestern Abend mit einer Militärmaschine nach Großbritannien. […] Begleitet wurde Prinz Charles von Dianas Schwestern Lady Jane Fellowes und Lady Sarah McCorquodale. Charles war 1996 nach 15-jähriger Ehe von Diana geschieden worden. Das Paar hat zwei jetzt zwölf und 15 Jahre alte Söhne.

Die Prinzessin von Wales und Dodi al-Fayed waren kurz nach Mitternacht nach einem Abendessen im Hotel „Ritz" auf der Rückfahrt in Fayeds Privathaus, als ihr Chauffeur mit hoher Geschwindigkeit versuchte, sieben Paparazzi-Fotografen zu entkommen, die ihnen auf Motorrädern folgten. Der Mercedes 600 kam bei einer Geschwindigkeit deutlich über 100 km/h in einem Straßentunnel entlang der Seine an der Pont de l'Alma nahe des Eiffelturms ins Schleudern, überschlug sich mehrmals und prallte gegen einen Betonpfeiler. Die Insassen wurden in dem Wrack eingeklemmt.

Diana und Fayed saßen auf der Rückbank des Fahrzeugs und waren Verlautbarungen zufolge nicht angeschnallt. […] Während Fayed und der Fahrer des Wagens sofort tot waren, wurden die Prinzessin und der Leibwächter noch lebend mit schweren Verletzungen in ein Krankenhaus eingeliefert. Dort starb Diana […] knapp vier Stunden nach dem Unfall an inneren Blutungen und einem Herzstillstand. […] Nach dem tödlichen Unfall wurden die sieben Verfolger – sechs Franzosen und ein Mazedonier – in Untersuchungshaft genommen, wie die Polizei mitteilte. Bei ihnen wurden 20 Filmrollen sichergestellt. Ermittler prüfen, ob es sich bei dem Unfall um Totschlag handele. Im Rundfunk hieß es, einige der Fotografen hätten vor ihrer Festnahme noch Bilder des verunglückten Autos geschossen. Schockierte Augenzeugen hätten daraufhin auf einen von ihnen eingeprügelt. […] Dianas Bruder Earl Charles Spencer übte harte Kritik an den Medien: „Ich habe immer geglaubt, dass die Presse sie am Ende umbringen werde. Doch selbst ich konnte mir nicht vorstellen, dass die Medien so direkt an ihrem Tod beteiligt sein könnten, wie es der Fall zu sein scheint." Es sehe so aus, dass die Auftraggeber der Paparazzi jetzt „Blut an ihren Händen haben". Bundeskanzler Kohl äußerte sich bestürzt über den Tod der Prinzessin und erklärte, Diana sei auch das Opfer eines „immer brutaleren und skrupelloseren Konkurrenzkampfes eines Teils der Medien" geworden.

Die Nachricht von dem dramatischen Ereignis erschütterte Großbritannien zutiefst. […]

Rheinische Post vom 1. 9. 1997

1. Wie wirken die ▶ **Leitartikel** der „Bild" und der „Rheinischen Post" vom 1. 9. 1997 auf euch.

2. Welche Bedeutung haben die Fotos und das Lay-out der Artikel für die jeweilige Wirkung?
3. Stellt den Informationsgehalt der Berichte vergleichend gegenüber.

> Die BILD-Zeitung verwendet als häufigsten Satztypus den 5-Wörter-satz. [...] Es wäre ein Kurzschluss daraus abzuleiten, dass BILD-Leser nicht die Intelligenz mitbringen, längere Sätze zu verstehen. [...]
> Die Satzlängen passen, generell gesprochen, zum Inhalt.
>
> *JournalistenWerkstatt, 2(1997)*

4. Überprüft, inwieweit die vorliegende Aussage auf den „Bild"-Artikel zutrifft. Untersucht auch weitere Artikel aus aktuellen Ausgaben der „Bild"-Zeitung.

Manipulation

Der Reporter Hans Schulte-Willekes, der mehrere Jahre bei „Bild" gearbeitet hat, berichtet in seinem Jugendbuch „Schlagzeile" über seine Erfahrungen: Zeitungen vermitteln dem Leser nicht nur „nackte" Informationen. Durch Stilmittel kann man die Information manipulieren, d. h. ihnen gewisse Stimmungen oder Urteile aufsetzen. Man kann sie nüchtern und „nachrichtlich" in Form von Meldungen schreiben, man kann sie auf „menschlich" trimmen, auf „Angst" abzielen oder im harten Reportagestil verfassen. Hier einige Stilproben zu einer ausgedachten Geschichte:

> **Nachrichtlich**
> In der Nacht zum Freitag stießen bei Nebel auf der Nordsee zwei Tanker zusammen. Das eine Schiff fing Feuer, ein Matrose verbrannte. Aus dem anderen Tanker liefen zehn Tonnen Altöl aus.

> **Angstmachend**
> Nach einer schrecklichen Tankerkatastrophe auf der Nordsee, bei der ein Matrose den Tod fand, wälzt sich seit gestern Nacht schmutziger, stinkender Ölschlamm auf die nordfriesische Küste zu. Tausende Liter Altöl sind bei der Kollision ins Meer geflossen. An der Küste ist Öl-Alarm gegeben worden. Viele Urlauber sind schon aus den Seebädern abgereist.

Menschlich

Gestern Nacht kam bei einer Tankerkollision auf der Nordsee (zehn Tonnen Altöl flossen dabei ins Meer) der Matrose Frank Z. (28) grausam ums Leben: Der Matrose hatte an der Reling gestanden, als sich die Schiffe im Nebel rammten. Der blonde Junggeselle aus Cuxhaven wurde gegen die Kajütenwand geschmettert und brach sich die Beckenknochen. Dann auch noch Feuer in einem Tank.
In der Panik hörte niemand die verzweifelten Hilferufe des Matrosen. Rettungsmannschaften fanden ihn erstickt auf. Frank Z. wollte in Hamburg für immer von Bord gehen, um seine Braut Manuela L. (22) zu heiraten.

Reportagehaft

Als Tankerkapitän Hans Petersen gestern Nacht um 23.17 Uhr den grauen Schatten im Nebel sah, war es schon zu spät. Krachend und splitternd bohrten sich zwei Schiffsriesen auf der Nordsee ineinander. Feuer brach aus. Für den Matrosen Frank Z. (28) gab es keine Rettung mehr. Eine Stunde später: Öl-Alarm an der ganzen Nordseeküste ...

5. Wie informiert die „Bild"-Zeitung, wie die Abonnementzeitung? Untersucht dazu die Titelseiten vom 1. 9. 1997, aber auch aktuelle Ausgaben.
6. Vergleicht heutige Boulevard- und Abonnementzeitungen. Welche Zeitung hat sich seit 1997 mehr verändert? Wie erklärt ihr euch diese Veränderungen?
7. Bereitet in drei Gruppen eine Pressekonferenz vor:
   Eine Gruppe stellt die Vertreter der Boulevardpresse,
   eine zweite die der Abonnementpresse,
   eine dritte bereitet kritische Fragen an die Pressevertreter vor.
   Nach der Vorbereitung könnt ihr die Konferenz durchführen: Zunächst stellen die Pressevertreter in Statements ihre jeweilige Konzeption vor. Vor diesem Hintergrund stellt die dritte Gruppe dann ihre Fragen.

Aller journalistischer Anfang ist schwer

Wochenmärkte sind wahre Nachrichtenbörsen *Fritz Pleitgen*

Fritz Pleitgen (geb. 1936) war lange Jahre Intendant beim Westdeutschen Rundfunk.

HAGEN. Es begann mit einem kleinen Schwindel. Der Fall ist verjährt. Man kann also darüber reden. In Bünde, einem kleinen Zigarrenmacherstädtchen zwischen Teutoburger Wald und Wiesengebirge, suchte die „Freie Presse" für den Sportteil ihrer Lokalredaktion einen freien Mitarbeiter[1]. Honorar: sechs Pfennig pro Zeile. Die Nachricht drang auch in unser Gymnasium. Einige zeigten sich interessiert, aber keiner traute sich. Für eine Zeitung zu schreiben, das hatte damals in dem kleinbürgerlichen Städtchen etwas Zwielichtiges an sich. Erst recht für Gymnasiasten. Mich reizte die Sache, mich reizte das Geld; denn damit war es bei uns zu Hause nicht gut bestellt. Das Ganze hatte nur einen Haken: Der Bewerber sollte wenigstens 18 Jahre alt sein, und ich war erst 14. Aber ich hatte den Stimmbruch hinter mir, war einsfünfundsiebzig groß. Wagen wollte ich es auf alle Fälle.

Der Redakteur war klein von Wuchs. Für ihn musste ich wenigstens 18 sein. Er fragte erst gar nicht danach. Ich bekam den Job und ein Papier, das jedermann aufforderte, „Herrn Fritz Pleitgen bei der Ausübung seiner journalistischen Tätigkeit zu unterstützen". Meine Eltern, einfache Leute, waren völlig ahnungslos. Um ihnen nicht den Seelenfrieden zu rauben, behandelte ich den Presseausweis zu Hause als Geheimdokument. Ich hielt ihn versteckt.

Am nächsten Sonntag zog ich zur allgemeinen Verwunderung den Konfirmationsanzug an, eilte zum Sportplatz der SG Bünde 08, präsentierte den Presseausweis und erlebte gleich mein blaues Wunder. Der Kassierer schaute mich zunächst perplex an, dann legte er los: „Du willst mich wohl reinlegen. Beim letzten Spiel bist du noch über den Zaun gestiegen. Jetzt versuchst du's mit 'nem Presseausweis. Anzeigen sollte man dich!" Die Situation war prekär. Machte der Mann ernst, dann kam bei der Zeitung mein jugendliches Alter heraus. Also zog ich mich zurück, zahlte am anderen Eingang brav meinen Eintritt und betrat als Reporter gewissermaßen inkognito die Arena. Schon ein anderer Mensch. Das Geschehen auf dem Platz verfolgte ich ohne Herzensregung, notierte emsig jeden Spielzug und enthielt mich – mochte es noch so hoch hergehen – jeder Sympathiekundgebung. Wer mich kannte, kannte mich nicht mehr wieder.

Nach Spielschluss eilte ich in die Redaktion und machte mich mit Feuereifer an die Arbeit. Ganz Gymnasiast, ein dreiteiliger Aufsatz. Zwölf Seiten handgeschrieben. Die erste wahre Analyse der SG Bünde 08 und ihrer Spielweise. Selbstsicher über-

[1] nicht fest angestellter Reporter

reichte ich dem Redakteur das Manuskript. Am nächsten Morgen. Ich fand meinen Bericht nicht in der Zeitung. Nur 25 Druckzeilen über das Spiel der SG Bünde 08. Keine einzige stammte von mir. Meine größte Enttäuschung als Journalist hatte ich gleich zu Beginn meiner Laufbahn erlitten. Ich wollte aufgeben. Der Redakteur tröstete mich: „Ein normaler Anfang." Ein Zeitungsartikel sei kein Schulaufsatz, die Journalistensprache sei knapp, prägnant, griffig. Ich würde das schon lernen. So sicher war ich nicht.

Beim nächsten Mal brachte ich eine alte Ausgabe des damals populären „Sportbeobachters" mit, wählte ein Spiel mit dem passenden Resultat aus, wechselte in dem Artikel die Namen aus und gab den Bericht telefonisch an die Zentrale durch. „Schon besser!", lobte mich der Redakteur. Nur die Sprache sei schlechter geworden. Im Übrigen sollte ich erklären, wie in dem ostwestfälischen Bezirksklassenspiel unversehens der FC St. Pauli auftauchen konnte. Seitdem verzichtete ich auf Anleihen.

Im gleichen Tempo, wie es mit mir im Journalismus bergauf ging, ging es mit mir in der Schule bergab. Mein Presseausweis wurde nicht mehr angezweifelt, selbst wenn ich das Dokument aus der Lederhose zog. Der Redakteur hielt mich für weitere Aufgaben fähig. Ich sollte über den Wochenmarkt berichten, der direkt vor dem Gymnasium lag. Von einem Reporter, der ich nun werden wollte, hatte ich eigentlich keine Vorstellungen. Meine Vorbilder, Egon Erwin Kisch und Jack London, hatten meines Wissens nie über Wochenmärkte geschrieben. Aber, so wurde ich belehrt, Journalismus sei kein Selbstzweck, sondern Dienst am Leser. In diesem Fall: Die Bürger wollten wissen, wie sich die Preise am Wochenmarkt entwickeln. Also müssen sie durch die Zeitung informiert werden. [...] Mehr als ein Zweispalter sprang gewöhnlich nicht heraus. Trotzdem lohnte es sich. Denn auf dem Markt erfuhr ich nicht nur etwas über die Preise, sondern fast alles, was in der Stadt los war. Manchmal auch Geschichten, die für die Ohren eines Knaben nicht bestimmt waren. Es gab keine bessere Nachrichtenbörse als die Obst- und Gemüsestände. Ich war noch keine 15, da hatte ich einige journalistische Grundsätze schon ganz gut begriffen: nicht gleich aufgeben, unters Volk gehen, Kontakt halten, nicht aufschneiden, sondern korrekt berichten.

Indes peinliche Lehren blieben mir nicht erspart. Ausgerechnet auf dem Wochenmarkt passierte mir ein großer Schnitzer. Mein Hauptinformant war Wilhelm Landwehrmann, ein überaus ernster Mensch, dem Witz oder gar Bosheit völlig fremd waren. Eines Wintertages entdeckte ich an seinem Stand Tomaten. „Wie kommen Sie zu dieser Jahreszeit an Tomaten?", wollte ich wissen. „Von Island!", beschied er knapp. Island, das schien mir ganz und gar unmöglich. Aber der alte Landwehrmann blieb dabei: „Das machen die mit ihren warmen Quellen!" Mir schien das einleuchtend, und am nächsten Tag hieß es in unserer Zeitung zweispaltig doppelzeilig „Wochenmarkt-Schlager/Isländische Tomaten". Zunächst Verblüffung, dann homerisches Gelächter.

Des Rätsels Lösung: Die Tomaten stammten von den Kanarischen Inseln. Die Aufschrift auf den Kisten „Canary Islands" hatten den alten Landwehrmann allerdings schließen lassen, die Ware käme aus Island. Seitdem übernehme ich Informationen nicht mehr so leichtfertig, mag die Quelle noch so glaubwürdig sein.

1. Stellt aufgrund der Erfahrungen von Fritz Pleitgen zusammen, worauf bei der ▶ **Recherche** und schließlich bei der sprachlichen Darstellung eines Zeitungsartikels zu achten ist.

Unsere Klassenzeitung

In diesem Kapitel habt ihr viel über die Arbeitsweise von Zeitungsredakteuren, über die Aufmachung einer Tageszeitung und einzelne Textsorten der Zeitung erfahren. In diesem Zusammenhang habt ihr euch auch schon als Journalisten erprobt. Dies könnt ihr fortsetzen, indem ihr eine eigene Klassenzeitung entwerft.

A Überlegt in einer Redaktionssitzung, an welche Leser sich eure Klassenzeitung richten soll (Adressatenkreis).

B Welche Themenbereiche wollt ihr angehen? Versucht sie in Ressorts und Sparten zu gliedern. Ihr könnt euch dazu auch neue Ressortbereiche ausdenken. Sucht schließlich einen treffenden Titel für eure Zeitung.

C In welchen journalistischen Textsorten wollt ihr eure Themen darstellen? Achtet auf eine große Bandbreite.

D Bildet nun Teams, die die verschiedenen Themen recherchieren, Artikel verfassen und sie überarbeiten. Beachtet das Presserecht.

Dachzeile — **Schneeleoparden** *In Kirgisistan versuchen Wildhüter, die bedrohte Tierart zu retten*

Schlagzeile — **Dshamilja – Königin der Berge**

Vorspann/Kopf, einspaltig — *Das gefleckte Fell der Schneeleoparden ist bei Wilderern begehrt – um jeden Preis: Die Großkatzen sterben aus.*

VON MICHAEL HAGEDORN

Hauptteil/Meldeblock, mehrspaltig — Nur wenige Menschen haben ihn je zu Gesicht bekommen: Der Schneeleopard ist eines der bedrohtesten Tiere der Welt. Sein Fell ist wertvoll. Seine Knochen als Wundermedizin heiß begehrt – ein Mythos, der diesem edlen Tier zum Verhängnis wird. Wilderer sind auf der Spur des Schneeleoparden. Sein Bestand wird auf möglicherweise nur noch 4500 Tiere geschätzt. Tendenz: sehr stark abnehmend. Allein in den Bergen Kirgisistans sank die Zahl der Tiere in zehn Jahren um mehr als die Hälfte. […]

Kürzlich gelang der fünfköpfigen Wildhütertruppe „Gruppa Bars", die vom deutschen Naturschutzbund (NaBu) unterstützt wird, in der ehemaligen Sowjetrepublik aber ein lange geplanter und entscheidender Schlag gegen die Feinde der Großkatze. Sie konnte einen Wilderer- und Händlerring auffliegen lassen und dabei ein sechs Monate altes Schneeleopardenweibchen vor einem grausamen Schicksal retten. […] „Gruppa Bars" verfolgt seit Anfang 1999 das Ziel, den Bestand des Schneeleoparden in ihrem Land vor der Ausrottung zu schützen – erfolgreich: Über hundert Wilderer tappten in die Falle, über 200 Waffen wurden eingezogen, über 100 Fallen vernichtet. […]

Dank der guten Zusammenarbeit zwischen NaBu, deutschen und kirgisischen Behörden konnte das verletzte Tier nach Deutschland ausgeflogen werden. Im Wildpark Lüneburger Heide fand „Dshamilja" zunächst eine neue Bleibe […]. Dshamilja übersiedelte in den Züricher Zoo und soll dort mit Nachwuchs zum Erhalt ihrer bedrohten Art beitragen. *Rheinische Post v. 2. 3. 2002*

TIPP

Lebendig schreiben:
- *Baut keine langen Sätze, da sie schwer verständlich sind.* Besser: *Baut keine langen Sätze, denn sie sind schwer verständlich.*
- *Ich sehe, dass die Geschichte nicht so einfach ist.* Besser: *Ich sehe: Die Geschichte ist nicht so einfach.*
- Tätigkeiten mit Verben ausdrücken; also gebt nicht *Ausdruck* und tragt nicht *Sorge*, sondern *drückt* aus und *sorgt*.
- Verwendet möglichst die Aktivform, die Passivform nur dann, wenn ihr den Täter nicht nennen könnt.
- Adjektive sind entweder unersetzbar – oder sie sind überflüssig.

E Einigt euch auf ein Lay-out für eure Zeitung, um die Wirkung von Bild und Text zu erhöhen. Das Lay-out ist eine besondere Kunst, mit dem Computer aber leicht herstellbar.

TIPP

Die Fotografie

„Haben wir Fotos?" Das ist die am meisten gestellte Frage in jeder Redaktionskonferenz. Ohne Bilder hat die beste Geschichte bei Zeitschriften keine Chance auf Veröffentlichung. Ein Hund ist 100 Kilometer gelaufen, um sein krankes Herrchen in der Klinik zu finden? Ein Bild von dem Vieh muss her, selbst wenn man das Thema dadurch um einen Tag schieben muss.

Verschiedene Gestaltungselemente

Linie (versch. Formen)

In einem Text in normaler Form kann man einzelne Wörter hervorheben, indem man sie *kursiv* oder **fett** druckt.

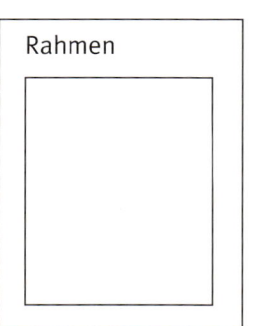

Rahmen

Rahmen mit Fläche

Schriften

Es ist nicht gleichgültig, welche Schrift ich für welchen Text verwende, denn jede interpretiert den Text auf ihre Weise. Wir haben den Vergleich mit der Musik gewählt, weil auch bei ihr die Wahl der Tonart den Charakter des Stückes bestimmt.

Tonart ↑ Times   T ↑ Serife

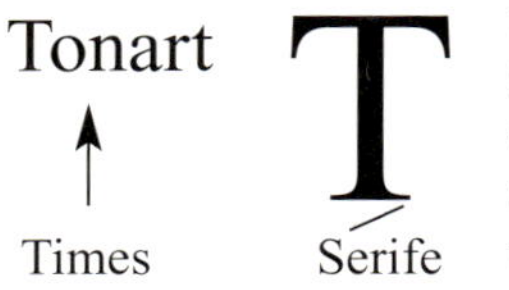

Die Times mit verhältnismäßig kräftigen Strichen, **mit Serifen** und hohen Mittellängen macht einen soliden Eindruck und verspricht eine angenehme Stimmung.

Es ist nicht gleichgültig, welche Schrift ich für welchen Text verwende, denn jede interpretiert den Text auf ihre Weise. Wir haben den Vergleich mit der Musik gewählt, weil auch bei ihr die Wahl der Tonart den Charakter des Stückes bestimmt.

Tonart ↑ Agro   T ↑ ohne Serife

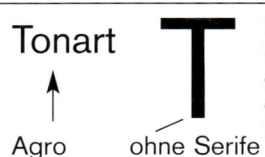

Die Akzidenz-Grotesk (Agro), eine Schrift **ohne Serifen** und annähernd gleicher Strichstärke, schafft eine sachliche, nüchterne, aber keine unterkühlte Leseatmosphäre.

Rechtschreibung untersuchen

Eine kurze Geschichte der deutschen Rechtschreibung

Vom 19. Jahrhundert bis heute

Bis ins 19. Jahrhundert schreiben die Schreiber sehr unterschiedlich. Aus heutiger Sicht scheint ihre Art zu schreiben zwei Prinzipien berücksichtigt zu haben:
– eine Orientierung an den Lauten („Schreibe, wie du sprichst.")
– eine Orientierung an der Wortgeschichte und -herkunft (▶ **Etymologie**).

Um 1850 werden die stark voneinander abweichenden orthografischen Regelwerke der Schulverwaltungen einzelner Länder als ernsthafte Behinderung empfunden (z. B. *Herd* neben *Heerd*).
1863 stellt der Direktor Konrad Duden für sein Gymnasium verbindliche Rechtschreibregeln auf.

*Zum Bild:
Tullio Pericoli:
Sekundärliteratur,
1982.*

Geschichte der deutschen Rechtschreibung

1876 findet die erste staatliche Rechtschreibkonferenz in Berlin statt. Die beschlossenen Reformen wurden von den Ländern nicht anerkannt.

1880 erscheint das „Vollständige Orthographische Wörterbuch der deutschen Sprache" (der „Urduden") von Konrad Duden, das die Grundlagen einer einheitlichen Rechtschreibung im gesamten Sprachgebiet legt.

1901 setzt die zweite orthografische Konferenz in Berlin die einheitliche Rechtschreibung für das Deutsche Reich durch. Beschlossen wird z. B., das „th" aus allen deutschen Wörtern zu streichen (*Tal, Tür* statt *Thal, Thür*). Fremdwörter sollen konsequenter in das deutsche Schriftsystem integriert werden, was vor allem zu einer Ersetzung von *c* durch *k* und *z* führt (*Medizin, Zitrone, Akkusativ* statt *Medicin, Citrone, Accusativ*). Die Buchstabenfolgen *pf* (*stopfen*) und *dt* (*Städte*) dürfen nun getrennt werden, nicht aber *st* (Trenne nie st, denn es tut ihm weh!).

1915 verschmelzen in der neunten Auflage das „Orthographische Wörterbuch" und der „Buchdruckerduden" zum „Duden – Rechtschreibung der deutschen Sprache und der Fremdwörter". Dieser Duden von 1915 trägt entschieden zur Festschreibung der deutschen Rechtschreibung für die kommenden Jahrzehnte bei.

1987 erteilt die Kultusministerkonferenz (KMK) dem Institut für deutsche Sprache in Mannheim den Auftrag, zusammen mit der Gesellschaft für deutsche Sprache in Wiesbaden ein neues Regelwerk zu entwerfen.

1988 übergeben diese Gremien einen Vorschlag, der die Art zu schreiben sehr stark verändert hätte (z. B. *der Keiser im Bot*). Von der Sprachgemeinschaft, aber auch von der KMK werden diese Vorschläge als unannehmbar zurückgewiesen.

1995 wird ein weit gemäßigterer Vorschlag (vgl. S. 220 f.) von der deutschen Kultusministerkonferenz beschlossen. Diese Neuregelung tritt zum 1. August 1998 mit einer Übergangsphase bis 2004/2005 in Kraft.

1996/97 entsteht eine öffentliche Diskussion um die Rechtschreibreform. Viele Wissenschaftler und Schriftsteller fordern den Stopp der Reform.

1998 erklärt das Bundesverfassungsgericht die Einführung der neuen Rechtschreibung für verfassungsgemäß.

1999 führen die Nachrichtenagenturen die neue Rechtschreibung ein.

2000 Zum 1. April 2000 kehrt die „Frankfurter Allgemeine Zeitung" zur alten Schreibweise zurück.

1. Welche Entwicklung könnt ihr aus dieser kurzen Geschichte der deutschen Rechtschreibung ersehen?
2. Warum ist es einerseits so schwierig, andererseits aber auch notwendig, sich auf ein verbindliches Regelwerk zu einigen?
3. Informiert euch über aktuelle Diskussionen zur Rechtschreibung und bezieht selbst Position.

Rechtschreibung
Rechtschreibregeln

Die Neuregelung von 1998 im Kurzüberblick

1. Wörter, die zu einer Wortfamilie gehören, werden ihrem Stammwort angepasst.

bis 1998	jetzt	Stammwort
schneuzen	schnäuzen	Schnauze
numerieren	nummerieren	Nummer
Stengel	Stängel	Stange

2. Nach kurzem Vokal wird statt „ß" künftig „ss" geschrieben; nach langem Vokal und Diphthong bleibt „ß" jedoch erhalten.

bis 1998	jetzt
Kuß	Kuss
daß	dass
Paß	Pass

Aber: *Maß, Buße, Schoß, heißen, Gruß, weiß, Spaß*

3. Treffen in Komposita drei gleiche Buchstaben aufeinander, so werden immer alle geschrieben.

bis 1998	jetzt	oder
Fußballehrer	Fußballlehrer	Fußball-Lehrer
Schneeule	Schneeeule	Schnee-Eule
Teei	Teeei	Tee-Ei

4. Bei zahlreichen Fremdwörtern ist auch die an das Deutsche angelehnte Schreibweise möglich.

bis 1998	jetzt auch
Delphin	Delfin
Orthographie	Orthografie
Portemonnaie	Portmonee

5. Verbindungen aus einem Verb im Infinitiv und einem anderen Verb werden getrennt geschrieben.

bis 1998	jetzt
kennenlernen	kennen lernen
spazierenfahren	spazieren fahren
liegenlassen	liegen lassen

6. Getrennt geschrieben werden Verbindungen von Nomen und Verb sowie Verbindungen von Adjektiv und Verb, wenn das Adjektiv steigerbar ist.

bis 1998	jetzt
kopfstehen	Kopf stehen
schwerfallen	schwer fallen
nahebringen	nahe bringen

Rechtschreibregeln

7. Großgeschrieben werden Nomen in Verbindung mit Präpositionen oder Verben sowie Tageszeiten.

bis 1998	jetzt
in bezug auf	in Bezug auf
recht haben	Recht haben
heute mittag	heute Mittag

8. Die vertraulichen Anreden *du* und *ihr* werden kleingeschrieben; die förmlichen Anreden *Sie* und *Ihr* weiterhin groß.

bis 1998	jetzt
Wie war Dein Urlaub?	Wie war dein Urlaub?
Wie war Ihr Urlaub?	Wie war Ihr Urlaub?
Wann kommt Ihr an?	Wann kommt ihr an?

9. Erlaubt ist die Silbentrennung von „st" und einzelner Vokale am Wortanfang; „ck" geht ganz in die neue Zeile über.

bis 1998	jetzt
lu-stig	lus-tig
Ufer	U-fer
mek-kern	me-ckern

10. Kommasetzung bei Infinitiv- und Partizipialgruppen

> Mit *und* oder *oder* verbundene Hauptsätze sowie erweiterte Infinitiv- und Partizipialgruppen müssen nicht mehr unbedingt durch ein Komma getrennt werden.
> Beispiel: *War dies Wahnsinn(,) oder hatte es Methode? Die Kommission hatte beabsichtigt(,) die Rechtschreibung zu erleichtern.*

4. Fragt Menschen, die noch die alten Schreibweisen gelernt haben, nach ihrer Einschätzung. (Vgl. auch S. 206 f.)
5. Wo findet ihr auch heute noch alte Schreibweisen? Sucht nach Gründen.
6. Wie wenden die Autoren dieses Buches die Regel 10 an? Sucht eine Erklärung dafür.
7. Entwerft für einzelne Regeln der neuen Schreibweise Diktate, die ihr euren Mitschülerinnen und Mitschülern diktiert. Ihr könnt ein Wörterbuch hinzuziehen.
8. Formuliert die Regeln eins, zwei und neun für eine vierte Grundschulklasse.

Diskussion ohne Ende

Nach der zweiten orthographischen Konferenz 1901 in Berlin[*]
August Vogel

Sein „Ausführliches grammatisch-orthographisches Nachschlagebuch der deutschen Sprache mit Einschluß der gebräuchlicheren Fremdwörter, Angabe der schwierigen Silbentrennungen und der Interpunktionsregeln" von 1903 leitet der Verfasser August Vogel so ein:

Wenn es auch mit Freuden begrüßt werden muß, daß nunmehr auch die neue Orthographie an ihrem Teile dazu berufen ist, ein neues Band um alle Deutsch redenden Stämme zu schlingen, so ist doch damit, wie mit allen Neuerungen, unzweifelhaft mancher Nachteil verknüpft. Insbesondere wird zunächst die Schule darunter zu leiden haben, daß sie in nicht wenigen Fäl- 5 len dem Schüler das als Fehler anrechnen muß, was sie ihn noch vor kurzem als richtig lehrte, und umgekehrt das als Norm aufstellt, wovor sie ihn bisher als vor einer fehlerhaften Schreibung warnte. Fast noch schlimmer aber ist die erwachsene Generation dran, welche nach ihrem Austritt aus der Schule sich mit großer Mühe die sog. Puttkamersche Orthographie aneignete, nur 10 um dieselbe jetzt wieder über Bord zu werfen und abermals eine neue Rechtschreibung – die dritte ihrer Art! – zu erlernen. Daß bei einer solchen wiederholten Häufung selbst bei Gebildeten die Begriffe von richtig und unrichtig vielfach ineinander übergehen, ist sicher nicht zu verwundern. Wer es nun aber versucht, sich die Regeln der neuen Rechtschreibung anzueignen, der 15 wird bald gewahr werden, daß nur der hierzu imstande ist, welcher außer anderem nicht nur der französischen, sondern noch mehr der lateinischen und besonders der griechischen Sprache mächtig ist.

1. Wie bewertet der Verfasser die Ergebnisse der zweiten orthografischen Konferenz 1901 in Berlin?
2. Vergleicht diese Bewertung mit der Diskussion um die Reform von 1998.
3. Welche Schreibungen aus der Vorrede müssen heute anders geschrieben werden?
4. Wie müsste der letzte Satz heute lauten?

[*]Text in alter Rechtschreibung

Krass

Lieber Lars, *Köln, 11.11.1998*
du wunderst dich wahrscheinlich, dass ich dir schreibe und dabei auch noch die Anrede klein. Das muss man ab jetzt auch, schließlich gibt's die neue Rechtschreibung. Wir üben aus diesem Anlass die ganzen Regeln in der Schule bis zum Exzess. Leicht fassbar ist das Ganze nicht. Selbst unser Lehrer – sonst immer der große Boss – kommt mächtig ins Schleudern, auch für ihn ist es eine Last, keine Lust. Für mich ein Trost. Es ist schon ganz schön krass, was man uns da lernen lässt. Ich gebe dir ein paar Kostproben:
Das Flusspferd geht ja noch, gewöhnungsbedürftig ist das Flussschiff, ätzend ist die Schlussszene. Da ist wirklich Schluss mit lustig. Vieles ist mir auch einfach suspekt: Der Regel entsprechend sind Ass, Bass, Schoß und Fuß zu schreiben, aber was ist mit Apfelmus und Autobus – wie passt das zu den neuen Regeln? Da versteck ich mich doch gleich in meinem Verlies.
Meinen Alten sind die Regeln auch noch nicht im Bewusstsein; eigentlich sind es doch jetzt meine „Ältern", oder? Für mich ist klar: Diese neu gefassten Regeln sind nicht verlässlich, denn einige Wörter sind einfach nicht an die Regeln angepasst. Wem haben wir diesen ganzen Stress zu verdanken? Wahrscheinlich hatten die Verantwortlichen Schiss die ganze Rechtschreibung grundlegend zu vereinfachen – alles kleinschreiben, das wär' doch 'was gewesen.
Aber halblang, unsere Übungstexte in der Schule machen ja noch halbwegs Sinn; grauenhaft ist, was mein kleiner Bruder mitmachen muss. Er hat Lückentexte auszufüllen. Hier ein paar Kostproben:
Mein kleiner Hase hat eine süße …
Marylin, die kleine Meise, begibt sich bald auf eine weite …
Hunde aller Rassen sausten durch die engen …
Ich lief vergnügt über die Wiese, da stand plötzlich vor mir ein …
Das soll reichen. Kannst du mir sagen, wer sich einen solchen Schwachsinn einfallen lässt? Wie hält seine Lehrerin das nur aus?
Ich habe hier nur einige Probleme angerissen. Was hältst du von diesem Mist?

Vergissmeinnicht! Gruß und Kuss,
deine Johanna

5. Welche Probleme hatte die Verfasserin 1998 mit der neuen Rechtschreibung? Stellt Bezüge zu den Regeln her. Die Regel zur s-Schreibung gilt es zu präzisieren.

6. Wo habt ihr Probleme mit der (neuen) Rechtschreibung? Was ließe sich aus eurer Sicht vereinfachen?

Rechtschreibung

Binde- und Gedankenstrich

Auf den Strich kommt es an

Liebe Johanna, *Düsseldorf, 25.11.1998*
ich kann deinen Frust über die neue Rechtschreibung verstehen. Wir leiden auch; vielfach ist es ja zum Aus-der-Haut-Fahren. Einfach ist es ja noch bei den Sowohl-als-auch-Regeln: Bei dem schwarzweißen Hund oder der süß-sauren Soße habe ich zwei Möglichkeiten; anders sieht das schon aus, wenn die Soße lauwarm ist. Beim Tee-Ei habe ich meine Entscheidung getroffen; es sieht einfach besser aus als Teeei. Da setze ich auf meine Ich-Stärke wie andere auf ihr Abend-Make-up.
Rechtschreibreform-Befürworter und -Kritiker trifft man zur Zeit überall. Gestern z. B. unterhielten sich in einer Lotto-Annahmestelle zwei 70-Jährige, ob man Magen-Darm-Katarrh auch ohne Bindestrich schreiben könne. Selbst ich war mit dieser Frage überfordert.
Manches bleibt aber auch mir schleierhaft: Kennst du den Unterschied zwischen einer 3-Zimmer-Wohnung und einer Dreizimmerwohnung in 1.-Klasse-Lage?
Nicht zu überbieten ist eine Frage, die ein C-4-Professor jetzt in einer dpa-Meldung aufwirft: Wo ist der Unterschied zwischen Druckerzeugnis, Druck-Erzeugnis und Drucker-Zeugnis?
Da greife ich lieber zu meiner neuen Musik-CD, bevor ich – völlig erschöpft – zusammenbreche.

Saft- und kraftlos grüße ich dich,
dein Lars

---

7. Klärt die Fragen des Verfassers und seine Schreibung von Binde- und Gedankenstrich mit den auf der nächsten Seite aufgeführten Regeln. Möglicherweise müsst ihr ein Wörterbuch hinzuziehen. In welchen Fällen sind zwei Schreibweisen möglich?
8. Verfasst einen ähnlichen Brief oder Text, in dem die Bindestrich-Schreibung im Mittelpunkt steht.
9. Begründet, welche Schreibweise ihr bevorzugt, wenn Alternativen möglich sind.

Rechtschreibung
Binde- und Gedankenstrich

> **INFO-BOX**
>
> Der **Bindestrich** ermöglicht in vielen Fällen übersichtlichere und eindeutigere Schreibungen von (längeren) Zusammensetzungen. In diesem Sinn *kann* er zur Hervorhebung einzelner Bestandteile in Zusammensetzungen verwendet werden, die normalerweise in einem Wort geschrieben werden. Er *muss* stehen, wenn die Zusammensetzung aus einzelnen Buchstaben, Ziffern oder Abkürzungen gebildet wird und wenn es sich um mehrteilige Zusammensetzungen mit Wortgruppen handelt. Der Bindestrich steht ohne Abstand bzw. Leerzeichen zwischen den Zusammensetzungen. Die Regel im Einzelnen:
> Man *kann* einen Bindestrich setzen
> - zur Hervorhebung und Verdeutlichung einzelner Bestandteile von Zusammensetzungen und Ableitungen
> - in unübersichtlichen Zusammensetzungen
> - in Zusammensetzungen aus gleichrangigen Adjektiven, allerdings nicht, wenn das erste Adjektiv nur die Bedeutung des zweiten verstärkt oder abschwächt
> - um Missverständnisse zu vermeiden
> - um das Zusammentreffen dreier gleicher Buchstaben in Zusammensetzungen zu verhindern.
>
> Man *muss* einen Bindestrich setzen
> - in Aneinanderreihungen und Zusammensetzungen mit Wortgruppen zwischen einzelnen Wörtern, auch wenn Buchstaben, Ziffern oder Abkürzungen Teile einer Zusammensetzung sind
> - bei nominalisierten Infinitiven mit mehr als zwei Bestandteilen; bei nur zwei Bestandteilen bleibt die Zusammenschreibung erhalten
> - zwischen Zusammensetzungen mit Abkürzungen
> - zwischen Zusammensetzungen mit Einzelbuchstaben und Ziffern.
>
> Vom Bindestrich zu unterscheiden ist der **Gedankenstrich**. Dieser steht – mit Abstand bzw. Leerzeichen – vor und nach eingeschobenen Satzstücken oder Sätzen, die einen Text oder einen Gedankengang unterbrechen, erläutern oder ergänzen.
> Der **Ergänzungsstrich** vertritt in einer Aufzählung einen gemeinsamen Wortbestandteil, der nicht doppelt geschrieben und gesprochen werden soll. Er wird ohne Abstand bzw. Leerzeichen dem zugehörigen Wort angefügt.

10. Erläutert den Unterschied zwischen Gedanken- und Bindestrich.
11. Wo findet ihr eindeutige Beispiele für die einzelnen Punkte?

ÜBEN 290–295

Der Euro in der Rechtschreibung

Der nachfolgende Artikel erschien am 26. November 2001 in der „Süddeutschen Zeitung", kurz bevor am 1. Januar 2002 die Deutsche Mark und andere nationale Währungen in Europa durch die gemeinsame europäische Währung Euro ersetzt wurden.

Männlich und wahlweise mit oder ohne „s"

Sprachlich betrachtet, gehört der Euro in die Kategorie von Akku, Vize oder Krimi, auf deren Langnamen – Akkumulator, Vizepräsident oder Kriminalroman – man im Alltag der Bequemlichkeit halber verzichtet. Es ist, wie Dieter Herberg im „Sprachreport" schrieb, ein unisegmentales[1] Kurzwort. […] Während der Euro eine sprachliche Neubildung darstellt, ist sein hundertster Teil der Cent (von lateinisch „centum" gleich „hundert"), vielerorts ein alter und darum möglicherweise lieber Bekannter, der an Centimes, Centavos oder Centesimi erinnert. Die Deutsche Akademie für Sprache und Dichtung hat den Euro einmal dahingehend gerügt, dass „das Abhacken der letzten Silbe einem historisch verwurzelten Begriff wie Europa nicht gerecht werde". Dem gegenüber streicht Herberg die Sinnhaftigkeit des Wortes Euro für die erste gemeinsame Währung der Europäer heraus, eines Wortes, dessen auslautendes -o zudem für Reminiszenzen an Peso oder Escudo gut sei.

In der Neubildung von Wörtern à la Euro ist das Deutsche überaus produktiv. Üblicherweise haben solche Kurzwörter das Genus des Vollwortes: der Akku (der Akkumulator), die Lok (die Lokomotive), das Labor (das Laboratorium); Ausnahmen wie das Foto (die Fotografie) sind jedoch nicht selten. In der Tradition von Heller, Taler, Gulden oder Rubel ist der Euro ein Maskulinum, sowohl im Deutschen als auch in anderen europäischen Sprachen: l'euro (französisch), el euro (spanisch) oder o euro (portugiesisch). Für den Cent ist das maskuline Genus sozusagen bereits Tradition.

[1] eingliedriges

Was die Flexion des Euro angeht, so ist zu unterscheiden, ob man die Währungseinheit im Auge hat oder die Münze als handfesten Gegenstand. Im ersten Fall gilt, dass Geldbezeichnungen bei der Beugung unverändert bleiben: der Euro, des Euro, viele Euro. Das war schon zu Andreas Gryphius' Zeiten die Regel, wie seinem „Horribilicribifax" (1663) zu entnehmen ist: „… und kaum so viel kahle Marck bahres Geldes/ daß man Arswische darvon auffs Scheishaus/ und SchwefelLichter in die Kuechen kauffen kann." (Zu vernachlässigen ist die Regelung, wonach Geldbezeichnungen mit auslautendem -e dekliniert werden: eine Krone, hundert Kronen.) Die Aktionsgemeinschaft Euro hat eine Zusammenstellung herausgebracht, welche zeigt, dass dies in unterschiedlichen Ländern unterschiedlich gehandhabt wird. Meist bleibt der Euro unflektiert, doch finden sich auch Varianten wie 1 euro/100 euros (Portugal und Spanien). In Frankreich und Italien gilt 1 euro/100 euro, doch gibt es einen starken Hang, im normalen Geldverkehr auch euros beziehungsweise euri durchgehen zu lassen (in Frankreich sogar centimes, um dem sperrig auszusprechenden „cent cents" für „hundert Cent" aus dem Weg zu gehen). Ohnehin herrscht in diesem Punkt eine große Normunsicherheit. Sie schlug sich nach der Installation des Euro auch in diversen Wörterbüchern nieder, wo die Regeln über Genitiv-s und Plural-s verwirrend ausfielen. Darin spiegelt sich aber nur die Wechselhaftigkeit des Sprachgebrauchs wider, der es ja mit der gegenständlich gemeinten Mark einfach hatte, weil es dafür keine eigene Pluralform gibt. Nach dem Jahreswechsel wird man sich damit anfreunden müssen, dass Hinz und Kunz sich die Freiheit nehmen, „des Euro(s)" oder „die Euro(s)" zu sagen und zu schreiben und ihnen daraus kein Strick zu drehen sein wird.
„Lüders hat ein paar Märker hingelegt", heißt es in Döblins Roman „Berlin Alexanderplatz" (1929); außer diesem umgangssprachlichen Plural hat die Mark noch die Alliteration „(keine) müde Mark" hervorgebracht. Ob der Euro zu dergleichen taugt? Die Sprachgemeinschaft wird sich da schwer ins Zeug legen müssen.

1. Welche Plural- bzw. Genitivbildung hat die Sprachgemeinschaft bei Euro entwickelt?
2. Welche umgangssprachlichen Ausdrücke kennt ihr im Zusammenhang mit dem Euro?
3. Wie erklärt ihr euch die in vielen europäischen Ländern erkennbaren Unsicherheiten im sprachlichen Umgang mit Währungsbezeichnungen?
4. Gryphius kannte im 17. Jahrhundert noch kein normierendes Rechtschreibwörterbuch. Welche Funktion hat es für die heutige Sprachgemeinschaft?

SIGNALWÖRTER FÜR DIE GROSSSCHREIBUNG

Ein neuer Anhänger Rinaldos

In dem italienischen Städtchen Alano war Jahrmarkt. Rings um die Kirche drängten sich die Massen zwischen unzähligen Ständen. Unterschiedliche Kaufleute und Handwerker priesen ihre Waren an. Gackernde Hühner, quietschende Ferkel waren Gegenstand mancher Verkaufsverhandlung. Außerdem ging es um Seidenbänder, neue Hüte und viele andere Dinge. 5
Ein staubbedeckter Reiter erregte kaum Aufmerksamkeit, als er sich mühsam einen Weg zum Palast des Barons bahnte. Als er schließlich vor dem Statthalter stand, wusste er, dass er nichts Gutes zu erwarten hatte. Zornig herrschte ihn der Baron an, er habe sich eine Stunde verspätet. Dabei hatte der Kurier tagelang unter Mühen im Sattel gesessen! Als er dies zu seiner Entschuldi- 10
gung vorbrachte, fühlte er plötzlich einen heißen Schmerz auf seiner Wange. Die Reitpeitsche des Barons hatte eine blutige Spur durch sein Gesicht gezogen. Im Allgemeinen war der Kurier ein gehorsamer, ruhiger Mann. Doch dies war zu viel. Er übermittelte dem Baron noch seine Botschaft, dass nämlich 400 Soldaten vom Vizekönig aus Neapel geschickt würden, den berüch- 15
tigten Räuber Rinaldo Rinaldini zu fangen, dann aber verließ er den Baron in der festen Absicht, diese Botschaft auch Rinaldo zu überbringen, ihn zu warnen und sich den Gesetzlosen anzuschließen. Voller Zorn machte er sich auf den Weg. So wie er waren nicht wenige gesetzestreue Männer zu Räubern geworden. 20

1. Schreibt zehn Zeilen des Textes in Kleinschreibung in euer Heft. Was zieht ihr vor, Klein- oder Großschreibung? Sammelt Argumente für und gegen die jeweilige Schreibung.
2. Ein vermittelnder Vorschlag, die „gemäßigte Kleinschreibung", hat sich nicht durchsetzen können. Ihr zufolge sollten nur noch Satzanfänge, Eigennamen, Anredefürwörter (Sie, Ihnen) und Abkürzungen großgeschrieben werden. Was spräche für, was gegen die gemäßigte Kleinschreibung? Welchen Argumenten für oder gegen die völlige Klein- bzw. unsere jetzt gültige Schreibung käme die gemäßigte Kleinschreibung entgegen?
3. Begründet die Großschreibung in diesem Text nach den euch bekannten Rechtschreibregeln.
4. Findet Wörter im Text, die signalisieren, dass ein Wort großgeschrieben werden muss.

Rechtschreibung

Groß- und Kleinschreibung

> **INFO-BOX**
>
> Im Deutschen werden alle Nomen und Wörter, die nominalisiert gebraucht werden, großgeschrieben. Nominalisiert gebrauchte Wörter erkennt man an Signalwörtern. Solche **Signalwörter** sind:
>
> **Artikel oder andere Begleiter** *das* Beste, *ein* Weiteres, *etwas* Gutes, *die* Zwei, *allerlei* Leckeres
>
> **Präpositionen** *im* Einzelnen, *mit* Hunderten, *unter* Tausenden, *nach* Richtigem findet sich auch Falsches
>
> **Adjektive** *langes* Hin und Her, *schwieriges* Verhandeln, *klares* Nein

5. Ordnet die von euch gefundenen Signalwörter nach den Angaben in dieser Tabelle.

Die Räuber machen Beute

Rinaldo hat vom Brautschatz des Barons gehört, der wenig bewacht durch den Wald transportiert wird. Seine Bande will den Schatz an sich bringen.

Aldo war das alles nicht geheuer. ▯ unbestimmtem Argwohn spannte er ▯ Pferde aus. Alles war ▯ Plan gegangen: Kaum waren sie ▯ Hohlweg angekommen, als ▯ Soldaten herankamen. ▯ ▯ Schüssen hielten ▯ Schergen ▯ Barons ▯ Waffen hoch und ergaben sich.
Während Antonella und Enzo ▯ Goldkisten ▯ Planwagen holten, legten ▯ ▯ Räuber ▯ Soldaten ▯ Ketten. Mochten sie ▯ Wald warten, bis irgendjemand sie befreite, das kümmerte sie nicht. Für Aldos Geschmack war ▯ Überfall zu einfach gewesen. Es war wirklich nichts dabei, ▯ Männer zu überrumpeln, die so feige waren, dass sie sich nicht einmal wehrten. Gedankenvoll drehte er ▯ schwarzen Locken um ▯ Finger. Wenn sich das nicht noch rächte!

WORTSPEICHER

die	ihre	die
nach	ahnungslose	
die	die	vom
mit	die	anderen
in	die	am
nach	wenigen	
die	der	im	des
	seinen	

6. Setzt aus dem Wortspeicher die passenden Signalwörter für großzuschreibende Wörter ein und bestimmt deren Wortart.

Zweifelsfälle? Zweifelsfälle!

Die Räuber sitzen in der Falle

Hätte Aldo doch mehr auf seine Ahnungen gegeben! Plötzlich sah er eine Staubwolke, die von einigen hundert Pferdehufen aufgewirbelt wurde. Soldaten mit blitzenden Bajonetten! Von allen Seiten kamen sie! Antonella und Enzo versuchten zu fliehen. Die Zigeunerin verwünschte Enzo, der ihr keine Waffe gegeben hatte, dabei hatte sie ihn so darum gebeten! Er war *schuld*, dass sie sich nicht verteidigen konnte. Dabei hatte sie doch *Recht* gehabt! Auch Aldo dachte daran, dass keiner ihm *Recht* geben wollte, als ihm dieser Überfall zu einfach vorgekommen war. Er ging *recht* in der Annahme, dass das nicht mit *rechten* Dingen zugegangen war. Er schlug sich in die Büsche. Die anderen hatten nicht auf ihn gehört, da war es nur *recht* und billig, dass sie die Suppe allein auslöffelten! Er war sich keiner *Schuld* bewusst. Später würde er nach dem *Rechten* sehen, jetzt musste er aber *rechtzeitig* fliehen, um Rinaldo zu warnen. Es war ihm *recht*, wenn Rinaldo die Angelegenheit untersuchte; er hatte sich nichts zu *Schulden* kommen lassen. Rinaldo würde ihm darin *Recht* geben, dass den anderen *recht* geschah.

Natürlich würde er ihm keinen *Dank* sagen, dass die Hälfte der Bande *dank* deren eigenen Leichtsinn in der Hand der Polizei gefallen war. Das war schließlich *trotz* seiner Warnung geschehen: Aus *Trotz* hatte ihm keiner glauben wollen! Dabei hätten sie *danke schön* sagen sollen. Aber auf dieses *Dankeschön* hätte er lange warten können. Nein, *Leid* taten sie ihm nicht! Aber er war es *leid*, dass sie nie auf ihn hörten.

In der Zwischenzeit waren die Räuber mit Antonella gefangen genommen worden. *Trotz* dessen offensichtlicher Angst glaubten die Soldaten, Enzo sei Rinaldo, und Antonella gab ihnen darin *Recht*, damit sie nicht weiter nach Rinaldo suchten. *Dank* dieses Tricks sollte er Zeit gewinnen. Um Enzo machte sie sich keine Sorgen. Er trug *Schuld* daran, dass sie ohne Waffe war. Es war am *besten* so. Enzo landete sowieso im Gefängnis, da war es nicht nötig, dass der *beste* der Räuber, Rinaldo, ebenfalls gefangen würde.

Sie hoffte, dass das *alles* bald vorbei sein würde. Sie hatte keine Sorge, dass für sie *alles* glimpflich ablaufen würde, dazu sahen die Soldaten sie zu gerne tanzen. Es ging um Rinaldo. Er war ihr Ein und *Alles*, das wusste sie jetzt.

1. In diesem Text werden gleiche und ähnliche Wörter einmal groß- und einmal kleingeschrieben. Stellt diese Wörter zusammen und begründet ihre Schreibung. Versucht Regeln zu formulieren.

Rinaldo plant die Befreiung

Rinaldo dachte nach. Er saß seit *gestern Abend* am heruntergebrannten Feuer, hatte kaum geschlafen, nur alle *viere* von sich gestreckt und bis um *fünf* vor sich hin gedöst. *Gestern früh* waren seine Kumpane mit Rosalia gefangen genommen worden. Das war das *Letzte*, womit er gerechnet hatte! War der Baron doch schlauer gewesen, als er für möglich gehalten hatte! Noch vor *morgen Nachmittag* mussten die Freunde befreit sein, bevor sie *übermorgen früh* in das stark befestigte Gefängnis von Neapel kamen! Das *Erste*, was zu tun war, war herauszufinden, auf welchem Weg die Gefangenen *heute Abend* zur Küste gebracht wurden. Nur *nachts* versprach ein Befreiungsversuch Erfolg. Gut, dass nicht *Dienstagabend* war! Immer *dienstags abends* übten die Soldaten der Garnison in den Wäldern bei Neapel das Marschieren und Schießen. Dann wären es zu viele gewesen. Rinaldo erinnerte sich an die *letzte* Woche: Beinahe wären sie *dienstagabends* all diesen Soldaten in die Arme gelaufen.

Rinaldo schreckte auf; einer seiner Räuber stand vor ihm: „Rinaldo, sie gehen zu *zweit* hintereinander am Fluss entlang und werden erst *frühmorgens* über die Brücke bei San Lorenzo marschieren!" Da kam Leben in Rinaldo! Mit blitzenden Augen rief er: „Das ist gut! Sind die dumm! Immer *zwei* nebeneinander, und dann noch auf dieser Seite des Flusses!" Schnell entwickelte er den Freunden seinen Plan: „Wir teilen die Bande in Vierertrupps ein. Jeder *Erste* und *Zweite* schwimmt *heute Nacht* um *zwei* neben der Kolonne im Fluss, jeder *Dritte* und *Vierte* schleicht auf gleicher Höhe auf der Waldseite mit. Beim *ersten* Pfiff werfen sich die *Dritten* und *Vierten* auf die Soldaten vor unseren Gefangenen, beim *zweiten* springen die *Ersten* und *Zweiten* aus dem Wasser und nehmen sich die *hinteren* vor. Sind die außer Gefecht gesetzt, befreien wir unsere Freunde. *Morgen Abend* sitzen sie wieder mit uns am Lagerfeuer, und das wird nicht unser *letztes* sein."

2. Begründet, soweit euch das möglich ist, die Groß- und Kleinschreibung der *kursiv* gedruckten Wörter.
3. Stellt alle Zeitangaben zusammen, die mit Tageszeiten und Wochentagen zusammenhängen, und begründet deren Rechtschreibung.
4. Seht ihr den inhaltlichen Unterschied zwischen *dienstags abends* und *dienstagabends*?

Vor lauter Bäumen den Wald nicht sehen

Sprache untersuchen

Ermittlungen im Fall Schmied

Alphons Clenin *Friedrich Dürrenmatt*[1]

Alphons Clenin, *der Polizist von Twann*, fand am Morgen des dritten November neunzehnhundertachtundvierzig dort, wo die Straße von Lamboing (eines der Tessenbergdörfer) aus dem Walde der
5 Twannbachschlucht hervortritt, einen blauen Mercedes, *der am Straßenrand stand.*
    Es herrschte Nebel, wie oft in diesem Spätherbst, und eigentlich war Clenin am Wagen schon vorbeigefahren, als er doch wieder zurückkehrte. Es
10 war ihm im Vorbeischreiten gewesen, nachdem er flüchtig durch die trüben Scheiben des Wagens geblickt hatte, als sei der Fahrer am Steuer niedergesunken. Er glaubte, daß der Mann betrunken sei, denn als ordentlicher Mensch kam er auf das Nächstliegende. Er wollte daher dem Fremden 15 nicht amtlich, sondern menschlich begegnen. Er trat mit der Absicht ans Automobil, den Schlafenden zu wecken, ihn nach Twann zu fahren und im Hotel Bären bei schwarzem Kaffee und einer Mehlsuppe nüchtern werden zu lassen; denn es 20 war zwar verboten, betrunken zu fahren, aber nicht verboten, betrunken in einem Wagen, *der am Straßenrand stand*, zu schlafen.

---

[1] Die Texte S. 232, 234 oben, 236 und 237 stammen aus der Erzählung „Der Richter und sein Henker" von Friedrich Dürrenmatt. Diese Texte stehen in alter Rechtschreibung.

Nachdenken über Sprache
Relativsatz und Apposition

1. Reduziert den ersten Satz so, dass nur der Hauptsatz übrig bleibt.
2. Welche Informationen gehen durch die Reduktion verloren? Überprüft die Wirkung solcher Reduktionen auch im zweiten Absatz.

INFO-BOX

In Hauptsätzen verweisen Wörter wie *es*, *das*, *dort* ... oft auf einen vorausgehenden oder auf einen folgenden Nebensatz. Solche verweisenden Wörter nennt man ▶ **korrelierende Wörter**. Die Wörter *es* und *das* verweisen auf Subjekt- oder Objektsätze, die Wörter *deshalb*, *damals*, *dort* ... auf Adverbialsätze.

Beispiele: *Clenin fand den Wagen dort, wo der Wald endete.*
Clenin war es unheimlich, allein zu sein.
Das sah er nicht sofort, dass im Auto ein Mann saß.
Ihm war deshalb unheimlich, weil es so still war.

---

3. Nennt in den folgenden Sätzen die korrelierenden Wörter:
   – Das, was er sich vorgenommen hatte, führte er auch durch.
   – Dort, wo sonst ein Blick ins Tal möglich war, herrschte dichter Nebel.
4. Welche Bedeutung haben *der Polizist von Twann* und *der am Straßenrand* stand für den Satz?

INFO-BOX

Bei der Einfügung *der Polizist von Twann* handelt es sich um eine ▶ **Apposition**. Appositionen sind Ergänzungen zu einem Substantiv, die mit Kommas abgetrennt werden. Sie stehen im gleichen Kasus. Wäre das direkte Bezugswort der Apposition *Alphons Clenin* z. B. ein Genitivattribut, so erfolgte die Ergänzung auch im Genitiv.

Beispiel: *Die Ausrüstung Alphons Clenins, des Polizisten von Twann, war denkbar schlecht.*

Relativsätze sind Nebensätze, die ein Attribut ersetzen. Sie werden durch ▶ **Relativpronomen** oder ▶ **Relativadverbien** eingeleitet.

Beispiele: *Das Fahrzeug, das keine Spuren eines Unfalls aufwies, wirkte dennoch sehr merkwürdig, was den Polizisten selbst irritierte.* (Relativpronomen)
Das Fahrzeug wies keinerlei Spuren eines Unfalls auf, worüber er sich wunderte. (Relativadverb)

Nachdenken über Sprache
Relativsatz und Apposition

Tod am Steuer

Clenin öffnete die Wagentür und legte dem Fremden die Hand väterlich auf die Schultern. Er bemerkte jedoch im gleichen Augenblick, daß der Mann tot war. Die Schläfen waren durchschossen. Auch sah Clenin jetzt, daß die rechte Wagentür offen stand. Im Wagen war nicht viel Blut, und der dunkelgraue Mantel, den die Leiche trug, schien nicht einmal beschmutzt. Aus der Manteltasche glänzte der Rand einer gelben Brieftasche. Clenin, der sie hervorzog, konnte ohne Mühe feststellen, daß es sich beim Toten um Ulrich Schmied handelte, Polizeileutnant der Stadt Bern. Clenin wußte nicht recht, was er tun sollte. Als Dorfpolizist war ihm ein so blutiger Fall noch nie vorgekommen […]. Der Polizist ging wieder zum anderen Straßenrand, der gegen Twann lag, und wischte sich den Schweiß von der Stirne. Dann faßte er einen Entschluß. Er schob den Toten auf den zweiten Vordersitz, setzte ihn sorgfältig aufrecht, befestigte den leblosen Körper mit einem Lederriemen, den er im Wageninnern gefunden hatte, und rückte selbst ans Steuer.

5. Sucht nach der Apposition und den Relativsätzen im obigen Text.
6. Kann man die Apposition in einen Nebensatz umwandeln?
7. Wodurch baut Dürrenmatt schon in den ersten Sätzen seiner Erzählung Spannung auf?
8. Wie wird der Polizist Clenin charakterisiert (s. S. 109)?

Mutmaßungen über einen blauen Mercedes

Das Fahrzeug, ▬ Äußeres so intakt war, barg ein Geheimnis. Clenin ahnte es. Er, ▬ stets nur Taschendiebstähle, höchstens einmal einen Einbruch zu bearbeiten hatte, sah ein Verbrechen, ▬ Ausmaß er kaum erahnen konnte, auf sich zukommen. ▬ mit der nötigen Ruhe zu begegnen, würde ihm nicht leicht fallen. Aber noch stand der Mercedes, ▬ rechte Wagentür leicht geöffnet war, in einiger Distanz, ▬ ihm gut tat. Noch gab das Verbrechen ihm, dem kleinen Dorfpolizisten, ein wenig Aufschub. Außerdem war niemand zu sehen, ▬ er sich eigentlich wunderte. Niemand, ▬ ihm vorhalten konnte, seine Pflicht vernachlässigt zu haben.

9. Schreibt den Text in euer Heft und setzt Relativpronomen oder -adverbien ein.

Polizeiliches Vorgehen

Weil Clenin unsicher war, ging er zunächst nicht auf den Mercedes zu. Er schaute sich um und merkte, *dass er intuitiv nach einem Zeugen Ausschau hielt.* Doch er war allein, *verlassen am Rande des Waldes.* Um sich von dem Automobil, *das immer noch unbewegt da stand,* abzulenken, fuhr er an dem Fahrzeug vorbei. Er sagte sich, *ein solcher Vorgang sei doch alltäglich.* Kaum war er ein Stück auf der Straße, *wo er das Auto gesehen hatte,* gefahren, kam er ins Grübeln. Er fragte sich, *ob nicht doch etwas passiert sein könnte.*

10. Versucht, möglichst viele der kursiv gedruckten Nebensätze zu bestimmen. (Beziet dabei die Informationen S. 242 ff. mit ein.)
11. Einige der Nebensätze haben keine einleitende Konjunktion. Könnt ihr sie durch konjunktionale Nebensätze ersetzen?

INFO-BOX

Appositionen, Partizipial- und Infinitivkonstruktionen können durch einen Konjunktional- oder Relativsatz ersetzt werden.

Beispiel 1:
Herr Clenin, *Dorfpolizist von Twann*, grübelte.
Herr Clenin, *der Dorfpolizist von Twann war*, grübelte.

Beispiel 2:
Er stand, *nachdenklich an die Mauer gelehnt*, vor einer großen Aufgabe.
Er, *der nachdenklich an die Mauer gelehnt war*, stand vor einer großen Aufgabe.

Beispiel 3:
Er sagte sich, *nur Gelassenheit könne ihm in dieser Situation helfen*.
Er sagte sich, *dass nur Gelassenheit ihm in dieser Situation helfen könne*.

Vor Aufregung zitternd

erweiterter Infinitiv ohne „um zu, ohne zu, anstatt zu":	Er beabsichtigte, *den Mann zu wecken*.
erweiterter Infinitiv mit „um zu":	*Um ihn zu sehen*, ging er ums Auto.
Partizip I:	Er trat, *vor Aufregung zitternd*, heran.
Partizip II:	Er erstarrte, *vom Geschehen mitgenommen*.

12. Verfasst Texte mit solchen Konstruktionen.
    Vergleicht deren Aussagekraft mit der konjunktionaler Nebensätze.
    Beispiel: *Um den Fahrer zu sehen = damit er den Fahrer sehen konnte* ...

Nachdenken über Sprache
Unter- und Nebenordnung

BÄRLACHS FALL?

Recherche

Kommissär Bärlach, der den Fall übernimmt, wird im zweiten Kapitel der Erzählung „Der Richter und sein Henker" vorgestellt.

| Tief in Gedanken versunken, … | … die er von Schmieds Zimmer geholt hatte, … |

… aß er gegen seine Gewohnheit nicht in der Schmiedestube, sondern im Du Théâtre zu Mittag […] und kehrte dann nach einem kurzen Spaziergang über die Bundesterrasse gegen zwei Uhr auf sein Bureau zurück, …

| … aufmerksam in der Mappe blätternd und lesend, … | … daß der tote Schmied nun von Biel angekommen sei. |

… wo ihn die Nachricht erwartete, …

1. Stellt aus den Einzelbausteinen einen inhaltlich und grammatisch korrekten Satz her. Gibt es mehrere sinnvolle Lösungen?
2. Erläutert durch eine Schemazeichnung das Verhältnis der Teilsätze zueinander. Unten findet ihr ein Beispiel.

INFO-BOX

Da Nebensätze von Hauptsätzen abhängig sind und nicht allein stehen können, spricht man von einer ▶ **Unterordnung** des Nebensatzes. Werden zwei gleichrangige Sätze, etwa zwei Haupt- oder zwei Nebensätze gleicher Art miteinander verbunden, spricht man von ▶ **Nebenordnung**.

| Während man die Untersuchung der Hauptsache von Biel aus einleitete, **Nebensatz, abhängig vom Hauptsatz** | wurde in Bern der traurige Fund Kommissar Bärlach übergeben, **Hauptsatz** | der auch Vorgesetzter des Toten gewesen war. **Nebensatz, abhängig vom Hauptsatz** |

Nachdenken über Sprache
Unter- und Nebenordnung

Er vermutete,		denn das schien ihm das Nächstliegende.
Hauptsatz	dass der Fahrer betrunken sei,	**Hauptsatz**
	Nebensatz	

3. Bestimmt in dem folgenden Satzgefüge das Verhältnis von Neben- und Unterordnung. Beachtet auch, dass Nebensätze voneinander abhängig sein können. Stellt die Abhängigkeit der Teilsätze auf die gleiche Weise schematisch dar.

> Clenin geriet mitten in eine lange Automobilkette, […] die aus einem unerklärlichen Grund noch langsamer fuhr, als es in diesem Nebel nötig gewesen wäre, fast ein Leichenzug, wie Clenin unwillkürlich dachte.

4. Erstellt für einige Sätze des Textes „Tod am Steuer" (S. 234) derartige Satzschemata.

> **INFO-BOX**
>
> Satzgefüge (Verbindungen von Hauptsatz und einem oder mehreren Nebensätzen) sind unterordnend, d. h. ▶ **hypotaktisch** gebaut.
> Satzreihen (Verbindungen aus zwei oder mehreren Hauptsätzen) sind nebenordnend, d. h. ▶ **parataktisch** gebaut.
> Besteht ein Text vorwiegend aus Satzgefügen, ist der Stil hypotaktisch. Besteht er vorwiegend aus Satzreihen oder einfachen Hauptsätzen, ist der Stil parataktisch.

5. Schaut euch noch einmal den Beginn der Erzählung Dürrenmatts (S. 232) an. Welcher Stil dominiert?
6. Untersucht unterschiedliche Texte auf ihren Satzbau hin: Tageszeitung, Gebrauchsanweisung, Roman, Kochbuch, Kinderbuch, Erzählung, usw.

Nachdenken über Sprache
Potentialis/Irrealis

DIE POLIZEI UNTER VERDACHT

Pressekonferenz

Journalisten fragen:

Journalist A Herr Kommissar, war es klug von Ihrem Kollegen Clenin, den Toten abzutransportieren? Hätte er nicht besser Verstärkung gerufen?

Pressesprecher Dem stimme ich zu: Clenin hätte Hilfe holen müssen. So hat er nur Tatbestände verwischt.

Journalist B Nun ja, vielleicht hat Clenin ja auch mit dem Verbrechen zu tun.

Journalist C Geben Sie Auskunft, ob Clenin Kontakt zur kriminellen Szene hatte.

Pressesprecher Hätte er keine gehabt, säßen wir wahrscheinlich nicht hier! Wäre es nicht besser, die Ursachen des Verbrechens zu klären, ehe wir über einen der beiden Polizisten herfallen?

1. Welche der Aussagen sind Vermutungen, zutreffende Aussagen, Fragen? Wodurch wird dies grammatisch unterstrichen?
2. Weshalb benutzen die Journalisten und der Pressesprecher manchmal den Indikativ, manchmal den Konjunktiv II?
3. Setzt die folgende Erklärung Bärlachs fort. Lasst dabei erkennen, was Bärlach wirklich weiß und was eher seine Vermutungen sind.

> Meine Damen und Herren,
> über das Verbrechen an unserem Kollegen wissen wir wenig.
> Tatsache ist, dass Schmied vom Kollegen Clenin gefunden wurde.
> Dass Clenin beim Transport Spuren verwischt hat, steht außer Frage. Trotzdem hätte ich genauso gehandelt. ...

INFO-BOX

Der Konjunktiv II kann eine Möglichkeit ausdrücken (▶ **Potentialis**):
Beispiel: *Wenn er ihn anriefe, ließe sich manches klären.*

Er kann aber auch aussagen, dass der Sprecher das Eintreten einer Bedingung für unwahrscheinlich hält (▶ **Irrealis**):
Beispiel: *Wenn Schmied noch lebte, könnten wir ihn fragen.*
  Wenn Schmied kriminelle Kontakte gehabt hätte, hätten wir dies bemerkt.

MERKWÜRDIGES OBJEKT

Bärlach grübelt

Bärlach dachte *über den Vorfall* nach. Ein Polizist war ermordet worden. Das zog natürlich das Interesse der Öffentlichkeit *auf sich*. Immer wenn solches geschah, geriet die Polizei *in einen merkwürdigen Verdacht*: Musste der Ermordete nicht zwangsläufig *zur kriminellen Szene* gerechnet werden? Wies nicht ein Mord *auch auf die undurchsichtige Vergangenheit* des Opfers?
Es hatte nicht lange gedauert, bis die Presse derart brisante Fragen stellte. Was hätte er entgegnen können?
Schmied sei ein zuverlässiger und loyaler Kollege gewesen? Alle hätten ihn geschätzt? Niemand hätte je ahnen können, dass ausgerechnet er …
Bärlach unterbrach sein Grübeln …

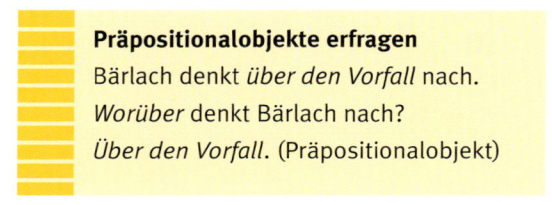

> **Präpositionalobjekte erfragen**
> Bärlach denkt *über den Vorfall* nach.
> *Worüber* denkt Bärlach nach?
> *Über den Vorfall*. (Präpositionalobjekt)

1. Erfragt die *kursiv* gedruckten Satzglieder im Text.

Präpositionalobjekte erfragen	adverbiale Bestimmungen erfragen
Bärlach setzt sich *mit dem Fall* auseinander.	Er sitzt *am Schreibtisch* und denkt nach.
Womit setzt sich Bärlach auseinander?	*Wo* sitzt er und denkt nach?
Mit dem Fall.	*Am Schreibtisch.*

2. Bestimmt in den folgenden Sätzen Präpositionalobjekte und adverbiale Bestimmungen.
   – In diesem Fall steht er jedoch vor einem Rätsel.
   – Schmied hatte seinen Dienst stets mit höchster Sorgfalt erfüllt.
   – Hatte er sich in dem Kollegen getäuscht?
   – Über Schmieds Verhalten hatte er sich im Grunde nie gewundert. Schmied war völlig loyal.

Nachdenken über Sprache

Präpositionalgefüge

> **INFO-BOX**
>
> ▸ **Adverbialien** und ▸ **Präpositionalobjekte** beziehen sich beide auf ein Verb. Aber nur beim Präpositionalobjekt erfordert das Verb zwingend eine oder zwei ganz bestimmte Präpositionen. Das Präpositionalobjekt ist ein Satzglied mit einer Präposition im Prädikat. Beim Adverbial sind unterschiedliche Präpositionen möglich. Sie gehören nicht zum Prädikat.

warten + adverbiale Bestimmung	warten auf + Präpositionalobjekt
Er wartet auf dem Bahnhof.	Er wartet auf den Freund.
Er wartet im Garten.	Er wartet auf die Straßenbahn.
Er wartet hinter der Hecke.	Er wartet auf den Unterrichtsbeginn.

3. Folgende Verben verbinden sich nur mit ein oder zwei bestimmten Präpositionen. Mit ihnen kann man also Präpositionalobjekte bilden. Findet die zugehörigen Präpositionen zu den Ausdrücken im Wortspeicher heraus.

> **WORTSPEICHER**
>
> | | | | |
> |---|---|---|---|
> | warten | wissen | sich ärgern | angewiesen sein |
> | neigen | verstehen | sich erinnern | sich kümmern |
> | zweifeln | fahnden | sich bedanken | eingehen |
> | anknüpfen | absehen | einschreiten | sich freuen |

4. Unterscheidet in den folgenden Sätzen Präpositionalobjekt und adverbiale Bestimmung.
 – Mit großem Eifer machte er sich an die Arbeit.
 – Bis spät in die Nacht saß er an seinem Schreibtisch.

5. Wie kann man Präpositionalobjekt und adverbiale Bestimmung unterscheiden?

> **INFO-BOX**
>
> ▸ **Präpositionalattribute** bezeichnen ein Nomen näher. Ohne dieses Attribut ist der Sinn des Nomens ein anderer.
> Beispiele: *Vase aus Porzellan*: nicht irgendeine Vase, sondern eine aus Porzellan
> *Leute auf dem Land*: nicht irgendwelche Leute, sondern die Leute auf dem Land

Nachdenken über Sprache

Präpositionalgefüge

Überraschung im Keller

Gestern noch hatte Jan die Tür zum Keller verschlossen gefunden. Heute stand sie offen und warf einen langen Schatten auf den Flur. Im Keller war Licht. Auf diese Gelegenheit hatte er lange gewartet! Jetzt ärgerte er sich nicht mehr über die vielen verpassten Gelegenheiten. Er hatte den Schlüssel zur Wahrheit in der Hand. Dabei hatte er so lange an sich gezweifelt.
Mit aller Vorsicht schlich er die Treppe hinunter. Er neigte zu der Annahme, dass sein Onkel doch Gold im Keller versteckt hatte, das Gold aus dem Eisenbahnraub! Kein Wunder, der Onkel verstand sich aufs Geheimhalten!
Kein Verdacht würde auf ihn fallen, den angesehenen Bürger aus Lincolnshire!
Und tatsächlich, sein Onkel stand in gebückter Stellung vor einem großen Fass und holte ein Kästchen aus Pappe hervor. Es erinnerte Jan an eine Pralinenschachtel. Plötzlich glänzte etwas in der Hand des Onkels gold-glitzernd auf! Sollte er jetzt schon gegen seinen Onkel einschreiten? Nein, er war auf mehr Beweise angewiesen.
Es knisterte, als sich der alte Mann am Gold zu schaffen machte. Er führte es zum Mund, kaute auf dem Klumpen aus Gold und freute sich offensichtlich darüber! Jan zweifelte an seinem Verstand! Da bemerkte ihn der Onkel. „Du verrätst mich doch nicht? Aber Pralinen aus Frankreich kann ich nicht widerstehen, egal, wenn sich auch der Arzt darüber ärgert!"

6. Findet in diesem Text die Adverbialien mit und ohne Präposition, die Präpositionalobjekte und die Präpositionalattribute. Begründet eure Entscheidung.
7. Fragt nach den Präpositionalobjekten. Was fällt euch bei den Fragewörtern auf?
8. Welche Leistung für die Bedeutung von Nomen erbringen die Präpositionalattribute?

Nachdenken über Sprache
Direkte und indirekte Rede

ERMITTLUNGEN IM FALL PEREIRA

[1] Die Texte S. 242, 243 und 246 stammen aus dem Buch „Erklärt Pereira" von Antonio Tabucchi.

Wie er ihn kennen lernte   *Antonio Tabucchi*[1]

Pereira erklärt, er habe ihn an einem Sommertag kennen gelernt. An einem sonnigen, wunderschönen Sommertag, an dem eine leichte Brise wehte und Lissabon strahlte. Pereira scheint sich in der Redaktion aufgehalten zu haben, er wusste nicht, was er tun sollte, der Herausgeber war auf Urlaub, und er befand sich in der unangenehmen Situation, die Kulturseite zusammenstel- 5
len zu müssen, denn mittlerweile besaß die *Lisboa* eine Kulturseite, und ihm hatte man sie anvertraut. Und er, Pereira, dachte über den Tod nach. An diesem schönen Sommertag, trotz der Brise vom Atlantik her, die über die Wipfel der Bäume strich, und trotz der strahlenden Sonne und der Stadt, die unter seinem Fenster funkelte, buchstäblich funkelte, und eines Blaus, eines, 10
erklärt Pereira, noch nie gesehenen Blaus, begann er an den Tod zu denken. Warum? Das vermag Pereira nicht zu sagen. […]

1. Beschreibt den Satzbau dieses Erzählanfangs.
2. Obwohl der Erzähler in der 3. P. Sg. spricht, gewinnt man den Eindruck, Pereira selbst erzähle seine Geschichte. Woran liegt das?
3. Vergleicht die folgenden Ausdrucksweisen und erklärt sie mithilfe der Info-Box.
   a) Pereira erklärt, er habe ihn an einem Sommertag kennen gelernt.
   b) Pereira erklärt: „Ich habe ihn an einem Sommertag kennen gelernt."

INFO-BOX

▸ **wörtliche Rede:**
Nach einer Redeeinleitung „spricht" eine Person. Dies wird durch Redezeichen kenntlich gemacht. Man bezeichnet die wörtliche Rede auch als direkte Rede.

Die ▸ **direkte Rede** ist von der ▸ **indirekten Rede** zu unterscheiden, bei der das Gesagte nicht durch die Figur, sondern durch den Erzähler selbst wiedergegeben wird.

direkte Rede: erzählerische Redewiedergabe in der 1. oder 2. Person Singular, meist Präsens Indikativ.
Beispiel: *Er sagt: „Ich löse den Fall."*

indirekte Rede: erzählerische Redewiedergabe in der 3. Person Singular Präsens Konjunktiv oder mittels eines dass-Satzes (Objektsatz) im Indikativ oder im Konjunktiv I.
Beispiel: *Er sagt, er löse den Fall.*
      Er sagt, dass er den Fall löst/löse.

Rossi und Marta

In seinen Gedanken an den Tod findet Pereira einen Artikel von Monteiro Rossi, mit dem er telefonisch Kontakt aufnimmt. Rossi, Doktor der Philosophie, aber gänzlich mittellos, erklärt sich auf Drängen Pereiras schließlich bereit, für die Lisboa den ein oder anderen Künstlernachruf zu schreiben. Sofort verlangt er einen Vorschuss von Pereira, da er seine Freundin ausführen will: Das Mädchen, das dann kam, erklärt Pereira, trug einen Hut aus Zwirn. Sie war wunderschön, von heller Hautfarbe, mit grünen Augen und wohlgerundeten Armen. Sie trug ein Kleid mit Trägern, die sich im Rücken überkreuzten und die ihre weichen und schön geformten Schultern betonten. Das ist Marta, sagte Monteiro Rossi, Marta, darf ich dir Doktor Pereira von der Lisboa vorstellen, er hat mich heute Abend engagiert, von nun an bin ich Journalist, wie du siehst, habe ich Arbeit gefunden. Und sie sagte: Sehr erfreut, Marta. Und dann, zu Monteiro Rossi gewandt, sagte sie: Ich weiß nicht, warum ich zu einer Veranstaltung wie dieser gekommen bin, warum tanzt du nicht mit mir, mein Dummerchen; angesichts der verlockenden Musik und des wunderbaren Abends? Pereira erklärt, dass er allein am Tischchen sitzen blieb, er bestellte noch eine Limonade und trank sie in kleinen Schlucken, wobei er die jungen Leute betrachtete, die Wange an Wange tanzten. Pereira erklärt, in diesem Augenblick habe er wieder an sein bisheriges Leben gedacht, an die Kinder, die er nicht gehabt hatte, aber zu diesem Thema will er keine weiteren Erklärungen abgeben.

4. Schreibt die Sätze der wörtlichen Rede heraus und setzt die Satzzeichen. Welche Gründe könnten den Autor bewogen haben, keine Redezeichen zu setzen?
5. Im letzten Satz des Textes finden wir unterschiedliche Tempora. Wie ist das zu erklären?
6. Setzt die Zeilen 15–24 des Textes einheitlich in die indirekte Rede. Benutzt dabei den Konjunktiv.

Rossis Anliegen

Monteiro Rossi fasst schnell Vertrauen zu Pereira. Da er zu einer Gruppe von Freiheitskämpfern gehört, die das diktatorische Regime Portugals stürzen wollen und daher von der Regierung verfolgt werden, hofft er auf Pereiras Unterstützung.

Dann ließ der Kellner sie in Ruhe und Pereira fragte. Also? Also, ich weiß nicht, wo ich anfangen soll, sagte Monteiro Rossi, ich sitze in der Klemme, so sieht's aus. Pereira schnitt ein Stück von seiner Omelette ab […]. Mein Cousin kommt aus Spanien, er ist in einer Brigade, er kämpft auf Seiten der Republikaner, er ist in Portugal, um portugiesische Freiwillige zu rekrutieren, die sich einer internationalen Brigade anschließen möchten, bei mir zu Hause kann ich ihn nicht behalten, er hat einen argentinischen Pass, und man sieht aus einer Meile Entfernung, dass er gefälscht ist, ich weiß nicht, wo ich ihn unterbringen soll.

7. Wie wirkt die Beschreibung des Cousins auf euch?
8. Schreibt den Text ab. An welchen Stellen würdet ihr einen Punkt setzen?

Nachdenken über Sprache
Direkte und indirekte Rede

Meinungen zu Rossi

In einer achten Klasse wird heftig über Rossis Anliegen diskutiert und Benjamin protokolliert:

Sina Mit dem Cousin stimmt etwas nicht.

Marc Der Rossi nutzt Pereira nur aus.

Sven Pereira wird den Fremden bei sich aufnehmen.

Luca Rossi hat sofort einen Vorschuss verlangt, das ist merkwürdig.

Fabienne Ich hätte Rossi niemals vertraut.

Lucy Pereira ist zu gutmütig.

Ferdi Marta und Rossi gehören bestimmt zu einer kriminellen Bande.

Benjamins Protokoll

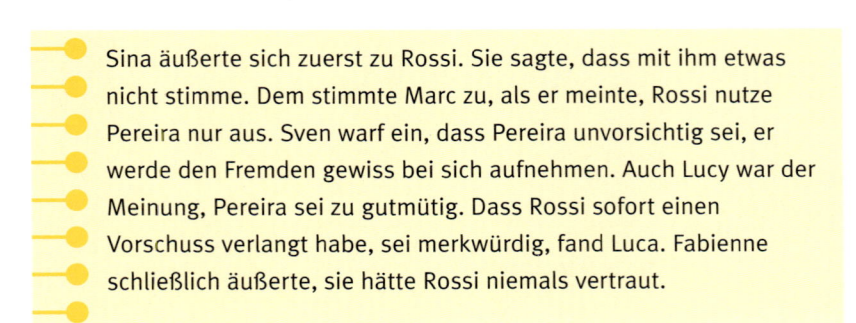

Sina äußerte sich zuerst zu Rossi. Sie sagte, dass mit ihm etwas nicht stimme. Dem stimmte Marc zu, als er meinte, Rossi nutze Pereira nur aus. Sven warf ein, dass Pereira unvorsichtig sei, er werde den Fremden gewiss bei sich aufnehmen. Auch Lucy war der Meinung, Pereira sei zu gutmütig. Dass Rossi sofort einen Vorschuss verlangt habe, sei merkwürdig, fand Luca. Fabienne schließlich äußerte, sie hätte Rossi niemals vertraut.

9. Benjamin setzt die Äußerungen in die indirekte Rede. Ändert sich etwas an der indirekten Rede, wenn man das Tempus der Redeeinleitung verändert?
10. Benjamin ist unsicher, ob es heißt „Fabienne schließlich äußerte, sie habe Rossi niemals vertraut." oder „Fabienne äußerte, sie hätte Rossi niemals vertraut." Worin unterscheiden sich die beiden Sätze?

Nachdenken über Sprache

Direkte und indirekte Rede

Benjamin überlegt

- *Ferdi sagt, Marta und Rossi gehören bestimmt zu einer Bande.*
-
- Einerseits:
- Da Konjunktiv I und Indikativ hier gleich sind, sollte der Konjunktiv II
- gesetzt werden. Dann könnte der Satz also lauten:
- *Ferdi sagt, Marta und Rossi gehörten bestimmt zu einer Bande.*
-
- Andererseits:
- Die Formen von Konjunktiv II und Indikativ Präteritum stimmen hier
- überein, sodass die Umschreibung mit „würde" eingesetzt wird.
- Also heißt es:
- *Ferdi sagt, dass Marta und Rossi bestimmt zu einer kriminellen Bande gehören würden.*

Ferdis Vermutung

- Rossi und Marta sind Betrüger, die an Pereiras Geld wollen.
- Die beiden stammen ja aus Italien, vielleicht sind sie bei der Mafia.
- Die beiden verbindet doch nur die Kultur. Es ist fraglich, ob Rossi
- wirklich Philosoph ist.

11. Gebt die Sätze wieder, indem ihr Benjamins Vorüberlegungen anstellt.

Benjamin widerspricht

- Nach Svens Ansicht könnten Rossi und Marta Betrüger sein.
- Ihre Herkunft soll angeblich auf eine Verbindung zur Mafia hindeuten.
- Es ist nicht unwahrscheinlich, dass Rossi gar kein Philosoph ist.

12. Wie drückt Benjamin seinen Zweifel an bestimmten Aussagen aus?

INFO-BOX

▶ **Modaladverbien** wie *bestimmt, vermutlich, angeblich*... und **adverbiale Bestimmungen** wie *in gewisser Hinsicht, in der Tat*... relativieren oder bestärken eine Aussage.

▶ **Modalverben** verstärken die Aussagekraft von Regeln, Verboten, Empfehlungen und Tipps. Sie werden einem Vollverb hinzugefügt. Beispiel: *Pereira sollte sich nicht auf Rossi einlassen.*

Jedes Modalverb drückt einen bestimmten Aspekt aus:
können: Möglichkeit
sollen: Regelung, Tipps
müssen: Verbot
dürfen: Erlaubnis
wollen: Absicht
möchten: Wunsch
nicht brauchen: Befreiung von

Ermittlungsprotokoll

Journalist ermordet

Als Titel schrieb er: Journalist ermordet. Dann machte er einen Absatz und begann zu schreiben: „Er hieß Francesco Monteiro Rossi und war italienischer Abstammung. Er war Mitarbeiter dieser Zeitung, für die er Artikel und Nachrufe verfasste. […] Er war ein fröhlicher junger Mann, der das Leben liebte und statt dessen aufgefordert wurde, über den Tod zu schreiben, eine Aufgabe, der er sich nicht entzog. Und heute Nacht hat ihn der Tod ereilt. Gestern Abend, als er mit dem Redakteur der Kulturseite der Lisboa, mit Doktor Pereira, dem Verfasser dieses Artikels, zu Abend aß, drangen drei bewaffnete Männer in dessen Wohnung ein. Sie gaben sich als Geheimpolizei aus, wiesen jedoch keinen Ausweis vor, der ihre Angaben bestätigt hätte. […] Es waren Verbrecher, die im Einverständnis mit irgendjemandem handelten, und es wäre angebracht, dass die Behörden diesen schändlichen Vorfall untersuchten. […] Der Verfasser dieses Artikels begab sich ins Schlafzimmer und konnte nur noch den Tod des jungen Monteiro Rossi feststellen." […]

1. Rossi ist im Sommer 1938 als spanischer Widerstandskämpfer bei Pereira untergeschlüpft. Informiert euch im Internet oder mithilfe eines Lexikons über die politischen Verhältnisse Portugals und Spaniens zu dieser Zeit.
2. Die Polizei verhört Pereira zu den Vorgängen in seiner Wohnung und entwirft ein Protokoll. Verbessert es.

> **Protokoll**
> Pereira gibt an, er hätte Rossi schon länger gekannt. Auch seine Lebensgefährtin kannte er. Ihren Namen wird er aber nicht preisgeben, da auch sie in Gefahr schwebte. Ob sie sich in der Stadt befände, wisse er nicht. Jedenfalls würde er sie nicht sehen. Er ist lediglich Journalist.

Nachrichtensendung

Nach den Angaben der Presseagentur Efe ist der spanische Widerstandskämpfer Monteiro Rossi tot. Ein mit Rossi befreundeter Journalist sagte aus, Rossi sei in der Nacht von Montag auf Dienstag in der Wohnung des Bekannten von unbekannten Tätern überfallen und ermordet worden. Der Journalist äußerte, dass es sich um Verbrecher gehandelt habe, „die im Einverständnis mit irgendjemand handelten". Er verlangte schließlich, den Fall möglichst umfangreich zu untersuchen, sodass die Täter gestellt werden könnten.

> **INFO-BOX**
>
> Um die Meinung eines anderen im Text wiederzugeben, kann man dessen Haltung durch die **indirekte Rede** ausdrücken. Sie kommt dem tatsächlich Gesagten am nächsten.
> Beispiel: *Er sagte mir, er wolle etwas Abstand gewinnen.*
>
> Man kann aber auch in den eigenen Text die Worte eines anderen zitierend aufnehmen. Dies geschieht durch **Anführungszeichen**.
> Beispiel: *Er sprach davon, dass „etwas Abstand" wohl notwendig sei.*
>
> Man kann außerdem die Meinung eines anderen zusammenfassend in eigene Worte kleiden. Dann ▶ **paraphrasiert** man.
> Beispiel: *Nur die nötige Distanz kann ihm jetzt helfen.*

3. Welche Textteile aus Pereiras Artikel (S. 246) sind paraphrasiert, welche zitiert und welche in indirekter Rede wiedergegeben?
4. Verkürzt einen Zeitungsartikel, indem ihr die Verfahren zur Anwendung bringt.
5. Schaut euch verschiedene Zeitungsartikel an:
   Werden die Verfahren oben benutzt? Woran erkennt man die eigene Meinung eines Journalisten?
   Schaut im Zeitungskapitel auf S. 194 ff. nach.

Erzähler

Fünfzehn* *Reiner Kunze*

Sie trägt einen Rock, den kann man nicht beschreiben, denn schon ein einziges Wort wäre zu lang. Ihr Schal dagegen ähnelt einer Doppelschleppe: lässig um den Hals geworfen, fällt er in ganzer Breite über Schienbein und Wade. (Am liebsten hätte sie einen Schal, an dem mindestens drei Großmütter zweieinhalb Jahre gestrickt haben – eine Art Niagara-Fall aus Wolle. Ich glaube, von einem solchen Schal würde sie behaupten, daß er genau ihrem Lebensgefühl entspricht. Doch wer hat vor zweieinhalb Jahren wissen können, daß solche Schals heute Mode sein würden.) Zum Schal trägt sie Tennisschuhe, auf denen jeder ihrer Freunde und jede ihrer Freundinnen unterschrieben haben. Sie ist fünfzehn Jahre alt und gibt nichts auf die Meinung uralter Leute – das sind alle Leute über dreißig.
Könnte einer von ihnen sie verstehen, selbst wenn er sich bemühen würde? Ich bin über dreißig. Wenn sie Musik hört, vibrieren noch im übernächsten Zimmer die Türfüllungen. Ich weiß, diese Lautstärke bedeutet für sie Lustgewinn. Teilbefriedigung ihres Bedürfnisses nach Protest. Überschallverdrän-

*Text in alter Rechtschreibung

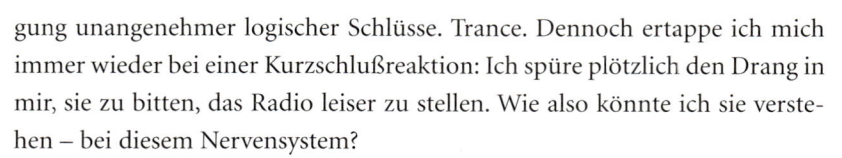

gung unangenehmer logischer Schlüsse. Trance. Dennoch ertappe ich mich immer wieder bei einer Kurzschlußreaktion: Ich spüre plötzlich den Drang in mir, sie zu bitten, das Radio leiser zu stellen. Wie also könnte ich sie verstehen – bei diesem Nervensystem?

Noch hinderlicher ist die Neigung, allzu hochragende Gedanken erden zu wollen.

Auf den Möbeln ihres Zimmers flockt der Staub. Unter ihrem Bett wallt er. Dazwischen liegen Haarklemmen, ein Taschenspiegel, Knautschlackederreste, Schnellhefter, Apfelstiele, ein Plastikbeutel mit der Aufschrift „Der Duft der großen weiten Welt", angelesene und übereinandergestülpte Bücher (Hesse, Karl May, Hölderlin), Jeans mit in sich gekehrten Hosenbeinen, halb- und dreiviertelgewendete Pullover, Strumpfhosen, Nylon und benutzte Taschentücher. (Die Ausläufer dieser Hügellandschaft erstrecken sich bis ins Bad und in die Küche.) Ich weiß: Sie will sich nicht den Nichtigkeiten des Lebens ausliefern. Sie fürchtet die Einengung des Blicks, des Geistes. Sie fürchtet die Abstumpfung der Seele durch Wiederholung! Außerdem wägt sie die Tätigkeiten gegeneinander ab nach dem Maß an Unlustgefühlen, das mit ihnen verbunden sein könnte, und betrachtet es als Ausdruck persönlicher Freiheit, die unlustintensiveren zu ignorieren. Doch nicht nur, daß ich ab und zu heimlich ihr Zimmer wische, um ihre Mutter vor Herzkrämpfen zu bewahren – ich muß mich auch der Versuchung erwehren, diese Nichtigkeiten ins Blickfeld zu rücken und auf die Ausbildung innerer Zwänge hinzuwirken.

Einmal bin ich dieser Versuchung erlegen.

Sie ekelt sich schrecklich vor Spinnen. Also sagte ich: „Unter deinem Bett waren zwei Spinnennester."

Ihre mit lila Augentusche nachgedunkelten Lider verschwanden hinter den hervortretenden Augäpfeln, und sie begann „Iix! Ääx! Uh!" zu rufen, so daß ihre Englischlehrerin, wäre sie zugegen gewesen, von soviel Kehlkopfknacklauten – englisch „glottal Stopps" – ohnmächtig geworden wäre. „Und warum bauen die ihre Nester gerade bei mir unterm Bett?"

„Dort werden sie nicht oft gestört." Direkter wollte ich nicht werden, und sie ist intelligent.

Am Abend hatte sie ihr inneres Gleichgewicht wiedergewonnen. Im Bett liegend, machte sie einen fast überlegenen Eindruck. Ihre Hausschuhe standen auf dem Klavier. „Die stelle ich jetzt immer dorthin", sagte sie. „Damit keine Spinnen hineinkriechen können."

1. Inwiefern erinnert euch dieser Text an eigene Erfahrungen?

Üben: Erzähler
Wendepunkte/Schein und Sein

2. Wir erhalten alle Informationen über die fünfzehnjährige Tochter durch den Erzähler, der in die Rolle des Vaters schlüpft. Wie steht er zu ihr und woran zeigt sich das?
3. Welche Bedeutung haben ▶ **Erzählstandort** und ▶ **Erzählhaltung** für diesen Text? Bedient euch dabei der Mindmap S. 116.
4. Schildert den Vater aus der Sicht der Tochter. Überlegt, welche Erzählhaltung und welchen Erzählstandort ihr einnehmen und gestalten wollt.

Neapel sehen *Kurt Marti*

Er hatte eine Bretterwand gebaut. Die Bretterwand entfernte die Fabrik aus seinem häuslichen Blickkreis. Er hasste die Fabrik. Er hasste seine Arbeit in der Fabrik. Er hasste die Maschine, an der er arbeitete. Er hasste das Tempo der Maschine, das er selber beschleunigte. Er hasste die Hetze nach Akkordprämien, durch welche er es zu einigem Wohlstand, zu Haus und Gärtchen gebracht hatte. Er hasste seine Frau, sooft sie ihm sagte, heute Nacht hast du wieder gezuckt. Er hasste sie, bis sie es nicht mehr erwähnte. Aber die Hände zuckten weiter im Schlaf, zuckten im schnellen Stakkato der Arbeit. Er hasste den Arzt, der ihm sagte, Sie müssen sich schonen, Akkord ist nichts mehr für Sie. Er hasste den Meister, der ihm sagte, ich gebe dir eine andere Arbeit, Akkord ist nichts mehr für dich. Er hasste so viele verlogene Rücksicht, er wollte kein Greis sein, er wollte keinen kleineren Zahltag, denn immer war das die Hinterseite von so viel Rücksicht, ein kleinerer Zahltag. Dann wurde er krank, nach vierzig Jahren Arbeit und Hass zum ersten Mal krank. Er lag im Bett und blickte zum Fenster hinaus. Er sah sein Gärtchen. Er sah den Abschluss des Gärtchens, die Bretterwand. Weiter sah er nicht. Die Fabrik sah er nicht, nur den Frühling im Gärtchen und eine Wand aus gebeizten Brettern. Bald kannst du wieder hinaus, sagte die Frau, es steht alles in Blust[1]. Er glaubte ihr nicht. Geduld, nur Geduld, sagte der Arzt, das kommt schon wieder. Er glaubte ihm nicht. Es ist ein Elend, sagte er nach drei Wochen zu seiner Frau, ich sehe immer das Gärtchen, sonst nichts, nur das Gärtchen, das ist mir zu langweilig, immer dasselbe Gärtchen, nehmt doch einmal zwei Bretter aus der verdammten Wand, damit ich was anderes sehe. Die Frau erschrak. Sie lief zum Nachbarn. Der Nachbar kam und löste zwei Bretter aus der Wand. Der Kranke sah durch die Lücke hindurch, sah einen Teil der Fabrik. Nach einer Weile beklagte er sich, ich sehe immer das gleiche Stück der Fabrik, das lenkt mich zu wenig ab. Der Nachbar kam und legte die Bretterwand zur Hälfte nieder. Zärtlich ruhte der Blick des Kranken auf seiner Fabrik, verfolgte das Spiel des Rauches über dem Schlot, das Ein und Aus der Autos im Hof, das Ein des Menschenstromes am Morgen, das Aus am Abend.

[1] Blüte

Nach vierzehn Tagen befahl er, die stehen gebliebene Hälfte der Wand zu entfernen. Ich sehe unsere Büros nie und auch die Kantine nicht, beklagte er sich. Der Nachbar kam und tat, wie er wünschte. Als er die Büros sah, die Kantine und so das gesamte Fabrikareal, entspannte ein Lächeln die Züge des Kranken. Er starb nach einigen Tagen.

5. Erklärt das Verhalten der erzählten Figur.
6. Warum erschrickt die Frau, als er die Bretter beseitigen will?
7. Wo würdet ihr im Text Absätze einfügen? Begründet eure Entscheidung.
8. Findet ▶ **leitmotivische** Wiederholungen und erläutert derer Funktion.
9. Vergleicht den Erzähler mit dem im Text von Kunze. Welche Erzählhaltung nimmt er jeweils gegenüber dem Geschehen ein?

Die Ballade vom Ofensetzer   *Günter Kunert*

Wie flink seine Hände, wie elegant sein Griff in den Lehm! Wie bewundernswert die kühne Sicherheit, mit der Albuin Kachel auf Kachel fügte, welche im Geviert um ihn, den fleißigen Ofensetzer, geschwind aufsteigen, bis er Mühe hat, das Bein über eine der brüstungshohen Wände des halb fertigen Wärmeturmes zu heben und auszusteigen. Von außen dann vollendet er seine Arbeit, die darin gipfelt, dass unter einem sanft geführten Lappen der Glanz der Lasur leuchtend aufstrahlt.
Einmal verpasste er den Moment des Aussteigen, versunken ins eigene Werk, blind von Schöpfertum. Der Ofen wächst und wächst. Und als Albuin die Platte zu seinen Häupten einsetzt und überraschend Dunkelheit ihn umfängt, da erst erlischt der Schaffensrausch, da erst merkt der Ofensetzer, was ihm geschehen ist.

Schon klingen draußen Schritte auf: Der Meister mit einigen Gesellen steht vor Albuins Werk, das sie neidvoll bewundern, wie der Gefangene hört: Was für ein herrlicher Ofen! Über alle Maßen maßgerecht gefügt! Beim bloßen Anschauen wird einem warm ums Herz!
Albuin geniert sich, seine Anwesenheit innerhalb der eigenen Schöpfung laut werden zu lassen, doch die anderen entdecken ihn sogleich, als einer probehalber die Feuerklappe öffnet. Die Stimmen schweigen. Endlich ruft ihn der Meister an, traurigen Tones und kläglich fragend, was nun eigentlich werden solle? Albuin will antworten, da beginnen die Gesellen laut und eindringlich die-

Üben: Erzähler

Wendepunkte/Schein und Sein

sen außerordentlich gelungenen Hitzespender zu preisen; wahrscheinlich Albuins bestes Stück, das er kaum werde übertreffen können. Solle man dieses etwa abreißen?

Die Huldigung verklebt Albuin die Lippen. Ehe er sie aufbekommt, wird draußen bereits gefragt, ob er denn nicht die Menschen liebe: im Allgemeinen und im Besonderen jene, die morgen in diese Wohnung hier einzögen, und die ein augenblicklicher Ofenabriss dem Frost auslieferte und damit Krankheit, Not und Tod.

So ist es! Dröhnt die Stimme des Meisters: Genauso ist es! Willst du das, Albuin? Bist du so einer, der das will?

Bevor Albuin eine Erwiderung einfällt, kniet der Meister vor dem Ofen und flüstert ins Feuerloch: Ob Albuin außerdem die Schande bedenke, falls bekannt würde, die Ofensetzer seien derart unfähig, dass sie wieder zerstörten, was sie eben erst errichtet? Die Gilde könne sofort die Stadt verlassen. Hier gäbe es keine Arbeit mehr für sie. Willst du das, Albuin?

Während Albuin noch überlegt, was er nun wirklich wolle, und ob er tatsächlich so einer sei, wie man draußen fürchtet, fühlt er, wie sich Knüllpapier um seine Knöchel häuft. Holzstücke schieben sich kratzend zwischen Hosenbein und Haut. Das Raunen außerhalb der dämpfenden Kachel erhebt sich zum schallenden Lob Albuins, des großen Ofensetzers, des uneigennützigen, dessen eigene Kehle dagegen nicht aufkommt. Dieses und jenes zusammen übertönen das schwache Schnappen eines Feuerzeuges, das helle Knistern und alles weitere, das nicht ahnt, wer in diesem Zimmer hausen wird, gut gewärmt und fröhlich gestimmt durch das anheimelnde Geräusch, welches ein kräftig flackerndes Feuer hervorbringt.

10. Schreibt eine möglichst knappe Inhaltsangabe zu diesem Text. Ermittelt dafür die wenigen Handlungsschritte und fasst das von dem Meister und den Gesellen Gesagte sehr kurz zusammen.
11. Klärt die ▶ **Erzählperspektive**: Was erfahren wir über Albuin, was über die Gesellen und den Meister?
12. Was sind die ▶ **Handlungsmotive** der Figuren? Überlegt, ob ihr diese Frage aus dem Text beantworten könnt oder auf eigene Überlegungen und Mutmaßungen angewiesen seid.
13. Beschreibt die Mittel, mit denen man Albuin dazu überreden will, mit seinem Tod einverstanden zu sein.
14. Die Geschichte ist unrealistisch, welchen Wert hat sie dennoch für euch? Was erwartet ihr beim Lesen von Geschichten?

Bewerten und Charakterisieren

[1] Die Texte S. 253f., 255ff., und S. 258 stammen aus „Nennt mich nicht Nigger!" von Josef Reding.

Das Urteil des höchsten Richters *Josef Reding*[1]

„... verurteile ich den Farbigen Achill Brunsley zum Tode durch den elektrischen Stuhl!"
Richter de Cloche sagte das Urteil. Leise und leirig. Kaum hob er die dünnen Lippen voneinander. Und doch stachen seine Worte bis in den letzten Winkel des sonnendurchfluteten Gerichtssaales, in jedes Ohr. Und die vielen Neger hinter der Zuschauerbarriere zuckten zusammen. Das war das fünfte Todesurteil, das der junge Richter de Cloche in diesem Monat über Farbige verhängt hatte. Und noch nie wurde ein Weißer hart verurteilt in seiner dreijährigen Amtszeit. Man wusste, dass de Cloche selbst unter seinen Amtskollegen Niggerhenker genannt wurde, und man raunte, dass Richter de Cloche dem Ku-Klux-Klan[2] angehöre.

[2] amerikanischer Geheimbund, der sich vor allem gegen Schwarze richtet

Eines aber war gewiss: Richter de Cloche hasste die Neger, hasste sie mit jenem schneidenden Hass, wie ihn nur ein Südstaatler hegen konnte. Und die Gesetze gaben einem wendigen und klugen Mann wie dem Richter de Cloche genug Handhaben zu unanfechtbaren Todesurteilen. Aber warum immer der elektrische Stuhl? Warum immer diese stahlkalte Ausgeburt menschlichen Hirns?
Und viele der schwarz glänzenden Gesichter wandten sich ab mit jenem Zug verzweifelter Ergebenheit, mit denen ihre Urgroßeltern noch die schwarzen Lederpeitschen ertragen hatten. Doch einige große schwarze Hände ballten sich, und in dunkle Augen sprang ein gefährliches Glimmen.
Richter de Cloche sah es nicht.
Hässlich sieht der Mond aus. So, als ob er voller Eiter wäre. Auch das Abendrot sah mir schon... Der Gedanke zerbröckelte. Gegen Nase und Mund de Cloches presste sich ein feuchter Schwamm, jagte Kälte und Traum durch sein Bewusstsein.
Richter de Cloche erwachte aus seinem Chloroformrausch. Jäh richtete er sich auf. Das war der Gerichtssaal, sein Gerichtssaal, und das hier... die Anklagebank. Und da drüben, die maskierten Gesichter hinter den Kerzen? Was wollten die von ihm?

[3] abwertende Bezeichnung für die sozial niedrigste Volksschicht

Gangster, Plebs![3] dachte de Cloche. Aber dann hörte er eine anklagende Stimme aus dem Reigen der bewegungslosen Gestalten. Eine Stimme, die in einwandfreier juristischer Form ihn, de Cloche, Punkt für Punkt des mehrfachen Mordes anklagte, des Mordes an schwarzen Menschen. Der junge Richter de Cloche hatte sich vorgenommen, Haltung zu bewahren. Aber er zitterte, als er das Urteil hörte: „... ist der Richter de Cloche zwölfmal schuldig des Todes durch den elektrischen Stuhl!"

De Cloche wollte erst lachen über diesen Mummenschanz, der sich wohl bald als harmloser Bubenstreich entpuppen würde. Er wollte protestieren, schreien. Aber er konnte nicht. „Die Exekution wird sofort vollstreckt!", hörte er noch. Dann packten ihn schwarze Fäuste, die aus den weiten Ärmeln einer roten Robe kamen. Ein Tuch wand sich um den Kopf des Richters, verdeckt die Augen. Man führte de Cloche über Fliesen und Treppen, durch Gänge und Straßen.

Jetzt knirschten Schlösser, quietschten Türen. Richter de Cloche wurde in einen Saal geführt. Er wusste. Der Exekutionssaal. Da drückte man ihn auch schon nieder in den großen harten Stuhl. Kalt presste sich ein Helm an die hämmernden Schläfen. Kabel schlangen sich eng um die Beine und Arme. Irgendwo knackten Kontakte. Ein paar Schritte. Stille. Richter de Cloche wartete auf den tödlichen Strom. Jetzt musste er durch den Körper rasen – jetzt! Die Muskeln und Nerven des Richters verkrampften sich. Er wartete. Eine Sekunde. Zwei. Verflucht, warum schalteten die gottverdammten Nigger nicht ein? – „Einschalten! Einschaalteen!", schrie de Cloche. Aber seine Worte tanzten nur irr durch die Exekutionshalle und höhnten ihn mit dem Echo. Die Kleidung de Cloches war voll kalter Schweißnässe. Speichel rann dem Richter aus dem Mund, und die wahnsinnige Angst vor dem Jetzt presste immer wieder den Schrei „Einschalten" aus dem zuckenden Körper. „Warum quält ihr mich so, ihr Hunde. Schaltet ein! Einschalten! Bitte, schaltet doch ein!"

Als am anderen Morgen die ersten Händler die große Markthalle am Hafen betraten, bot sich ihnen ein erschütterndes Bild. In einem zerschlissenen Lehnstuhl saß ein weißhaariger Greis. Auf dem Kopf hatte er einen zerbeulten Kochtopf. Beine und Arme waren umwickelt mit alten Hosenträgerfetzen und Bettfederspiralen. Von Zeit zu Zeit zuckte die Menschenruine auf und röchelte heiser: „Einschalten!"

Dieses Krächzen brach auch noch aus dem Greis heraus, als Arzt und Wärter ihn aus der Halle hinausführten und in den weiß-roten Transportwagen der Nervenklinik hoben.

1. Gebt den Inhalt dieser Geschichte wieder, die sich in den fünfziger Jahren des letzten Jahrhunderts so in New Orleans zugetragen hat.
2. Bewertet das Geschehen. Beziehst in eure Überlegungen auch die Überschrift mit ein.
3. Bei der Entstehung dieser und der nächsten Geschichte war die Bezeichnung „Neger" noch allgemein gebräuchlich. Heute klingt sie abwertend. Der Autor, daraufhin befragt, überlegt, ob er nicht bei Neuauflagen „Schwarzer" oder eine andere Bezeichnung wählen soll. Wie ist eure Meinung?

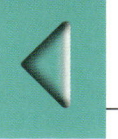

4. In Zeile 14 ist vom „klugen" Richter die Rede. Wie beurteilt ihr die Wahl dieses Adjektivs?
5. Untersucht mithilfe der Mindmap auf S. 116 das ▶ **Erzählverhalten**. Wie verändert es sich im Verlauf der Geschichte?
6. Welche Wirkung hat der ▶ **Erzählstandort**?

Nennt mich nicht Nigger *Josef Reding*

Bethlehem Long kannte den „Jack-und-Jill"-Keller in Harlem. Er wusste: Dort kamen die Weißen hin, die den Nigger kennen lernen wollten. Den Nigger, wie sie sich ihn vorstellten. Wenn Bethlehem Long zu „Jack und Jill" ging, hasste er beide Rassen. Vorerst die Weißen, die da in gut gebügelten Flanellhosen, in Nylonhemd und mit selbstgefälligem Lächeln den Kabarettdarbietungen der black boys zuschauten. Und dann seine eigenen schwarzen Brüder, weil sie für einen Dollar sich hinhockten und die Zehen hinter die Ohren legten. Weil sie für einen Dollar ein Whiskyglas auf ihrem Schädel zerschlagen ließen und breit dazu lachten. Weil sie für einen Dollar die Spirituals für die Weißen verjazzten. Und weil die schwarzen Mädchen sich für einen Dollar verkauften.

Bethlehem Long aber hasste am meisten Luigi Pronco, den Eigentümer von „Jack and Jill". Pronco erfand immer neue „Einlagen", wie er es nannte, um den weißen Besuchern, die zumeist aus fremden Ländern in die Stadt kamen, reiche Augenweiden zu bieten. Oh, Luigi Pronco war geschäftstüchtig. Und nicht etwa, dass die Neger bei ihm nicht auch ihr Teilchen abbekamen! Er traktierte sie mit scharfen Mixturen und gab ihnen manchmal ein Vierteldollarstück ab, wenn die Besucher besonders viel Beifall spendeten und seine Kneipe „wärmstens empfehlen" wollten. Und diese Spenden waren Grund genug für viele Harlemer, sich am Abend in Proncos Kneipe zu begeben. Bethlehem Long ging auch in Proncos Taverne. Nicht, um auch einen Mix aus den Drinkresten zu bekommen, die die Weißen übrig gelassen hatten. Nein, Bethlehem Long war Maler. Sein großes Ziel war: einmal das Gesicht der weißen Rasse auf die Leinwand zu bekommen. In einem winzigen lüsternen, lächelnden, verzerrten, geilen, selbstsicheren Gesicht die Visagen aller Weißen zusammenzufassen. Viereinhalb Skizzenblöcke hatte Bethlehem Long bereits verzeichnet. Die rasch hingeworfenen Striche hatten sich nie zu dem zusammengefügt, was ihm vorschwebte. Er hatte schon manchmal daran gedacht, Details zu nehmen; von einem Kerl ein Kinn, von dem anderen die Augen. Aber dieses Vorhaben hatte er bald verworfen. Es musste dieses eine Gesicht geben, das für alle gültig war. Bethlehem Long nahm auch an diesem Abend den Skizzenblock unter den Arm und ging zu Luigi Proncos Kneipe. Als er die Klapptür zum Keller aufstieß, brandete ihm bereits Krei-

schen und Grölen entgegen. Offenbar hatte Proncos Gehirn wieder etwas
Delikates ausgebrütet, um die Attraktivität seines Lokals zu beweisen. Pronco sah mit flinken Augen sofort den Neuankömmling und winkte ihn ärgerlich in die Ecke. Er wusste, dass Bethlehem nichts Gescheites verzehrte: eine
Limonade vielleicht den ganzen Abend, eine Tasse Kaffee, sonst nichts. Und
den ganzen Abend da hocken und starren, zeichnen und starren, zeichnen
und starren. Solche Gäste mochte Pronco nicht. Bethlehem Long setzte sich.
„Zur nächsten Show!", rief Pronco. „Hier die Utensilien: ein Hamburger-
Grill, und sonst nichts! Wer von den Herrschaften setzt eine Flasche Whisky
als Preis aus?" „Wozu?", fragte es wiehernd zurück.
„Zum Röst-Step! Ich setze die große elektrische Bratplatte unter Strom. Wer
von den schwarzen Burschen es am längsten aushält, bekommt die Whisky-
Bottle!" „Großartige Idee! Hier!"
In Proncos Hand fielen einige Geldscheine. Der Stecker des Grills glitt in seinen Kontakt. Und da waren auch schon die Teilnehmer: Drei Neger und eine
Negerin sprangen auf den Rost, angelockt durch den köstlichen Preis: eine
ganze Flasche Whisky!
Bethlehem Long sah alles. Er hatte den Kohlestift angesetzt, aber er konnte
nicht zeichnen, jetzt nicht. Schnell hatte sich der Rost erwärmt, schnell kroch
die Hitze durch das Metall und zwang die barfüßigen Neger, von einem Bein
aufs andere zu springen, und wieder und noch einmal, und schneller und
schneller. Das Treten wurde zum Stampfen, das Stampfen zu einem rasenden, urgewaltigen Stepp, den die Hölle erfunden haben musste. Da fiel einer
der Neger vom Rost, wortlos. Er schlug hin. Raffte sich auf. Tanzte auf einem
Bein und hielt sich mit den Händen die versengte Fußsohle.
„Storch!", brüllte einer der Zuschauer. „Storch im Salat! Hoho! Schwarzer
Storch!"
Die zwei Neger auf dem Rost und die Negerin tanzten weiter. Die Augäpfel
leuchteten weiß. Schweiß stand dickperlig auf den Stirnen. Die tanzende
junge Negerin hob im rasenden Wirbel der Beine die Kleider, riss sich jetzt
den roten Pullover über den Kopf, in dem sie zu ersticken glaubte. Und weiter tanzte sie auf dem heißen Rost, den Kopf in den Nacken geworfen, weiter
zitterte der Körper wie unter einem ungeheuren Stromstoß.
Bethlehem Longs Hand zitterte auch. Er hatte sein Gesicht gefunden. Einen
feisten Menschen mit Zigarre, der auf die Beine der Negerin starrte und auf
den Hals, auf die Brust und in das schmerzverzerrte Gesicht. Bethlehem Long
zeichnete – und warf dann Skizzenblock und Kohlestift in die Fratze des Weißen hinein. Er hielt es nicht aus, dieses Glotzen, dieses Starren auf seine
Schwester Joan. Mit einem Satz sprang Bethlehem Long auf den Rost, fegte
seine Schwester hinunter mit dem Schlag seiner Hand und tanzte selbst, tanzte und schrie in die Menge hinein: „Weiße Teufel! Weiße Teufel! Weiße Whis-
kyteufel! Großes weißes Gesicht! Whiskygesicht!" Und er streckte der Perlen-

reihe der weißen Gesichter in toller Wut seine Zunge heraus. Bethlehem Long erhielt prasselnden Beifall. Die Weißen sprangen auf und umarmten verzückt den Besitzer Luigi Pronco, der zuerst erschrocken war über das Gebaren des schäbigen Kunden. Dann grölte Pronco mit. Längst waren die beiden anderen Neger von der Röstplatte heruntergefallen, ohnmächtig der eine, wimmernd der andere. Nur Bethlehem Long tanzte noch, Schaum vor dem Mund. Doch in all dem Wirbel und Rasen behielt er das Gesicht seines Modells im Auge: sein Gesicht! Jetzt schrie das Gesicht: „Da capo! Maëstro! Nicht aufhören, Nigger!"

Bethlehem Long sprang vom Rost herunter auf das Gesicht zu. Seine Hände zuckten auf, wollten sich um den Hals legen, aus dem dieses Gesicht emporwuchs. Dann aber ekelte ihm vor diesem schweißigen, weißen Hals, und Bethlehem Long stammelte nur: „Nennt mich nicht Nigger, Sir! Nur nicht Nigger, bitte!"

„Okay", knauschte der Weiße. „Du sollst heißen: tanzender Zungenrausstrecker! Pronco, die Whiskypulle her für den tanzenden Zungenrausstrecker!" Die Flasche wurde sofort durch die Kette der Hände an Bethlehem Long herangebracht. Das weiße Gesicht sagte wieder: „Nimm und sauf, hast dir's gut verdient, schwarze Seele. Hast'ne feine Gesichtsmaske, wenn du da oben herumhopst. Der Anblick ist mir'ne Pulle wert. Trink!"

Bethlehem Long schluckte am Flaschenhals. Die Erregung und der irrsinnige Tanz auf dem Höllenrost hatten ihn ausgebrannt. Bethlehem Long trank gehorsam. Er dachte nichts mehr. Das Lokal lachte. Luigi Pronco lachte.

Auf die Fetzen des Skizzenblocks zu Bethlehem Longs Füßen träufelte Whisky. Das Lokal lachte.

7. Weshalb hasst Bethlehem Long Weiße *und* Schwarze?
8. Erläutert, was den Maler dazu treibt, das typische Gesicht eines Weißen zu zeichnen, und erklärt, warum er es in dem Gesicht des weißen Besuchers glaubt gefunden zu haben.
9. Sucht Erklärungen für das überraschende Verhalten Bethlehem Longs und belegt dies am Text.
10. Welche Personen oder Personengruppen werden in dieser Geschichte charakterisiert? Durch wen oder was werden sie charakterisiert (siehe dazu S. 109)?
11. Fertigt mithilfe des Textes zwei ▶ **Charakteristiken** eurer Wahl an.

Josef Reding über „Nennt mich nicht Nigger"

Es gab Schwierigkeiten bei der Veröffentlichung dieses ersten Kurzgeschichtenbandes. Die Herren Verlagsvertreter hatten starke Bedenken, die fast bis zur Weigerung gingen, das Buch überhaupt anzubieten. […] Keine Ermutigung. Aber ich wollte das Buch. Und ich wollte es unter dem Titel „Nennt mich nicht Nigger".

Die Titelgeschichte und die meisten anderen Texte des Bandes habe ich in den USA geschrieben, im Zusammenleben mit Farbigen.

Ich gehöre einer Generation an, die vier Jahre alt war, als Hitler zur Macht kam, und die sechzehn Jahre alt wurde, als der Diktator Selbstmord beging. Wir waren zu jung, um für das Emporkommen dieses Mannes verantwortlich zu sein. Aber wir waren alt genug, um bewusst die Verfolgung von Mitmenschen um ihrer Abstammung willen erlebt zu haben.

Wir klagten unsere Eltern, unsere Lehrer, unsere Geistlichen an, als wir aus den Lagern nach Hause kamen. Wir klagten die Älteren an, weil sie geschwiegen hatten, als in ihrer Nähe Menschen um ihrer Rasse willen unterdrückt, verschleppt, gequält und getötet wurden. Diese Anklage war laut und selbstsicher.

Wenige Jahre später kam ich als Fulbright-Student[1] in die USA. Und jetzt wurden in *meiner* Umgebung Menschen wiederum aus rassistischen Gründen wie ‚underdogs' behandelt. Und ich wusste, dass meine Anklagen von 1945 nichtig waren, wenn ich nicht jetzt handeln, Flagge zeigen würde.

Vor dem Hintergrund dieser Solidarität mit den Farbigen ist der Titel „Nennt mich nicht Nigger" konkret gemeint. Aber es wäre ein Missverständnis, wollte man ihn nur auf die Situation der rassischen Minderheiten in den USA beziehen. Der Titel steht auch für andere Mitmenschen, die um ihrer Rasse, ihres politischen Bekenntnisses, ihrer Herkunft, ihrer Religion willen verfolgt werden.

Die Leser haben den Titel in diesem weiteren Sinn verstanden.

[1] Stipendiat

12. Josef Reding benennt die Erfahrungen, die zu seinen Geschichten geführt haben, und die Beweggründe, sie zu schreiben.
Wieso wirken die Geschichten mehr als solche Erklärungen?

WORTBEDEUTUNGEN

Wörter haben ihre Geschichte

Heute sagt man nicht mehr „Neger", weil man diese Bezeichnung für farbige Menschen für eine Beschimpfung hält. Man ging zwischenzeitlich zu der Bezeichnung „Schwarze" oder „Farbige" über. Schließlich forderten schwarze Amerikaner die Bezeichnung „Afro-Amerikaner", um deutlich zu machen, dass ihre Vorfahren alle einmal als Sklaven aus Afrika kamen. Josef Reding konnte Anfang der fünfziger Jahre noch völlig unbefangen in seinen Geschichten von „Negern" und „Negerinnen" schreiben. Heute geht das nicht mehr. Das Wort hat also eine Bedeutungsveränderung erfahren, und zwar eine ▶ **Bedeutungsverschlechterung**. Bedeutungsverschlechterungen und ▶ **Bedeutungsverbesserungen** sind keine seltenen Vorgänge in der Geschichte einer Sprache.

Ein Beispiel für eine Bedeutungsverschlechterung
Um 1100 n. Chr. bezeichnete das Wort „vrouwe" die Herrin und mit dem Wort „wīp" war die verheiratete Frau gemeint.
Als in der Adelsschicht das Leben des französischen Adels als vorbildhaft empfunden wurde, ersetzte das französische „dame" das alte Wort „vrouwe". Dieses bezeichnete von da ab die verheiratete Frau, „vrouwe" wurde damit auch in der Bedeutung der Vorläufer unseres Wortes Frau, erfuhr also eine Bedeutungsverschlechterung. Das neutrale Wort „wīp" erfuhr ebenfalls eine Bedeutungsverschlechterung: Es wurde mehr und mehr zum Schimpfwort, zur abwertenden Bezeichnung für eine weibliche Person, einem „Weib" also.

Ein Beispiel für eine Bedeutungsverbesserung
„Toll" ist ursprünglich „töricht", „verrückt". Diese Bedeutung hat sich im Wort „Tollwut" erhalten. Heute bedeutet es so viel wie „großartig".

---

1. Schlagt in einem etymologischen Wörterbuch (Herkunftswörterbuch) die Bedeutungsentwicklung folgender Wörter nach und unterscheidet nach Verbesserung und Verschlechterung: *schlecht, Kellner, tapfer, gemein, Dirne, Arbeit, Ritter, pfiffig, Racker, Kelch, herablassend.*
2. Warum spricht man nicht mehr von „unverheirateten, ledigen Müttern", sondern von „Alleinerziehenden"? Warum haben Kinder ausländischer Herkunft nicht mehr das Fach „Deutsch als Fremdsprache", sondern „Deutsch als Zweitsprache"?

Üben: Jugendsprache
Jugend spricht

JUGENDSPRACHE

[1] Aus: Lexikon der Jugendsprache

Je näher, desto krass? *Claus Peter Müller-Thurau*[1]

Mancher [...] dürfte sich mit dem zeitgenössischen Rhetorik-Professor Walter Jens darüber grämen, dass bei der Jugend „ein differenzierter Stil immer mehr abgetötet ... die Sprache simpler, brutaler und eindeutiger" würde: Und dann der Linguist Hans Altmann – hat er nicht auch Recht mit der Bemerkung, dass dem jugendlichen Sprachschatz viele Begriffe schlicht abhanden gekommen seien? Wo sind bei den Jungen denn Worte wie „Erlösung", „Vergebung", „Verzeihung", „Jungfrau" und „keusch" geblieben?
Ohne die hochdeutsche Sprache geht es nicht. Aber ist der 17-jährige Sohn schon deshalb ein ganz Schlimmer, weil er von der „Jungfrau" nichts hält und stattdessen gern „mal eine Schnecke angräbt"? Ist die halbwüchsige Tochter verdorben, weil sie ersteren für einen „affengeilen Typen" hält und „voll auf ihn abfährt"?
Vielleicht sollte man den Professoren zunächst einmal einfach entgegenhalten, dass alles, was existiert, schließlich auch einen Grund dafür hat. Das werden sie bestimmt verstehen – und sie werden auch verstehen, dass die Frage nach diesem Grund vor der Empörung stehen sollte.
Warum sind also die Jungen auf einen eigenen Jargon verfallen, der bisweilen so heftig an unseren sprachlichen Geschmacksnerven rüttelt? Dass sie uns nur mit „hässlichen Worten" ärgern wollen, werden wir unseren Kindern wohl kaum unterstellen – abgesehen davon, dass man jemandem mit wohlgesetzten Worten weitaus heftigere Gefühlsstrapazen bescheren kann. Aber vielleicht muss man die Frage viel globaler formulieren: Warum gibt es derzeit mehr als 2700 Sprachen auf der Welt? Warum gibt es daneben noch mindestens 7000 Dialekte, also Spielarten einer Sprache, die sich immerhin so sehr von der jeweiligen Hochsprache absetzen, dass der Unkundige häufig „Bahnhof" versteht?
Die Antworten füllen längst Bibliotheken. Interessant ist hier aber die recht banal klingende Annahme, dass jede Sprache sehr viel mit demjenigen zu tun habe, der sie spricht – dass sich in ihr letztlich sein Lebensgefühl ausdrückt. Es fällt nicht schwer, dies nachzuempfinden, wenn wir uns jemanden vorstellen, der soeben beim Einschlagen eines Nagels mit dem Hammer den Daumen getroffen hat – sein momentanes Daseinsgefühl drängt unweigerlich zum unfeinen Ausdruck. Dies gilt freilich auch für die angenehmeren Seiten der menschlichen Existenz: Verliebte sind von dem Drang beseelt, füreinander Kosenamen zu erfinden, von denen sie glauben, dass sie kein anderer vor ihnen verbraucht habe. Aus dem schönsten Vornamen wird zur Betonung der Einmalig- und Einzigartigkeit ein „Mummel", „Muckel" oder gar „Hase".

Als einmalig und einzigartig empfinden zweifellos auch viele junge Leute ihre Lage: Sie sind keine Kinder mehr – aber auch noch keine Erwachsenen. Ihr Status ist gekennzeichnet durch eine doppelte Verneinung: weder Fisch noch Fleisch. So hocken sie folglich zwischen den Stühlen, in einer Art Niemandsland, das nicht unbedingt zum Verweilen einlädt. Die gerade auf diesem Terrain besonders benötigte Nestwärme können sie vorrangig nur unter ihresgleichen finden – und dazu gehört ein gemeinsames sprachliches Dach. Dazu gehört vor allem eine Sprache, die es ermöglicht, jene ausfindig zumachen, die das eigene Daseinsgefühl teilen.

Die Frage nach dem guten sprachlichen Geschmack erscheint dabei völlig fehl am Platze. Betroffenheit – wenn sie denn wirklich ins Mark geht – findet nur stammelnd ihren Ausdruck. Oder anders herum: Wer von Dingen redet, die nichts mit ihm zu tun haben, bringt es am ehesten zur Druckreife. […] Deshalb verdienen die Jungen Nachsicht, wenn sie mit ihrem Jargon jenes Unbehagen zu überwinden suchen, über das sich bereits ein Ägypter der XII. Dynastie (2000–1788 v. Chr.) beklagt:

„Besäße ich doch Worte, die unbekannt sind, Ausdrücke, die fremd sind, geformt in einer neuen Sprache, die es bisher nicht gab, die noch nicht wiederholt wurde; nicht die Ausdrücke der alten Sprache, die schon unseren Vorfahren geläufig war. Ich versuche aus meinem Körper herauszupressen, was in ihm west, und ich verliere alles, indem ich es sage …"

Das muss ein Jugendlicher gewesen sein, der schon damals mit dem „wortfremden Rest" in seinem Erleben und Empfinden nicht zurechtkam – dem es einfach nicht gelingen wollte, all das, was in ihm zum Ausdruck drängte, auf einen Begriff zu bringen.

1. Verfasst eine Inhaltsangabe dieses Textes, der 1985 zuerst erschienen ist. Beachtet dabei besonders den Gedankengang und die Argumentation.
2. Welche ▶ **Argumente** leuchten euch ein, welche nicht?
3. Der Autor nennt Wörter, die den Jugendlichen „abhanden gekommen" seien. Überlegt, ob ihr dem zustimmen könnt. Untersucht, welche dieser Wörter zu eurem ▶ **aktiven** und welche zu eurem ▶ **passiven Wortschatz** gehören. Nehmt zusätzlich die erste Seite einer Zeitung und sucht Wörter und Begriffe heraus.
4. Gibt es überhaupt so etwas wie Jugendsprache, wie es in Zeitschriften immer wieder dargestellt wird? Ist das vielleicht nur ein Thema, das von den Medien gemacht wird? Diskutiert diese Frage unter Beachtung eurer eigenen Sprache in der Klasse.

Jugendsprache als Parodie

Hänsel und Gretel *Uta Claus*

In soner völlig abgewrackten Bude am Waldrand hauste sone typische Kleinfamilie. Die zwei Alten, ein Typ und ne Tussy. Wie's eben bei soner öden deutschen Durchschnittsfamily so is.
Bei seinem Job hatten se den Alten wohl geschmissen, Stelle wegrationalisiert vielleicht, oder er hatte im Knast gesessen. Jedenfalls hatten se absolut Null 5

Knete und schoben einen unheimlichen Kohldampf. Statt aber jetzt mal die Alte anschaffen zu schicken oder nen flotten Joint-Deal zu machen, gings wieder am Nachwuchs raus. Frei nach dem Motto: einer ist immer der Arsch! Heutzutage hätten die beiden Alten die wahrscheinlich ins Heim abgeschoben, da kennen die ja keine Verwandten. Oder die Sozis vom Amt wären von sich aus gekommen und hätten die beiden kassiert. Aber diese ganze Sorge-Kiste gabs damals wohl noch nich, oder die Chose war den Alten nicht sicher genug. Jedenfalls kamen die dann auf die hirnrissige Idee, mit dem Typ und der Tussy in den sauren Wald zu heizen und dann selber die Flatter zu machen. Beim ersten Versuch ging das für die Alten wohl völlig in die Hose, weil die beiden, clever wie se waren, ne Spur geschmissen hatten. Aber beim zweiten Mal hat das irgendwie nicht hingehauen. Da saßen die voll in der Scheiße drin und blickten absolut Null durch. Naja, schließlich haben die dann wohl so nen Bock auf was zu beißen gekriegt, dass se weiter durchs Grüne gelatscht sind, um mal zu researchen, was Sache is. Und als ihnen die Latscherei gerade ungeheuer auf den Geist ging, kamen se dann an sone alte Bruchbude mit ner perversen alten Giftspritze drin. Die war wohl auf nem Baby-Trip, jedenfalls war die affengeil auf die beiden. Natürlich hat die Alte gleich geschnallt, dass denen die Darmzotten auf Grundeis hingen und füllt die beiden erst mal wahnsinnig ab. Auf den Typ muss die Alte wohl besonders spitz gewesen sein, den wollte se gleich legen. Und die Tussy sollte sich wohl ungeheuer einen abrackern. Aber die beiden waren ja auch nicht gehirnamputiert und haben gleich geschnallt, was lief. Der Alten einen vor den Latz ballern und die Mücke machen war eins. Und wie se da so wieder durch die Pampa schnüren, steht an nem See ne weiße Ente mit nen Paar Freaks drin. Was ja schon ein mordsmäßiger Zufall ist. Jedenfalls haben die Typen die beiden dann wohl nach Hause gekarrt, was eigentlich das Hinterletzte is. Aber die Alte war inzwischen abgenippelt und dem Big Boss war die ganze Story wohl dermaßen auf den Keks gegangen, dass er voll seine Depressis hatte. Aber da konnten sich die beiden ja wohl auch nix für kaufen.

1. In dieser ▶ **Märchenparodie** aus den achtziger Jahren imitiert die Verfasserin die damals herrschende Jugendsprache. Wie ändert sich das Märchen von Hänsel und Gretel durch diese Sprache? Was hat die Verfasserin inhaltlich geändert? Findet Gründe dafür.
2. Vergleicht die für euch aktuelle Jugendsprache mit der aus dem Text:
   Stellt dafür z. B. alle Bezeichnungen für Menschen zusammen.
   Wie würde man das heute ausdrücken? Untersucht auf gleiche Weise die Verben, die von der Standardsprache abweichen.
   Bedenkt, dass viele solcher Verben nicht alleine stehen können.
   Beispiel: *auf was Bock kriegen, auf den Geist gehen.*
3. Übertragt diesen oder einen anderen Text in eure Jugendsprache.

Jugend in Büchern

Vorabinformation über Tim[1] *Stefan Wolf*

[1] Aus: Gespenst! Vampir! Rauschgift! – Drei Fälle für TKKG

Tim heißt in Wirklichkeit Peter Carsten, aber kaum einer nennt ihn so. Den Spitznamen hat er weg, weil sein Großvater Timotheus hieß, wie der Mann aus der Bibel, und das finden seine Freunde stark. Früher haben sie ihn Tarzan genannt, den Bärenstarken. Aber Tim wollte nicht mehr mit dem „Affen" verglichen werden, der im Urwald von Baum zu Baum hüpft. Er ist der Anführer unserer vier Freunde, der TKKG-Bande. Das sind die Anfangsbuchstaben ihrer Vornamen: Tim, Klößchen, Karl und Gaby. „Tarzan"-Tim, 13 Jahre und ein paar Monate alt, ist immer braun gebrannt und ein toller Sportler – besonders in Judo, Volleyball und Leichtathletik. Seit zwei Jahren wohnt Tim in der Internatsschule, geht jetzt in die Klasse 9b. Sein Vater, ein Ingenieur, kam vor sechs Jahren bei einem Unfall ums Leben. Seine Mutter, die als Buchhalterin arbeitet, kann das teure Schulgeld nur mühsam aufbringen. Doch für ihren Sohn ist ihr nichts zu viel. Tim dankt es ihr mit guten Zeugnissen – ohne ein Streber zu sein. Bei jedem Abenteuer ist Tim, alias Tarzan, vorne dran. Ungerechtigkeit hasst er, und deshalb riskiert er immer wieder Kopf und Kragen.

Tim rettet einen Hund[1] *Stefan Wolf*

[1] Die Texte S. 264 ff. und 267 f. stammen aus dem Detektivroman „Taschengeld für ein Gespenst" von Stefan Wolf.

Oskar, Gabys Hund, ist nicht aufzufinden, man hört aber sein Bellen. Tim sucht ihn.

„Brauchst du Hilfe?", rief Karl.

Aber da war Tim schon 20 Meter unter den Bäumen und joggte dreimal so schnell wie die Jogger, obwohl die Strecke voller Hindernisse war: Fichten, Buchen, gelegentlich Birken – hier standen die Bäume ziemlich dicht –, Büsche, Wurzeln wie Fußangeln, Wasserlöcher, Mooshügel und die welken Farne vom Vorjahr.

Die Schienen, dachte Tim. In ganz kurzen Abständen rattern hier die Züge: Intercity, Vorortzüge für den Nahbereich, S-Bahn für die Region. Alle zehn Minuten oder so. [...]

Vor Tim wurde der Wald heller. Aha! Dort verliefen die Schienen, dort war die Schneise.

Er zwängte sich zwischen zwei Sträuchern hindurch und wurde von zig Dornen durch den Pullover gepiekt. Zu spät stellte er fest, dass es sich um Kreuzdorn handelt, der sich ja bekanntlich mit seinen dornigen Zweigspitzen dagegen wehrt, dass er von Wildtieren verbissen wird.

Die Bahngleise, zweispurig, schienen zu dampfen in der Mittagssonne. Braun die Schwellen und ölig. Ölig auch der raue Schotter. Wedelnd kam Oskar seinem großen Freund Tim entgegen. „Warum hörst du denn nicht, wenn Gaby nach dir pfeift?"

Aber Tim konnte ihm nicht böse sein, sondern hockte sich, nahm Oskars schönen Hundekopf in beide Hände und rieb Nase an Nase. Eine warme Zunge klatschte ihm aufs Augenlid. Tim lachte, kraulte den Vierbeiner und erhob sich.

Da drang ein Winseln an sein Ohr. Tim drehte sich in die Richtung, und sein Lachen war verschwunden, während der Schreck fast das Blut stocken ließ. Denn was Tim dort sah ...

Hatte Oskar deshalb gebellt? Wieder pfiff die Lok. Vibrierten die Gleise? Der Zug war nahe, würde gleich in der Biegung dort hinten auftauchen. Schon meinte Tim, das Rattern zu hören. Es ging um Sekunden.

Aber um zwei Dinge gleichzeitig konnte er sich nicht kümmern. Und auch Oskar war in Gefahr. Dem Tollpatsch war zuzutrauen, dass er auf die Gleise sprang und den heransausenden Zug wedelnd begrüßte.

Tim handelte blitzartig, packte Oskar, löste gleichzeitig den Hosengürtel und riss ihn aus den Schlaufen. Der Gürtel als Leine, rasch ins Halsband geschlungen, das andere Ende um einen dünnen Stamm festgezurrt.

Tim hechtete zu den Gleisen zurück. Der Hosenbund saß auch ohne Gürtel eng. Keine Behinderung. Tim rannte zu dem winselnden Hund. Er war festgebunden an den Schienen, war verschnürt wie ein Paket – ein junger Boxer oder Boxermischling – mit spitzen Ohren und goldbraunem Fell. Ein Rüde. Unbeschreibliche Empfindungen wirbelten in Tims Kopf durcheinander. Welches Scheusal, welcher Tierquäler – Tiermörder – hatte den Vierbeiner an die Schienen gefesselt? Jetzt war Tim bei ihm.

Im selben Moment tauchte der Zug in der Biegung auf – keine 200 Meter entfernt.

„Ganz ruhig!" Tim kniete neben ihm. Stricke, feste Knoten. Das Aufdröseln hätte Minuten gedauert.

Tims Hand fuhr in die Hosentasche – aber er wusste schon: Sein Taschenmesser lag im Adlernest, in der Internatsbude. Diese Jeans hatten zu kleine Taschen. Deshalb war nur das Nötigste drin.

Blick nach links. Noch 150 Meter war der Zug entfernt – nein, 120 Meter höchstens.

Den Hund durch die Schlingen ziehen? Unmöglich! Eine schlang sich eng um den Hals, andere schnürten den Körper ein. Mit beiden Händen griff Tim in eine Schlinge. Entweder es gelang ihm, den Strick zu zerreißen, oder alles war vergebens.

Der TKKG-Häuptling kauerte wie ein Gewichtheber, der die höchste Last seines Lebens stemmen will. Alles spannte sich: Beinmuskeln, Kreuz, Rücken – wurden die Arme länger? Ein Knacken. Waren dies die Gelenke oder die Fasern aus Hanf? Jeder Muskel verschmolz zu einer einzigen riesigen Anstrengung. Der Strick schnitt in Tims abgehärtete – ja verhornte – Handflächen, dass der Schmerz fast die Finger abtrennte.

Und ruck! Und ruck! Und ruck! Du reißt! Du reißt durch!

Der Strick scheuerte an den scharfen Kanten des Gleises.

Ein Blick. Noch 60 Meter – allenfalls – war der Zug entfernt.

Warum sieht der Lokführer mich nicht?

Jetzt, dachte Tim, jetzt zerreiße ich die Strippe – und wenn die Schiene rausfliegt!

Das Blut schien aus den Fingerkuppen zu schießen. Dann knirschten die Fasern, zirpten, als sie rissen, und gaben sich besiegt. Der Strick zerriss. Ein dicker Strick – eigentlich zu dick zum Zerreißen. Unter anderen Umständen – zum Beispiel bei einer Wette – hätte Tim sich an den Kopf getippt und gesagt: ‚Mach das vor.' Aber jetzt... Der Strick riss tatsächlich. Noch etwas anderes als Körperkraft war beteiligt gewesen. Später dachte der TKKG-Häuptling lange darüber nach.

Nun – des Widerstandes beraubt – schnellte er hoch und wäre fast auf den Rücken gepurzelt.

Statt dessen beugte er sich über den Hund, lockerte die Schlingen und zerrte das Tier vom Gleis – in derselben Sekunde, da der Zug bereits da war.

Mit dem Boxer in den Armen warf Tim sich zurück.

Er fiel auf den Rücken – das zappelnde Bündel hielt er fest.

Keine 20 Zentimeter vor Tims Fußspitzen fuhr der Zug vorbei.

1. In der Geschichte „Taschengeld für ein Gespenst" steht Tim, der Anführer der TKKG-Bande, im Mittelpunkt. Charakterisiert ihn und bewertet, wie er dargestellt wird.
2. Oft werden in Büchern, in denen Kinder oder Jugendliche Verbrecher entlarven, die auftretenden Figuren als feststehende Typen dargestellt. Untersucht, inwiefern das in diesem und dem nächsten Ausschnitt aus der Geschichte zutrifft. Zieht bei dieser Aufgabe auch das hinzu, was am Anfang des Buches über Tim berichtet wird.
3. Beschreibt solche immer wiederkehrenden Typen. Diskutiert, weshalb die Leser solch erfolgreicher Reihen wie z. B. „Fünf Freunde", „Die drei ???" oder „TKKG" diese Typisierung der Figuren mögen.

Junge Detektive – damals und heute

Die Guten und der Böse

TKKG haben den geretteten Hund „Rübe" bei der Besitzerin abgeliefert.
„Ihr bekommt eine Belohnung von mir, eine finanzielle!", rief sie durch die
geöffnete Tür, während Rübe zwischen den Räumen hin und her lief und
närrisch war vor Freude über den zahlreichen Besuch.
„Kommt gar nicht in Frage!", erwiderte Tim. „Wir nehmen kein Geld. Jedenfalls nicht für eine Selbstverständlichkeit. Wir sind Tierfreunde."
Gaby fragte, ob sie Oskar hereinholen dürfe. Aber selbstverständlich, sagte
die Frau, und schon kehrte Gaby mit Oskar zurück. Rübe stupste ihn mit der
Pfote an, und beide fegten durchs Haus.
„Also, wo war er?" Olga goss dampfenden Tee ein, für den sich alle entschieden hatten.
„Um Ihnen Gram zu ersparen", sagte Tim, „würden wir die Wahrheit am
liebsten verschweigen. Aber dann bestünde null Chance, den bestialischen
Täter ausfindig zu machen. Denn Sie – wie ich hoffe, können uns einen
Anhaltspunkt geben, der auf die Spur führt. Ohne Umschweife: Rübe scheint
einen Feind zu haben, der ihn – umbringen will."
Olga Petersen erstarrte. Braune Augen blickten von einem zum anderen.
„Wo ... habt ihr Rübe gefunden?"
„Er war auf den Bahngleisen festgebunden", erwiderte Tim. „Im Wald. Etwa
15 Radminuten von hier. War so auf die Schienen gefesselt, dass er sich nicht
rühren konnte. Oskar hat ihn entdeckt und uns durch sein Gebell aufmerksam gemacht."
„Tim musste den Strick zerreißen", ergänzte Karl. „Den Strick, den Rübe
eben noch umhatte. Aber da war der Zug schon auf wenige Meter heran. Eine
Sekunde später – und aus wär's gewesen. Tim, zeig mal deine Hände! Na los!
Du bist zu bescheiden. Ehre, wem Ehre gebührt." Und zu Olga Petersen:
„Tim ist es peinlich, wenn man wegen seines Einsatzes was hermacht. Aber
ich finde, es muss gesagt werden."
Tim schob die Hände unter den Tisch und setzte eine brummige Miene auf.
Doch Olga ließ sich nicht abhalten. Sie fasste ihn am Arm und zog eine Hand
hervor.
„Das ... sieht ja schlimm aus. Aber dieser Strick – kann man den denn zerreißen?"
„Tim kann's", grinste Karl.
„Frau Petersen", sagte Tim, „überlegen Sie bitte: Wer will Ihnen oder Rübe
übel? Wer ist dazu fähig, diesen entzückenden Hund so grausam in den Tod
zu schicken? Man muss schon sagen: ihn hinrichten zu lassen durch ein Nahverkehrsmittel der Deutschen Bundesbahn."
Rübes Frauchen atmete schwer. „Da brauche ich nicht lange zu überlegen.
Mein Nachbar in dem kleinen Haus dort – wir leben seit langem auf Kriegs-

fuß. Der Kerl lässt keine Gelegenheit aus, mir das Leben schwer zu machen. 40
Seit ich Rübe habe, ist die Feindschaft noch schlimmer geworden. Rübe bellt
nämlich manchmal – wie jeder Hund. Für Dittler ist das ruhestörender
Lärm. Dabei sorge ich dafür, dass Rübe nachts und in der Mittagszeit nicht
vor die Tür kommt."

„Dittler?", sagte Tim. „Wer ist das? Was macht er?" 45

„Ein Spinner. Hat ganz bestimmt einen Schatten im Gehirn. Ein Vertreter,
glaube ich, für Haarwuchsmittel und Schlankheitspillen. Mit seinem grauen
Auto ist er oft unterwegs. Er lebt allein, hat ein schiefes Gesicht und trägt
Mittelscheitel. Der Vorname: Hugo."

„Wieso schiefes Gesicht?" 50

„Links ist der Mundwinkel zwei Zentimeter tiefer als rechts. Und die Nase
biegt sich zur Seite, als wollte sie um die Ecke schnüffeln."

Tim sah seine Freunde an.

„Dittler wird natürlich leugnen. Und wir haben keinen Beweis, falls nicht ein
Zeuge auftaucht. Am besten, wir beobachten den Typ erst mal, bevor wir ihn 55
bei der Krawatte nehmen."

„Und wenn er den Anschlag auf Rübe wiederholt?", sagte Gaby.

Tim lächelte grimmig. „Eine überdeutliche Warnung werden wir bei Dittler
hinterlassen. Dem erkläre ich ganz genau, was ihm blüht, wenn Rübe ein
Haar gekrümmt wird." 60

Olga wirkte beunruhigt. „Ach, bitte, ich möchte nicht, dass sich die Situation
noch mehr verschärft. Der zündet mir das Haus an."

4. Untersucht die Sprache Tims und seiner Freunde. Wie unterscheidet sich
eure Sprache davon? Belegt eure Einschätzung mit Beispielen aus dem
Text.

5. „Um Ihnen Gram zu ersparen, würden wir die Wahrheit am liebsten
verschweigen. Aber dann bestünde null Chance, den bestialischen Täter
ausfindig zu machen." Analysiert diesen Satz Tims daraufhin, dass ihn
ein 13-Jähriger spricht.

6. Dass Dittler der Böse ist, daran besteht kein Zweifel. Wie wird die
Wahrnehmung des Lesers gelenkt?

7. In Jugendbüchern wird ein Bild der Jugend gezeichnet. Welches Bild
haben die Autoren von „Emil und die Detektive" und von „TKKG" von der
Jugend?

Exposition und Personen im Drama

[1] Die Texte S. 269 ff. und 271 ff. stammen aus dem Stück „Ein Engel kommt nach Babylon" von Friedrich Dürrenmatt. Die Texte stehen in alter Rechtschreibung.

Ein Engel kommt nach Babylon[1]   Friedrich Dürrenmatt

Ein Engel, der als ein zerlumpter Bettler mit einem langen, roten Bart verkleidet ist, betritt die Bühne. Er wird begleitet von Kurrubi, einem von Gott geschaffenen Mädchen. Im Hintergrund der Bühne sieht man Paläste, Hochhäuser und Hütten, man erkennt die Straßenschluchten einer riesigen Stadt, die sich im Wüstensand verliert. Es handelt sich um die Stadt Babylon zur Zeit des Königs Nebukadnezar.

Der Engel Da du, mein Kind, erst vor wenigen Augenblicken auf eine höchst erstaunliche Weise von meinem Herrn erschaffen worden bist, so vernimm denn, daß ich, der ich als Bettler verkleidet neben dir schreite, ein Engel bin, daß diese störrische Materie, auf der wir uns hier bewegen, die Erde ist – wenn ich mich nicht allzusehr in der Richtung geirrt haben sollte – und daß diese weißen Blöcke die Häuser der Stadt Babylon sind.

Das Mädchen Ja, mein Engel.

Der Engel *zieht eine Landkarte hervor und studiert sie* Die breite Masse, die an uns vorbeifließt, ist der Euphrat.

Der Engel *geht die Ufermauer hinunter und steckt den Finger in die Wellen, worauf er ihn zum Munde führt* Er scheint aus einer Unmenge von angesammeltem Tau zu bestehen.

Das Mädchen Ja, mein Engel.

Der Engel Die krumme und helle Figur über uns – ich bitte dich, den Kopf ein wenig zu heben – ist der Mond und die unermeßliche Wolke hinter uns, milchig in ihrer Majestät, der Andromedanebel, den du kennst, da wir von ihm kommen. *Er tippt auf die Karte.* Es stimmt, es steht alles auf der Landkarte.

Das Mädchen Ja, mein Engel.

Der Engel Du aber, an meiner Seite wandelnd, nennst dich Kurrubi und bist, wie ich schon erwähnte, von meinem Herrn selbst vor wenigen Minuten erschaffen worden, indem Er – wie ich dir nun sagen kann – vor meinen Augen mit der rechten Hand hinein ins Nichts griff, den Mittelfinger und den Daumen leicht aneinanderrieb, worauf du schon auf seiner Handfläche einige zierliche Schritte machtest.

Kurrubi Ich erinnere mich, mein Engel.

Der Engel Sehr schön, erinnere dich immer daran, denn von nun an bist du von dem getrennt, der dich aus dem Nichts schuf und auf dessen Hand du getanzt hast.

Kurrubi Wo soll ich nun hin?

Der Engel Du sollst dahin, wo wir angelangt sind: zu den Menschen.

Kurrubi Was sind das, Menschen?

Der Engel *verlegen* Meine liebe Kurrubi, ich muß dir gestehen, daß ich auf diesem Gebiet der Schöpfung wenig Bescheid weiß. Ich habe nur einmal, vor etlichen tausend Jahren, einen Vortrag über dieses Thema gehört. Demnach sind Menschen Wesen von unserer jetzigen Gestalt, die ich insofern unpraktisch finde, als sie mit verschiedenen Organen behaftet sind, die ich nicht begreife. Ich bin froh, mich bald wieder in einen Engel zurückverwandeln zu dürfen.

Kurrubi So bin ich jetzt ein Mensch?

Der Engel Du bist ein Wesen in Menschenform. S*ich räuspernd:* Laut des Vortrages, den ich hörte, pflanzen sich die Menschen untereinander fort, während du von Gott aus dem Nichts gemacht worden bist. Ich möchte dich ein Menschennichts nennen. Du bist unvergänglich wie das Nichts und vergänglich wie der Mensch.

Kurrubi Was soll ich denn den Menschen bringen?

Der Engel Meine liebe Kurrubi, da du noch nicht eine Viertelstunde alt bist, will ich dir dein vieles Fragen verzeihen. Du mußt jedoch wissen, daß ein wirklich frommes Mädchen nicht fragt. Du sollst den Menschen nichts bringen, sondern du wirst vor allen Dingen den Menschen gebracht.

Kurrubi *nach kurzem Nachdenken* Das verstehe ich nicht.

Der Engel Was aus der Hand dessen kommt, der dich erschuf, verstehen wir nie, mein Kind.

Kurrubi Verzeih.

Der Engel Ich erhielt den Auftrag, dich dem Geringsten der Menschen zu übergeben.

Kurrubi Ich habe dir zu gehorchen.

Der Engel *wieder die Karte studierend* Die geringsten der Menschen sind die Bettler. Du wirst demnach einem gewissen Akki gehören, der, wenn diese Karte stimmt, der einzige noch erhaltene Bettler der Erde ist. Wahrscheinlich ein lebendes Naturdenkmal. *Stolz:* Sie ist großartig, diese Landkarte. Es steht alles drauf.

Kurrubi Wenn der Bettler Akki der Geringste der Menschen ist, wird er unglücklich sein.

Der Engel Was du in deiner Jugend für Wörter brauchst. Was erschaffen ist, ist gut, und was gut ist, ist glücklich. Auf meinen ausgedehnten Reisen durch die Schöpfung habe ich nie ein Körnchen Unglück gesehen.

Kurrubi Ja, mein Engel.

Sie schreiten nach rechts, der Engel beugt sich über das Orchester.

Der Engel Dies ist die Stelle, wo der Euphrat einen Bogen macht. Hier müssen wir den Bettler Akki erwarten. Wir wollen uns setzen und schlafen. Die Reise ermüdete mich, und außerdem ist mir, als wir beim Jupiter um die Ecke bogen, einer seiner Monde zwischen die Beine geraten.

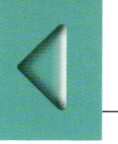

Der edle Räuber?

Sie setzen sich rechts außen in den Vordergrund.
Der Engel Komm nah zu mir. Umschlinge mich mit deinen Armen. Wir wollen uns mit dieser wunderbaren Landkarte zudecken. Ich bin in meinen Sonnen an andere Temperaturen gewöhnt. Mich friert, obschon dies nach der Karte eine der wärmsten Gegenden der Erde sein soll. Es scheint sich um einen kalten Stern zu handeln.

1. Lest diese Szene mit verteilten Rollen. Bemüht euch um ▶ **gestaltendes Sprechen** (siehe S. 91).
2. Der Text gehört zur ▶ **Exposition** des Stücks. Wie gelingt es Dürrenmatt, den Zuschauer über die Situation zu Beginn der Handlung zu informieren, ohne dass die Szene an Glaubhaftigkeit verliert?
3. Wie werden der Engel und Kurrubi charakterisiert? Findet Textstellen, die eurer Meinung nach für die beiden typisch sind, und erläutert eure Einschätzung.
4. Der Text ist nicht ohne Komik. Findet die komischen Stellen, erläutert, warum ihr sie komisch findet.

Der Zweikampf der Bettler

Der König Nebukadnezar will einen sozialen Staat einführen und lässt aus diesem Grund das Betteln in seinem Reich verbieten. Daraufhin treten alle Bettler in den Staatsdienst über und treiben für den König die Steuern ein. Ein Bettler jedoch weigert sich. Um Akki, dem letzten Bettler Babylons, das Betteln auszureden, lässt sich Nebukadnezar aus der Garderobe seines Hoftheaters einen Bettlermantel holen. Als Bettler verkleidet will Nebukadnezar Akki seine Not vor Augen führen und ihn so überreden, mit dem Betteln aufzuhören.
Es kommt zum Zweikampf: Wenn Nebukadnezar mehr erbettelt als Akki, will dieser das Betteln aufgeben und in den Staatsdienst wechseln. Der Engel und Kurrubi verfolgen die Szene gespannt, denn der Engel meint zu wissen, dass der Verlierer der unterste und ärmste Bettler ist, dem er Kurrubi geben soll. Die ersten beiden Versuche gehen zugunsten Akkis aus.
Nebukadnezar Merkwürdig, ich bin noch nicht in Form.
Akki Jetzt kommt ein einfacher Fall, ein Musterbeispiel für eine Bettelei. Die Hetäre¹ Tabtum, die nun mit ihrer Magd auf den Anuplatz geht, frisches Gemüse einzukaufen. Technisch leicht und elegant zu meistern. *Von hinten kommt die Hetäre Tabtum mit ihrer Magd, die einen Korb auf dem Kopf trägt.*
Nebukadnezar *jammervoll* Ein Almosen, hochedle Dame, Königin der Tugend. Ein Almosen einem armen, aber anständigen Bettler, der drei Tage nichts gegessen hat.

¹hoch angesehene, gebildete Prostituierte

Tabtum Da hast du einen Silberling. Bete dafür vor dem Tempel der großen Ischtar, daß ich Glück in der Liebe habe.
Sie gibt Nebukadnezar einen Silberling.
Akki Ha!
Tabtum Warum lachst du, Individuum?
Akki Ich lache, anmutige junge Frau, weil du diesem armen Schlucker aus Ninive bloß einen Silberling gibst. Er ist ein unerfahrener Bettler, Wunderschöne, und man muß ihm schon zwei Silberlinge geben, wenn sein Gebet nur etwas Kraft haben soll.
Tabtum Noch einen Silberling?
Akki Noch einen.
Die Hetäre gibt Nebukadnezar noch einen Silberling.
Tabtum *zu Akki* Wer bist denn du?
Akki Ich bin ein wirklicher, ausgebildeter und studierter Bettler.
Tabtum Wirst du auch für mich zur Liebesgöttin beten?
Akki Ich bete zwar selten, aber für dich, Schönste, will ich es ausnahmsweise tun.
Tabtum Haben deine Gebete denn Erfolg?
Akki Nur, junge Frau, nur. Wenn ich zu Ischtar zu beten anfange, erzittert ob dem Gestüm meiner Psalmen das Himmelbett, auf dem die Göttin ruht. Du wirst mehr reiche Männer bekommen, als Babylon und Ninive zusammen besitzen.
Tabtum Ich will dir auch zwei Silberlinge geben.
Akki Ich bin glücklich, wenn du mir ein Lächeln deines roten Mundes schenkst. Das genügt mir.
Tabtum *verwundert* Du willst mein Geld nicht?
Akki Nimm mir's nicht übel, meine Prächtige. Ich bin ein vornehmer Bettler, der bei Königen, Finanzmännern und Damen der großen Gesellschaft bettelt und nur von einem Goldstück an aufwärts nimmt. Ein Lächeln deines Mundes, Allerschönste, ein Lächeln, und ich bin glücklich.
Tabtum *neugierig* Wieviel geben denn die Damen der großen Gesellschaft?
Akki Zwei Goldstücke.
Tabtum Ich kann dir drei Goldstücke geben.
Akki Dann gehörst du zur ganz großen Gesellschaft, schöne Dame. *Sie gibt ihm drei Goldstücke.*
Akki Madame Chamurapi, die Frau des Erzministers, gibt auch nicht mehr.
Im Hintergrund wird der Erzminister sichtbar, der interessiert zuhört.
Tabtum Die Chamurapi? Diese ausgehaltene Person aus dem fünften Quartier? Das nächste Mal erhältst du vier Goldstücke. *Sie geht mit ihrer Magd rechts ab. Der Erzminister verschwindet wütend.*
Akki Nun?
Nebukadnezar *kratzt sich im Haar* Ich gebe zu, daß du bis jetzt gewonnen hast.

Der Engel *zu Kurrubi* Ein hochbegabter Bettler, dieser Akki. Die Erde scheint ein spannender Stern zu sein. Jedenfalls für mich nach den vielen Sonnen aufregend.

Nebukadnezar Ich komme in Schwung.

Akki Um so besser, Bettler Anaschamaschtaklaku. Dort begibt sich Enggibi auf die Reise, der Seniorchef des Bankhauses Enggibi und Sohn, der zehnmal reicher ist denn der große König Nebukadnezar.

Nebukadnezar *seufzend* Es gibt so unverschämte Kapitalisten.

Zwei Sklaven tragen Enggibi in einer Sänfte von rechts herein. Hinter der Gruppe trottet ein dicker Eunuch.

Nebukadnezar Dreißig Goldstücke, großer Bankier, dreißig Goldstücke!

Enggibi Wo kommst du her, Bettler?

Nebukadnezar Aus Ninive. Nur die hohe Gesellschaft ist mein Kunde. Ich habe noch nie unter dreißig Goldstücken erhalten.

Enggibi Die Kaufleute Ninives wissen mit dem Geld nicht umzugehen. Verschwenderisch im Kleinen, sind sie knauserig im Großen. Ich will dir – weil du ein Fremdling bist – ein Goldstück geben. *Er macht mit dem Kopf ein Zeichen, der Eunuch gibt Nebukadnezar ein Goldstück.*

Enggibi *zu Akki* Kommst du auch aus Ninive?

Akki Ich bin ein babylonischer Originalbettler.

Enggibi Als Einheimischer erhältst du einen Silberling.

Akki Ich pflege nie über eine Kupfermünze anzunehmen. Ich bin Bettler geworden, weil ich das Geld verachte.

Enggibi Du verachtest das Geld, Bettler?

Akki Es gibt nichts Verächtlicheres als dieses lumpige Metall.

Enggibi Ich gebe dir ein Goldstück wie diesem Bettler aus Ninive.

Akki Eine Kupfermünze, Bankier.

Enggibi Zehn Goldstücke.

Akki Nein.

Enggibi Zwanzig Goldstücke.

Akki Troll dich, Finanzgenie.

Enggibi Dreißig Goldstücke.

Akki *spuckt aus.*

Enggibi Du weigerst dich, dreißig Goldstücke vom Seniorchef des größten Bankhauses in Babylon entgegenzunehmen?

Akki Der größte Bettler Babylons verlangt nur eine Kupfermünze von Enggibi und Sohn.

Enggibi Dein Name?

Akki Akki.

Üben: Exposition und Personen im Drama

Der edle Räuber?

Enggibi So ein Charakter muß belohnt werden. Eunuch, gib ihm dreihundert
   Goldstücke.
Der Eunuch gibt Akki einen Sack voll Gold. Der Zug bewegt sich nach links fort.
Akki Na?
Nebukadnezar Ich weiß nicht. Ich habe heute Pech. *Für sich:* Ich werde den
   Kerl noch zu meinem Finanzminister machen.
Der Engel Du wirst diesem Bettler aus Ninive gehören, liebe Kurrubi.
Kurrubi Wie ich mich freue. Ich liebe ihn. Er ist so hilflos.

5. Auch dieser Text gehört noch zur Exposition des Stücks.
   Welche Information über den Ort und die Situation, in der das Stück
   spielt, erhält der Leser?
6. Inwiefern verstößt diese Szene gegen die Erwartungen des Lesers?
7. Wie werden Nebukadnezar, Akki, Tabtum und Enggibi charakterisiert?
   Inwiefern stimmt eure Einschätzung mit der des folgenden Textes
   überein?

> „Das nun folgende Wettbetteln ist ein komödiantisches Kabinettstück
> ersten Ranges, eine so geistvoll gedachte und ausgeformte Szene,
> dass sie allein den Bettler Akki zu einer der lebensprallsten, saftigsten
> Gestalten nicht nur in Dürrenmatts Werk, sondern im deutschen
> Theater unserer Tage macht [...]. Akki gewinnt natürlich Runde um
> Runde, denn er weiß jeden, den er anbettelt, bei seiner schwächsten
> Stelle zu packen: den Arbeiter bei seinem Proletarierbewusstsein, den
> Milchmann bei seinem mittelständischen Selbstgefühl, die Kurtisane
> bei ihrem gesellschaftlichen Ehrgeiz, den Bankier bei seinem Stolz."
>
> Urs Jenny

8. Erläutert den Irrtum des Engels während des Wettstreits.
9. Überlegt, wie das Stück weitergehen könnte. Fasst dies in einer Inhaltsangabe zusammen.
10. Informiert euch, wie das Stück wirklich weitergeht.

ARGUMENTIEREN

Jugendschutz

Den **Jugendarbeitsschutz** für Kinder und Jugendliche regelt das Jugendarbeitsschutzgesetz vom 12.4.1976. Danach ist die Beschäftigung von Kindern verboten. Kinder im Sinne des Gesetzes sind Personen unter 15 Jahren und vollzeitschulpflichtige Jugendliche. Ab dem 13. Lebensjahr dürfen Kinder mit Einwilligung der Sorgeberechtigten kindgerechte Arbeiten in täglich begrenzter Stundenzahl verrichten. Jugendliche (15–17 Jahre) dürfen nicht mehr als acht Stunden täglich und nicht mehr als 40 Stunden wöchentlich arbeiten; der Berufsschulunterricht und Ähnliches wird auf die Arbeitszeit angerechnet. Samstags-, Sonntags- und Feiertagsarbeit, Beschäftigung mit gesundheitlich oder sittlich gefährdenden Arbeiten, Akkordarbeit[1] u.a. sind verboten. Die Zeit zwischen 20 Uhr und 6 Uhr ist arbeitsfrei, wobei für bestimmte Gewerbezweige (z. B. Gast- und Beherbergungswesen, Bäckereien, Musik- und Theatervorführungen) begrenzte Ausnahmen zugelassen sind. Jugendliche haben Anspruch auf tägliche regelmäßige Pausen, eine tägliche Freizeit zwischen Arbeitsende und -aufnahme von mindestens zwölf Stunden und die Fünftagewoche. Es besteht ein Züchtigungsverbot. Der jährliche Mindesturlaub beträgt im Alter bis zu 16 Jahren: 30, 17 Jahren: 27, 18 Jahren: 25 Werktage. Verstöße gegen die Vorschriften des Jugendschutzes können mit Geldbußen geahndet werden.

[1] Arbeit, bei der man nicht nach der Arbeitszeit, sondern nach der Arbeitsleistung bezahlt wird

1. Vergleicht die Informationen dieses Lexikonartikels über das Jugendarbeitsschutzgesetz mit den Angaben in der Kinderarbeitsschutzverordnung auf S. 138/139. Findet Übereinstimmungen und Unterschiede.
2. Informiert euch über den Unterschied zwischen einem Gesetz und einer (Rechts-)Verordnung: Welche Aufgaben haben sie jeweils?

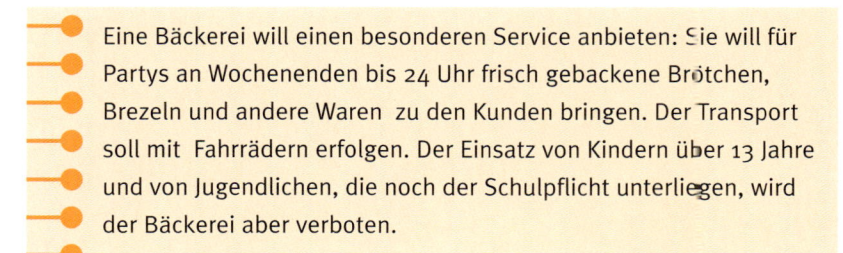

> Eine Bäckerei will einen besonderen Service anbieten: Sie will für Partys an Wochenenden bis 24 Uhr frisch gebackene Brötchen, Brezeln und andere Waren zu den Kunden bringen. Der Transport soll mit Fahrrädern erfolgen. Der Einsatz von Kindern über 13 Jahre und von Jugendlichen, die noch der Schulpflicht unterliegen, wird der Bäckerei aber verboten.

3. Worauf kann sich das Verbot stützen?
4. Findet **Argumente** für und gegen das Verbot. Arbeitet gemeinsam eine Argumentationsstrategie aus, die den Anregungen der Info-Box auf S. 136 folgt.
5. Führt die Diskussion entweder als Fishbowl- oder als **Podiumsdiskussion**.

Üben: Argumentieren

Zeit für Freizeit

Alles gut im Schlaraffenland?

Wie wäre es, wenn dir jeder Wunsch sofort erfüllt würde? Stell dir mal vor: Du sitzt auf einem unbequemen Stuhl in der Schule, die Zeit zieht sich hin wie Hefeteig, der Magen knurrt, dein Mund ist trocken wie eine Salzwüste. Müde lehnst du dich zurück, und plötzlich verwandelt sich dein Stuhl in eine Luxusliege. Der Lehrer wird zu deinem freundlichen Diener, der dir sanfte Kissen in den Rücken schiebt und kühle Luft zufächelt. Saftige Früchte fallen von Bäumen in deinen Schoß, du brauchst nur zuzugreifen. Was willst du trinken? Um dich herum stehen in reicher Auswahl die leckersten Getränke bereit.

Deine gemütliche Liege macht einen leichten Ruck. An beiden Seiten fahren Flügel aus dem Sitz. Du hebst ab. Zu jedem Ziel wird dich das Zaubergefährt sofort bringen. Wohin soll die Reise gehen? Zum See der Träume? Zu den zartbraunen Schokoladenbergen? Zu den Mineralwasserfällen? Oder lieber in die Wunschmusikwälder und dann hoch hinauf zu den Pop-Sternen? Kein Weg zu weit. Na, wie wäre das?

[…]

Dein schwerer Kopf ist im Schlaf zur Seite gefallen. Durch die halb geschlossenen Augenlider siehst du Wolken aus Zuckerwatte am Himmel vorbeiziehen. Etwas drückt unangenehm im Rücken. Du solltest es mal mit einer bequemeren Lage versuchen. Vergeblich. Das harte Schulmöbel will einfach

Pieter Bruegel d. Ä.: Das Schlaraffenland, 1567.

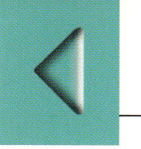

nicht nachgeben. O nein – bloß nicht wach werden! Du bist noch hundemüde von der vielen Schlemmerei im Schlaraffenland.

„In ein tolles Land hat mich der Meister Bruegel hineingemalt", denkst du in deiner Schläfrigkeit, „aber irgendwie fremd ist es doch alles. Die merkwürdigen Kleider der Männer, der klebrige Hirsebrei und die vielen Pfannkuchen – und nichts dabei, was heutzutage angesagt ist: kein Saftbrunnen, keine Spagetti-Lianen über Ketschupsümpfen, keine Eisbecherblumen, kein Dollaresel, kein täglicher Goldregen und keine Bäche aus Limonade und Berge aus Pudding … Ach, Meister Bruegel, wie sähe Euer Schlaraffenland wohl heute aus?", murmelst du. Du bist kaum verwundert, als dir die Stimme eines älteren Mannes antwortet – oder ist es nur das Rascheln von Papier? Ein Schlaraffe kann es nicht sein, dafür klingt die Stimme viel zu munter.

„Was soll ich sagen? Immerhin sind mehr als 400 Jahre vergangen. Als ich einen Blick in deine Welt geworfen habe, war mir genauso wie dir, als du dich durch den Hirsebrei hindurchgefressen hattest. Du hast mächtig gestaunt, und jetzt staune ich.

Dein Land kommt mir vor wie das Schlaraffenland, von dem wir damals alle geträumt haben. Ihr habt Speisen und Getränke, Früchte und Gewürze aus aller Welt. Ihr habt kleine Maschinen, in die ihr nur hineinzusprechen braucht, und schon wird euch in wenigen Minuten Essen und Trinken in schnellen Metallkutschen von weit her gebracht. Was wollt ihr mehr? Ihr habt Frieden in eurem Land und braucht nicht von Sonnenaufgang bis Sonnenuntergang zu schuften und zu rackern.

Ich habe gehört, dass ihr sogar auf dem Mond spazieren gehen könnt. Und ihr sollt wie die Vögel hoch in den Lüften fliegen können.

Man hat mir aber auch erzählt, dass in eurer großen Welt viel mehr Menschen hungern sollen als zu meiner Zeit. Obwohl ihr doch alles, was ihr zum Leben braucht, auf dem Land, durch die Lüfte und über das Wasser schnell hin- und hertransportieren könnt. Das kann ich nicht verstehen. Zu meiner Zeit waren wir nicht so schnell, aber richtig verhungern musste bei uns niemand. Irgendetwas zu essen gab es überall und für jeden.

In euren Häusern stehen seltsame Kästen, vor denen ihr hockt und in die ihr viele Stunden am Tage hineinglotzt. Viele Menschen haben mir erzählt, dass darin Dinge zu sehen sind, die aufregender und fantastischer sein sollen als euer tägliches Leben. Ich habe auch gehört, dass ihr euch oft streitet, welches von den Fantasieländern, die in den Kästen zu sehen sind, ihr euch anschauen wollt.

Was ist in eurem Leben so schrecklich, dass ihr euch mit diesen Kästen immer neues, anderes Leben zaubern wollt? Dabei könntet ihr doch aufregende Dinge selber machen. Zu meiner Zeit waren viel mehr Menschen auf Straßen und Plätzen, in Wirtshäusern und zu Hause. Die haben miteinander getanzt, gespielt, gewettet, gelacht und geweint.

Üben: Argumentieren
Zeit für Freizeit

Eigentlich kommt ihr mir heute gar nicht viel anders vor als meine Schlaraffen damals, die dösig und matt am Boden lagen und dabei nicht mal besonders glücklich aussahen.

Damals wollte ich meine Landsleute mit diesem Bild aufwecken. Wollte sie ermuntern und ihnen sagen, dass ihr Leben auch jenseits des Schlaraffenlandes schön sein kann, wenn sie nur ihre verdammte Fresssucht und ihre Trägheit überwinden. Vielleicht hat sich bis heute ja nicht so viel geändert …"

6. Beschreibt das Bild, das Pieter Bruegel 1567 gemalt hat. Schaut genau hin, damit ihr alle Einzelheiten erkennt.
7. Offensichtlich werden wesentliche Bedürfnisse der Schlaraffen erfüllt. Wie erklärt ihr euch, dass sie keineswegs glücklich aussehen?
8. Die moderne Freizeitgesellschaft strebt nach der Befriedigung immer neuer Bedürfnisse. Findet aktuelle Freizeitvergnügungen und diskutiert, inwieweit durch sie echte Bedürfnisse der Menschen befriedigt werden oder nur kurzfristige Zerstreuung geboten wird.
   - Dazu ist es zunächst nötig sich darüber zu verständigen, was echte und was unechte Bedürfnisse sind. Findet Argumente und Beispiele dafür.
   - Untersucht anschließend aktuelle Freizeitangebote daraufhin, zu welcher Kategorie sie gehören.
   - Diskutiert mit These, Argument und Beispiel, warum Freizeitangebote attraktiv sind, die nur unechte Bedürfnisse des Menschen befriedigen.

Freizeitveranstaltung	echte Bedürfnisse	unechte Bedürfnisse

9. Was würdet ihr Pieter Bruegel auf seine Einschätzung unserer heutigen Welt antworten?

Texte analysieren

Raum – Zeit – Geschwindigkeit

> „Welche Veränderungen müssen jetzt eintreten in unsrer Anschauungsweise und in unseren Vorstellungen! Sogar die Elementarbegriffe von Zeit und Raum sind schwankend geworden. Durch die Eisenbahn wird der Raum getötet, und es bleibt uns nur noch die Zeit übrig. Hätten wir nur Geld genug, um auch letztere anständig zu töten! [...] Was wird das erst geben, wenn die Linien nach Belgien und Deutschland ausgeführt und mit den dortigen Bahnen verbunden sein werden! Mir ist, als kämen die Berge und Wälder aller Länder auf Paris angerückt. Ich rieche schon den Duft der deutschen Linden; vor meiner Tür brandet die Nordsee."
>
> *Heinrich Heine*

Niemals zuvor hatte sich ein Mensch schneller fortbewegt als ein Pferd laufen kann. Die Eisenbahn brachte daher nicht nur neue Möglichkeiten und Bequemlichkeiten, sondern auch viele Ängste und Erschütterungen in der Weltanschauung der Menschen mit sich. Ärzte beschrieben die fürchterlichen Auswirkungen auf den menschlichen Körper, Geistliche sinnierten über das veränderte Verhältnis der naturbeherrschenden Menschen zu Gott und Techniker warnten vor der Explosionsgefahr der Lokomotiven. Aus ihren unterschiedlichen Perspektiven heraus prophezeiten die Experten das Schlimmste für die Zukunft und brachten zu Beginn des Eisenbahnzeitalters ihre Ängste vor.

Noch 1825 hieß es in der Londoner Zeitung „Quarterly Review": „Was kann so absurd, so lächerlich sein wie die propagierte Absicht, Lokomotiven zu bauen, die doppelt so schnell wie Postkutschen fahren? Ebenso gut könnten sich Leute mit einer Rakete abfeuern lassen, als sich der Gnade einer solchen Maschine anzuvertrauen."

Der Topos[1], mit dem das frühe 19. Jahrhundert beschreibt, wie die Eisenbahn in den bis dahin unumschränkt herrschenden natürlichen Raum einbricht, spricht von der Vernichtung von Raum und Zeit. Mit dem neuen Fortbewegungsmittel können Entfernungen in einem Bruchteil der alten Reisezeiten zurückgelegt werden. Völker und Nationen erreichen einander nun in bis dahin unvorstellbar kurzer Zeit. Die Fläche scheint geschrumpft, während sich der Verkehrsraum erweitert hat. Der Mensch erschließt sich neue Welten, indem er weiter entfernt liegende Orte erreichen kann, und gleichzeitig lässt diese Art der Fortbewegung den zwischen Abreiseort und Zielort lie-

[1] übliches Denkschema

genden Raum als existenzlos erscheinen. Während in früheren Zeiten die Orte der Durchreise Orte der Rast, des menschlichen Austausches oder der Übernachtung waren und in der Kutsche oder zu Pferd in ihren Einzelheiten und Besonderheiten wahrgenommen werden konnten, sind sie nun zu Hindernissen auf dem Weg zum Ziel, zu Nicht-Orten geworden. John Ruskin, ein einflussreicher Kunstkritiker des 19. Jahrhunderts, schrieb, die Reisenden machten sich zu menschlichen Paketen, die von dem durchquerten Raum ganz unberührt blieben. [...]

In diesem Prozess der sich stetig verändernden Wahrnehmung von Raum und Zeit wird die Zeit immer wichtiger, oder besser gesagt die Pünktlichkeit. Die Kirchturmuhr, die Bahnhofsuhr und vor allem die Taschenuhren bestimmten, wie in der Fabrik auch, immer mehr den Lebensrhythmus. Fahrpläne gilt es einzuhalten, Anschlüsse zu erreichen. Für den grenzüberschreitenden Verkehr bedeutet dies zunächst, dass die Uhren jeweils an der Landesgrenze umgestellt werden mussten. Schlug die Uhr in Berlin 12 Uhr, so war es in Wien bereits 15 Minuten später, während die Karlsruher noch 20 Minuten auf die Glockenschläge warten konnten. 15 Jahre wurde in Deutschland über die Einführung einer Normalzeit diskutiert, bis schließlich am 12.3.1893 die mitteleuropäische Zeit per Reichsgesetz in ganz Deutschland eingeführt war.

1. Wie versteht ihr Heinrich Heines Äußerung, 1854 gedruckt: „Durch die Eisenbahn wird der Raum getötet, und es bleibt uns nur noch die Zeit übrig."?
2. Vergleicht Heines Text mit dem von Eichendorff auf den Seiten 150/151.
3. Der Sachtext, der sich an Heines Text anschließt, beschäftigt sich ebenfalls mit dem Problem der Geschwindigkeit und des schwindenden Raums. Schreibt Sätze, die euch als ▶ **Kern**- oder ▶ **Schlüsselsätze** erscheinen, auf Karten, klebt sie an die Tafel und untersucht, wie sie inhaltlich zusammenhängen.
   Beispiel: *„Die Fläche scheint geschrumpft, während sich der Verkehrsraum erweitert hat."*
4. Schreibt eine Inhaltsangabe des Sachtextes, wobei ihr euch der Kern- oder Schlüsselsätze und ihres Zusammenhangs untereinander bedient.
5. Wie haben sich durch die Erfindungen des 20. Jahrhunderts Raum und Zeit verändert?
6. Welche Rolle spielt das Internet für unser Empfinden von Zeit und Raum?

STADT UND MENSCH IM GEDICHT

Stadt (um 1918)   *Gerrit Engelke*

Zehntausend starre Blöcke sind im Tal errichtet,
Aus Stein auf Stein um Holz- und Eisenroste hochgeschichtet;
Und Block an Block zu einem Berg gedrückt,
Von Dampfrohr, Turm und Bahn noch überbrückt,
5 Von Draht, der Netz an Netze spinnt,
Der Berg, von vielen Furchen tief durchwühlt:
Das ist das große Labyrinth,
Dadurch das Schicksal Mensch um Menschen spült.

Fünfhunderttausend rollt im Kreis das große Leben
10 Durch alle Rinnen fort und fort in ungeheurem Streben:
In Kaufhaus, Werkstatt, Saal und Bahnhofshalle,
In Schule, Park, am Promenadenwalle,
Im Fahrstuhlschacht, im Bau am Kran,
Treppauf und -ab, durch Straßen über Plätze,
15 Auf Wagen, Rad und Straßenbahn:
Da schäumt des Menschenstrudels wirre Hetze.

Fünfhunderttausend Menschen rollt das große Leben
Durch alle Rinnen fort und fort in ungeheurem Streben.
Und karrt der Tod auch hundert täglich fort,
20 Es braust der Lärm wie sonst an jedem Ort.
Schleppt er vom Hammer-Block den Schmied,
Schleppt er vom Kurven-Gleis den Wagenleiter:
Noch stärker brüllt das Straßenlied:
Der Wagen fährt – der Hammer dröhnet weiter.

1. Welche Rolle spielt der Mensch in diesem Gedicht? Wie verdeutlicht Engelke das sprachlich?
2. Erläutert die Bilder, mit denen Engelke die Stadt und ihre Straßen schildert.
3. Vergleicht dieses Gedicht mit den beiden Gedichten von Engelke auf den Seiten 152 und 154. Achtet dabei auf die Haltung des Sprechers gegenüber den Erscheinungen des – damals – modernen Lebens und untersucht die Wirkung des Metrums und der Zeilenlängen.

Üben: Stadt und Mensch im Gedicht

Die Geister, die ich rief

Siehst du die Stadt (1890) *Hugo von Hofmannsthal*

Siehst du die Stadt, wie sie da drüben ruht,
Sich flüsternd schmieget in das Kleid der Nacht?
Es gießt der Mond der Silberseide Flut
Auf sie herab in zauberischer Pracht.

5 Der laue Nachtwind weht ihr Atmen her,
So geisterhaft, verlöschend leisen Klang:
Sie weint im Traum, sie atmet tief und schwer,
Sie lispelt, rätselvoll, verlockend, bang ...

Die dunkle Stadt, sie schläft im Herzen mein
10 Mit Glanz und Glut, mit qualvoll bunter Pracht:
Doch schmeichelnd schwebt um dich ihr Widerschein,
Gedämpft zum Flüstern, gleitend durch die Nacht.

4. Wie erscheint die Stadt in diesem Gedicht?
   Vergleicht mit den Gedichten von Engelke und Becker.
5. Welche Sinneseindrücke werden in diesem Gedicht geschildert?
   Erläutert deren Funktion für die Stimmung des Gedichts.
6. Welche Rolle spielen Reim und ▶ **Alliteration**?
7. Schildert aus eurer Erinnerung Erlebnisse, in denen euch
   die Stadt so erschien wie bei Engelke und bei Hofmannsthal.

Im Schatten der Hochhäuser (1977) *Jürgen Becker*

Die Leute unten haben schlechteren
Fernseh-Empfang. Ihre Kinder, die kleinen,
schießen den ganzen Tag; die größeren
schaffen mehr noch mit ihren Mofas.

5 Die Leute unten leben in der Nähe
der Wiesen, die mit leeren
Fläschchen und Päckchen, Kippen
und Hundekacke bestreut sind.

Die Leute unten haben weniger Himmel
10 und zahlen weniger Miete; sie sparen
für Fertighäuser auf dem Land, wo
die Autobahn nahe,
das Kraft- und das Klärwerk im Bau
und der Fernseh-Empfang klar ist.

Herbst in Berlin (1983) *Eva Strittmatter*

Ich habe das gern, in Berlin zu sehn.
Ich seh einfach gern in fremde Gesichter.
Ich hab das gern jetzt im Herbst, wenn die Lichter
Und Lampen im Zwielicht angehn.
5 Es gibt in der Stadt ein perlmutternes Licht,
Das im Umkreis der Neonlampen entsteht.
Türkis-violett. Auf einer Schicht
Weißen Silbers. Schön, wenn man geht
Vom Strausberger Platz zum Frankfurter Tor
10 Links der Allee. Vor
Den Blumenrabatten, die Baumreihen lang.
Da sitzen die Leute Bank an Bank.
Unfesche Leute. Einfach. Viel alt.
Doch auch Jugend viel. In purer Gestalt
15 Das Volk dieser Stadt hält Atempause.
Raucht, schwatzt und geht gelassen nach Hause.
Mit dem Licht in sich, das zu Apfelrot reifte,
Und dem Lächeln, an das man zufällig streifte,
Als ein schönes Mädchen vorüberging,
20 Das ein reiner Junge wie erstmals umfing,
Nicht auf herausfordernd offene Weise,
Sondern verlegen, lächelnd und leise,
Wie Liebe in Märchen von Andersen geht.
Und das Bild dieser Stadt, das die beiden umsteht –
25 Kulisse unbedingt glückhafter Handlung –
Geht vom Abend zur Nacht in die nächste Verwandlung.

8. In den Gedichten von Becker und Strittmatter wird die moderne Stadt sehr unterschiedlich dargestellt. Vergleicht die Haltung der geschilderten Menschen zur Stadt.
9. Erläutert den ironischen Ton in Jürgen Beckers Gedicht.
10. Schreibt die Stellen in Eva Strittmatters Gedicht heraus, die zu verstehen euch schwer fällt. Versucht gemeinsam deren Inhalt aus dem Textzusammenhang zu erschließen.
11. Eva Strittmatter spricht von der Stadt als der „Kulisse" für die „glückhafte Handlung" und redet von der „nächste(n) Verwandlung". Erläutert die Verwendung dieser Theaterbegriffe in dem Gedicht.
12. Wie beurteilt ihr die Gestaltung der Verszeilen und der Endreime?

Üben: Analysieren und Diskutieren

Die Geister, die ich rief

ANALYSIEREN UND DISKUTIEREN

„Der Doppelgänger" – eine Gruppendiskussion über das Klonen

Die Gruppendiskussion zu der Geschichte „Der Doppelgänger" (S. 168) wurde mit vier Jugendlichen (zwei Mädchen und zwei Jungen im Alter von 17 Jahren) an einem Hamburger Gymnasium geführt, auf Tonband aufgezeichnet und wörtlich transkribiert. Im Folgenden werden einige der Äußerungen wiedergegeben.

„… und auf einmal gibt es noch einen zweiten von einem selbst. Schwer zu sagen, wie man darauf reagieren soll. Es wird ziemlich Probleme geben für denjenigen, für die beiden, wenn auf einmal man selbst sich begegnet – nur eben zehn Jahre jünger, weil das ja erst verpflanzt werden muss."

„Schlimm ist es erst recht, wenn es die nächste Generation gibt, wenn es schon eine Generation gibt, die einmal geklont wurde, und diese Klone dann wieder selber entscheiden, ob wieder welche geklont werden. Dann sollte es eine Welt von Menschen geben, die alle gleich sind. Das ist die Abschaffung des Individualismus."

„Ich finde es sowieso bescheuert, Menschen zu verdoppeln. Ich denke, jeder Mensch ist ein Individuum. Niemand sollte wiederholt werden."

„Das ist doch schlimm für einen zu wissen: Ich bin menschlicher Abfall, weil: Ich werde nicht geklont. Ich bin nicht gut genug dafür."

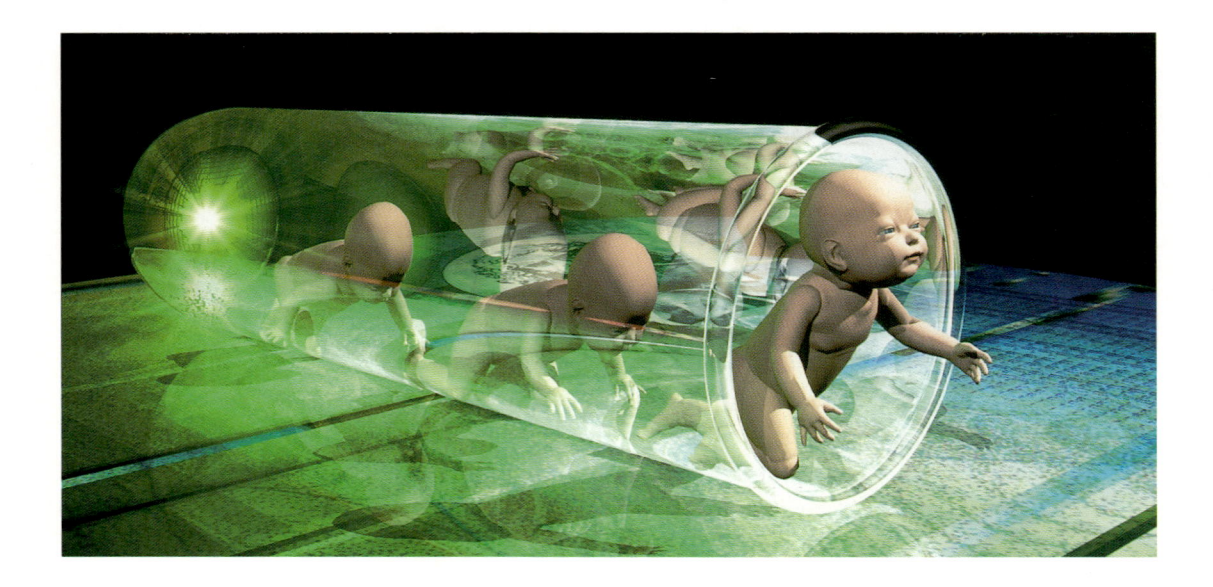

Üben: Analysieren und Diskutieren

Die Geister, die ich rief

Wer möchte denn nicht gerne gut aussehen? Nur, das würde nach der dritten, vierten, fünften Generation nicht mehr auffallen, weil es dann keine anderen Menschen mehr gibt, die nicht gut aussehen."

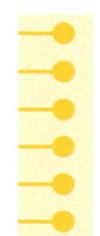

„Die meisten Menschen haben eben so ein gewisses Bild vom perfekten Körper, ... eigentlich würden wir uns äußerlich dann immer weniger voneinander unterscheiden. Es würden gar keine individuellen Merkmale am Körper mehr vorhanden sein. Man würde sich eben ähneln: ähnlich perfektes Gesicht, ähnlich perfekte Brust, ähnlich perfekter Hintern, alle super lange Beine oder muskulös."

„Kann man dadurch nicht Krankheiten vorbeugen, irgendwie in den Genen alles ausmerzen?"

„Es wird hierbei das Leben der Person nur verlängert. Die Person wird ja nicht von Grund auf verändert. Es werden ja nicht Eigenschaften, die diese Person besitzt, verändert. Krankheiten sind ja keine Eigenschaften."

„Einigen Leuten wird das ja auch angeboren, dass sie keine Organe haben. Das ist doch gut, dass Organe nachproduziert werden können. Das finde ich halt okay. Das ist wieder eine Sache, die das Leben halt verlängert, aber nicht in den Menschen eingreift."

„Ich denke, länger leben hat schon seine Vorteile."

1. Ordnet die Aussagen der Jugendlichen in einer Tabelle nach „Gefahren" und „Chancen" ein.
2. Ergänzt die Tabelle um eigene Gedanken zum Problem des Klonens.
3. Wählt eine Aussage der Tabelle und verfasst ein Zukunftsszenario oder eine Erzählung, wobei ihr diesen Aspekt in seinen Auswirkungen verfolgt.
   Beispiele: – *Wer nicht geklont wird, ist menschlicher Abfall und nicht gut genug.*
   – *Für die Fortpflanzung braucht man keine Männer mehr.*
   – *Alle Menschen leben länger.*
4. Wägt in Gruppen Vor- und Nachteile des Klonens ab und entwerft eine Regelung, vielleicht auch in Gesetzesform, die die Vorteile des Klonens ermöglicht und die Nachteile vermeidet.

Üben: Film
Wie die Bilder laufen lernten

Film und Verfilmung

Frühe Tonfilme

Der Übergang vom Stummfilm zum Tonfilm vollzog sich so rasch, dass vielen Filmen, die 1928 und 1929 als Stummfilme in Produktion gegangen waren, kurzfristig Ton hinzugefügt wurde, um der wachsenden Nachfrage gerecht zu werden. Kinobesitzer rüsteten ihre technische Ausrüstung in kurzer Zeit für den Tonfilm um. In den ersten Filmen dieser Art wurde der Ton nur wegen des Reizes der Neuheit verwendet. Man produzierte aufwändige Literaturverfilmungen, in die man bei jeder Gelegenheit exotische Toneffekte einfügte. Die Zuschauer waren der monotonen Dialoge und der statischen Einstellungen, die dadurch entstanden, dass sich die Schauspieler um ein feststehendes Mikrofon aufstellen mussten, bald überdrüssig.

Diese Probleme wurden erst Anfang der dreißiger Jahre von Regisseuren gelöst, die den Ton kreativ einsetzten. Sie verzichteten auf Mikrofone, erreichten dadurch wieder eine flexible Kameraführung und nutzten den Vorteil der ▶ **Nachsynchronisation**, die zudem eine detailliertere Bearbeitung des musikalischen und dialogischen Materials ermöglichte. In den USA drehten Lubitsch und King Vidor lange Sequenzen und fügten den Ton erst später zur Untermalung der Handlung hinzu. Lubitsch wollte in „Liebesparade" (1929) bewusst das Publikum mit der Musik verzaubern, Vidor setzte den Ton atmosphärisch ein, um in dem Musikdrama des Südens „Hallelujah!" (1929) eine natürliche Stimmung zu erzeugen. Die Regisseure lernten die Erzeugung akustischer Effekte durch unsichtbare Tonquellen und erkannten, dass der Zuschauer eine Uhr nicht sehen muss, wenn er sie ticken hört. Drehbuchautoren wie Ben Hecht, Dudley Nichols und Robert Riskin begannen eigene Dialogmuster für den Film zu entwickeln. Sie enthielten nur das Wesentliche und unterstützten dynamisch den Fortgang der Handlung.

1. Fasst die Schwierigkeiten zusammen, die man diesem Text zufolge anfangs mit dem Ton in den Filmen hatte.
2. Warum kann man heute im Allgemeinen auf die ▶ **Nachsynchronisation** verzichten? Denkt an den technischen Fortschritt.
3. Was mussten die Filmemacher bei der Entwicklung einer eigenen Dialogsprache berücksichtigen? Denkt an ▶ **Schnitt**, ▶ **Montage** und den Fortgang der Handlung.

Üben: Film
Wie die Bilder laufen lernten

Der Turmbau zu Babel *Egon Friedell*

[1] Kunst- und Architekturstil im 18. Jahrhundert

[2] hier: Rundgemälde, fast 360°

[3] Regierungszeit Napoleons III. in Frankreich: 1852–1870

[4] Bezeichnung für einen 1891 erfundenen Projektionsapparat, auch alte Bezeichnung für den Film und das Filmtheater

(Der Kinematograph) wurde schon gegen Ende des neunzehnten Jahrhunderts erfunden, gelangte aber erst ein Jahrzehnt später zur Weltherrschaft. Er hat für unser Leben dieselbe Bedeutung wie der Scherenschnitt für das Spätrokoko[1] und das Panorama[2] für das second empire[3]. Anfangs sah es so aus, als ob sich in ihm eine neue Kunstform ankündige, wozu er aber lediglich durch seine Stummheit verleitete. Die Fantasie auch des nüchternsten und beschränktesten Menschen ist nämlich noch hundertmal packender und pittoresker als alle gesprochenen Worte der Welt; die schönsten und tiefsten Verse können nicht annähernd ausdrücken, was der einfachste Galeriebesucher unartikuliert empfindet. Solange der Kinematograph stumm war, hatte er außerfilmische, nämlich seelische Möglichkeiten. Der Tonfilm hat ihn entlarvt; und vor aller Augen und Ohren breitet sich die Tatsache aus, dass wir es mit einer rohen toten Maschine zu tun haben. Das Bioskop[4] tötet nur die menschliche Gebärde, der Tonfilm auch die menschliche Stimme, dasselbe tut das Radio; zugleich befreit es vom Zwang zur Konzentration, und es ist jetzt möglich, gleichzeitig Mozart und Sauerkraut, Sonntagspredigt und Skatspiel zu genießen. Kino wie Radio eliminieren jenes geheimnisvolle Fluidum, das sowohl vom Künstler wie vom Publikum ausgeht und jede Theatervorstellung, jedes Konzert, jeden Vortrag zu einem einmaligen seelischen Ereignis macht. Die menschliche Stimme hat Allgegenwart, die menschliche Gebärde Ewigkeit erlangt, aber um den Preis der Seele. Es ist der Turmbau zu Babel: „Und der Herr sprach: Wohlauf, lasset uns herniederfahren und ihre Sprache verwirren, dass keiner des andern Sprache vernähme." Es werden durch Rundfunk bereits Nachtigallenkonzerte und Papstreden übertragen. Das ist der Untergang des Abendlandes.

4. Notiert in einer Tabelle zum einen, wie der Autor das Kino allgemein und speziell Stumm- und Tonfilm beschreibt, und zum zweiten, wie er sie bewertet.
5. Formuliert mithilfe dieser Tabelle, aber nach Möglichkeit mit eigenen Worten, den vom Autor empfundenen Unterschied zwischen Stumm- und Tonfilm.
6. Erläutert den Satz: „Das Bioskop tötet nur die menschliche Gebärde, der Tonfilm auch die menschliche Stimme." Nehmt Stellung zu Friedells Meinung von den neuen Medien.
7. Wie sieht der Autor den Unterschied zwischen Theater und Film?

Üben: Film
Wie die Bilder laufen lernten

Stimmen zur Literaturverfilmung

1913 wurde eine Umfrage bei Autoren durchgeführt, wie sie die Verfilmung von Romanen beurteilten.

„Die ‚Verfilmung' – nebenbei ein schönes Wort – von Romanen halte ich für eine Abscheulichkeit. Wenn man die Möglichkeit, mit der Kinematographie alles Leben auf der Erde zu fassen, derartig beiseite stellt, dass man die Gemütsbewegungen von grimassierenden Schauspielern, diese Taubstummenunterhaltungen bringt, so verurteilt sich das selbst. Es wird dadurch niemand für die Literatur gewonnen, es wird ausschließlich die Schauspielkunst, die sich doch nicht vom gesprochenen Worte lossagen kann, verhunzt, und außerdem wird der gemeinen, verlogenen Sentimentalität Tür und Tor geöffnet."

Ludwig Thoma

„Die Verfilmung von Romanen ist m. E. etwas Barbarisches. Dagegen scheint mir die Verfilmung von Theaterstücken, wenn die Sprache durch das Grammophon hinzugefügt wird, sehr wertvoll; es könnten dadurch 90 Prozent der bestehenden Theater abgeschafft werden. Für die meisten Schauspieler und Schauspielerinnen ist das natürlich nicht vorteilhaft – wohl aber für die Autoren, die besser dastehen, wenn sie die Tantiemen von den Kinotheatern erheben; die Stücke können auf diesen viel öfter gegeben werden – als mit dem umständlichen Theaterapparat der Gegenwart und Vergangenheit.
So kann m. E. sehr wohl die Verfilmung von Theaterstücken eine Zukunft haben. Aber – die Filmfabrikanten, die Romane verfilmen ohne Sprache – sind m. E. als Kulturträger gar nicht diskutabel; sie sind am besten dadurch zu beseitigen, dass man gebildete Elemente als Arrangeure von Theaterfilmen anstellt."

Paul Scheerbart

8. Warum ist nach Meinung der zitierten Autoren die Verfilmung von Literatur problematisch und abzulehnen?
9. Was kann eurer Meinung nach ein Stummfilm bei einer Romanverfilmung vermitteln und was nicht?
10. Wie beurteilt ihr die Meinung Scheerbarts zu den Möglichkeiten der stummen Verfilmung von Theaterstücken?

Film und Sprache

Neue Sprache für ein neues Medium?

Der Film war nicht nur eine technische, sondern auch eine sprachliche Herausforderung – wie jede technische Neuerung auch. Man muss nur überlegen, wie man die Datenträger für den Computer nennt: „Diskette" und „compact disc" (CD) bedienen sich beide des griechischen Wortes diskos, das Scheibe heißt. Die sprachliche Verwandtschaft zu unserem Wort „Tisch" ist deutlich. Man benutzt also die existierende Sprache, um Neues auszudrücken. Wie sollte man den Film sprachlich bewältigen? Einige Beispiele: „Kinematograph" ist ein Kunstwort, aus dem Griechischen gebildet. Es bedeutet „Bewegungsaufzeichner". Zuerst verstand man darunter den Aufnahme- und Projektionsapparat, später wurde der Begriff auch zur Bezeichnung für das neue Medium Film. In der Abkürzung „Kino" verstand man zusätzlich darunter das Gebäude, die Räumlichkeiten, in denen die Filme vorgeführt wurden. Und heute gibt es noch Kinos, die z. B. „Cinema" heißen.

Da der Film anfangs von Hand an der Lichtquelle vorbei transportiert werden musste und dies mithilfe einer Kurbel geschah, sprach man von „kurbeln", Filmtheater hießen „Die Kurbel" und man „drehte" Filme. Obwohl wir schon längst nicht mehr von Hand drehen, hat sich das Wort „drehen" erhalten: Die Zeit für die Aufnahme des Films heißt „Dreh", die Szenen werden „gedreht", und das Ganze folgt einem vorher festgelegten „Drehbuch". Da die Filmszenen nachher geschnitten und montiert werden müssen, braucht man jemanden, der das tut. Da das Wort Schneiderin festgelegt ist, nimmt man das englische „Cutter" und verdeutscht es zu „Cutterin". Die für den Film hergestellten Kulissen nennt man „Bauten", das Wort „Kamera" musste man nicht erfinden, es existierte schon in der Fotografie und meinte ursprünglich die dunkle Kammer, die man für die planmäßige Belichtung des Films brauchte. Natürlich benutzte man auch Wörter, denen man eine völlig neue Bedeutung gab: Hat man eine Szene „im Kasten", gilt sie als „gestorben", was kein Grund zur Traurigkeit ist. Der „Neger" ist keine rassistische Bezeichnung, sondern meint eine Tafel, von der man Text ablesen kann, ohne dass der Zuschauer es merkt.

1. Auf welche Weise findet das neue Medium Film seine Bezeichnungen?
2. Schlagt in einem guten Wörterbuch nach, was das Wort „Film" bedeutet und wieso es verwandt mit „Fell" ist.
3. Stellt Wortfelder für das Handy oder das Internet zusammen und erläutert die Herkunft der Bezeichnungen.

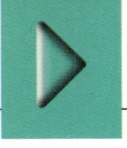

GROSS- UND KLEINSCHREIBUNG

Willkommene Räuber

Gegen fünf Uhr NACHMITTAGS lehnten Rinaldo und sein Kumpan Nicolo faul am Stamm einer mächtigen Platane, als sie DANK ihrer guten Ohren ein schwerfälliges Rumpeln hörten. „Hab ich's dir nicht gesagt? Das ist EINE!", zischte Nicolo aufgeregt. „EINE was?", zischte Rinaldo zurück. „Eine Reisekutsche! Da ist für uns EINIGES zu holen. Du wirst schon sehen!"
Aufs ÄUSSERSTE gespannt schlichen sich die BEIDEN zum Hohlweg. Und in der Tat: Die Pferde arbeiteten sich SCHWERFÄLLIG mit ihrer schweren Last BERGAUF. Der Kutscher tat sein MÖGLICHSTES, aber kurz vor der Kuppe waren die Pferde AUSSERSTANDE, die Kutsche weiterzuziehen. Die am Wegrand KAUERNDEN sprangen plötzlich vor die Kutsche, griffen in das Zaumzeug und riefen zum ERSCHRECKEN des Kutschers und der Passagiere: „Geld oder Leben!" Die Räuber sahen ERFREULICHES: Ein hübsches Mädchen und eine ältere Dame, offensichtlich die Mutter, klammerten sich aneinander. Die REICHGEKLEIDETEN fürchteten sich vor dem KOMMENDEN, obwohl nicht zu verkennen war, dass die JÜNGERE der beiden Damen TROTZ aller Angst die Augen von Rinaldo nicht abwenden konnte. So etwas UNERHÖRTES war ihr noch nicht widerfahren! Was würden ihre Freundinnen sagen? Auge in Auge mit dem edlen Räuber, dem VIELGESUCHTEN! Denn dass es Rinaldo Rinaldini war, stand für sie außer Zweifel. Erst das STAMMELN ihrer Mutter riss sie aus ihren Betrachtungen. Diese bot den Räubern ihren Schmuck an, wenn sie nur sie und ihre Tochter schonten! „Aber Frau Baronin!", versetzte Rinaldo zum ERSTAUNEN Nicolos. „Wir werden doch nicht die Blüte Italiens berauben!" Die Baronin, ohne Zweifel die HÄSSLICHERE der BEIDEN, errötete huldvoll und reichte die Hand zum Kusse. Die GESCHMEICHELTE bemerkte nicht, dass ihr, als Rinaldo galant die Hand küsste, Nicolo mit geübtem Griff die vielen goldenen Armbänder von der ANDEREN abstreifte. „Wollt ihr mich nicht Eurer Schwester vorstellen?", fragte Rinaldo und bewirkte damit sowohl bei der Mutter als auch der Tochter ein tiefes SEUFZEN. Die SECHZEHNJÄHRIGE schlug die Augen nieder, aber nicht so tief, dass sie den SCHÖNENKÜHNEN nicht ansehen konnte. „Claudia", hauchte sie und war sich über ihre Gefühle völlig im UNGEWISSEN. „So LEID es mir tut, gnädiges Fräulein, berauben wollen wir Euch nicht, aber ein Geschenk zur Erinnerung an diese Begegnung bitte ich mir aus!" Die völlig VERWIRRTE löste, vom UNGLAUBLICHEN dieses Ereignisses überwältigt, ihre Halskette und reichte sie dem schönen Räuber. Sie war kaum IMSTANDE, das ZITTERN ihrer Hände zu unterdrücken. „Bis HEUTEABEND, MEINESCHÖNE!", flüsterte Rinaldo, verschwand im DUNKEL der Nacht und ließ drei VERBLÜFFTE zurück: die

Baronin, die nun doch ENTWENDETES beklagte, die Tochter, für den
Abend etwas ganz BESONDERES erwartend, und Nicolo. 40

1. Entscheidet, wie ihr die Wörter und Wendungen in den Klammern schreiben müsst: klein oder groß, getrennt oder zusammen? Bedenkt dabei die Regeln.
2. Hinter den Doppelpunkten in Zeile 7, 12 und 38 wird einmal groß, einmal klein weitergeschrieben. Formuliert eine Regel.

Claudias Abend

Aufgeregt lag Claudia auf ihrem Bett. Rinaldo, der schöne Räuber, hatte sich für diesen Abend angekündigt. Sie konnte sich allerhand ▇▇▇▇▇▇ vorstellen, hatte aber keine Ahnung, wie sich der Räuber an den vielen Wachen vorbeischleichen könnte. Sie hatte viel ▇▇▇▇▇▇ über ihn gehört, von ihren Eltern wenig ▇▇▇▇▇▇, von ihrer Kammerzofe dagegen allerlei ⁵
▇▇▇▇▇▇. Plötzlich klopfte es an ihre Tür. Nichts ▇▇▇▇▇▇ ahnend, da er doch wohl nicht durch die Tür kommen würde, rief Claudia: „Herein!" Eine alte Frau kam herein, deren Gesicht durch ein Kopftuch verdeckt war.
„Ich wollte euch etwas ▇▇▇▇▇▇ mitteilen, meine Schöne!", sagte da 10
eine wohlbekannte Stimme. Rinaldo war es, als Frau verkleidet! „Ich habe gehört, Ihr sollt den dummen Ritter Giorgio heiraten." „Ich will ihn aber nicht!", schluchzte Claudia. „Von ihm hättet Ihr auch wenig ▇▇▇▇▇▇
zu erwarten. Dafür habe ich genug ▇▇▇▇▇▇ über ihn gehört. Manches
▇▇▇▇▇▇ mag wohl übertrieben sein. Aber es bleibt noch genug 15
▇▇▇▇▇▇ übrig, um euch zu verstehen. Wollt Ihr denn jemand anderen?" „Ja!", hauchte Claudia verschämt, „meinen Antonio!" „Kommt mit! Ihr sollt heute einiges ▇▇▇▇▇▇ erleben. Euer Freund wartet mit Fra Alberto in der Kapelle am Steinbruch. Er will euch trauen." Das war zu viel
▇▇▇▇▇▇. Claudia sank in Ohnmacht, Rinaldo fing sie auf, trug sie zum 20
Fenster und murmelte: „Selbst zur Hochzeit muss man sie tragen!"

WORTSPEICHER

alle   anderes
etliches
irgendetwas
lauter   sämtliche
solche   vieles

3. Schreibt die fehlenden Wörter mit den davor stehenden ▶ **Mengenangaben** in euer Heft. Achtet auf Groß- oder Kleinschreibung.
4. Schreibt mit den Mengenangaben dieses Textes und denen aus dem Wortspeicher einen eigenen Text über Rinaldo Rinaldini.

Üben: Getrennt- und Zusammenschreibung
Rechtschreibung untersuchen

GETRENNT- UND ZUSAMMENSCHREIBUNG

INFO-BOX

Getrenntschreibung

Adjektiv plus Verb: Ist das Adjektiv in dieser Zusammensetzung erweiter- oder steigerbar, muss man getrennt schreiben.
Beispiele: *klein hacken – kleiner hacken – sehr klein hacken*
schlecht gelaunt – schlechter gelaunt – sehr schlecht gelaunt
Aber: *hellsehen*: Man kann zwar *sehr hell sehen* oder *heller sehen*, dann meint man aber etwas anderes.

Verb plus Verb: Zwei nebeneinander stehende Verben werden stets getrennt geschrieben.
Beispiele: *stehen bleiben, kennen lernen, spazieren gehen*
Aber: *das Kennenlernen, das Spazierengehen*
Partizip plus Verb wird ebenfalls getrennt geschrieben (*bedeckt halten, gesagt bekommen, getrennt schreiben, verrückt werden*).

Verb plus Adjektiv: Verben mit Adjektiv auf -ig, -isch, -lich werden stets getrennt geschrieben.
Beispiele: *müßig gehen, lästig fallen, neidisch werden, glücklich preisen*

Verbindungen mit „sein": Verbindungen mit „sein" werden stets getrennt geschrieben.
Beispiele: *vorhanden sein, dankbar sein, bange sein, fertig sein, pleite sein*

weitere Verbindungen: Verbindungen von *so, wie, zu* mit *viel, wenig, weit, oft* werden getrennt geschrieben.
Beispiele: *so viel, wie viel, zu weit, wie oft*
Aber: Die Konjunktionen *soweit, sooft, soviel* werden zusammengeschrieben.

Ein Wochenende im Weltall

Da die technische Entwicklung nicht *stehen bleibt*, ist nicht auszuschließen, dass es eines nicht fernen Tages *möglich ist*, als Tourist auf dem Mond zu leben, *soweit* man das nötige Geld aufbringen kann und *so weit* er auch entfernt ist. Wann werden die Techniker dies *fertig bringen*? Japanische Firmen planen Hotels auf dem Mond, die keine Wünsche *offen lassen*. Man will mit 5
den ersten Anlagen noch vor 2025 *fertig sein*. In den Prospekten solcher Firmen steht, die Menschheit könne sich *glücklich preisen*, eine solche Zukunft auf dem Mond und den Planeten zu haben. Von materiellen Sorgen *weit*

gehend befreit, lassen es sich die Reisenden der Zukunft beim Blick auf unseren blauen Planeten *gut gehen*. Das *Kennenlernen* einer ganz neuen Fortbewegungsart wird eine der Attraktionen sein: Familie Meier wird hüpfend *spazieren gehen*, weil die Schwerkraft auf dem Mond nur ein Sechstel der auf der Erde beträgt. Die Reiseleiter werden ihren Kunden oft genug *lästig fallen*, wenn sie sie davor warnen, die Gefahren zu unterschätzen. Dabei müssten sie ihnen *dankbar sein*. Zwar wiegt man nur ein Sechstel, behält aber die gleiche Masse und damit auch Trägheit wie auf der Erde. Ein Zusammenstoß kann üble Folgen haben – und wenn dann der Raumanzug reißt ... Man darf einen solchen Aufenthalt nicht *schönreden*, sondern muss auf die Gefahren, die *vorhanden sind*, aufmerksam machen, damit nicht so mancher *schlecht gelaunt* mit einem Gipsbein den Mond verlässt. Da der Mond keine filternde Atmosphäre besitzt, müssen im gleißenden Sonnenlicht die Augen *so weit* geschützt werden, dass man zwar *weit gehend* sehen kann, aber nicht *zu viel* schädlicher Strahlung ausgesetzt ist. Vieles muss für die Touristen auf den Mond geschafft werden, aber auf eines kann man verzichten: Auf dem Mond kann man *weit sehen*, wer will dann noch *fernsehen*?

1. Erläutert, warum die *kursiv* geschriebenen Wendungen so geschrieben werden.
2. Warum steht einmal *so weit* im Text und einmal *soweit*?
3. Bildet Sätze, in denen *so weit* und *soweit*, *so oft* und *sooft*, *so viel* und *soviel* vorkommen.

Einmal zusammen, immer zusammen?

Wenn wir einmal so weit in den Weltraum vorstoßen, dass wir den Himmel erreichen, hören wir die Engel frohlocken, den ganzen Tag frohlocken. „Warum lockst du froh?", wird dann eine beliebte Frage sein. „Wie bringst du das voll? Langst du dich nicht weil? Ich sage dir weis, dass du bald genug davon hast und nicht mehr den ganzen Tag zärtlich deine Harfe streichelst und sie ständig kost lieb!"
Der Engel wird verwirrt schauen, „Halleluja" flüstern und auf der nächsten touristenfernen Wolke notlanden und sich überlegen: „Warum notlande ich und warum lande ich nicht not? Ich notleide ja auch nicht wegen dieser Touristen, sondern ich leide Not!"

4. Übersetzt die seltsamen Wendungen in richtiges Deutsch und sammelt Verben, deren Zusammensetzung trennbar ist und andere, deren Zusammensetzung nicht trennbar ist.

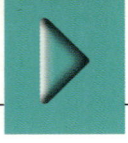

Üben: Getrennt- und Zusammenschreibung
Rechtschreibung untersuchen

Zu-mutungen

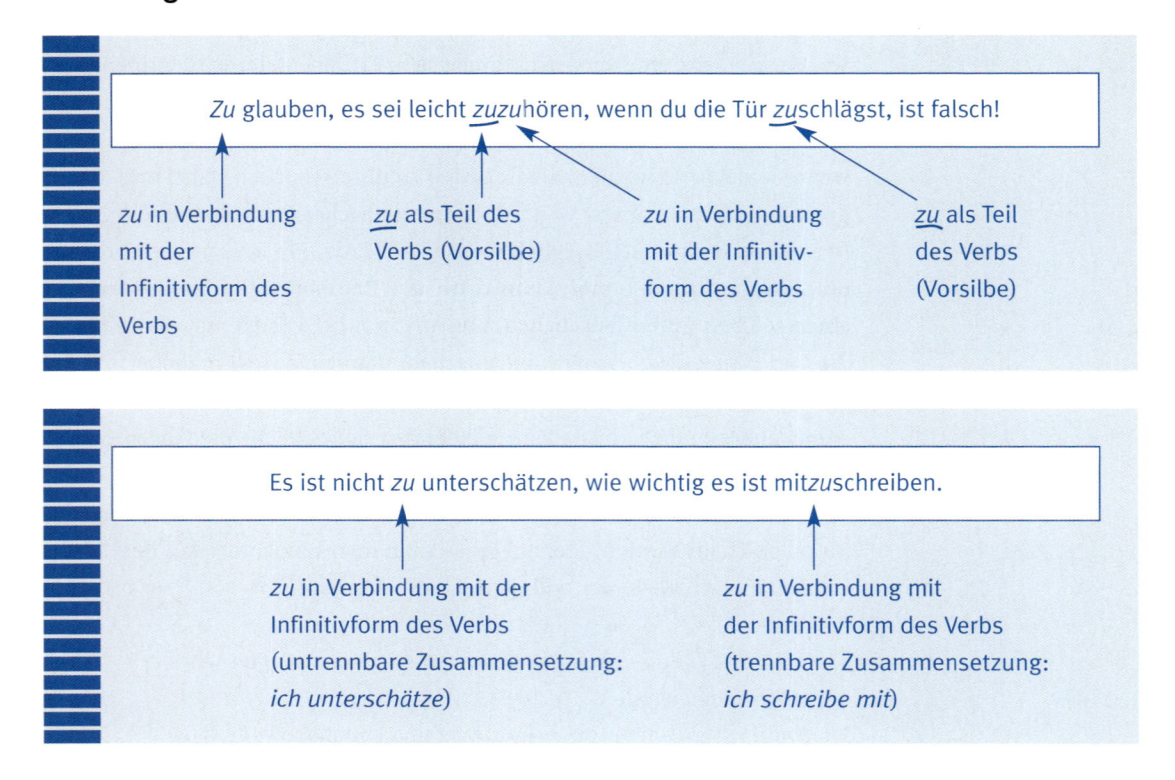

Zu glauben, es sei leicht *zuzu*hören, wenn du die Tür *zu*schlägst, ist falsch!

- *zu* in Verbindung mit der Infinitivform des Verbs
- *zu* als Teil des Verbs (Vorsilbe)
- *zu* in Verbindung mit der Infinitivform des Verbs
- *zu* als Teil des Verbs (Vorsilbe)

Es ist nicht *zu* unterschätzen, wie wichtig es ist mit*zu*schreiben.

- *zu* in Verbindung mit der Infinitivform des Verbs (untrennbare Zusammensetzung: *ich unterschätze*)
- *zu* in Verbindung mit der Infinitivform des Verbs (trennbare Zusammensetzung: *ich schreibe mit*)

5. Formuliert Regeln zur Getrennt- und Zusammenschreibung für den Fall, dass auf *zu* ein Verb folgt.

Man hat auf dem Mars Wasser gefunden! Natürlich sind diese Mars-Seen an den Polen immer zugefroren. Man muss also zugeben, dass es kaum zu machen ist, ein Netz hineinzuwerfen und es nach einer Weile zuzuziehen und Fische zu fangen. Wer glaubt, beim Anblick des gefrorenen Wassers zu frieren, muss daran denken, seinen Raumanzug fest zu schließen. Denn nur wenn die Verschlüsse zugedrückt und zugeschlossen sind, hat man es warm. Wenn man dann auch die Sauerstoffzufuhr nicht zudreht, kann man anfangen, seine Runden zu drehen, vielleicht auch auf Schlittschuhen. Sieht man dann Kufenspuren auf dem Eis, ist daraus zu schließen, dass auch die Marsbewohner das Eis lieben. Vielleicht ist es dann besser, Fersengeld zu geben.

6. Stellt die hier verwendeten Verben paarweise zusammen und erläutert die Schreibung mit „zu".

Wieder ist nicht wieder

Wiederholt ergab es sich, dass die Marsexpedition umgestürzte Raupenfahrzeuge wieder aufrichten musste, damit die entsprechende Arbeitsgruppe wieder arbeiten konnte. Solche Schwierigkeiten gab es sehr oft, sodass man manchen Astronauten seelisch wiederaufrichten musste, der an der Härte des Marsalltags fast verzweifelte. Am Anfang hatte es in den Unterkünften ein striktes Alkoholverbot gegeben. Nach und nach kam man aber dazu, es wieder aufzuheben, weil man glaubte, mit dem geliebten Whisky könnten die Männer wieder etwas abschalten, und das käme der Arbeit am nächsten Tag zugute. Jedenfalls wurde das in den Erzählungen der Rückkehrer so wiedergegeben. Die Leute hätten dadurch ihre Zuversicht wiedergewonnen, und am nächsten Tag wäre es leichter gewesen, zu den Mars-Seen wiederzukehren. Eine weitere Schwierigkeit bestand darin, das von den erstaunlich flinken Marsbewohnern weit verstreute Gerät zu suchen und wieder zu holen. Jeden Tag musste man mit schwerem Gerät wieder losfahren und die Ausrüstungsgegenstände einsammeln. Denn natürlich musste man das alles wiederhaben. Die Rakete von der Erde kam ja nicht jeden Tag, um Ersatz zu bringen. Sooft man die Marsbewohner auch von den Baustellen verscheuchte, immer wieder sah man sie wiederkommen, sie ließen sich nicht vertreiben. Manchmal hatte man den Eindruck, sie wollte manches von dem wieder gutmachen, was sie anrichteten. Dann versuchten sie Dinge, die sie weggeworfen hatten, wieder aufzuheben. Oft scheiterten sie daran, aber dann gingen sie weg, blieben eine Weile fort und schließlich sah man sie wieder kommen: Meistens hatten sie sich etwas überlegt.

Der Durchbruch kam, als sie offensichtlich gemeinsam einen schweren Sattelschlepper in der Luft schweben ließen. Das machte ihnen solch einen Spaß, dass sie es immer wieder taten. Damit konnten sie natürlich die Sympathien der Raumfahrer wiedergewinnen. Aber bis sie bereit waren, regelmäßig ihre Fähigkeiten einzusetzen, war wiederholt die Überzeugungskraft der Besucher von der Erde nötig.

7. Es ist oft schwierig zu entscheiden, ob Verben mit *wieder* getrennt oder zusammengeschrieben werden. Welche Rolle spielt beim Erkennen der richtigen Schreibung die Betonung? Inwiefern ändert sich die Bedeutung, wenn man sich für die andere Schreibung entscheidet?
8. Wie werden die Wendungen mit *wieder* geschrieben, wenn das *wieder* die Bedeutung von *erneut, nochmals* hat und ein eigenständiger Satzteil ist? Achtet auch hier auf die Betonung.
9. Erläutert den Unterschied zwischen *wiederaufrichten* und *wieder aufrichten*. Bildet Beispielsätze.

Nachschlagen

GLOSSAR

A

aktiver Wortschatz
Gesamtheit der Wörter, die einem Sprecher beim Sprechen zur Verfügung stehen

Alliteration, (f); Pl. die Alliterationen
auch Stabreim; Gleichklang der Anfangslaute betonter Silben benachbarter Wörter: *auf Biegen und Brechen, Haus und Hof*

Alltagsmetapher, (f); Pl. die Alltagsmetaphern
sprachliches Bild, das durch alltäglichen Gebrauch nicht mehr als Bild im Bewusstsein ist: *er ist auf Draht, unter Strom stehen*

Anapäst, (m); Pl. die Anapäste
antikes Versmaß, umgekehrter Daktylus (x́ x x); auf zwei unbetonte Silben folgt eine betonte: x x x́: *Diamánt*

Anglizismus, (m); Pl. die Anglizismen
Integration/Übertragung eines englischen Ausdrucks in das/auf das Deutsche: *downloaden, in 2003*

Apposition, (f); Pl. die Appositionen
nähere Bestimmung eines Nomens oder Pronomens durch einen nominalen Ausdruck: Winnetou, *Häuptling der Apachen*

Argument, (n)
Beweismittel; Begründung für einen Standpunkt, eine ↗These in einer Diskussion

Argumentation, (f)
Beweisführung; Entwicklung eines Standpunktes, z. B. in einem Gespräch oder einem Text

artikulieren
deutlich, d. h. artikuliert sprechen; auch: sich ausdrücken

B

Ballade, (f); Pl. die Balladen
urspr. von ballata (ital.) = Tanzlied; Erzählgedicht; auch Bezeichnung für ein gesungenes Musikstück

Bedeutungsverbesserung
Entwicklung der Bedeutung eines Wortes im Laufe der Zeit zum Besseren (*toll* bedeutete früher *verrückt*)

[M] = Methode

Bedeutungsverschlechterung
Entwicklung der Bedeutung eines Wortes im Laufe der Zeit zum Schlechteren (früher war *Weib* der neutrale Ausdruck für erwachsene weibliche Menschen, heute ist der Begriff abwertend)

Beiseitesprechen
Technik der Dialoggestaltung im Drama; durch B. drückt der Schauspieler Gedanken aus, die dem Dialogpartner verborgen bleiben sollen, die das Publikum aber erfahren soll

Beispiel
hier: Element einer Argumentation; eine ↗These wird durch ↗Argumente und ↗Belege gestützt

Beleg
Grundlage für eine Aussage z. B. über einen Text; eine Textstelle dient als Beleg für diese Aussage

Bericht
Darstellungsform; sachliche Wiedergabe eines Geschehens oder Sachverhalts

C

Cartoon, (m); Pl. die Cartoons
Zeichnung mit oder ohne Worte, in der ein Geschehen oder ein Sachverhalt meist in satirischer Weise dargestellt wird. Der C. ist nicht mit dem ↗Comic zu verwechseln, der immer aus mehreren Bildern besteht und eine Handlung darstellt.

Charakterisierung
die treffende Darstellung und Beschreibung einer Person oder Figur in einem Text; ↗direkte und ↗indirekte Charakterisierung

Charakteristik, (f); Pl. die Charakteristiken
Textform, die der ↗Charakterisierung einer Person dient

[M] Cluster, (m); Pl. die Cluster(s)
ungeordnete zeichnerische Darstellung von zusammengehörigen Begriffen, meist gebraucht, um Assoziationen festzuhalten oder einen Sachverhalt in seinen Einzelheiten zu erfassen; im Unterschied dazu ↗Mindmap

Comic, (m); Pl. die Comics
(eigentlich comic strip = komischer Streifen); urspr.: gezeichnete lustige Begebenheiten, die aus mehreren aufeinander folgenden Bildern bestanden und zuerst in amerikanischen Zeitungen erschienen; später wurden die Comics als eigenständige Hefte oder Comic Books herausgegeben (z. B. *Mickymaus, Lucky Luke, Asterix*…)

D

Definition, (f); Pl. die Definitionen
genaue Bestimmung, Erläuterung eines Begriffs

Denglisch, (n); auch Denglish
Mischbildung aus Deutsch und Englisch

Dialekt, (m); Pl. die Dialekte
regionale Mundart einer Hochsprache: z. B. Bairisch, Sächsisch

Dialog, (m); Pl. die Dialoge
Unterredung zwischen zwei oder mehreren Personen; man bezeichnet damit auch ein Gespräch auf der Bühne

Dingsymbol, (n)
Bezeichnung aus der Theorie der ↗Novelle; ein zentrales Element, ein Gegenstand, ein Tier…, um das es in der Novelle geht

direkte Charakterisierung
↗Charakterisierung in literarischen Texten durch den Erzähler oder andere Figuren im Text; ↗indirekte Ch.

direkte Rede
andere Bezeichnung für wörtliche Rede; der Modus ist der Indikativ

E

Einstellung
Begriff aus der Welt des Films; Aufnahme, die ohne Unterbrechung gedreht wird

Einstellungsgröße
Bildausschnitt einer Einstellung im Film

Empfänger
hier: Begriff aus der Kommunikationstheorie: der Adressat eines Textes, Films, Buches, einer Botschaft, Mitteilung, die ein ↗Sender formuliert

[M] = Methode

episch
Adjektiv zu Epik; erzählend, berichtend, schildernd

Er-/Sie-Erzähler
erzählende Instanz in epischen Texten; er/sie erzählt aus der Sicht einer oder mehrerer Personen, die mit *er* oder *sie* erwähnt werden

Erzähler
vom Autor geschaffene Instanz, die dem Leser eine Geschichte vermittelt; entweder als ↗Ich-Erzähler oder als ↗Er-/Sie-Erzähler

Erzählerstandort
Position des ↗Erzählers im Verhältnis zum Erzählten; Grade der räumlichen, zeitlichen und inneren Distanz oder Nähe

Erzählhaltung
im Erzählten deutlich werdende Einstellung des ↗Erzählers zum Geschehen und den erzählten Figuren: *unbeteiligt, ironisch, zustimmend*…

Erzählperspektive
Sicht, aus der erzählt wird: entweder ↗Ich-Erzähler oder ↗Er-/Sie-Erzähler

Etymologie, (f); Pl. die Etymologien
Herkunft und urspr. Bedeutung eines Wortes; ein etymologisches Wörterbuch macht Angaben zur Herkunft der Wörter

Erzählverhalten
Verhalten des ↗Erzählers zum Erzählten; entweder aus der Sicht einer Person (in der 3. Pers. Sg.) erzählt oder über dem Geschehen stehend, kommentierend, reflektierend, allwissend…

Exposition, (f); Pl. die Expositionen
Beginn eines Dramas, Theaterstücks, in dem der Leser in die Situation und den Konflikt eingeführt wird

F

Fachsprache
Sprache, die sich durch Fachausdrücke von der Standardsprache unterscheidet; sie dient der Kommunikation unter Fachleuten

fallende Handlung
Begriff aus der Dramentheorie für die Handlung zwischen ↗Peripetie und dem oft tragischen Ende; ↗steigende Handlung

Film
Begriff für ein Medium, das mittels bewegter Bilder eine Handlung erzählt; eigentlich Bezeichnung für den belichteten Filmstreifen; urspr. heißt die lichtempfindliche Beschichtung auf diesem Datenträger Film

Filmkritik
Sparte des Journalismus; früh wurde der ↗Film zu einem künstlerischen Medium, das wie z. B. ein Theaterstück besprochen wurde

Filmmusik
zur atmosphärischen Untermalung und Spannungserhöhung den Bildern und der Sprache hinzugefügter musikalischer Teil des ↗Films; ↗Soundtrack

Fishbowl-Diskussion [M]
Form der Diskussion, in der die Diskutierenden in einem Innenkreis sitzen, umgeben vom Außenkreis mit den Zuhörern; freie Stühle innen können von den Zuhörern besetzt werden, wenn sie und so lange sie etwas zur Diskussion beitragen wollen

Fotostory
in (Jugend-)Zeitschriften abgedruckte Geschichte, die wie ein ↗Comic aus mehreren Bildern mit Sprech- und Gedankenblasen besteht, nur nicht gezeichnet, sondern fotografiert

G

gestaltendes Sprechen
Bezeichnung für die Art des Vortrags eines literarischen Textes, die sich um eine künstlerische Umsetzung des Gelesenen bemüht, also ↗Mimik, ↗Gestik, Ausdruck, Tonhöhe und Betonung einsetzt

Gestik, (f)
Bewegung mit Händen und Füßen; meist drückt sie etwas aus, was die Person nicht sagen kann, oder sie unterstützt das, was die Person sagt. Der Begriff kommt von *Geste*.

Gliedsatz
zu den Nebensätzen gehörig; man zählt dazu Subjekt-, Objekt- und Adverbialsätze

[M] = Methode

H

Handlungsmotiv, (n)
Beweggrund für ein bestimmtes Handeln

hard news
sachliche und objektive Wiedergabe von Geschehnissen z. B. in der Zeitung; ↗soft news

Hauptsatz
allein stehender Satz oder Teilsatz in Satzreihen und Satzgefügen, der das Prädikat an der zweiten Satzgliedstelle hat

Hochdeutsch
Standardsprache, die in allen Regionen des deutschen Sprachgebiets verständlich ist; frei von ↗Dialekten und ↗Sprachvarietäten

hypotaktisch
unterordnend; Bezeichnung für einen Satzbau, in dem Nebensätze einem Hauptsatz oder anderen Nebensätzen untergeordnet sind; ↗parataktisch

I

Ich-Erzähler
Erzähler, der aus der Sicht einer Figur erzählt, die als „Ich" spricht; ↗Erzählperspektive

indirekte Charakterisierung
Charakterisierung von Personen oder Figuren in literarischen Texten durch deren Verhalten oder Redeweise; ↗direkte Charakterisierung

indirekte Rede
Redewiedergabe in der 3. Pers. und im Konjunktiv: Er sagte, *er habe keine Zeit*.

indirekter Fragesatz
Fragesatz mit dem Verb in Endstellung; er ist abhängig von einem Teilsatz: Er fragt, *ob er kommt*. Er fragte, *wer komme*.

Inhaltsangabe
knappe, sachliche Wiedergabe des Inhalts eines Textes; sie enthält einen einleitenden Überblickssatz, gibt das Wesentliche in eigenen Worten wieder, vermeidet die ↗direkte Rede und ist nicht an die Erzählreihenfolge gebunden

innerer Monolog
Erzähltechnik, die dazu dient, die als Monolog geäußerten Gedanken einer Person möglichst unmittelbar auszudrücken; man benutzt die 1. Pers. Sg. (seltener Pl.) und die Zeitform des Präsens

ironisch
Adj. zu Ironie: spöttische Haltung einer Person/ eines Textes gegenüber einer Person/ einem Text; durch scheinbare Billigung entlarvend; das Gegenteil des Gesagten meinend: *Hoffentlich wirst du so alt, wie du aussiehst! Toll – ich darf wieder alles alleine machen!*

Irrealis, (m); kein Plural
eine Bedeutung des ↗Konjunktiv II; unwahrscheinliche Aussage, unrealistische Möglichkeit: Wenn ich Flügel *hätte, führe* ich nicht mit dem Rad. ↗Potentialis

J

Jugendsprache
von der ↗Standardsprache abweichende Sprache Jugendlicher, die steter Wandlung unterworfen ist. Sie ist gekennzeichnet u. a. durch Änderungen der Wortbedeutung (*herb* für gut), der Grammatik (*Ich volle Kanne die Straße runter!*) und der Übernahme von englischen Ausdrücken (*Und ich ganz easy...*).

K

Kartenabfrage [M]
Methode zur Ermittlung von Meinungen zu einem Sachverhalt in einer Gruppe; jeder schreibt seine Meinung oder seine Gedanken zur Frage auf eine Karte; dann werden die Karten geordnet und das Ergebnis besprochen; Vorteil: Alle Beteiligten können mit ihrem Beitrag berücksichtigt werden.

Kernsatz [M]
Satz, der in einem Text den oder einen wesentlichen Gedanken dieses Textes ausdrückt; durch das Entdecken solcher Kernsätze erleichtert man sich die Verständniserarbeitung; ↗Schlüsselsatz

Klappentext
Informationen über den Inhalt eines Buches und seinen Autor; wenn das Buch einen Schutzumschlag hat, stehen diese Informationen auf der Umschlagklappe (daher der Name); bei Büchern ohne Umschlag findet man sie auf dem hinteren Buchdeckel oder den ersten Seiten

[M] = Methode

klingender Reim
zweisilbiger Reim, der aus einer betonten und unbetonten Silbe besteht (allen Ge*walten* zum Trutz sich er*halten*); ↗stumpfer Reim

Kommentar
bewertende Äußerung zu einem Ereignis oder Sachverhalt; bezeichnet in der Zeitung einen Text mit deutlich wertender Meinung, im Gegensatz zur Nachricht oder ↗Meldung, die sich auf die Wiedergabe des Sachverhaltes beschränken

Kommunikationsmodell
grafische Darstellung des Kommunikationsprozesses; eine Mitteilung wird von einem ↗Sender einem ↗Empfänger übermittelt. Dabei bedient er sich einer Sprache, über die beide verfügen, damit der Inhalt der Mitteilung verstanden wird.

Konjunktion, (f); die Konjunktionen
Bindewort, das Sätze miteinander verbindet. Man unterscheidet unter- und nebenordnende K. ↗Nebenordnung, ↗Unterordnung

Konjunktiv I
Modus des Verbs; der K. I wird gebraucht in der ↗indirekten Rede, in Wunsch- und Ausrufesätzen und in bestimmten Redewendungen: Er sagte, *er sei aufgehalten worden. Sie möge lange leben. Man nehme...*

Konjunktiv II
Modus des Verbs; der K. II wird gebraucht, um auszudrücken, dass eine Aussage nicht der Wirklichkeit entspricht (wenn ich kommen *könnte*) oder anstelle der Form des K. I, wenn diese mit der Indikativform identisch ist (Er sagte, sie *kämen*).

korrelierendes Wort
Wort, das in Hauptsätzen auf einen folgenden oder vorausgehenden Satz verweist: *Dort,* wo der Wald endet, ... *Es* ärgerte ihn, pleite zu sein. Dass sie schlechte Laune hatte, *das* sah er sofort.

Kurzgeschichte
epische Textgattung; sie ist meist gekennzeichnet durch Kürze, einen unvermittelten Beginn, ein offenes Ende, eine lineare Handlungsführung. Inhaltlich geht es in der K. um einen entscheidenden Moment im Leben von Menschen.

L

Leitartikel
kommentierender Artikel zu einem aktuellen Ereignis an bevorzugter Stelle in einer Zeitung

Leitmotiv, (n); Pl. die Leitmotive
häufig wiederkehrender Begriff oder Aussage in einem literarischen Text. Das L. hat Schlüsselcharakter für das Verständnis einer Figur oder einer Situation.

Leserbrief
Zuschriften an Zeitschriften und Zeitungen, in denen sich Leser mit Artikeln dieser Medien auseinander setzen oder unabhängig davon zu allgemein interessierenden Themen Stellung nehmen

lyrisches Subjekt, (n)
Bezeichnung für die Instanz in Gedichten, die als „Ich" spricht; verwandter Begriff ist das lyrische Ich

M

Märchenparodie
Übertragung eines bekannten Märchens in eine andere Zeit oder in eine bestimmte Szene und damit in deren Sprache; z. B. in Jugendsprache oder Juristendeutsch (Hänsel und Gretel als Kriminalfall)

Meldung
Bekanntgabe eines Ereignisses in der Zeitung, das dieser meist durch eine Nachrichtenagentur mitgeteilt worden ist. Aus der M. kann man entweder einen Artikel machen oder man kann sie als solche abdrucken.

Mengenangabe
M. gehören zu den Numeralien; es gibt bestimmte (*eins, zwei*...) und unbestimmte (*etliche, wenige, viele*...) Numeralien, die oft mit anderen M. (*Pfund, Kilo, Meter*...) verbunden sind

Metrum, (n); Pl. die Metren
Bezeichnung für das Versmaß in einem Gedicht; die Metren unterscheiden sich durch die Verteilung von unbetonten und betonten Silben. Häufig im Unterricht behandelte Metren sind Jambus und Trochäus, aber auch Daktylus und ↗Anapäst.

[M] = Methode

Mimik, (f)
Veränderung des Gesichtsausdrucks bei Freude, Trauer, Ratlosigkeit, Nachdenken usw. Die M. drückt etwas aus, was eine Person nicht sagen kann, oder sie unterstützt das, was die Person sagen will; ↗Gestik, ↗Pantomime.

[M] Mindmap, (f)
netzartige Darstellung des Zusammenhangs von Begriffen und Assoziationen zu einem Sachverhalt, oft durch Bilder und Symbole ergänzt, um einen Zentralbegriff. Im Unterschied zum ↗Cluster ist die M. logisch geordnet und verlangt die Unterscheidung von Ober- und Unterbegriffen.

Modaladverb
Umstandswort der Art und Weise: *bestimmt, vermutlich, vergebens, besonders, fast, außerdem*

Modalverb
Verb, das die Bedeutung eines ↗Vollverbs ändert, also modifiziert: Er *kann* singen. M. sind z. B. *dürfen, müssen, sollen, wollen* ...

Montage, (f); Pl. die Montagen
Begriff aus der Filmwelt, der das Zusammenkleben einzelner Filmszenen und ↗Einstellungen bezeichnet; ↗Schnitt

Motiv, (n); Pl. die Motive
Beweggrund für ein bestimmtes Handeln, z. B. Eifersucht, Habgier, Liebe, Faulheit, Vorsicht

N

Nachricht
Mitteilung mit Neuigkeitswert; aus Nachrichten werden in der Zeitung Artikel. Der Begriff „Nachrichten" meint Rundfunksendungen, in denen Neuigkeiten aus Politik, Gesellschaft, Sport mitgeteilt werden.

Nachsynchronisation, (f)
nachträgliche Vertonung eines Films; nach dem Drehen werden im Studio die Texte gesprochen und die Geräusche und die Musik aufgenommen und auf die Tonspur des Films gebracht

Nebenordnung
Bezeichnung für eine syntaktische Bauart des Satzes, in der die Teilsätze auf gleicher Ebene stehen. N. zeigt sich bei Konjunktionen wie *und, oder, aber*; ↗parataktisch.

[M] = Methode

nonverbale Kommunikation
Mitteilungen, die sich nicht der Sprache, sondern der ↗Mimik, ↗Gestik und der Körpersprache bedienen; ↗Pantomime; ↗verbale K.

Novelle, (f); Pl. die Novellen
literarische Gattung; Erzählung kürzeren und mittleren Umfangs, die von einem einzigen Ereignis handelt und die geradlinig ohne Nebenhandlungen auf ein Ziel hin erzählt wird

P

Pantomime, (f) **[M]**
Darstellung ohne Worte von Szenen, Dingen, Gefühlsbewegungen, nur mit Körperbewegungen und Gesichtsausdruck

paraphrasieren
einen sprachlichen Ausdruck oder Text mit anderen Worten wiedergeben

parataktisch
nebenordnend; ↗Nebenordnung

passiver Wortschatz
Zu ihm gehören Wörter, die man zwar versteht, aber nicht aktiv gebraucht.

Peripetie, (f); Pl. die Peripetien
Begriff aus der Dramentheorie; Bezeichnung für das Umschlagen der Handlung, die entscheidende Wendung im Drama. In Zuckmayers „Schinderhannes" findet sich die P. in der Szene, in der Julchen vor dem Angriff auf die Franzosen warnt.

Podiumsdiskussion **[M]**
Diskussion einer Gruppe von Leuten (auf dem Podium) vor einem Publikum, meist von einem Moderator geleitet

Potentialis, (m), kein Plural
eine Bedeutung des ↗Konjunktiv II; er drückt ein mögliches Geschehen aus: Wenn er mehr *äße*, wäre er nicht so dünn.

Präpositionalattribut, (n)
Beifügung zu einem Nomen, die aus einer Präposition mit Nomen, Adjektiv oder Adverb besteht: der Stürmer *aus Frankreich*, Pommes frites *ohne alles*

Präpositionalobjekt
Objekt mit einer Präposition, die vom Verb

abhängig ist: Ich warte *auf dich*, er kümmert sich *um ihn*.

[M] Pro-und-Kontra-Diskussion
Diskussion mit vorher festgelegten Parteien, die für oder gegen eine Sache argumentieren; oft vor Publikum, das am Ende abstimmt, wer überzeugender war

R

Rahmenerzählung
literarische Textform, bei der einzelne Geschichten durch eine Rahmenhandlung miteinander verbunden werden: z. B. *die Geschichten aus 1001 Nacht*

Recherche, (f); Pl. die Recherchen
Tätigkeit des Journalisten und Reporters, bei der der Wahrheitsgehalt und die näheren Umstände eines Sachverhalts vor der Veröffentlichung geprüft werden

Regieanweisung
Mittel des Regisseurs, um seinen Schauspielern das richtige Agieren auf der Bühne oder vor der Kamera begreiflich zu machen

Reimschema
Reihenfolge der Endreime in einem Gedicht; man unterscheidet z. B. Paar- (*aabb*), Kreuz- oder Wechselreim (*abab*) und den umarmenden Reim (*abba*)

Relativadverb, (n); Pl. die Relativadverbien
Adverb am Anfang eines Gliedsatzes: Sie geht, *wohin* sie will. Er weiß nicht, *worüber* sie streiten.

Relativpronomen, (n)
leitet Relativsätze ein: Der Ort, *den* ich besuche, …; Sie weiß nicht, *was* sie will.

Reportage, (f)
aktuelle Berichterstattung über ein Ereignis, bei der der Leser das Gefühl hat, dabei zu sein

rhetorische Mittel
sprachliche Mittel zur Verdeutlichung und zur Erhöhung der Überzeugungskraft des Gesagten

S

Säulendiagramm, (n) **[M]**
grafische Darstellung, in der Größen- und Mengenverhältnisse durch unterschiedlich hohe Säulen ausgedrückt werden; ↗Tortendiagramm

Schlüsselsatz **[M]**
Satz in einem Text, mit dessen Hilfe man den Sinn und das Anliegen dieses Textes aufschließen, erschließen kann; ↗Kernsatz

Schnitt
Begriff aus der Filmtechnik; die gedrehten Szenen werden am Schneidetisch ausgewählt, also geschnitten; ↗Montage

Schreibgespräch **[M]**
oft auch „stummes" Sch. genannt; Methode, die Gedanken aller Mitglieder einer Gruppe zur gleichen Zeit zu sammeln; meist als Vorbereitung für die gemeinsame Arbeit dienend

Schriftdeutsch
schriftliche Form des Deutschen, die den Regeln der Hochsprache folgt; ↗Hochdeutsch, ↗Standardsprache

Sender
hier: Begriff aus der Kommunikationstheorie; Urheber einer Nachricht, einer Mitteilung, eines Textes, die an einen ↗Empfänger gerichtet sind; ↗Kommunikationsmodell

SMS
Short Message Service; kurze Botschaft, die mittels Handy verschickt wird

soft news
gefühlsbetonte Darstellung in den Medien, oft auf Personen bezogen; ↗hard news

Sound
Begriff für den Ton im Film oder den speziellen Ton einer Rockband; ↗Filmmusik

Soundtrack
Tonspur auf dem Filmstreifen; inzwischen auch Bezeichnung für die gesamte Akustik des Films: Sprache, Geräusche. S. meint auch die Musik, die aus einem Film ausgekoppelt und auf Tonträgern (Audiokassette, CD) verkauft wird. ↗Filmmusik

[M] = Methode

Sprachvarietät, (f); Pl. die Sprachvarietäten
die Sprache einer Gruppe, die von der Standardsprache abweicht; ↗Dialekt, ↗Fachsprache, ↗Jugendsprache

Standardsprache
verbindliche Sprache eines Sprachraums, die historisch entstanden ist, für die es Normen gibt, die sich aber weiterhin verändert; ↗Hochdeutsch, ↗Schriftdeutsch

[M] **Standbild**
Methode, einen Text oder Sachverhalt durch die Gruppierung einer oder mehrerer Personen zu einem unbewegten Bild leichter zugänglich zu machen; oft bei der Interpretation literarischer Texte benutzt

steigende Handlung
Begriff aus der Dramentheorie für die Handlung zwischen ↗Exposition und Höhepunkt; ↗fallende H.

stumpfer Reim
einsilbiger Endreim; ↗klingender R.

Szenesprache
eine ↗Sprachvarietät; Sprache einer Gruppe, einer Szene, die von den normalen Standards des Verhaltens abweicht und das auch in der Sprache zum Ausdruck bringt

szenisches Erzählen
ein Erzählstil, der durch ↗Dialog, also Rede und Gegenrede, bestimmt ist und nicht durch Schilderungen. Das sz. E. macht einen Text besonders lebendig.

T

Teilsatz
Teil einer Satzreihe oder eines Satzgefüges

These, (f); Pl. die Thesen
durch ↗Argumente untermauerte Behauptung

[M] **Tortendiagramm**
grafische Darstellung von Größen- oder Mengenverhältnissen in Form einer Torte; je größer das „Kuchenstück", desto größer ist der fragliche Teilaspekt; z. B. Stimmenverteilung nach Wahlen

U

Umgangssprache
Sprache, die sich an der ↗Hoch- oder ↗Standardsprache orientiert, aber ↗Dialekte und andere ↗Sprachvarietäten in sich aufnimmt. Dies betrifft oft den Wortschatz, kann aber auch Aussprache und Grammatik betreffen.

unreiner Reim
Reim mit nicht exakt lautenden Reimwörtern: mit Seil und *Haken*, den Tod im *Nacken*

Unterordnung
Bauart eines Satzes, bei dem ein Teilsatz dem anderen untergeordnet ist. Solche Sätze werden mittels unterordnender Konjunktionen (Subjunktionen) verbunden: *weil, obwohl, da, indem ...*

V

verbale Kommunikation
jede Art sprachlicher Mitteilung; ↗nonverbale K.

Verfremdung
sprachliches und literarisches Mittel, um einen Sachverhalt besonders auffällig zu machen; z. B. „Ein Engel kommt nach Babylon": Das Stück spielt vor 2500 Jahren und spricht von Kapitalismus und Bankiers.

Volksstück
dramatische Gattung; Bezeichnung für ein volkstümliches Theaterstück

Vollverb
Verb, das alleiniger Träger der Satzaussage sein kann: Er *geht*, sie *laufen*, wir haben *gelacht*. Es kann durch Hilfs- und ↗Modalverben ergänzt werden: wir *wollen gehen*, er *konnte zahlen*.

Z

Zeitungskommentar
↗Kommentar

Zitat, (n); Pl. die Zitate
wörtliche Übernahme eines Satzes aus einem anderen Text in den eigenen Text

Zoom, (m)
engl. Bezeichnung für das optische Heranholen eines Gegenstands oder einer Szene durch die Veränderung der Brennweite einer Kamera

[M] = Methode

Sprechen und Schreiben

Kommunikation

Unter Kommunikation verstehen wir den Austausch von Informationen mittels gesprochener und geschriebener Sprache, ▶ **Gestik**, ▶ **Mimik** und Körpersprache. Man unterscheidet ▶ **verbale** und ▶ **nonverbale Kommunikation**.
Für die Beschreibung menschlicher Kommunikation wurden ▶ **Kommunikationsmodelle** entwickelt. Ihnen zufolge übermittelt ein ▶ **Sender** einem ▶ **Empfänger** eine Botschaft, direkt oder durch Medien (Buch, Film, Radio …) vermittelt. Dabei bedient er sich eines Codes, den beide verstehen. Wichtig ist, dass den Sender eine gewisse Sendeabsicht leitet und dass der Empfänger dieser Botschaft mit einer gewissen Erwartung entgegensieht.

Argumentieren

Die Begründung und Entwicklung eines Standpunktes in Gespräch, Diskussion oder Text mittels ▶ **Argumenten** nennt man ▶ **Argumentation**. Argumente werden oft eingesetzt, um eine ▶ **These** zu untermauern, da sie ohne Argumente nur eine bloße Behauptung bliebe, die nicht zu überzeugen vermag. Argumente werden dann überzeugender, wenn man sie mit ▶ **Beispielen** anschaulich macht. Diese helfen dem Leser oder Gesprächspartner das Argument zu verstehen. Nur mit Beispielen kommt man allerdings nicht weiter, weil sie keine allgemeine Geltung beanspruchen können. Oft werden auch ▶ **Zitate** eingesetzt, um überzeugender zu wirken. Dies sind wörtliche Übernahmen aus Texten oder Gesprächen von Personen, die auf diesem Gebiet als Autorität angesehen werden. Sie dienen dann als ▶ **Beleg** für die Richtigkeit und Wahrheit des Arguments.

Charakterisierung

Unter Charakterisierung versteht man die möglichst treffende Darstellung und Beschreibung eines Menschen im Alltag oder einer Person oder Figur in einem literarischen Text. ▶ **Charakteristik** nennt man den charakterisierenden Text, das Ergebnis der Charakterisierung also. In epischen Texten unterscheidet man ▶ **direkte** und ▶ **indirekte Charakterisierung.** Erstere geschieht durch einen sich kenntlich machenden ▶ **Erzähler** (*Der General schleppte sich offensichtlich müde zum Sessel, was auch den im Raum Befindlichen auffiel.*) oder andere Figuren (*Der Graf bemerkte: „Der General ist offensichtlich sehr müde!"*). Indirekte Charakterisierung geschieht durch die Figur: entweder durch ihr Verhalten (*Müde schleppte er sich zum Sessel, zögernd beugte er die Knie und ließ sich kraftlos in die Polster fallen.*) oder ihre Redeweise. Die nichtliterarische Charakteristik, die treffende Beschreibung eines Menschen aus dem eigenen Umfeld etwa, will das Gesamtbild einer Persönlichkeit zeichnen, wozu Äußeres und Inneres gleichermaßen beitragen. So geht es um die äußere Erscheinung und das Verhalten ebenso wie um Gedanken oder Wertvorstellungen und um soziale Rollen und die Position innerhalb der jeweiligen Gemeinschaft (Familie, Schulklasse, Betrieb …).

Umgang mit Texten

Gedichte

Gedichte unterscheiden sich von Prosatexten durch die gebundene Sprache. Dies kann sich im Versmaß ausdrücken, auch ▶ **Metrum** genannt, im Rhythmus, in der Zahl der betonten Silben und im Reim. Aber auch in reimlosen Rhythmen ohne Versmaß kann man die gebundene Sprache erkennen, die Gedichte von anderen Textarten unterscheidet. Der Endreim hat sich in unserem Kulturkreis durchgesetzt. In germanischer Zeit verwendete man den Stabreim, die ▶ **Alliteration**. Hier sind die Anfangslaute der betonten Silben im Vers gleich:

*Winterstürme wichen dem Wonnemond –
In mildem Licht leuchtet der Lenz.*

Die Endreime unterscheiden sich im Wesentlichen nach der Abfolge der Reimwörter, die ▶ **Reimschema** genannt wird. So gibt es z. B. den Paarreim (aabb), den Kreuz- oder Wechselreim (abab) und den umfassenden Reim (abba). Je nachdem, ob sich eine oder zwei Silben reimen (*auch – Bauch; Leben – Reben*), spricht man von einem ▶ **stumpfen** oder einem ▶ **klingenden Reim**. Neben reinen Reimen gibt es auch ▶ **unreine Reime** (*Gebäude-*

weide; verkühlet – spielet). Bei der Kennzeichnung eines Reims als unrein kommt es nicht auf die Schreibung, sondern auf die Laute an. So gilt z. B. *bedeute – Geläute* als reiner Reim.

Das Versmaß oder Metrum eines Gedichts kann regelmäßig oder unregelmäßig sein bis zu seinem völligen Fehlen. In der deutschen Dichtung sind vier Versmaße vorherrschend. Der Jambus (unbetont – betont: *der laue Nachtwind weht ihr Atmen her*), der Trochäus (betont – unbetont: *Hat der alte Hexenmeister sich doch endlich wegbegeben*), der Daktylus (betont – unbetont – unbetont: *Schrecken und Stille und dunkeles Grausen*) und der ▶ **Anapäst** (unbetont – unbetont – betont):

x x x́/x   x   x́/x x   x́/x x   x́/x
Ruhig gleiten und kreisen auf endloser Schiene,
v   x́/x x x́/x   x x́/x   x
Die treibenden Räder hinaus auf dem
x́/   x x   x́/
blänkernden Band.

Analog zum ▶ **Erzähler** in epischen Texten gibt es in Gedichten oft jemand, der „Ich" sagt und/oder ein „Du" anspricht. Diese nennt man lyrisches Ich oder ▶ **lyrisches Subjekt.**

Epische Texte

Erzählende, beschreibende, schildernde Texte in nicht gebundener Sprache nennt man ▶ **epische** Texte. Zu ihnen zählt man den Roman, die ▶ **Novelle**, die ▶ **Kurzgeschichte**, die Erzählung, die Anekdote, die Fabel und andere Kleinformen. Allen epischen Texten gemeinsam ist die Vermittlung des Erzählten durch einen ▶ **Erzähler**, der eine vom Autor geschaffene Instanz ist, nicht der Autor selbst. Die ▶ **Novelle** ist meist eine Prosaerzählung von kürzerer oder mittlerer Länge. Sie ist gekennzeichnet durch eine straffe Handlungsführung und die Konzentration auf ein wichtiges Ereignis, auf etwas Außergewöhnliches im Leben der beteiligten Figuren. Dabei beschreibt die Novelle meist einen Wendepunkt, der ▶ **Peripetie** im Drama vergleichbar. Als ▶ **Leitmotiv** enthält die Novelle oft ein so genanntes ▶ **Dingsymbol** (In der berühmten Falkennovelle des Boccaccio ist es z. B ein Falke.). Oft sind Novellen in ▶ **Rahmenerzählungen** eingebettet, d. h., meist finden sich Personen zusammen, die reihum erzählen, während sie vielleicht auf etwas warten, z. B., dass der im Schnee stecken gebliebene Zug weiterfährt, dass man endlich in die Stadt zurückkehren kann o. Ä. Die ▶ **Kurzgeschichte** ist gekennzeichnet durch einen unvermittelten Beginn (der Leser steht also mitten im Geschehen), ein offenes Ende und einsträngige Handlungsführung. Sie hat ihre Wurzeln in der amerikanischen short story der dreißiger und vierziger Jahre des vorigen Jahrhunderts. Die deutsche Kurzgeschichte hatte ihre Hauptvertreter in den fünfziger und sechziger Jahren.

Je nach ▶ **Erzählperspektive** unterscheidet man in epischen Texten einen ▶ **Ich-Erzähler**, der selbst erlebend und erzählend Figur der Handlung ist, und einen ▶ **Er-/Sie-Erzähler**, der nur erzählend in Erscheinung tritt. Der Ich-Erzähler kann sich in der Form des ▶ **inneren Monologes** dem Leser unmittelbar darstellen, sodass das Denken und Fühlen der erzählten Figur sehr deutlich wird. Gleichsam im Mit-sich-selbst-Sprechen tut der Ich-Erzähler seinen Seelenzustand, seine Gedanken, Pläne und Reaktionen kund. Dies ist dem ▶ **Beiseitesprechen** einer Person auf der Bühne ähnlich.

Am ▶ **Erzählverhalten** erkennt man, ob der Erzähler in der 3. Pers. Sg. aus der Sicht einer Figur erzählt oder ob er über dem Geschehen steht, allwissend ist, d. h. die Gedanken mehrerer Figuren kennt, das Geschehen kommentiert, reflektiert oder beurteilt. Dem verwandt ist die ▶ **Erzählhaltung**. Ein Erzähler kann dem Geschehen gegenüber neutral und zurückhaltend sein, er kann sich aber auch ironisch und überlegen zeigen. Schließlich gibt der ▶ **Erzählstandort** Auskunft darüber, ob der Erzähler zum Geschehen in zeitlicher, räumlicher oder innerer Distanz steht oder nicht. (Eine grafische Darstellung der Eigenschaften des Erzählers findet ihr auf S. 116.)

Das Erzählen unterscheidet beschreibendes, schilderndes Erzählen und ▶ **szenisches Erzählen**, das in besonderem Maße aus Rede und Gegenrede, ▶ **Dialog** also, besteht und das Erzählte lebendig macht.

Dialogische Texte

Dialogische Texte wollen gesprochen werden; sie sind für die Bühne bestimmt, für Radio, Film und Fernsehen. Zu ihnen gehören Sketsche, kurze Spielszenen, Hörspiele, Theaterstücke oder Filme. Der Aufbau von Theaterstücken kann sehr verschieden sein. Ältere oder konventionellere Stücke gehorchen einem strengeren Aufbau. So beginnt das Stück mit einer ▶ **Exposition**, durch die der Leser oder Zuschauer in Handlung, Personal und Konflikt des Stücks eingeführt wird. In der folgenden ▶ **steigenden Handlung** entfaltet sich die dramatische Handlung, oft mit der scheinbar günstigen Entwicklung des Schicksals der Hauptperson, des Protagonisten, verbunden. Kaum ist der Höhepunkt erreicht, kommt der Wendepunkt: In der ▶ **Peripetie** schlägt das Schicksal um. Jetzt beginnt die ▶ **fallende Handlung**, die bis zum Ende, der Katastrophe, geht.

Auf der Bühne, im Film, im Hörspiel wird gesprochen. Deshalb steht der ▶ **Dialog**, das Gespräch zwischen zwei oder mehreren Personen, im Mittelpunkt. Da dem Dialog eine solche Bedeutung zukommt, muss auf die Art des Sprechens viel Sorgfalt verwandt werden. Schauspieler lernen dieses ▶ **gestaltende Sprechen** auf eigenen Schulen. Damit auch alles verstanden wird, muss der Schauspieler sehr ▶ **artikuliert** sprechen, d. h., er muss, ohne dass es unnatürlich wirkt, die einzelnen Wörter deutlich sprechen. Um die Gedanken einer auf der Bühne sprechenden Person dem Zuschauer mitzuteilen, bedient sich das Theater der Technik des ▶ **Beiseitesprechens**: Der Schauspieler dreht den Kopf weg vom Gesprächspartner, vielleicht zum Publikum und spricht das aus, was er denkt. Jeder hört, was gesagt wird, es wird aber so getan, als ob der Gesprächspartner auf der Bühne dieses nicht hört (vergleichbar mit dem ▶ **inneren Monolog** in epischen Texten). Unterstützt wird die Sprache durch ▶ **Mimik** und ▶ **Gestik.** Die Darstellung auf der Bühne, die sich nur auf die Mimik, die Gestik und auf die Körpersprache beschränkt, nennt man ▶ **Pantomime**.

Dialogische Texte werden oft auch als dramatische Texte bezeichnet, weil „Drama" die Bezeichnung für die Literaturgattung ist, deren Texte gespielt und gesprochen werden. In die Gattung Drama gehören Tragödien und Komödien, oft als Trauerspiel und Lustspiel übersetzt. Unter den vielen Untergattungen des Dramas gehört das ▶ **Volksstück** zu den volkstümlichsten. Entweder geht es dabei um alltägliche Sorgen ganz normaler Menschen oder aber es spielt in einem volkstümlichen Milieu und nicht an einem adligen Hof.

Film

Der Film bedient sich der Sprache und des Dialogs und besteht aus einer Szenenfolge. Deshalb wird er oft zu den dialogischen Texten gezählt. Das der Filmhandlung zugrunde liegende Drehbuch ist ja auch ein dialogischer Text, also vergleichbar der Textfassung eines Bühnenstücks. Wie dieses enthält das Drehbuch die ▶ **Dialoge** und die ▶ **Regieanweisungen**. Das Schwergewicht der Bilder des Mediums Film sprengt aber diese Einordnung in die dialogischen Texte. Der Film hat sich zu einer eigenen Gattung entwickelt. Mit dem Film kann eine Geschichte erzählt werden, weil man durch ▶ **Schnitt** und ▶ **Montage** wechselnde Szenen zeigen kann. Jede ▶ **Einstellung** kann hinsichtlich ihrer Länge und der ▶ **Einstellungsgröße**, also des Bildausschnitts variiert werden. Dies geschieht oft durch den ▶ **Zoom**, die Veränderung der Brennweite des Kameraobjektivs. Ob die Kamera still steht oder sich im Verhältnis zum gefilmten Objekt bewegt, ist ebenfalls von Bedeutung für die Wahrnehmung des Zuschauers. Die Bezeichnung „Kamera" ist älter als der Film. Sie stammt aus der Zeit der technischen Vorläufer der Fotografie. Die „camera obscura" war ein lichtdichter Kasten mit einem kleinen Loch, durch das Licht auf eine Mattscheibe an der Gegenseite fiel und dort eine auf dem Kopf stehende Abbildung hinterließ. Dieser seit einigen Jahrhunderten eingeführte Name wurde auf die Filmkamera übertragen. Mit der Einführung des Tonfilms erweiterten sich die Möglichkeiten der Filmemacher. Durch ▶ **Nachsynchronisation** im Studio schuf man eine immer bessere Tonqualität und konnte überdies den Film verschiedene Sprachen sprechen lassen. Zusätzlich entwickelte sich die ▶ **Filmmusik**, die die beim Stummfilm übliche Live-Musik überflüssig machte und zusätzliche Ausdrucksmöglichkeiten erschloss. Der ▶ **Soundtrack**, ursprünglich die Bezeichnung für die Tonspur des Films, inzwischen aber für die gesamte akustische Seite des Films gebraucht, wird inzwischen sogar vom Film getrennt auf CD verkauft.

Nachdenken über Sprache

Rund um das Satzgefüge

Im Gegensatz zur Satzreihe, die ▶ **Hauptsätze** miteinander verbindet (Komma möglich, aber nicht vorgeschrieben), handelt es sich beim Satzgefüge um eine Kombination eines Hauptsatzes mit einem oder mehreren ▶ **Nebensätzen** (Komma vorgeschrieben).

> **Satzreihe:**
> *Du gehst einkaufen und ich mähe den Rasen.*
>
> **Satzgefüge (Haupt- und Nebensatz):**
> *Du gehst einkaufen, während ich den Rasen mähe.*
>
> **Satzgefüge (Hauptsatz und zwei Nebensätze):**
> *Du gehst einkaufen, während ich den Rasen mähe, was ich auch viel lieber tue.*

Die verschiedenen Nebensätze teilt man in zwei Gruppen ein: die ▶ **Gliedsätze** und die Attributsätze (s. Schaubild S. 311). Gliedsätze stehen an der Stelle eines Satzglieds, Attributsätze sind Teil eines Satzglieds.

Satzreihen sind ▶ **parataktisch** gebaut, d. h., es liegt eine ▶ **Nebenordnung** der ▶ **Teilsätze** vor. Bei Satzgefügen spricht man vom ▶ **hypotaktischen Satzbau**, d. h., es liegt eine ▶ **Unterordnung** der Teilsätze vor. Diese Unterordnung besteht bei einem Nebensatz gegenüber einem Hauptsatz oder einem Nebensatz gegenüber einem anderen Nebensatz (s. o.).

Teilsätze in Satzreihen und Satzgefügen werden meist durch ▶ **Konjunktionen** verbunden. Konjunktionen, die Satzgefüge verbinden, nennt man auch Subjunktionen.

Nebenordnende Konjunktionen sind z. B. *und, oder, denn, doch, aber*. Sie sind nicht zu verwechseln mit den Konjunktionaladverbien (z. B. *daher, deshalb, trotzdem*), die ebenfalls Hauptsätze miteinander verbinden.

> **Satzreihe mit Konjunktion:**
> *Heute gehst du einkaufen und morgen mähe ich den Rasen.*   1.   2.
> 3.   4.
> Das Prädikat steht nach der Konjunktion an der zweiten Satzgliedstelle.
>
> **Satzreihe mit Konjunktionaladverb:**
> *Du gehst einkaufen, deshalb mähe ich den Rasen.*   1.   2.
> 3.
> Das Prädikat steht hinter dem Konjunktionaladverb an der ersten Satzgliedstelle.

Unterordnende Konjunktionen (Subjunktionen) sind z. B. *als, bis, nachdem, weil, dass, da, wenn*. Nach ihnen steht das finite Verb an der letzten Satzgliedstelle.

> **Satzgefüge mit Subjunktion:**
> *Du gehst einkaufen, weil ich den Rasen mähe.*
> Das finite Verb steht an der letzten Satzgliedstelle.

Zusätzlich zu den Konjunktionen verbinden so genannte ▶ **korrelierende Wörter** wie *deshalb, es, das, dort* Haupt- und Nebensatz. Sie stehen im Hauptsatz und verweisen auf einen vorausgehenden oder auf einen folgenden Nebensatz.

Wörter wie *es* und *das* verweisen auf Subjekt- oder Objektsätze, Wörter wie *deshalb, dort, damals* auf Adverbialsätze.

> **Satzgefüge mit korrelierenden Wörtern:**
> Ihm war *deshalb* unheimlich, weil es so still war.
> Clenin war *es* unheimlich, allein zu sein.
> Er fand den Wagen *dort*, wo der Wald endete.
> *Dass* im Auto ein Mann saß, *das* sah er sofort.
> *Damals*, als er den Mann fand, war vieles ungeklärt.

Wenn auf indirekte Weise Fragen gestellt werden, bedient man sich ebenfalls eines Satzgefüges. Der Nebensatz in diesem Satzgefüge ist ein Gliedsatz in der Form eines Objekt- oder Subjektsatzes. Er wird ▶ **indirekter Fragesatz** genannt.
Indirekte Fragesätze werden entweder mit *ob* oder mit w-Fragen eingeleitet:

> **Indirekter Fragesatz:**
> Er weiß nicht, *ob* er kommt.
> Er weiß nicht, *wer* kommt.
> Ich bin mir nicht sicher, *wo* der Bahnhof ist.
> *Warum* er zögerte, war nicht bekannt.

In Satzgefügen finden sich vom Hauptsatz abhängige Sätze, die nicht von Konjunktionen eingeleitet werden:
Um nicht zu spät zu kommen, rannte er.
An die Mauer gelehnt, wartete er auf seinen Freund.
Beim ersten Satz handelt es sich um eine Infinitivkonstruktion, beim zweiten um eine Partizipialkonstruktion. Beide können in einen Nebensatz umgewandelt werden:
Damit er nicht zu spät kam, rannte er. (Konjunktionalsatz)
Er, *der an der Mauer lehnte*, wartete auf seinen Freund. (Relativsatz)
Auch ▶ **Appositionen** können so umgewandelt werden. Appositionen sind nähere Bestimmungen eines Nomens oder Pronomens durch einen nominalen Ausdruck. Durch die Umformung einer Apposition entsteht ein Relativsatz.

> **Von der Apposition zum Relativsatz:**
> Winnetou, *Häuptling der Apachen*, stieg vom Pferd.
> → Winnetou, *der Häuptling der Apachen war*, stieg vom Pferd.
> Herr Clenin, *Dorfpolizist von Twann*, grübelte.
> → Herr Clenin, *der Dorfpolizist von Twann war*, grübelte.

Direkte und indirekte Rede

Die ▶ **direkte Rede**, auch wörtliche Rede genannt, wird durch Anführungszeichen kenntlich gemacht: Sie hat oft einen Begleitsatz, der vorangestellt, eingeschoben oder nachgestellt werden kann.
Bei der ▶ **indirekten Rede** wird das Gesagte nicht durch den Sprecher selbst, sondern durch einen Erzähler mitgeteilt.

Der Modus ist der ▶ **Konjunktiv I**, manchmal wird auch der Indikativ gewählt, insbesondere wenn die indirekte Rede ein Objektsatz mit *dass* ist:
Ich sage: „Er löst den Fall."
Ich sagte, er löse den Fall.
Er sagt: „Ich könnte den Fall lösen."
Er sagt, dass er den Fall löst/löse.

Konjunktiv

Der Konjunktiv ist ein Modus des Verbs. Der Konjunktiv I, der auf der Basis des Präsens gebildet wird (*Er sagte, er komme.*), dient zur Kennzeichnung der ▶ **indirekten Rede** und eines Wunsches, einer Bitte, einer Anweisung:
Er lebe hoch.
Gegeben sei ein gleichseitiges Dreieck.
Man nehme eine Messerspitze Salz.

> **Potentialis:**
> *Er käme, wenn er Zeit hätte.*
> *Wenn er anriefe, ließe sich manches klären.*
>
> **Irrealis:**
> *Wenn er noch lebte (leben würde), könnten wir ihn fragen.*
> *Hätte meine Oma Räder, wäre sie ein Motorrad.*

Der ▶ **Konjunktiv II** dient dem Ausdruck einer nur vorgestellten Möglichkeit, die entweder grundsätzlich besteht (▶ **Potentialis**) oder irreal ist (▶ **Irrealis**). Der Konjunktiv II wird auf der Grundlage der Formen des Präteritums gebildet.

Wenn die Form des Konjunktivs II mit der des Präteritums übereinstimmt (s.o. *lebte*), kann die Umschreibung mit *würde* vorgenommen werden. Dies ist besonders dann angezeigt, wenn es ansonsten zu Missverständnissen kommen kann:
Sonst wohnten wir da nicht.
Mögliche Bedeutungen:
– *Früher wohnten wir da nicht.*
– *Die Miete ist billig. Ansonsten wohnten wir da nicht.*
Die an eine Bedingung geknüpfte Aussage wird deutlicher durch die Konstruktion mit *würde*:
Sonst würden wir da nicht wohnen.

Präpositionalgefüge

Im Deutschen gibt es unterschiedliche Ausdrücke mit Präpositionen:

> **Adverbial des Ortes:**
> *Er wartet auf der Straße.*
>
> **Präpositionalobjekt:**
> *Er wartet auf die Straßenbahn.*
>
> **Präpositionalattribut:**
> *die Straßenbahn auf Ibiza*

Beim ▶ **Präpositionalobjekt** erfordert das Bezugsverb eine feste Präposition. Im Beispielsatz heißt das Verb deshalb auch nicht *warten*, sondern *warten auf*.
Beim Adverbial dagegen kann *warten* grundsätzlich mit vielen Präpositionen kombiniert werden: *warten neben der Straße, über der Straße, längs der Straße.*
Das ▶ **Präpositionalattribut** ist kein eigenes Satzglied wie Adverbial und Präpositionalobjekt, sondern nur Teil eines Satzglieds. Es bestimmt ein Nomen näher: *die Vase aus Porzellan, der Weg zum Fluss, das Buch über Harry Potter, der Kampf um die Medaille.* Einige Präpositionalattribute können mittels eines Verbs umgeformt werden: *Die Vase ist aus Porzellan.* Bei *Der Kampf um die Medaille* ist das nicht möglich.

Übersicht über die Nebensatzformen

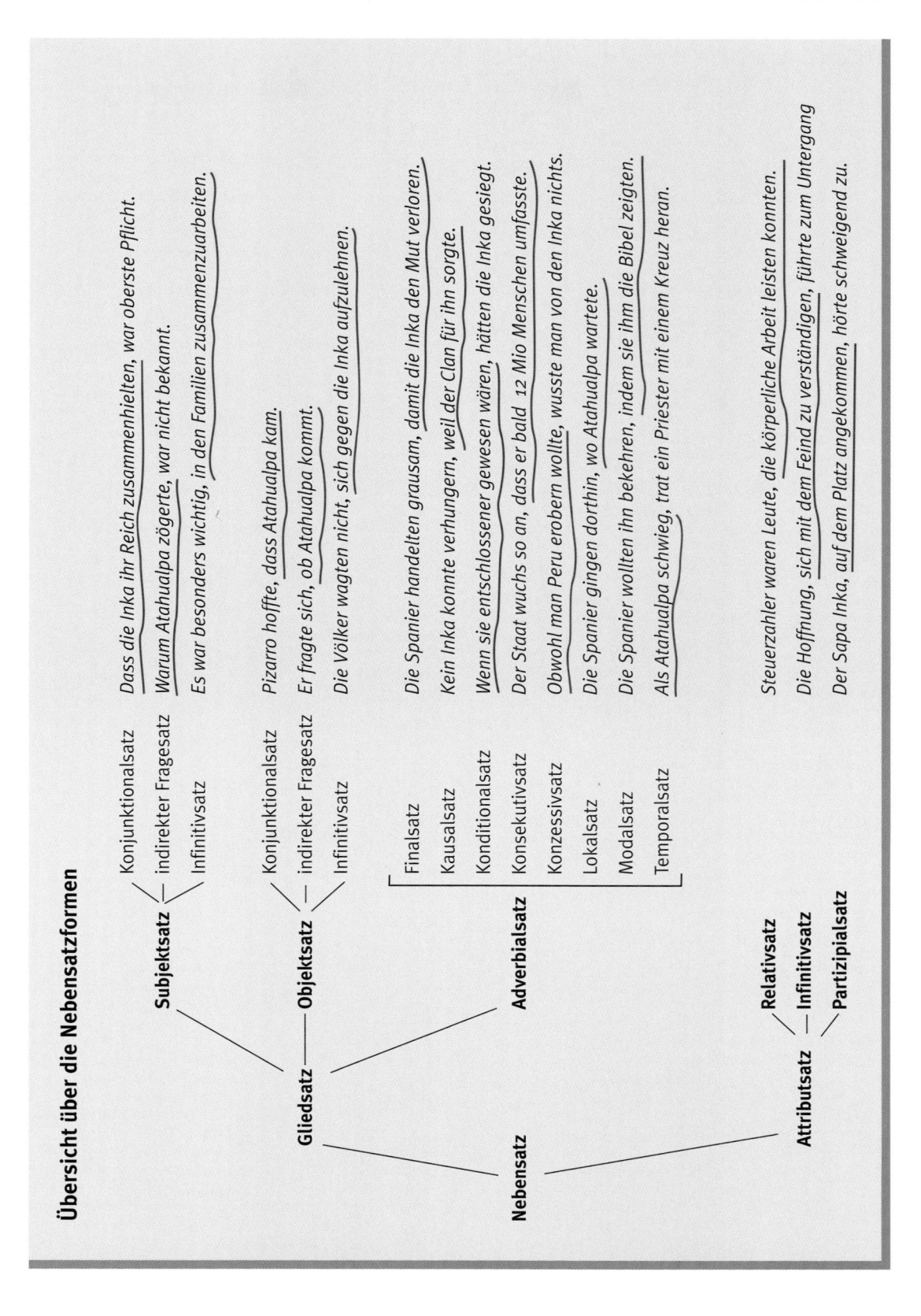

Nebensatz
- **Gliedsatz**
  - **Subjektsatz**
    - Konjunktionalsatz — *Dass die Inka ihr Reich zusammenhielten, war oberste Pflicht.*
    - indirekter Fragesatz — *Warum Atahualpa zögerte, war nicht bekannt.*
    - Infinitivsatz — *Es war besonders wichtig, in den Familien zusammenzuarbeiten.*
  - **Objektsatz**
    - Konjunktionalsatz — *Pizarro hoffte, dass Atahualpa kam.*
    - indirekter Fragesatz — *Er fragte sich, ob Atahualpa kommt.*
    - Infinitivsatz — *Die Völker wagten nicht, sich gegen die Inka aufzulehnen.*
  - **Adverbialsatz**
    - Finalsatz — *Die Spanier handelten grausam, damit die Inka den Mut verloren.*
    - Kausalsatz — *Kein Inka konnte verhungern, weil der Clan für ihn sorgte.*
    - Konditionalsatz — *Wenn sie entschlossener gewesen wären, hätten die Inka gesiegt.*
    - Konsekutivsatz — *Der Staat wuchs so an, dass er bald 12 Mio Menschen umfasste.*
    - Konzessivsatz — *Obwohl man Peru erobern wollte, wusste man von den Inka nichts.*
    - Lokalsatz — *Die Spanier gingen dorthin, wo Atahualpa wartete.*
    - Modalsatz — *Die Spanier wollten ihn bekehren, indem sie ihm die Bibel zeigten.*
    - Temporalsatz — *Als Atahualpa schwieg, trat ein Priester mit einem Kreuz heran.*
- **Attributsatz**
  - Relativsatz — *Steuerzahler waren Leute, die körperliche Arbeit leisten konnten.*
  - Infinitivsatz — *Die Hoffnung, sich mit dem Feind zu verständigen, führte zum Untergang.*
  - Partizipialsatz — *Der Sapa Inka, auf dem Platz angekommen, hörte schweigend zu.*

Autoren- und Quellenverzeichnis

Andersch, Alfred · Grausiges Erlebnis eines venezianischen Ofensetzers, S. 31 Aus: ders.: Gesammelte Erzählungen. © 1983 Diogenes Verlag AG, Zürich.
Becker, Jürgen · Im Schatten der Hochhäuser, S. 282 Aus: ders.: Erzähl mir nichts vom Krieg. Frankfurt/M.: Suhrkamp Verlag 1977.
Boie, Kirsten · Ich ganz cool, S. 140 Aus: ebd. Hamburg: Oetinger Verlag 1992. S. 5 ff.
Borchert, Wolfgang · Nachts schlafen die Ratten doch, S. 15 Aus: ders.: Das Gesamtwerk. Reinbek bei Hamburg: Rowohlt Verlag 1949.
Brecht, Bertolt · Der Schneider von Ulm, S. 160 Aus: Brechts Gedichte. Frankfurt/M.: Suhrkamp Verlag 1981. S. 645 f.
Brussig, Thomas · Am kürzeren Ende der Sonnenallee, S. 45 Aus: ebd. Berlin: Volk und Welt 1999. S. 11 f.
Claus, Uta · Hänsel und Gretel, S. 262 Aus: Uta Claus, Rolf Kutschera: Total tote Hose. Zwölf bockstarke Märchen. München: Goldmann Verlag 1986. S. 63 ff. © Eichborn Verlag Frankfurt/M.
Danzer, Georg · Eckige Kinder, S. 170 Aus: 55 gewöhnliche und ungewöhnliche auf jeden Fall aber kurze und Kürzestgeschichten. Neu hrsg. von Rainer Siegle und Jürgen Wolff. Stuttgart: Klett-Verlag 1991. S. 46 f.
Döhner, Claudia · Auf dem Weg zum Denglisch?, S. 56 Aus: www.tu-chemnitz.de/phil/germanistik/sprachwissenschaft/leo/denglisch.html (Auszug vom 3. 1. 2002).
Dreier, Harriet · Emil und die Detektive, S. 76 Aus: http://www.spiegel.de/kultur/kino/0,1518,1185131,00.html (Auszug vom 2. 4. 2002).
Dreves, J. und Fuchs, M.: Professor fordert Sprachgesetz wie in Frankreich. Das viele Denglisch geht uns auf den Keks!, S. 57 Aus: Express vom 31. 7. 2001.
Dürrenmatt, Friedrich · Alphons Clenin, S. 232, Tod am Steuer, S. 234, Recherche, S. 236 Aus: ders.: Der Richter und sein Henker. Zürich: Diogenes Verlag AG 1980. S. 5 f., S. 13.
Dürrenmatt, Friedrich · Ein Engel kommt nach Babylon, S. 269, Der Zweikampf der Bettler, S. 271 Aus: ders.: Ein Engel kommt nach Babylon. Zürich: Diogenes Verlag AG 1980, S. 7 ff., S. 19 ff.
Eichendorff, Joseph von · Die Welt verändert sich, S. 150 Aus: ders.: Erlebtes. In: Werke in vier Bänden hrsg. von Wolfdietrich Rasch. München, Wien: Carl Hanser Verlag 1981. S. 1489 f.
Engelke, Gerrit · Lokomotive, S. 152, Auf der Straßenbahn, S. 154, Stadt, S. 281 Aus: ders.: Rhythmus des neuen Europa. Jena: Eugen Diederichs Verlag 1923. S. 9 ff.
Friedell, Egon · Der Turmbau zu Babel, S. 287 Aus: ders.: Die Kulturgeschichte der Neuzeit. München: dtv 1984. S. 1504 f., 1927 ff.
Gebhard, Ulrich: Der Doppelgänger, S. 168 Aus: Mensch, Natur, Technik. Friedrich Jahresheft XVII 1999. Seelze: Friedrich Verlag. S. 92.
Goethe, Johann Wolfgang von: Der Zauberlehrling, S. 158 Aus: Goethes Werke. Hamburger Ausgabe in 14 Bänden. Textkrit. durchges. und mit Anm. versehen von Erich Trunz. Bd. 1. 8. Aufl. Hamburg: Christian Wegner 1966. S. 276 ff.
Goethe, Johann Wolfgang von · Die Leiden des jungen Werthers, S. 52 Aus: Goethes Werke. Hamburger Ausgabe in 14 Bd. Textkrit. durchges. u. komment. von Erich Trunz. Bd. 6. 1. 13., durchges. Aufl. München: C. H. Beck Verlag 1993. S. 19 ff.
Gorki, Maxim · Eine der ersten Filmvorführungen, S. 175 Aus: Joachim Paech (Hg.): Film- und Fernsehsprache 1. Texte zur Entwicklung, Struktur und Analyse der Film- und Fernsehsprache. 2. Aufl. Frankfurt/M. u. a.: Verlag Moritz Diesterweg 1988. S. 2.
Green, Simon · Robin Hood und Lady Marian, S. 100 Aus: ders.: Robin Hood, König der Diebe. Aus dem Amerikanischen von W. M. Riegel. Deutsche Erstveröffentlichung. München: Goldmann Taschenbuch 1991. S. 94 ff.

Hagedorn, Michael · Dshamilja – Königin der Berge, S. 216 Aus: Rheinische Post vom 2. 3. 2002.
Harig, Ludwig · Ordnung ist das ganze Leben, S. 194 Aus: ebd. München: Hanser Verlag 1986. S. 175 ff.
Hart, Hans · Was zur Sonne will, S. 53 Aus: ebd. 2. Aufl. Berlin 1912. S. 68 u. S. 112.
Heine, Heinrich · Welche Veränderungen müssen ..., S. 279 Aus: ders.: Lutezia. 2. Teil. LVII. In: Sämtliche Werke. Hrsg. von Hans Kaufmann. Bd. 7. München: Kindler 1964. S. 65.
Hermlin, Stephan · Die Vögel und der Test, S. 167 Aus: ders.: Gedichte und Prosa. Berlin: Wagenbach 1965.
Hinton, Susan · Die Outsider, S. 54 Aus: ebd. Aus dem Amerikanischen übers. von Hans-Georg Noack. Orig.-Ausg. 14. Aufl. München: dtv 1996. S. 156.
Hofmannsthal, Hugo von · Siehst du die Stadt? S. 282 Aus: ders.: Sämtliche Werke. Kritische Ausgabe. 38 Bde. Bd. 2: Gedichte 2. Frankfurt/M.: Freies deutsches Hochstift 1989.
Hruska, Verena · Von der Neuigkeit zur Nachricht, S. 200 Aus: dies.: Die Zeitungsnachricht. Bonn: ZV-Verlag 1999. S. 14, 35 ff.
Jenny, Urs · Das nun folgende Wettbetteln ..., S. 274 Aus: ders.: Friedrich Dürrenmatt. Velber: Friedrich Verlag 1973. S. 53 f.
Junge, Erich · Sechzehn Jahre, S. 19 Aus: Auch in Pajala stechen die Mücken. 22 deutsche Erzähler der Gegenwart. Hrsg. von Helmut Stöckmann. Hamburg: Stromfeld-Verlag 1956.
Kaschnitz, Marie-Luise · Nesemann, S. 23 Aus: dies.: Das dicke Kind und andere Erzählungen. Krefeld: Scherpe 1962. S. 82 ff.
Kästner, Erich · Wer ist Emil?, S. 63, Eine Bande von Detektiven, S. 64, Kästners Pony Hütchen, S. 74 Aus: ders.: Emil und die Detektive. Ein Roman für Kinder. 145. Aufl. Hamburg, Zürich: Dressler Verlag, Atrium Verlag 2001. S. 18, S. 81 ff., S. 22 ff.
Keller, Gottfried · Ankunft in Goldach, S. 112, Im Gasthof, S. 114, Die Goldacher Bürger, S. 117, Nettchen, S. 118, Heirat, S. 120 Aus: ders.: Kleider machen Leute. Hamburg: Hamburger Lesehefte o. J.
Köpp, Dirke · Hopp, hopp Turboschnecke!, S. 204 Aus: Rheinische Post vom 2. 10. 2000.
Koppold, Rupert · Geduld, der Eisberg kommt, S. 208 Aus: Rheinische Post vom 7. 1. 1998.
Kunert, Günter · Die Ballade vom Ofensetzer, S. 251 Aus: ders.: Tagträume in Berlin und andernorts. München: Hanser 1972. S. 51 f.
Kunert, Günter · Die Maschine, S. 163 Aus: ders.: Tagträume in Berlin und anderswo. Frankfurt/M.: Fischer Verlag 1974. S. 22.
Kunert, Günter · Unruhiger Schlaf, S. 162 Aus: ders.: Im Glasbetonbau. Frankfurt/M.: Hirschgraben-Verlag 1973. S. 72 f.
Kunert, Günter · Unterwegs nach Utopia II, S. 168 Aus: ders.: Unterwegs nach Utopia. München: Hanser Verlag 1977. S. 76.
Kunze, Reiner · Fünfzehn, S. 248 Aus: ders.: Die wunderbaren Jahre. Frankfurt/M.: S. Fischer 1976. S. 27 ff.
Laub, Gabriel · Das Paradies, S. 168 Aus: Gabriel Laub, Hans Georg Rauch: Doppelfinten. Reinbek bei Hamburg: Rowohlt Verlag 1975. S. 8.
Lebert, Benjamin · Crazy, S. 53 Aus: ebd. Orig.-Ausg. 3. Aufl. Köln: Kiepenheuer und Witsch 1999. S. 119 f.
Linden, Peter: Wie Sätze wirken, S. 202 Aus: ders.: Medium Magazin 2 (1997).
Loriot · Feierabend, S. 126 Aus: Loriot's dramatische Werke. Zürich: Diogenes Verlag AG 1981. S. 120 ff.
Lovell, James · Der Mond ist ..., S. 161 Aus: Büdeler, Werner: Das Abenteuer der Mondlandung. Gütersloh: Bertelsmann Sachbuchverlag 1969. S. 138.
Mann, W. L. · Erfindungen sind böse, S. 164 Aus: Die Biomaten. Hrsg. von Wolfgang L. Hausmann. München: Wilhelm Heyne Verlag 1971. S. 97. © W. L. Mann.

Manz, Hans · Die Wahl, S. 164 Aus: Rotstrumpf. Das Buch für Mädchen. Hrsg. von Hedi Wyss und Isolde Schaad. Zürich, Köln: Benziger 1979. S. 35.

Marti, Kurt · Neapel sehen, S. 250 Aus: ders.: Dorfgeschichten. Zürich: Flamberg 1960. S. 60 ff.

Mathy, Helmut · Der Schinderhannes ist allgegenwärtig, S. 86, Über Banditen und Räuber, S. 87 Aus: ders.: Der Schinderhannes – Zwischen Mutmaßungen und Erkenntnissen. Mainz: Philipp von Zabern Verlag 1989. S. 7 f., 45 f.

Monaco, James · Es ist die Allgegenwart, S. 190 Aus: Film verstehen. Kunst. Technik. Sprache. Geschichte und Theorie des Films. Reinbek bei Hamburg: Rowohlt Verlag 1980. S. 199 f.

Müller-Thurau, Claus Peter: Je näher, desto krass?, S. 260 Aus: ders: Lexikon der Jugendsprache. München: Goldmann Verlag 1987. S. 9 ff. © Econ Verlag Düsseldorf, Wien.

Nacken, Edmund: Juristen über Schinderhannes, S. 98 Aus: ders.: Schinderhannes. Mainz: Mainzer Verlagsanstalt 1968. S. 263 ff.

Neumann, Dorle: Steter Tropfen ..., S. 206 Aus: Westfälische Nachrichten vom 26. 7. 1999.

Peikert-Flaspöhler, Christa: Mond, S. 161 Aus: dies.: Zu den Wassern der Freude. Gedichte. Limburg: Lahn-Verlag 1979. S. 48. © Peikert-Flaspöhler, Christa.

Pleitgen, Fritz · Wochenmärkte sind wahre Nachrichtenbörsen, S. 214 Aus: Pro Media. Schüler lesen Zeitung. UE 2. S. 16 f.

Reding, Josef · Das Urteil des höchsten Richters, S. 253, Nennt mich nicht Nigger, S. 255, Josef Reding über „Nennt mich nicht Nigger", S. 258 Aus: ders.: Nennt mich nicht Nigger! Kurzgeschichten. Würzburg: Arena 1988. S. 31 ff., S. 24 ff., S. 6 f. © Bitter-Verlag, Recklinghausen.

Röll, Franz Josef · Die entscheidende Bedeutung ..., S. 190 Aus: ders.: Mythen und Symbole in populären Medien. Frankfurt/M.: Gemeinschaftswerk der Evangelischen Publizistik 1998.

Scheerbart, Paul · Die Verfilmung ..., S. 288 Aus: Microsoft ® Encarta ® 2001 Enzyklopädie. © 1993–2000. Microsoft Corporation (Stichwort „Literaturverfilmung").

Schiller, Friedrich · Lied von der Glocke. S. 148 Aus: ders.: Werke in drei Bänden. Hrsg. von Herbert G. Göpfert. Bd. 2. München: Hanser 1966. S. 814 f.

Schnitzler, Arthur · Der Sohn. Aus den Papieren eines Arztes, S. 102 Aus: ders.: Meistererzählungen. Hrsg. und mit einem Nachw. versehen von Hans Weigel. Zürich: Diogenes Verlag AG 1975. S. 7 ff.

Schrammen, G. und Dieter H. H.: Sprache „lebt", S. 57 Aus: dies.: VDS-Argumente zur deutschen Sprache. © Verein deutsche Sprache (leicht verändert).

Schubert, David · Gesprächsprotokoll, S. 39 Aus: Wie erziehe ich meine Eltern? Hrsg. von A. und A. Teuter. Frankfurt/M.: Alibaba Verlag 1999. S. 175 ff.

Spoo, Eckart · Was ist wichtig?, S. 201 Aus: ders.: Spiegel-Special 1 (1995). S. 121.

Steffens, Martin: Von über 99 % des Geschehens ..., S. 201 Aus: Pro Media. Schüler lesen Zeitung. UE 3. S. 22.

Strittmatter, Eva · Herbst in Berlin, S. 283 Aus: dies.: Heliotrop. Gedichte. Berlin, Weimar: Aufbau-Verlag 1983.

Swindells, Robert · Dash führ Zoe, S. 55 Aus: ebd. Übers. von Hanns Schumacher. Frankfurt/M.: Alibaba-Verlag 1994. S. 14 f.

Tabucchi, Antonio · Wie er ihn kennen lernte, S. 242, Rossi und Marta, S. 243, Rossis Anliegen, S. 243, Journalist ermordet, S. 246 Aus: ders.: Erklärt Pereira. Eine Zeugenaussage. Deutsch von Karin Fleischanderl. 7. Aufl. München: dtv 1998 © 1995 Carl Hanser Verlag, München. S. 7, S. 27 f., S. 77 f., S. 200 f.

Thoma, Ludwig: Die „Verfilmung" ..., S. 288 Aus: Microsoft ® Encarta ® 2001 Enzyklopädie. © 1993–2000. Microsoft Corporation (Stichwort „Literaturverfilmung").

Tieck, Ludwig · Die Eisenhütte im Gebirge, S. 150 Aus: ders.: Franz Sternbalds Wanderungen. In: Dichtung der Romantik. Romane 2. Wiesbaden, Berlin: Vollmer-Verlag o. J. S. 217 f.

Truffaut, François · Über realistische Regisseure, S. 186 Aus: ders.: Mr. Hitchcock, wie haben Sie das gemacht? Aus dem Franz. von Frieda Grafe. München: Hanser 1973. S. 15.

Vogel, August · Nach der zweiten orthographischen Konferenz 1901 in Berlin, S. 222 Aus: ders.: Ausführliches grammatisch-orthographisches Nachschlagebuch der deutschen Sprache. 33.–50. Tsd. Berlin: Langenscheidt 1903. S. 3.

Wohmann, Gabriele · Denk immer an heut nachmittag, S. 12 Aus: dies.: Ländliches Fest und andere Erzählungen. Neuwied, Berlin: Luchterhand Verlag 1968.

Wolf, Stefan · Tim rettet einen Hund, S. 264, Die Guten und der Böse, S. 267 Aus: ders.: Taschengeld für ein Gespenst. München: Franz Schneider Verlag 1992, S. 17 ff., S. 27 ff.

Wolf, Stefan · Vorabinformation über Tim, S. 264 Aus: ders.: Gespenst! Vampir! Rauschgift! – Drei Fälle für TKKG. München: Franz Schneider Verlag 1992. S. 8.

Zaimoglu, Feridun · Kanak Sprak, S. 54 Aus: ebd. 5. Aufl. Hamburg: Rotbuch Verlag 2000. S. 113.

Zuckmayer, Carl · Schinderhannes inkognito, S. 80, Schinderhannes und das Volk, S. 84, Bittere Wahrheit, S. 88, Vergebliche Warnung, S. 91, Adam und Johann, S. 95 Aus: ders.: Schinderhannes. Frankfurt/M.: Fischer Verlag 1968. S. 61 ff., S. 106 f., S. 75 ff., S. 87 f., S. 98 ff.

Unbekannte/ungenannte Autorinnen/Autoren und Originalbeiträge

Abonnement- und Boulevardzeitung ..., S. 197, Ressort ..., S. 198 Aus: Pro Media. Schüler lesen Zeitung. UE 5. S. 26 und UE 1. S. 21.

Alles gut im Schlaraffenland? S. 276 Aus: Nils Jockel: Pieter Bruegel: Das Schlaraffenland. Reinbek: Rowohlt 1995, S. 9, S. 111 ff.

An der Strippe vor der Glotze – Was Jugendliche am häufigsten tun, S. 142 Aus: Frankfurter Rundschau vom 27. 4. 2000. S. 40.

Ansichtssache, S. 180

Appell an den Vater, S. 121

Assel, S. 48, Perlhuhn, S. 28 Aus: Wörterbuch der Szenesprachen. Hrsg. von Trendbüro. Mannheim: Duden Verlag 2000. S. 164.

Auf den Strich kommt es an, S. 224

Aufnahmemechanismus, S. 177

Aus den Einleitungen, S. 49 Aus: H. Ehmann: Voll konkret. München: C. H. Beck Verlag 2001. S. 7; Wörterbuch der Szenesprachen. Hrsg. von Trendbüro. Mannheim: Duden Verlag 2000. S. 6.

Babel, Turmbau zu, S. 157 Aus: Microsoft ® Encarta ® 2001 Enzyklopädie. © 1993–2000. Microsoft Corporation.

Bärlach grübelt, S. 239

Begeisterungsadjektive, S. 50 Aus: Ist cool noch cool? In: SZ Magazin vom 10. 3. 2000. S. 2.

Beim Sprechen dieses Gedichts ..., S. 153

Blick in die Presse. Eitelkeit in Gefahr, S. 207 Aus: Süddeutsche Zeitung vom 29./30. 7. 2000.

Claudias Abend, S. 291

Clenin geriet mitten ..., S. 237 Aus: Friedrich Dürrenmatt: Der Richter und sein Henker. Zürich: Diogenes Verlag AG 1980. S. 6.

Das Selbstverständnis der Detektivgruppe, S. 73 (Transkription aus „Emil und die Detektive", Regie: Franziska Buch, 2001)

Das Urteil, S. 97 Aus: Edmund Nacken: Schinderhannes. Mainz: Mainzer Verlagsanstalt 1968. S. 248 f.

Der Bindestrich ..., S. 225

Der Dichter empfindet das ..., S. 154 (Schülerbeitrag)

„Der Doppelgänger" S. 282 Aus: Ulrich Gebhard: „Länger leben hat schon seine Vorteile". In: Mensch, Natur, Technik. Friedrich Jahresheft XVII 1999. Seelze: Friedrich Verlag. S. 93 f.

Der Kinematograph, S. 176

Der Klassiker, S. 76 Aus: http://www.munichx.de/sehen/emil.php3 (Auszug vom 2. 4. 2002).
Der Kuleschow-Effekt, S. 183
Der Turmbau zu Babel, S. 156 Aus: Die Bibel. Nach der Übersetzung Martin Luthers. Mit Apokryphen. Standardausgabe. Stuttgart: Deutsche Bibelgesellschaft. Genesis 11, 1–9.
Die BILD-Zeitung verwendet …, S. 212 Aus: JournalistenWerkstatt. Wie Sätze wirken – Besser schreiben 2 (1997). S. 6.
Die Brüder Lumière als erste Unternehmer in der Filmproduktion, S. 173
Die Detektive im modernen Film, S. 68 (Transkription einer Filmszene aus „Emil und die Detektive", Regie: Franziska Buch, 2001)
Die Fotografie, S. 217 Aus: Bernhard Pfendtner, Gerhard Klimmer: Zeitung selber machen. Augsburg: Augustus Verlag 1996. S. 114.
Die Neuregelung von 1998 im Kurzüberblick, S. 220
Die Räuber machen Beute, S. 229
Die Räuber sitzen in der Falle, S. 230
Die Rechtschreibreform in der Diskussion der Zeitung, S. 206
Echt ätzend, S. 47 Aus: Jugendskala
Einmal zusammen, immer zusammen?, S. 293
Ein neuer Anhänger Rinaldos, S. 228
Ein Zeitgenosse, S. 96 Aus: Helmut Mathy: Der Schinderhannes – Zwischen Mutmaßungen und Erkenntnissen. Mainz: Philipp von Zabern Verlag 1989. S. 61.
Ein Wochenende im Weltall, S. 292
Es sollen Tonbänder …, S. 59 Aus: Ulrich Plenzdorf: Die neuen Leiden des jungen W. Frankfurt/M.: Suhrkamp Verlag 1976. S. 17 ff.
Fetter Knopf statt cooler Typ, S. 46
Film heute und früher, S. 172
Filme der Lumières, S. 174
Filmmusik – eine „akustische" Brille?, S. 190
Filmsequenz entwerfen, S. 185
Freizeit – Krieg der Spiele, S. 143 Aus: FOCUS Nr. 27 vom 22. 11. 1993. S. 148 ff.
Freizeitmöglichkeit Sport, S. 134
Frühe Tonfilme, S. 286 Aus: Microsoft ® Encarta ® 2001 Enzyklopädie. © 1993–2000. Microsoft Corporation (Stichwort „Filmgeschichte").
Gottfried Keller gilt …, S. 123
Heinrich, Matthias: Schluss mit lustig, S. 28
Hey, Will, S. 59
In diesem Gedicht von Gerrit Engelke …, S. 154 (Schülerbeitrag)
Jeden Tag ein bunter Strauß, S. 203 Aus: Rheinische Post vom 25. 9. 2000.
Jugend XXL?, S. 53
Jugendbücher, S. 60
Jugendschutz, S. 275 Aus: Der Brockhaus in Text und Bild 2002 – Das Lexikon in der PC-Bibliothek. Version 3.0. Hrsg. vom Bibliografischen Institut, Mannheim.
Kellers Novelle, S. 123
Kinderarbeit im Medien- und Kulturbereich, S. 139 Aus: Kinderarbeitsschutzverordnung (KindArbSchV) vom 23. Juni 1998.
Klabeck, Bert: Metaphorischer Alltag, S. 155
Krass, S. 223
Manipulation, S. 212 Aus: Hans Schulte-Willekes: Schlagzeile. Ein „Bild"-Reporter berichtet. Reinbek bei Hamburg: Rowohlt Verlag 1977. S. 21 f.
Männlich und wahlweise mit oder ohne „s", S. 226 Aus: Süddeutsche Zeitung vom 26. 11. 2001
Markt …, S. 147 Aus: Schädelspalter. Hannovers Stadtillustrierte (2/2000), S. 99
Meine Damen und Herren, S. 239
Meinungen zu Rossi, S. 244
Morgan, Raja: Auch Freizeit muss erkämpft werden!, S. 130
Muss es immer Sport sein? Nein!, S. 135

Mutmaßungen über einen blauen Mercedes, S. 234
Nachrichtensendung, S. 247
Nadeln, Nerd, Nullchecker, S. 48 Aus: Hermann Ehmann: Voll konkret. Das neueste Lexikon der Jugendsprache. München: C. H. Beck Verlag 2001. S. 96 (Beck'sche Reihe Nr. 1406).
Nebenjobs – die Meinung eines 15-Jährigen, S. 137
Neue Sprache für ein neues Medium?, S. 289
Novelle, S. 110 Aus: Microsoft® Encarta® 99 Enzyklopädie. © 1993–1998 Microsoft Corporation.
Polizeiliches Vorgehen, S. 235
Pressegesetz für das Land Nordrhein-Westfalen, S. 205 Aus: Landespressegesetz NRW vom 24. 5. 1996, Stand Januar 1997.
Pressekonferenz, S. 238
Presserecht und Pressegesetz, S. 205 Aus: Grundgesetz für die Bundesrepublik Deutschland. http://www.presserecht.de/gesetze/nrw.html (Auszug vom 11. 6. 2000)
Produktion einer Fotostory, S. 189
Protokoll, S. 246
Radikale Sprechsprache, S. 43 Aus: Alfons Kaiser: „Und ich so: Cool! Und er so: Hä?" Produktive Wortbildung und grammatische Selbständigkeit: Wie die Jugend die Sprache erobert. In: Frankfurter Allgemeine Zeitung vom 18. 12. 1997. Nr. 294. S. 13.
Raum – Zeit – Geschwindigkeit, S. 279 Aus: Netzwerk: Unternehmen Eisenbahn. Mainz: Stiftung Lesen 2000. S. 38.
Reaktion auf den Werther, S. 52 Aus: Rainer Könecke: Stundenblätter. Goethes Leiden des jungen Werther und die Literatur des Sturm und Drang. 6. Aufl. Stuttgart: Klett Verlag 1998. S. 144.
Rinaldo plant die Befreiung, S. 231
Schinderhannes im Lexikon, S. 85 Aus: Der Brockhaus in Text und Bild 2002. PC-Bibliothek. Version 3.0. Hrsg. vom Bibliografischen Institut, Mannheim.
Schriften, S. 217 Aus: Philipp Luidl: Typografie. Basiswissen. Deutscher Drucker 1996, S. 29.
Trauer um Di. Die Welt hat ihr Lächeln verloren, S. 210 Aus: Bild-Zeitung vom 1. 9. 1997.
Triumph des Dampfes, S. 151 Aus: Theodore Roszak: Der Verlust des Denkens. München: Droemer Knaur 1986. © Illustrated London News.
Überraschung im Keller, S. 241
Verordnung über den Kinderarbeitsschutz, S. 138 Aus: Kinderarbeitsschutzverordnung vom 23. 6. 1998. § 2.
Verschiedene Gestaltungselemente, S. 217 Aus: Bernhard Pfendtner, Gerhard Klimmer: Zeitung selber machen. Augsburg: Augustus Verlag 1996. S. 34.
Voll krass, ey!, S. 42
Vom 19. Jahrhundert bis heute, S. 218
Vom Bild zur Geschichte, S. 183
Während man die Untersuchung …, S. 236 Aus: Friedrich Dürrenmatt: Der Richter und sein Henker. Zürich: Diogenes Verlag AG 1980. S. 13.
Warum ich dir nicht schreibe? …, S. 58 Aus: Johann Wolfgang von Goethe: Aus: Goethes Werke. Hamburger Ausgabe in 14 Bd. Textkrit. durchges. u. komment. von Erich Trunz. Bd. 6. 1–13., durchges. Aufl. München: C. H. Beck Verlag 1993. S. 19.
Was jeder über die Tageszeitung wissen sollte, S. 196
Weltweite Bestürzung über den Unfalltod von Prinzessin Diana, S. 211 Aus: Rheinische Post vom 1. 9. 1997.
Wieder ist nicht wieder, S. 295
Wilhelm Menke (1938 geboren) berichtet, S. 144
Willkommene Räuber, S. 290
Worte finden und erfinden, S. 178
Wörter haben ihre Geschichte, S. 259
Worum geht es in „Emil und die Detektive"?, S. 62
Zu-mutungen, S. 294

Textsortenverzeichnis

Anleitungen
177 Aufnahmemechanismus

argumentierende Texte
56 C. Döhner: Auf dem Weg zum Denglisch
57 Sprache „lebt"
134 Freizeitmöglichkeit Sport
135 Muss es immer Sport sein? Nein!
137 Nebenjobs – die Meinung eines 15-Jährigen
168 U. Gebhard: Der Doppelgänger
282 „Der Doppelgänger" – eine Gruppendiskussion über das Klonen

Berichte/Erzählberichte
46 Fetter Knopf statt cooler Typ
134 Freizeitmöglichkeit Sport
144 Wilhelm Menke berichtet
161 J. Lovell: Der Mond ist…
175 M. Gorki: Eine der ersten Filmvorführungen
214 F. Pleitgen: Wochenmärkte sind wahre Nachrichtenbörsen

Beschreibungen
86 H. Mathy: Der Schinderhannes ist allgegenwärtig
96 Ein Zeitgenosse
98 E. Nacken: Juristen über Schinderhannes
175 M. Gorki: Eine der ersten Filmvorführungen
186 F. Truffaut: Über realistische Regisseure
276 Alles gut im Schlaraffenland?
279 Raum – Zeit – Geschwindigkeit

Bibeltexte
156 Der Turmbau zu Babel

Briefe
121 Appell an den Vater

Buchkritik
52 Reaktion auf den Werther

Drehbuch
68, 73 Emil und die Detektive

erzählende Texte
102 A. Schnitzler: Der Sohn. Aus den Papieren eines Arztes
112, 114, 117 f., 120 G. Keller: Kleider machen Leute
130 R. Morgan: Auch Freizeit muss erkämpft werden
155 B. Klabeck: Metaphorischer Alltag
163 G. Kunert: Die Maschine
164 W. L. Mann: Erfindungen sind böse
168 U. Gebhard: Der Doppelgänger
168 G. Laub: Das Paradies
214 F. Pleitgen: Wochenmärkte sind …
248 R. Kunze: Fünfzehn
250 K. Marti: Neapel sehen
251 G. Kunert: Die Ballade vom Ofensetzer
262 U. Claus: Hänsel und Gretel
276 Alles gut im Schlaraffenland?

Filmkritiken
76 H. Dreier: Emil und die Detektive
76 Der Klassiker
208 R. Koppold: Geduld, der Eisberg kommt

Gedichte
148 F. Schiller: Lied von der Glocke
151 Triumph des Dampfes
152 G. Engelke: Lokomotive
154 G. Engelke: Auf der Straßenbahn
158 J. W. v. Goethe: Der Zauberlehrling
160 B. Brecht: Der Schneider von Ulm
161 Ch. Peikert-Flaspöhler: Mond
162 G. Kunert: Unruhiger Schlaf
164 H. Manz: Die Wahl
167 St. Hermlin: Die Vögel und der Test
168 G. Kunert: Unterwegs nach Utopia II
281 G. Engelke: Stadt
282 J. Becker: Im Schatten der Hochhäuser
282 H. v. Hofmannsthal: Siehst du die Stadt?
283 E. Strittmatter: Herbst in Berlin

Gesetzestexte
205 Pressegesetz für das Land Nordrhein-Westfalen
205 Presserecht und Pressegesetz

Interviews
47 Echt ätzend
203 Jeden Tag ein bunter Strauß
238 Pressekonferenz

Jugendbücher (Auszüge)
53 B. Lebert: Crazy
54 S. Hinton: Die Outsider
55 R. Swindells: Dash führ Zoe
63 f., 74 E. Kästner: Emil und die Detektive
140 K. Boie: Ich ganz cool
253, 255 J. Reding: Nennt mich nicht Nigger
264, 267 S. Wolf: Taschengeld für ein Gespenst
264 S. Wolf: Gespenst! Vampir! Rauschgift! – Drei Fälle für TKKG

Jugendsachbücher (Auszüge)
39 D. Schubert: Wie erziehe ich meine Eltern

Kommentare
52 Reaktion auf den Werther
76 Der Klassiker
76 H. Dreier: Emil und die Detektive
137 Nebenjobs
186 F. Truffaut: Über realistische Regisseure
201 E. Spoo: Was ist wichtig?
206 D. Neumann: Steter Tropfen …
207 Blick in die Presse
258 Josef Reding über „Nennt mich nicht Nigger"
260 C. P. Müller-Thurau: Je näher, desto krass?

Kurzgeschichten
12 G. Wohmann: Denk immer an heut Nachmittag
15 W. Borchert: Nachts schlafen die Ratten doch
19 E. Junge: Sechzehn Jahre
23 M. L. Kaschnitz: Nesemann
28 M. Heinrich: Schluss mit lustig
31 A. Andersch: Grausiges Erlebnis eines venezianischen Ofensetzers
248 R. Kunze: Fünfzehn
250 K. Marti: Neapel sehen
251 G. Kunert: Die Ballade vom Ofensetzer

Novellen
102 A. Schnitzler: Der Sohn
112, 114, 117 f., 120 G. Keller: Kleider machen Leute

Parodien
262 U. Claus: Hänsel und Gretel

Porträts
123 Gottfried Keller
173 Die Brüder Lumière …

Protokoll
39 D. Schubert: Gesprächsprotokoll
46 Fetter Knopf statt cooler Typ
246 Protokoll

Reden
170 G. Danzer: Eckige Kinder

Reportagen
54 F. Zaimoglu: Kanak Sprak
204 D. Köpp: Hopp, hopp Turboschnecke!

Romane (Auszüge)
45 Th. Brussig: Am kürzeren Ende der Sonnenallee
52, 58 J. W. v. Goethe: Die Leiden des jungen Werthers
53 H. Hart: Was zur Sonne will
53 B. Lebert: Crazy
54 F. Zaimoglu: Kanak Sprak
59 U. Plenzdorf: Die neuen Leiden des jungen W.
100 S. Green: Robin Hood
150 J. v. Eichendorff: Erlebtes
150 L. Tieck: Franz Sternbalds Wanderungen
194 L. Harig: Ordnung ist das ganze Leben
232, 234, 236 f. F. Dürrenmatt: Der Richter und sein Henker
242 f., 246 A. Tabucchi: Erklärt Pereira

Sachtexte/informierende Texte
- 43 Radikale Sprechsprache
- 47 Echt ätzend
- 49 Aus den Einleitungen
- 50 Begeisterungsadjektive
- 56 C. Döhner: Auf dem Weg zum Denglisch
- 57 J. Dreves und M. Fuchs: Professor fordert Sprachgesetz wie in Frankreich
- 60 Jugendbücher
- 62 Worum geht es in „Emil und die Detektive"?
- 86 H. Mathy: Der Schinderhannes ist allgegenwärtig
- 87 H. Mathy: Über Banditen und Räuber
- 97 E. Nacken: Das Urteil
- 172 Film heute und früher
- 174 Filme der Lumières
- 176 Der Kinematograph
- 177 Aufnahmemechanismus
- 180 Ansichtssache
- 183 Der Kuleschow-Effekt
- 183 Vom Bild zu Geschichte
- 185 Filmsequenzen entwerfen
- 186 F. Truffaut: Über realistische Regisseure
- 190 Filmmusik – eine „akustische" Brille?
- 196 Was jeder über die Tageszeitung wissen sollte
- 200 V. Hruska: Von der Neuigkeit zur Nachricht
- 201 E. Spoo: Was ist wichtig?
- 201 M. Steffens: Von über 99 %...
- 202 P. Linden: Wie Sätze wirken
- 212 Die Bild-Zeitung verwendet...
- 212 Manipulation
- 218 Vom 19. Jahrhundert bis heute
- 222 A. Vogel: Nach der zweiten orthographischen Konferenz...
- 259 Wörter haben ihre Geschichte
- 286 Frühe Tonfilme
- 287 E. Friedell: Der Turmbau zu Babel
- 289 Neue Sprache für ein neues Medium?
- 275 Jugendschutz

Schülertexte
- 42 Voll krass, ey!
- 154 Der Dichter empfindet...
- 154 In diesem Gedicht...

SMS
- 53 Jugend XXL?
- 59 Hey, Will

Theaterstücke/Vortragstexte
- 80, 84, 88, 91, 95 C. Zuckmayer: Schinderhannes
- 126 Loriot: Feierabend
- 269, 271 F. Dürrenmatt: Ein Engel kommt nach Babylon

Übungstexte
- 121 Appell an den Vater
- 223 Krass
- 224 Auf den Strich kommt es an
- 230 Die Räuber sitzen...
- 231 Rinaldo plant die Befreiung
- 234 Mutmaßungen...
- 235 Polizeiliches Vorgehen
- 239 Bärlach grübelt
- 238 Pressekonferenz
- 239 Meine Damen und Herren
- 241 Überraschung im Keller
- 244 Meinungen zu Rossi
- 246 Protokoll
- 247 Nachrichtensendung
- 228 Ein neuer Anhänger Rinaldos
- 229 Die Räuber machen Beute
- 290 Willkommene Räuber
- 291 Claudias Abend
- 292 Ein Wochenende im All
- 293 Einmal zusammen, immer zusammen?
- 294 Zu-mutungen
- 295 Wieder ist nicht wieder

Verordnungen/Richtlinien
- 138 Verordnung über den Kinderarbeitsschutz
- 139 Kinderarbeit im Medien- und Kulturbereich
- 220 Die Neuregelungen von 1998 im Kurzüberblick

Wörterbücher/Lexikonartikel
- 48 Assel
- 48 Nadeln
- 48 Nerd
- 48 Perlhuhn
- 49 Aus den Einleitungen
- 49 Nullchecker
- 85 Schinderhannes im Lexikon
- 110 Novelle
- 157 Babel, Turmbau zu
- 197 Abonnement- und Boulevardzeitung
- 197 Lay-out
- 197 Impressum
- 197 Nachrichtenagentur
- 197 Redakteur
- 197 Redaktion
- 198 Ressort
- 198 Schlagzeile
- 198 Spalte
- 198 Sparte
- 222 A. Vogel: Nach der zweiten orthographischen Konferenz von 1901
- 275 Jugendschutz
- 286 Frühe Tonfilme
- 288 P. Scheerbart. Die Verfilmung...
- 288 L. Thoma: Die „Verfilmung"...

Zeitungsartikel
- 43 Radikale Sprechsprache
- 50 Begeisterungsadjektive
- 52 Reaktion auf den Werther
- 53 J. Dreves und M. Fuchs: Professor fordert Sprachgesetz wie in Frankreich
- 57 Sprache „lebt"
- 76 H. Dreier: Emil und die Detektive
- 142 An der Strippe, vor der Glotze
- 143 Freizeit – Krieg der Spiele
- 202 P. Linden: Wie Sätze wirken
- 203 Jeden Tag ein bunter Strauß
- 204 D. Köpp: Hopp, hopp Turboschnecke!
- 206 D. Neumann: Steter Tropfen...
- 207 Blick in die Presse. Eitelkeit in Gefahr
- 208 R. Koppold: Geduld, der Eisberg kommt
- 210 Trauer um Di
- 211 Weltweite Bestürzung über den Unfalltod von Prinzessin Diana
- 216 M. Hagedorn: Dshamilja – Königin der Berge
- 226 Männlich und wahlweise mit oder ohne „s"

Zitate
- 161 J. Lovell: Der Mond ist...
- 190 F. J. Röll: Die entscheidende Bedeutung...
- 190 J. Monaco: Es ist die...
- 201 E. Spoo: Was ist wichtig?
- 201 M. Steffens: Von über 99 % des Geschehens...
- 288 P. Scheerbart. Die Verfilmung...
- 288 L. Thoma: Die „Verfilmung"...
- 274 U. Jenny: Das nun folgende Wettbetteln...
- 279 H. Heine: Welche Veränderungen...

Bildquellenverzeichnis

S. 12, 102, 106: © VG Bild-Kunst, Bonn 2002. **S. 15, 80, 111, 123:** AKG, Berlin. **S. 20:** Foto: Archiv Deutsches Schiffahrtsmuseum. **S. 25, 27, 33, 251:** Illustrationen von Frauke Bahr. **S. 29, 44, 131, 133, 170, 171, 262:** Illustrationen von Katja Gehrmann. **S. 37, 53, 59, 141, 145, 146:** Fotos: Michael J. Fabian. **S. 38:** © Greser & Lenz. **S. 42, 43, 55, 194:** Creative Collection, Freiburg. **S. 45, 58 rechts, 60, 69, 70, 85, 100, 118, 191, 208, 209:** pwe Kinoarchiv Hamburg. **S. 49 oben:** © Bibliographisches Institut & F. A. Brockhaus AG. **S. 49 unten:** München: C. H. Beck Verlag 2001. **S. 56:** Polo/CCC,www.c5.net. **S. 58 links:** Stiftung Weimarer Klassik/Goethe-Nationalmuseum. **S. 62:** Graphik Design Gerhard Lienemeyer. **S. 63, 65, 74:** „Emil und die Detektive" von Erich Kästner, © Atrium Verlag, Zürich 1935. **S. 86:** Meiers Christ Werbeagentur. **S. 93:** Helmut Mathy: Der Schinderhannes. Zwischen Mutmaßungen und Erkenntnissen. Mainz: Verlag Philipp von Zabern 1989. S 15. © Stadtarchiv Mainz. **S. 97:** Edmund Nacken: Schinderhannes. Mainz: Mainzer Verlagsanstalt 1968. S. 152. © Stadtarchiv Mainz. **S. 98:** Landesmuseum Mainz. **S. 99:** Foto: Stadtarchiv Mainz. **S. 103:** M.C. Escher: Bond of Union. © 2002 Cordon Art – Baarn – Holland. All rights reserved. S. 104: The Munch Museum/The Munch Ellingsen Group, © VG Bild-Kunst, Bonn 2002. **S. 113:** Schiller-Nationalmuseum/Deutsches Literaturarchiv. **S. 115, 135 oben rechts, 137, 198, 199:** Fotos: Ulrike Köcher. **S. 124:** Giuseppe Arcimboldo: Der Bibliothekar. Aus: The Arcimboldo Effect. Mailand: Bompiani 1987. **S. 126:** Kunsthistorisches Museum Wien. **S. 129, 135 oben links:** Fotos: Magdalena Tooren-Wolff. **S. 135 unten links:** Musikverein Borsum von 1954 e.V. **S. 135 unten rechts:** Foto: Minkus, Isernhagen. **S. 144:** AKG, Berlin/Tony Vaccaro. **S. 148:** Foto: Deutsches Museum München. **S. 152:** DB Museum im Verkehrsmuseum, Nürnberg. **S. 156:** Rose-Marie und Rainer Hagen: Pieter Bruegel d. Ä. um 1525–1569. Bauern, Narren und Dämonen. Köln: Benedikt Taschen Verlag 1994, S. 17. **S. 157:** Á la recherche de la cité idéale. Sous la direction de Lorette Coen. Lausanne 2000. S. 47. © R. Couffignal. **S. 161:** Astrofoto/NASA. **S. 166:** Westfälisches Industriemuseum, Dortmund. **S. 172, 218:** Tullio Pericoli: Woody, Freud u. a. München: Prestel 1988. © Tullio Pericoli. **S. 173, 174, 175, 176, 180, 182, 184:** Deutsches Filmmuseum Frankfurt am Main. **S. 177:** Macauly's Mammut Buch der Technik. David Macaulay und Neil Ardley. Deutsch von Helmut Mennicken. Nürnberg, Tessloff 1989. S. 218 f. © Dorling Kindersley Limited, London. **S. 181:** Archiv Josef Walch. **S. 189:** Foto: Gunter Bieringer. **S. 193, 204, 210, 211, 214:** dpa. **S. 196:** Globus Infografik. **S. 205:** Illustrationen: Hans-Jürgen Feldhaus. Aus: Markus Schmidt und Hans-Jürgen Feldhaus: Das Medienbuch. © 1996 Ravensburger Buchverlag, Otto Maier GmbH, Ravensburg. **S. 108 f. S. 223, 224, 226, 241:** Illustrationen von Karsten Henke. **S. 232:** Thomas Ditzinger/Armin Kuhn: Phantastische Bilder. 3-D Illusionen. München: Südwest Verlag 1994. S. 9. **S. 248, 296:** Grafik: Jürgen Kochinke. **S. 273:** Foto: Programmheft. Theatermuseum Düsseldorf/Archiv. **S. 276:** Bayer & Mitko: Artothek. **S. 284:** Laguna Design/Science Photo Library/Agentur Focus.

Es war nicht in allen Fällen möglich, die Inhaber der Bildrechte ausfindig zu machen und um Abdruckgenehmigung zu bitten. Berechtigte Ansprüche werden selbstverständlich im Rahmen der üblichen Konditionen abgegolten.

Lösung zu Aufg. 6, S. 44
Die gesuchten Redewendungen lauten: sich vom Acker machen, eine Schnecke angraben, auf einen Typen abfahren.

Register

A
Abonnementzeitung 197, 211 ff.
    →Zeitung
adverbiale Bestimmung 239 ff.,
Adverbialsatz 233 →Nebensatz
Alliteration 282, 296
Anapäst 153, 296
Anglizismus 56, 296 →Sprache
Apposition 233 ff., 296
argumentieren 87, 122, 135 f.,
    261, 275 ff.
Argument 57, 94, 133 ff., 137,
    139, 165, 171, 261, 275, 278,
    296
    Beispiel 135 ff., 139, 297
    diskutieren 35, 46, 75, 97, 111,
    128 f., 133, 145, 169, 278, 284
    These 134 ff., 278, 303
artikulieren 91, 296
Attribut 233
äußere Handlung 29 →Handlung

B
Bedeutungsverbesserung 259,
    296
Bedeutungsverschlechterung
    259, 297
Beispiel 135 ff., 139 , 297 →Argumentation
Bericht 145, 201, 212, 297 →Textsorte
bewerten 18, 22, 27, 29, 118, 133,
    141, 153, 160, 165, 253 ff., 266
    Kommentar 205 ff., 300
    Stellungnahme 143, 160, 201,
    205
Boulevardzeitung 197, 211 ff.
    →Zeitung
Brief 14, 27, 123, 175, 207
    →Textsorte

C
Cartoon 38, 297
charakterisieren 67, 75, 83, 90,
    94, 109, 234, 253 ff., 257, 266,
    274, 299
Charakterisierung 63, 90, 103 ff.,
    109, 123, 297
Charakteristik 109 f., 257, 297
    direkte/indirekte Charakterisierung 109, 297, 299
Cluster 178 f., 297
Comic 205, 297

D
Definition 110, 129, 205, 297
Diagramm 142
    Säulendiagramm 142, 195, 302
    Tortendiagramm 142, 303
Dialekt 41, 83, 297 →Sprache
Dialog 38, 84, 90, 94, 101, 126 ff.,
    192, 297 →Kommunikation
Dingsymbol 110, 297
    →Textanalyse
direkte Charakterisierung 109
    →charakterisieren
direkte Rede 242 ff., 297
    →Redewiedergabe
diskutieren 35, 46, 75, 97, 111,
    128 f., 133, 145, 169, 278, 284
    →Argument →Methode
Drama 80 ff., 88, 98 ff., 269 ff.
    Exposition 80 ff., 86, 269 ff.,
    Peripetie 110
    Person 22, 27, 29, 83, 88 ff.,
    94, 101, 111, 128, 257, 269 ff.
    Regieanweisung 83, 90, 94,
    101, 301
    Szene 90, 94 f., 101, 271, 274

E
Einstellungsgröße 181, 185, 192,
    297
E-Mail 42 f.
Empfänger 40, 297 →Kommunikation
erzählen
    Er-/Sie-Erzähler 116, 298
    Erzähler 35, 116, 242, 248 ff.,
    251, 298
    Erzählhaltung 116, 151, 153,
    250 f., 298
    Erzählmodell 112 ff., 116
    Erzählperspektive 116, 252, 298
    Erzählstandort 116, 250, 255,
    298
    Erzählverhalten 116, 255, 298
    Ich-Erzähler 110 f., 116, 195, 299
    →Textanalyse
Exposition 80 ff., 86, 269 ff., 274,
    298 →Drama

F
Fachsprache 41, 298 →Sprache
fallende Handlung 94, 298
    →Handlung
Figur 62 ff., 101, 242, 251, 266

→Textanalyse
Film 68, 72, 75 f., 172 ff., 182 ff.,
    209, 286 ff., 298
Filmkritik 76, 209, 298
    →Textsorte
Filmmusik 190 f., 298
Montage 184, 192, 286, 301
Nachsynchronisation 286, 301
Schnitt 184, 192, 286, 302
Sequenzprotokoll 185, 192
Soundtrack 190, 302
Zoom 181, 303
Fishbowl-Diskussion 135, 298
    →Methode

G
gebundene Rede
    Metrum 149, 153, 163, 281, 300
    Rhythmus 159
    Strophe 149, 160, 163
Gedicht 148 f., 153 ff., 160 f.,
    163 f., 166 f., 281 ff. →Textsorte
gestaltendes Sprechen 90 f., 101,
    271, 298
Gestik 90 f., 160, 189, 298
Gliedsatz 122, 298 →Satz

H
Handlung 19, 22, 29, 94, 159
    äußere/innere Handlung 29
    fallende/steigende Handlung
    94, 298, 303
Hauptsatz 122, 233, 236 f., 299
    →Satz
Hochdeutsch 41, 84, 299
    →Sprache
hypotaktisch 237, 299
    →Satzbau

I
Ich-Erzähler 110 f., 116, 195, 299
    →erzählen, →Textanalyse
Indikativ 238 f., 242 f., 245
    →Modus
indirekte Charakterisierung 109,
    299 →charakterisieren
indirekte Rede 242 ff., 245, 299
    →Redewiedergabe
indirekter Fragesatz 187 f., 299
    →Nebensatz
informieren 86, 101, 110 f., 146,
    167, 181, 195 f., 206, 212 f.,
    246, 250, 274 f.

Inhaltsangabe 12 ff., 18, 22, 27,
   35, 167, 252, 254, 261, 274,
   280, 299
innere Handlung 29
   →Handlung
innerer Monolog 27, 30, 128, 299
   →Textanalyse
Internet 59, 101
Interview 47, 145, 147, 203
   →Textsorte
Ironie 151, 171, 283, 299
   →Textanalyse
Irrealis 238, 299 →Modus

J
Jugendsprache 38 ff., 41 ff., 47 ff.,
   59, 73, 140, 260 ff., 299
   →Sprache

K
Kartenabfrage 128, 169, 299
   →Methode
Kausalsatz 122 →Nebensatz
Kernsatz 280, 299
Klappentext 62, 299
klingender Reim 159, 300 →Reim
Kommentar 205 ff., 300
   →bewerten, →Zeitung
Kommunikation 14, 38 ff., 53
   Dialog 38, 84, 90, 94, 101,
   126 ff.
   Empfänger 40
   Kommunikationsmodell 40, 300
   nonverbale Kommunikation 14,
   301
   Sender 40
   verbale Kommunikation 14
Konflikt 84
Konjunktion 122, 235, 300
Konjunktionalsatz 235
   →Nebensatz
Konjunktiv 242 f.
   Konjunktiv I 242, 245, 300
   Konjunktiv II 238, 245, 300
   →Modus
Konsekutivsatz 122
   →Nebensatz
Konzessivsatz 122
   →Nebensatz
korrelierendes Wort 233, 300
kreatives Schreiben 36 f., 101
   →Methode
Kurzgeschichte 14, 28 ff., 111, 300
   →Textsorte

L
Lay-out 196 f., 212, 217
   →Zeitung
Leitartikel 211, 300
Leitmotiv 29, 110, 251
   →Textanalyse
Leserbrief 143, 207, 300
   →Zeitung
lyrisches Subjekt 163, 167, 300
   →Textanalyse

M
Meldung 200, 300
   →Zeitung
Mengenangaben 291, 300
Metapher 153, 155, 296
Methode
   Cluster 178 f.
   Fishbowl-Diskussion 135
   Kartenabfrage 128, 169, 299
   kreatives Schreiben 36 f., 101
   Mindmap 116, 178 f., 250, 301
   Podiumsdiskussion 275, 301
   Pro-und-Kontra-Diskussion
   165, 302
   Rollenspiel 18, 110, 116, 128,
   133, 153
   Schreibgespräch 169, 302
   Standbild 160, 187, 303
Metrum 149, 153, 163, 281, 300
   →gebundene Rede
Mimik 90 f., 160, 189, 301
Mindmap 116, 178 f., 250, 301
   →Methode
Modaladverb 245, 301
Modalverb 245, 301
Modus
   Indikativ 238 f., 242 f., 245
   Irrealis 239, 299
   Konjunktiv 238, 242 f., 245
   Potentialis 238, 301
Montage 184, 192, 286, 301
   →Film
Motiv 94, 301→Textanalyse

N
Nachricht 200 ff., 301
   →Zeitung
Nachrichtenagentur 196
   →Zeitung
Nachsynchronisation 286, 301
   →Film
Nebenordnung 236 f., 301
   →Satzbau

Nebensatz 233 ff.
   Adverbialsatz 233
   Gliedsatz 122
   indirekter Fragesatz 186 ff., 299
   Kausalsatz 122
   Konjunktionalsatz 235
   Konsekutivsatz 122
   Konzessivsatz 122
   Objektsatz 233
   Relativsatz 233 ff.
   Subjektsatz 233
   Temporalsatz 122 →Satz
nonverbale Kommunikation 14,
   301 →Kommunikation
Novelle 110 ff., 116, 123 ff., 301
   →Textsorte

O
Ort (der Handlung) 18, 22, 83, 86
   →Textanalyse
Objektsatz 233 →Nebensatz

P
Paraphrase 247, 301
   →Redewiedergabe
parataktisch 237, 301
   →Satzbau
Parodie 262 f.
Partizip 235
Peripetie 110, 301 →Drama
Person 22, 27, 29, 83, 88 ff., 94,
   101, 111, 128, 257, 269 ff.
   →Drama, →Textanalyse
Podiumsdiskussion 275, 301
   →Methode
Potentialis 238, 301 →Modus
Präposition 229, 240 f.
Präpositionalattribut 240 f., 301
Präpositionalobjekt 239 f., 301
Pro-und-Kontra-Diskussion 165,
   302 →Methode

R
Recherche 214 f., 216, 302
Rechtschreibung 206 f., 218 ff.,
   290 ff.
   Bindestrichschreibung 224 f.
   Gedankenstrich 224 f.
   Getrenntschreibung 220, 292 ff.
   Groß- und Kleinschreibung
   228 ff., 290 f.
   s-Schreibung 224
   Zeichensetzung 221
   Getrenntschreibung 292

Redakteur 196, 201, 216
  →Zeitung
Redewiedergabe 242, 245
  direkte Rede 242 ff.
  indirekte Rede 18, 242
  Paraphrase 247
  wörtliche Rede 242
  Zitat 245, 303
Regieanweisung 90, 94, 101, 301
  →Drama
Reim 149, 159, 283, 299
  klingender Reim 159, 300
  stumpfer Reim 159, 303
  Reimschema 149, 302
  reiner Reim 149
  unreiner Reim 149, 303
Relativadverb 233 f., 302
Relativpronomen 233 f., 302
Relativsatz 233 ff.
  →Nebensatz
Reportage 204, 209, 216, 302
  →Zeitung
Ressort 198, 216 →Zeitung
Rhythmus 159
  →gebundene Rede
Rollenspiel 18, 110, 116, 128, 133, 153 →Methode

S
Satz 120 ff., 233 ff., 244 f., 268
  Hauptsatz 122, 233, 236 f., 299
  Satzgefüge 120 ff., 237
  Satzreihe 237
Satzbau 141, 212, 240, 303
  hypotaktisch 237
  Nebenordnung 236 f., 301
  parataktisch 237, 301
  Unterordnung 236
Satzglied 239 f.
Satzzeichen 243
Säulendiagramm 142, 195, 302
  →Diagramm
Schlagzeile 196 →Zeitung
Schlüsselsatz 280, 302
Schnitt 184, 192, 286, 302 →Film
Schreibgespräch 169, 302
  →Methode
Sequenzprotokoll 185, 192 →Film
Situationsbestimmung 12 ff., 18, 38, 41, 83 →Textanalyse
Soundtrack 190, 302 →Film
Sprache 38, 46 f., 55, 57, 179, 232, 263, 268, 289
  Anglizismus 56, 296
  Denglisch 57

Dialekt 41, 83, 297
Fachsprache 41, 298
Hochdeutsch 41, 84, 299
Jugendsprache, 38 ff., 41 ff., 47 ff., 59, 73, 140, 260 ff., 299
Schriftdeutsch 38, 302
Sprachvarietät 41 f., 303
Sprachvermischung 56
Standardsprache 41, 44, 263, 302
Szenesprache 41, 303
Umgangssprache 41, 303
Standbild 160, 187, 303
  →Methoden
steigende Handlung 94, 303
  →Handlung
Stellungnahme 143, 160, 201, 205
  →bewerten
Strophe 149, 160, 163
  →gebundene Rede
stumpfer Reim 159, 303
  →Reim
Szene 83, 90, 94 f., 101, 274
  →Drama
Subjektsatz 233 →Nebensatz
Szenesprache 41, 303 →Sprache

T
Temporalsatz 122 →Nebensatz
Tempus 22, 243 f.
Textanalyse 23 ff., 149 ff., 279 ff., 321 ff.
  Dingsymbol 110
  Figur 62 ff., 101, 242, 251, 266
  Handlungmotiv 252
  innerer Monolog 27, 30, 128
  Ironie 151, 171, 283
  Leitmotiv 29, 110, 251
  lyrisches Subjekt 163, 167
  Motiv 94, 301
  Ort 18, 22, 83, 86
  Person 22, 27, 29, 83, 88 ff., 94, 101, 111, 128, 257, 269 ff.
  Situationsbestimmung 12 ff., 18, 38, 41, 83
  Verfremdung 157, 303
  →erzählen
Textsorte 202, 216
  Bericht 145, 201
  Brief 14, 27, 123, 175, 207
  Filmkritik 76, 209
  Gedicht 148 f., 153 ff., 160 f., 163 f., 166 f., 281 ff.
  Kurzgeschichte 14, 28 ff., 111, 300

Novelle 110 ff., 116, 123 ff., 301
Volksstück 80, 83, 303
  →Zeitung
These, 134 f., 136 f., 303
  →Argumentation
Tortendiagramm 142, 303
  →Diagramm
Typ 87, 266

U
Umgangssprache 41, 303
  →Sprache
unreiner Reim 149, 303 →Reim
Unterordnung 236 f., 303
  →Satzbau

V
verbale Kommunikation 14, 303
Verfremdung 157, 303
  →Textanalyse
Volksstück 80, 83, 303
  →Textsorte

W
Wörterbuch 46, 48 f., 179, 259, 289
wörtliche Rede 240
  →Redewiedergabe
Wortschatz 261, 296, 301
Wortwahl 35, 44 f., 51, 141

Z
Zeitung 195 ff, 201 ff., 209 f., 213, 237, 261
  Abonnementzeitung 197, 211 ff.
  Boulevardzeitung 197, 211 ff.
  Kommentar 205 ff., 300
  Lay-out 196 f., 212, 217
  Leitartikel 211, 300
  Leserbrief 143, 207, 300
  Meldung 200, 300
  Nachricht 201 ff., 301
  Nachrichtenagentur 197
  Redakteur 196, 201, 216
  Reportage 204, 209, 216, 302
  Ressort 198, 216
  Schlagzeile 196
  Zeitungsartikel 212, 216
  Zeitungsaufbau 195
  Zeitungsmeldung 201
Zitat 136 f., 303
  →Redewiedergabe
Zoom 181, 303 →Film